삶을 일깨우고 역량을 드높이는 방법

탁월한 생각의 구도

신영출 지음

EXCELLENT
THINKING FRAME

BT 큰생각

머리말

　철학자 데카르트의 말처럼 인간이 생각한다는 것은 존재함의 징표이다. 인간의 생각은 말과 행동의 원천이면서 인간의 모든 것을 지배하고 결정하는 원동력이다. 그러나 대부분의 사람들은 이러한 생각이 자신의 뇌 속에서 어떻게 생성되고, 또한 어떻게 활용되는지에 대하여 체계적이고 종합적으로 알고 이해하는 것이 어렵다는 것은 주지의 사실이다.
　더욱이 청소년들은 현대의 발전된 지식, 정보화 사회를 살아가면서 겪어야 하고 극복하여야 하는 많은 정보의 습득과 학습, 향후의 진로와 생활 등의 삶의 문제에 대하여 어떻게 생각하고 판단하며, 이를 결정하여야 하는지에 대하여 상당한 어려움과 갈등을 겪기도 하는 것이 사회적 현실이다.

　이에 따라 많은 청소년들은 자신의 삶의 정체성을 확립하지 못하고 방황하고 분별없는 사고와 행동을 하며, 때로는 각종의 쾌락적인 환경에 유혹되고 일탈의 행동을 보이기도 하고, 폭력적인 행동에 관여하기도 하는 역기능이 발생하고, 이에 대한 피해로 자살까지 일어나고 있는 것이다.
　이러한 삶에 대한 생각의 문제는 장년층과 노년층에 있어서의 삶의 문제의 결정, 해결과 관련하여 역시 많은 시련과 역경을 주고 있는 것이 사실이다. 이러한 삶의 문제가 일어나는 것은 경제, 사회, 환경적인 각종의 요인도 작용하는 것이 사실이며 이는 사회적인 문제이기도 하다.

그러나 이러한 삶의 문제는 정도와 수준이 다를 뿐 언제 어디서나 보편적으로 발생하는 문제로서 이는 근본적으로는 인간이 자신의 삶에 대하여 어떻게 생각하고 판단하며 대처하여야 하는지의 문제와 관련된 것이기도 하다.

대부분의 사람들은 삶에 있어서 필요한 기본적이고 근본적인 문제에의 접근과 해결을 위한 체계적이고 종합적인 생각의 방법에 대하여 학습을 하지 않는 것이 보편적이다. 이러한 상황에서 어려운 삶의 문제를 해결하는데 필요한 지혜와 역량을 갖는 것은 어려운 것이 사실이다. 이러한 삶에 대한 문제를 결정하고 해결하기 위한 '올바르고 탁월한 생각의 틀'을 익히고 배우기 위해서는 청소년기부터 청년의 기간까지 체계적이고 종합적으로 학습하고 훈련을 하여야 하며 이를 가정과 학교, 사회가 유기적으로 연계하여 실시하여야 바람직한 효과와 성과를 거둘 수 있는 것이다.

이와 관련하여 미국이나 이스라엘 등의 국가에서는 자신의 삶의 근본적이고도 중요한 사항에 대하여 생각하고 판단할 수 있는 기본교육에 관한 교재를 개발하여 고등학교부터 학습과정을 편성하여 체계적이고 종합적인 교육을 실시하는 것으로 알려지고 있다. 그러나 우리나라에서는 중.고등학교와 대학교육이 아직도 입시와 취업에 관련된 분야에 편중되고 일부의 지엽적인 인성교육에 한정되고 있는 실정이다.

또한 삶의 생각에 대한 교육은 중. 장년층에게도 사회생활에 있어서의 기본적이고 근본적인 결정과 문제의 해결을 위해 필요한 중요한 사회교육 분야이기도 하다. 그러나 이러한 교육의 프로그램이 거의 없는 실정이다.

삶에 있어서의 근본적이고 중요한 문제를 결정하고 해결하는 올바르고 탁월한 생각 방법의 교육은 삶을 일깨우고 역량을 높이는 교육으로서의 역할을 하는 것이다. 또한 이러한 교육은 자신이 삶을 통하여 스스로 강점과 미덕을 발휘하고, 자기실현의 목적과 의미를 이룩하는 삶을 성취하기 위해서 개인적으로라도 반드시 학습해야 하는 중요한 분야이다.

이러한 삶의 생각에 대한 교육은 일부의 엘리트 계층에게만 해당되는 특수한 교육과 훈련으로 오해하는 경향이 있으나, 이는 모든 사람이 공통적으로 운동을 통하여 체력을 단련시키고 건강을 잘 유지하고 할 수 있는 이치와 같이 생각도 누구나 잘 훈련하고 학습하고 훈련하면, 정신적으로 올바르고 굳건하고 탁월한 상태를 유지할 수 있는 원리이다.

저자가 이러한 삶의 생각의 틀과 관련된 난해하고 복잡한 분야에 대한 저술을 하게 된 동기는 정부의 보건복지부와 과학기술부에서 약 30여년을 근무하면서 습득한 지식과 경험이 토대가 되었다. 또한 그 이후의 학계에서의 수 년 간의 연구와 강의의 경험도 학문적 이론의 습득에 큰 도움이 되었다.

또한 그간의 경험을 통하여 삶에 대한 결정과 문제해결, 성공적인 삶의 실현을 위한 현명한 판단과 슬기로운 대처는 아주 난해하고 어려운 사항으로 이를 위해서는 체계적인 지식과 이론의 활용이 절실하게 필요한 것으로 인식 하였고 이에 따라 연구와 저술을 하게 되었다. 이와 더불어 상상하고 창조하는 탁월한 생각의 방법을 우리의 삶에 적용시키는 것은 아주 긴요하고 중요하며, 이를 보다 많은 사람들에게 알려주어 개인의 능력향상과 자신의 삶의 실현을 돕고, 국가적으로는 국민의 역량을 드높이는 원동력으로 작용할 수 있게 하기 위한 것이다.

　이러한 저서를 발간할 수 있었던 것은 국. 내외의 훌륭한 관계 분야의 학자와 전문가의 저서와 연구서들의 큰 뒷받침에 의한 것이며, 이에 대하여 깊은 감사를 드린다. 특히, 긍정의 실리학과 인지심리학, 인본주의 이론, 다중지능 이론, 생각 이론, 회복탄력성 이론, 인간행동과 사회환경 이론, 뇌 이론, 의료서비스 이론, 인간 행태론 등의 저서와 연구서들이 이 책의 저술에 기초와 기반이 되었음을 밝히고자 한다.

　향후에는 가칭 한국 삶 생각연구원을 비영리법인으로 설립하여 더욱 필요하고 중요한 삶의 생각에 대한 책의 저술과 학습 및 훈련을 필요한 사람들에게 폭넓게 실시하여 사회에 일익을 담당하는 일을 계속할 계획이며, 관계인의 많은 참여를 부탁드린다.

2013년 5월 봄 남산 연구원에서

위 책 저자 **신영출** 배상

차례

머리말 ——————————————————————— 2

제1부 인간의 생각에 관한 이해

제1장 생각에 대한 이해

제1절 생각이란 무엇인가? ———————————————— 13
1.1 생각 학습의 필요성 13
1.2 생각이란 무엇인지의 개념 16

제2절 생각의 구성과 관련사항 ———————————————— 19
2.1 생각의 구성 요소 19
2.2 잘못 생각해 발생하는 문제들 24
2.3 생각의 감독 27
2.4 생각과 감정 31
2.5 생각, 감정과 기억 37

제3절 자아정체감에 대한 생각 ———————————————— 42
3.1 자아정체감 확립을 위한 생각 42
3.2 건강한 자아에 대한 이해 44

제2장 인간의 인지와 인본주의에 대한 이해

제1절 인지란 무엇인가 ———————————————— 47
1.1 인지의 개념 47
1.2 인지발달에 대한 이해 48
1.3 긍정심리에 대한 이해 50

제2절 인본주의에 대한 이해 ———————————————— 53
2.1 인본주의의 개념 53
2.2 인본주의 성격이론 54

제2부 합리적, 창조적인 생각

제3장 합리적 판단과 선택을 위한 생각

제1절 판단을 위한 생각 ——————————— 59
1.1 생각의 두 가지 체계 59
1.2 직관적 생각 62
1.3 의식적인 생각의 기능 80

제2절 판단과 결정을 위한 생각 ——————————— 87
2.1 휴리스틱의 활용 89
2.2 결정의 정황과 구성 95
2.3 전망이론 102

제3절 합리적인 결정을 위한 생각 ——————————— 115
3.1 과대 확신의 배제와 정당성 추구 115
3.2 믿을 수 있는 결정을 위한 생각 129

제4장 창조적 생각을 위한 도구의 활용

제1절 생각에 대한 관점 ——————————— 135
1.1 생각을 다시 생각하기 137
1.2 직관이 통찰로 이어진다 142

제2절 생각도구의 활용 ——————————— 147
2.1 상상과 창조를 이끄는 생각도구 147
2.2 생각도구의 사용과 그 종류별 사용법 152
2.3 창의적 생각기법의 활용 195

제3절 전인을 길러내는 통합교육 ——————————— 211
3.1 통합교육의 기본 목표 212
3.2 창조적 상상의 세계에 대한 교육 214
3.3 전인이 되는 박식가 215

제3부 지혜와 능력을 갖게 하는 생각

제5장 삶에 지혜를 주는 생각

제1절 긍정적인 사고 ——————————————— 219
  1.1 자아 긍정성 219
  1.2 생활 만족 222
  1.3 감사하기 225

제2절 자아를 관리하는 생각 ——————————— 228
  2.1 자아의 사랑과 이해 228
  2.2 자아의 생각과 감정의 관리 232

제3절 타인과의 관계 긴밀화 ——————————— 237
  3.1 소통능력 239
  3.2 공감능력 244
  3.3 자아확장력 250

제4절 세상을 보는 안목과 판단력 ———————— 258
  4.1 세상에 대한 관심 258
  4.2 세상을 보는 안목 259
  4.3 판단과 예견력 260

제6장 삶에 능력을 주는 생각

제1절 상상하고 창조하는 생각 —————————— 263
  1.1 직관적 생각도구 263
  1.2 직관과 창조적 사고 266
  1.3 창의성과 문제의 해결능력 270

제2절 강점과 재능에 대한 생각 —————————— 272
  2.1 강점에 대한 발견과 관리 272
  2.2 재능에 대한 발견과 관리 279

제3절 집중과 주목하기의 생각 ─────── 286
    3.1 집중과 주목 286
    3.2 주목하기의 종류와 적용 293

제4부 삶의 목적 실현을 위한 생각

제7장 목적 실현을 위한 생각

제1절 삶의 목적과 목표에 대한 생각 ─────── 311
    1.1 삶의 목적의 설정 311
    1.2 삶의 목표의 설정 319

제2절 삶에 대한 생각의 틀 이해와 적용 ─────── 337
    2.1 생각의 한계와 지혜 337
    2.2 생각의 틀에 대한 이해와 적용 340
    2.3 지혜로운 사람의 생각의 틀 359

제8장 삶의 실현을 위한 생각

제1절 자아의 실현에 대한 생각 ─────── 367
    1.1 자아의 실현 367
    1.2 스티브 잡스의 삶 실현 372
    1.3 능력의 계발 398

제2절 삶의 디자인과 실현의 생각 ─────── 412
    2.1 삶의 디자인 412
    2.2 삶의 실현 428

제3절 아름답고 성숙한 삶의 사고 ─────── 438
    3.1 아름다운 삶 438
    3.2 성숙한 삶 433

제4절 배려하고 사랑하며 분별력 있는 삶의 사고 ─── 455
    4.1 배려하는 삶 455
    4.2 사랑을 베푸는 삶 457
    4.3 낙관성과 초월성 460

삶의 사고의 틀을 제공하는 원동력
'탁월한 생각의 틀'

제1부

인간의 생각에 관한 이해

Excellent Thinking Frame

Excellent Thinking Frame

제1장 생각에 대한 이해

제1절 생각이란 무엇인가

1.1 생각 학습의 필요성

합리주의 철학자인 르네 데카르트Rene Decarte가 "나는 생각한다, 고로 존재한다는" 말을 한 것같이 우리는 인간으로서 이 세상에 태어나서 존재하는 동안에는 항상 무엇을 어떻게 해야 할까 하는 등의 사유와 판단, 결정을 위한 생각을 하면서 살아가고 있다. 그러나 이러한 생각이 어떻게 하여 우리의 뇌 속에서 생성되고 생각을 어떻게 활용하는지에 대한 기본적이고 근본적인 이해도 정확히 하지 못하고 일생을 살아가고 있는 것이 많은 사람들에게 공통되는 사실이라는 것이다.

더욱이 세상에 있어서 지금처럼 문명과 문화가 눈부시게 발전하는 데에 있어서 중요한 역할을 하는 인간의 상상과 창조적인 생각이 어떻게 우리의 사고 속에서 만들어지고 우리의 생활과 산업에서 창의성이 오늘날 어떻게 작용하고 활용되는지에 대하여 체계적이고 종합적으로 아는 사람은 아주 적은 편에 속한다고 할 수 있다.

우리 인간이 가지고 있는 상상과 창조 등의 생각의 능력은 지구에 사는 다른 동물들과 인간을 구별하는 핵심적 요건이다. 이는 인간에 있어서도 구체적이고 외형적으로 보이지 않는 무형의 자산으로서 유형의 건물, 돈, 토지보다도 더 중요한 자산으로서의 역할을 하고 있는 것이다.

최근에 지식. 정보화 시대에 있어서는 이러한 뛰어난 창의적이고 창조적인 생각이 놀라운 정보, 통신 기술과 생명공학 기술, 우주항공 기술 등을 발전시켰고, 인간의 생활을 놀라울 만큼 발전적으로 향상시키고 세계를 큰 국가의 하나의 지구촌으로 통합하였으며, 미지의 우주까지도 왕복하고 탐험하는 기적을 이룩하고 있는 것이다.

또한 이러한 생각의 능력은 세계적인 부의 판도까지 변화시켜 세계 제일의 부자들은 과거처럼 유형적인 건물, 토지 등을 많이 가지고 있는 사람보다 뛰어난 창의력과 창조력을 가지고 그것을 새로운 기술과 상품의 개발에 활용한 사람들이며, 이는 빌게이츠나 스티브 잡스의 경우 등에서 그 실례를 볼 수 있는 것이다.

우리가 스스로 '올바르고 탁월한 생각'을 하는 것은 성공적인 삶을 살아가기 위하여 요청되는 무엇보다도 중요한 요인 임에도 우리는 정규적인 교육의 과정에서 이러한 것에 대한 정확한 내용을 자세하고 구체적으로 배울 기회가 거의 없는 것이 사실이다.

우리가 '올바르고 탁월한 생각' 이란 어떤 것이며 그것을 어떻게 할 수 있나 하는 아주 중요한 사항에 대해서도 체계적이고 종합적으로 배우기가 힘든 것은 이러한 부분이 철학, 심리학, 사회학, 교육학, 정신의학, 인류학 등의 심오한 학문과 연결되어 있기 때문이다.

전반적으로 생각은 사람이 태어나서 성장하고 사회생활을 하면서 오랜 기간에 걸쳐서 알아가는 지식과 경험, 그리고 지혜와 명철과도 연결되어 있어 이러한 생각을 터득 하려면 너무 많은 노력과 정성, 비용이 많이 소요되고 수많은 세월이 흘러야 하며, 그렇게 하여서도 어려운 경우가 많으며, 그것을 알았을 때는 이미 너무 늦은 것이 사실이다.

그러면 우리의 인생에서 무엇보다도 중요한 이러한 생각을 젊은 나이에 좀 더 쉽고 효과적으로 습득하기 위해서는 생각의 중요한 영역에 대하여 체계적이고 종합적인 학습과 더불어 이를 활용하고 실천할 수 있는 방법까지도 배우고 익히는 것이 요청된다.

생각에 대하여 선진국 등에서는 교재로 개발하여 고등학교 과정부터 교육을 하고 있는 실정이다. 그러나 우리나라에서는 교육이 아직도 입시와 취업에 관련된 분야에 편향되고 지엽적인 교육에 집중되고 있는 형편으로 별도로 개인적인 학습이 요구되고 있는 것이다.

따라서 우리는 이 교재를 통하여 이러한 생각에 대하여 기본적인 이해와 더불어 '올바르고 탁월한 생각'을 하는 방법을 학습하여 이를 자신의 자아실현에 어떻게 적용하느냐 하는 것을 학습하려는 것이다. 또한 미지의 인생의 여행길인 삶에 있어서 나에 대한 긍정적이고 사랑하는 생각과 타인과의 소통, 공감하고 상생하는 친밀한 관계적인 삶, 상상하고 창조하는 삶을 살아가는데 있어서 필요한 지혜와 능력을 배양하는 방법을 학습 하려는 것이다.

이러한 올바르고 탁월한 생각의 틀을 종합적이고 체계적으로 이해하고 활용하여 삶의 문제를 잘 판단하고 결정함으로써 더욱 아름답고 성숙되며 깨달은 삶을 살아갈 수 있게 하려는 것이다.

1.2 생각이란 무엇인지의 개념

우리가 그러한 생각을 알기 위해서는 우선적으로 생각이 무엇인가 하는 개념부터 알아야 한다. 생각은 우리가 일상적으로 살아가기 위하여 하는 습관적이고 직관적인 생각뿐만 아니라 우리가 어떤 중요한 문제의 해결을 위한 판단과 결정을 위한 깊고 논리적인 생각, 상상하고 창조하는 생각도 있으며, 어떠한 환자의 상태에 대하여 고통이 얼마나 클 것인지를 인지하고 가정하는 생각도 있으며, 향후에 주식의 가격이 얼마나 오를까를 추정하는 생각도 있다.

또한 지금까지 밝혀지지 않은 진실의 발견과 기술의 발명에 집중하고 몰입하는 생각 등도 있고, 자신과 세계에 대하여 긍정적, 낙관적으로 보는 생각도 있다. 이러한 생각은 자신 존재의 위대함과 더불어 말하고 판단하고 행동하고 소통하고 공감하는 모든 것에도 직접적으로 중요한 원인적인 영향을 미치고, 심지어 정신적, 육체적, 사회적, 영적으로 건강하게 살아가는 데에도 심오하고 큰 영향을 준다.

그리고 생각은 우리의 감정과 기억에도 연결되어 영향을 미치고 있어서 생각을 올바르게 하게하고 그러한 생각이 잘 관리되도록 하는 것이 좋은 감정과 활달한 성격을 자지고 일생의 삶을 풍요롭고 성공적으로 살아가게 하는 근원과 원동력이 된다.

'평범' 하게 생각하는 사람은 하루하루를 살아가기 위하여 생활에 필요한 생각을 중심으로 하면서 생존과 안전의 욕구를 충족하기 위한 생각을 위주로 하는데 대하여 '올바르고 탁월하게' 생각하는 사람은 자기의 인생을 의미 있고 보람차게 살아가기 위한 자기실현의 생각까지도 하면서 살아가는 것이다.

그러한 '올바르고 탁월한 생각'은 보통 일부의 능력을 타고난 소수의 엘리트란 사람만이 획득할 수 있다고 믿을지 모르지만, 사실은 그렇지 않은 것이다.[1] 누구나 '올바르고 탁월하게' 생각하는 것을 배우고 실천하는 법을 습득할 수 있으며, 그것은 자신을 삶을 의미 있고 훌륭하게 잘 살아가기 위하여 배우는 것이 필요하고 바람직한 것이다.

그리고 '올바르고 탁월한' 사고방식은 자신의 삶에 대한 긍정적인 생각을 견지하고 다른 사람들과 더불어 건강하고 행복한 인생을 살아가는 중요한 원동력이 된다. 또한 자신의 삶에 있어서 의미 있고 숭고한 목표를 달성하기 위하여 어려운 환경이나 여건을 극복하는 것뿐만 아니라, 내면의 갈등과 충동도 절제하고 극복하는 놀라운 성취를 발휘하게 한다.

우리가 세상의 삶의 여정에서 갈망하고 바라는 삶을 성공적으로 살아가려면 자기 스스로가 자신의 존립과 안전, 사랑과 존중은 물론 자아실현을 위한 생각을 학습하고 이를 실제의 자신의 생활에 적용하여 정신적, 육체적, 사회적, 영적으로 건강하고 행복한 생활을 이룩하여야 하는 것이다.

특히 인생의 삶의 여정에서 많은 어려움, 갈등과 더불어 때로는 예기치 않은 혹독한 시련과 좌절이 닥쳐올 때 스스로가 자신을 이해하고 사랑하는 정신과 마음을 갖는 생각을 하는 것이 필요하다. 또한 가정이나 직업의 분야에서의 생활이나 업무에 있어서도 가족이나 타인과의 소통과 공감을 잘 할 수 있는 생각을 갖는 것이야말로 자기의 존재의 의미와 더불어 삶의 가치를 실현하게 하는 중요한 요인인 것이다.

---

1) 생각의 심리학, 아우구스토 쿠리 저, 김율희 역, 청림출판. p 10

사람이 이러한 '올바르고 탁월한' 생각을 개발할 수 있는데도 불구하고 매너리즘에 빠져서 이를 등한시 하고 '평범한 생각'을 가지고 살아가다가 여러 가지의 시련과 역경을 겪게 되고 삶에 실패하는 경우가 많은 것이 사실이다. 이러한 시련과 역경 중에는 삶을 즐겁고 만족하게 살지 못하는 슬픔과 고통의 증가, 가족과 이웃 동료에게서 고립되어 살아가면서 외로움이 확대되며, 자기스스로가 잘 살아가지 못하는 심각한 위기에 직면하는 경우까지 봉착하며 이러한 정신적인 환자가 날로 늘어가는 것이 대부분의 국가의 현실이다.

우리는 현재 물질문명의 이기와 풍요 속에서 젊은이들이 직관적이고 편안한 생각으로 안락과 쾌락을 추구하고, 인터넷 등 여러 가지 중독에 깊이 빠져들어 생활하고 있는 것이 오늘의 사회 현실이다. 이를 젊은이들이 그러한 문제를 잘 벗어나게 하려면 사회적. 국가적으로 깊고, 합리적, 객관적인 생각으로 자기의 삶과 세상을 보고 긍정적, 낙관적인 사고를 가지고 살아가도록 하는 생각의 교육이 요구되고 있는 것이다.

이와 관련하여 자아정체감은 자신은 독특하고 타인과 구별되고 분리되는 실체라고 인식하는 데서 시작되며, 신체적 특징, 개인적 기술적 특성, 가치관, 희망, 역할, 사회적 신분을 포함하여 나는 누구이며 무엇인가를 깨닫는 것이다. 자아 정체감의 형성은 아동기에 부모나 교사의 감정, 태도, 행동, 가치관을 마치 자기의 것인 양 동일시 하는 아동기의 경험과 동일시에 뿌리를 두고 청년기를 거쳐 성인기까지 발달이 지속되는데 청소년기보다 청년 후기에 더 중요한 문제로 대두되고 있다.

청년기의 자아 정체감은 앞으로의 인생 여정에서 삶을 살아가는 지표로서 삶의 방향과 진로를 결정하는 중요한 요인이기 때문에, 이 시기에 정체성 확립을 위한 생각을 이해하고 이를 이루기 위하여 많은 노력과 관심을 기울여야 한다. 또한 청년의 후기에는 취업의 준비와 선택에 대한 생각과 결정을 하여야 하는 중요한 시기로서 청년기에 달성해야 할 중요한 과업 중의 하나이기도 하다. 홀랜드Holland, 1973의 성격 유형 이론에서는 자신의 성격과 적성에 맞는 직업을 선택하는 것이 좋다고 보았으며, 직업은 성인기의 삶의 형태를 결정하는 주요한 요인이라 할 수 있다.[2]

제2절 생각의 구성과 관련사항[3]

2.1생각의 구성 요소

생각이 단일 초점으로 구성되지 않고 다 초점으로 구성되어 있다는 것이 다 초점 이론이다. 이 이론에 따르면, 오직 '자아' 의 의식적 결정만이 생각을 구성하지 않는다. 생각은 무의식적 현상 세 가지가 부가적으로 합쳐져 형성된다. 그 세 가지는 '기억 촉발', '자동흐름', '기억 창문' 이다. 음식의 섭취와 호흡이 건강에 중요한 것임을 알듯, 정신건강을 지키고 "올바르고 탁월한 생각"을 하려면 생각의 모든 구성 요소를 알아야 한다.

의식적인 '자아'가 생각의 연극 무대에서 활동하는 주연 배우의 역할을 하고 3가지의 무의식적인 구성요소가 조연의 역할을 한다. "올바르고 탁월한 생각"을 하려는 사람에게 가장 큰 문제는 조연인 무의식이 주인으로 활동하고 주연인 의식은 조연으로서의 활동을 함으로써 인생

2) 인간행동과 사회환경. 이명재, 전길양 저, 대영출판사. 2006.7.5. pp114-117
3) 위 책 생각의 심리학. pp14-71

의 무대에서 연기의 역할을 제대로 못하고 관객석에 앉아서 바라만 보고 있는 것을 아는 것이다.

그런 유혹에 빠지면 주연인 '자아'는 의식적인 활동을 제대로 못함으로써 "올바르고 탁월한 생각"을 못하게 되어 인생의 여정에서 '자아'가 해야 하는 생각의 연극이 잘못 만들어져 성공하지 못하게 되는 것이다.

(1) 무의식적 생각

(가) 기억 촉발 : '기억 자동점검'이라고도 불리는 기억촉발은 평생 축적 해온 감각 정보 '보관소'를 활용해, 각 이미지나 소리를 1000분의 1초 동안 즉시 해독하고 판별하는 형식이다. 이 현상은 즉각적이고도 자동적으로 발생하는 것이다.

이를 테면 생각은 1000분의 1초 동안 스스로 데이터베이스를 조사하는데(오감을 동원해 현재 받는 자극을 뇌에 저장된 수백만 가지 기억과 대조해 점검한다) 우리가 현재 인식하고 있는 것을 구분하기 위해서거나 아니면 그것을 새로운 범주로 분류하기 위해서다.

그 결과 우리는 외부 자극을 즉시 감지하게 된다. 기억 촉발이 없으면 소리, 이미지, 냄새, 맛, 물체, 또는 과거에 만났던 사람들을 알아볼 수가 없게 될 것이다.

그러나 기억 촉발 현상은 우리에게 해를 끼칠 수도 있다. 왜 그럴까? 자극을 받았을 때 나쁜 기억처럼 건강하지 못한 보관소가 열린다면, 그것은 손상된 파일이나 다름없다. 손상된 파일은 허약하고 잘못된 생각을 생성해 우리를 무너뜨리고 우리 안에 있는 모든 긍정적인 생각과 개념을 쫓아내며 두려움, 불안, 적대감, 마비 상태를 초래한다.

우리가 의식적으로 생각하지 아니하면 이러한 모든 일이 일어날 수 있다. 바로 이런 상황에서 "올바르고 탁월한 생각"을 하는 사람은 생각의 과정을 잘 감독하여 자동적으로 일어나는 생각의 오류와 반응을 극복할 수 있다. 지능 수준은 이런 일련의 사건과 전혀 상관이 없다. 지능이 뛰어난 사람도 교육 받지 못한 사람과 마찬가지로 종종 건강하지 못한 기억 촉발로 "올바르고 탁월한 생각"이 봉쇄되게 될 수 있다. 심지어 고도의 학력과 경험을 가진 엘리트 그룹의 사람들도 나쁜 기억의 촉발로 인하여 무의식에 존재하는 긴장이란 창문이 열리고, 총명한 대답을 하는데 사용할 정보가 담긴 수많은 창문으로 가는 통로를 막아버려, 자제력을 완전히 잃고 야수와 마주친 아이와 같이 말을 못하고 더듬거리는 모습을 보이곤 한다.

이러한 현상은 무의식적인 생각을 감독해 필요한 순간에 최대한 활용하는 방법을 알지 못하기 때문이다. 이와 같이 엘리트의 지식과 경험을 가진 뛰어난 사람도 연약해진 의식적 생각으로 인하여 직장과 사회에서 제대로 역할을 못하는 경우가 많으며 이러한 경우에는 생각에 대한 학습과 훈련을 하고, 그래도 정상적이지 않을 경우에는 정신과 의사의 치료도 받는 것이 요청되기도 한다.

(나)자동 흐름 : 자동적인 무의식적인 생각은 하루에 수천 번씩 기억을 읽고 생각의 연극 무대에서 많고 많은 생각을 만들어 내는 현상이 바로 자동 흐름이다. 이것 때문에 우리를 산만하게 하는 생각, 기운을 북돋아주는 생각, 우리를 꿈꾸게 하는 생각이 생기는 것이다. 어떤 사람들은 생각의 세계에서 너무 많이 돌아다닌 탓에 언제나 생각이 다른 곳

에 있고 제대로 집중하지 못한다. 그러나 자동흐름의 현상이 없으면 우리는 외로움과 지루함 때문에 견디기 어렵게 될 것이다.

자동 흐름으로 생성된 생각은 기분 풀이와 오락의 가장훌륭한 원천이며, 텔레비전, 스포츠, 문학, 성욕을 능가한다. 우리는 시간의 대부분을 생각의 세계와 관련된 활동을 하면서 보낸다.

문제는 오늘날 우리의 이러한 자동 흐름의 생각이 걱정과 근심의 큰 원천이 되었다는 사실이다. 심지어 우리의 이러한 생각이 우리를 심리적으로 스스로를 위협한다. 자동 흐름으로 발생하는 생각을 감독할 줄 모르면, 결국에는 스스로 만든 감옥에 갇히고 현대의 삶이 만들어 낸 걱정스러운 생각에 사로잡힐 것이다.

우리는 자유인으로 삶을 살아가지만, 우리 중 수많은 이들은 자기 자신의 이러한 생각에 갇혀 있다. "올바르고 탁월한 생각"을 하는 사람은 생각의 내면에서 자유를 찾지 못하면, 자기 자신을 뛰어넘는 자유를 찾을 수 없다는 사실을 알고, 자율과 독립이라는 생각의 샘물에서 물을 마실 수 있는것이다. 독단적인 생각이 어떻게 형성되는지 아는 사람은 인간 생각의 복합적인 가르침을 소화하는 것이다. 처음 천 년간 인간의 모든 생각은 우리가 의식적으로 원해서 생기며, 생각은 오직 '자아에 의해서만 생긴다고 믿었다.

이러한 관점은 순진하고도 그릇된 것일 뿐만 아니라 죄책감의 고통스러운 원인이 되었다. 어느 아버지가 자동차로 아들을 치는 상상을 자꾸 하게 된다고 할 때, 아버지는 자신이 아들의 죽음을 바란다고 믿고 죄책감을 느낀다. 의식이 만들어 내지도 않았고 적극적으로 구축하지도 않은 생각, 일부러 만들어내지 않은 환상과 이미지에 그의 생각은 순진하게도 책임감을 느낀다. 단순히 자동 흐름 현상의 결과일 뿐인데 말이다. 그러나 이런 죄책감의 원인이나 죄책감을 덜어낼 방법을 알지 못한다면, 이 단순한 아버지는 좌절한 나머지 다른 아빠들에 대하여 열등감을 느끼게 될 것이며 자신을 혹독하게 원망할 것이다. 그 생각이 어떻게 생겼는지도 알지 못하기 때문이다. 사실은 부정적인 생각이 떠올랐을 때 5초 안의 순간에 그 생각을 긍정적인 생각으로 바꾸지 아니하면, 그 생각은 축적되어 제거할 수 없으며, 다만 나중에 재편집할 수 있을 뿐이다. 이 원리를 이해하는 것은 어린 시절에 첫걸음마를 배우는 것같이 기본적인 것이다.

불행히도 우리에게 내면의 자동 흐름을 여행하는 법을 가르쳐 줄 사람은 거의 없으며, 따라서 이러한 교육을 받을 수 있도록 제도를 만드는 교육 개혁이 절실하게 필요한 것이다. 현재의 교육에서는 우리 자신의 생각을 이해하여야 하는 영역에서는 미성숙한 어린아이들만 만들어 내고 있을 뿐이다.

생각이 어떻게 작용하는지 제대로 알지 못하면, 우리는 무의식의 희생자가 되어 앞서 말한 아버지처럼 의식적으로 만들어낸 생각과 무의식적으로 생겨난 생각을 구별조차 할 수가 없게 된다. 심지어 두 가지지가 다르다는 사실조차 깨닫지 못하고 그리고 이 때문에 몇 가지의 심리적 장애와 혼란이 생긴다.

가장 흔한 예가 환상이다. 환상은 주로 어린 시절에 우리의 생각에 고착되고, 우리는 애초에 이런 환상을 품은 스스로를 비난하게 된다.

자신을 비난할수록 의식적인 생각의 무대에서 근심어린 반응과 고통스런 생각을 경험하게 되고, 이런 경험이 무의식의 막후에 계속 축적되면서 내면의 갈등을 키우는 것이다.

(다) 기억창문: 기억 창문이란 배의 정박을 위하여 닻을 내리는 것처럼 우리의 생각의 닻을 내리는 기억의 영역으로, 그러한 개별적인 생각들이 모여 우리의 사고방식을 결정한다고 할 수 있다. '기억의 닻'이라고도 부를 수도 있는 기억의 창문이 긍정적이고 유익한 "올바르고 탁월한 생각"으로 가득차 있으면 멋진 아이디어와 개념을 만들어 낼 수 있는 것이다. 기억의 창문이 건강하지 못한 생각으로 가득차면, 부정적이고 어두운 생각이 표면화되며 긴장과 불안만을 낳게 되는 것이다.

(2)의식적 생각 : 제2부 3장 1절 1.1의 생각의 두 가지 체계와 1.3의 의식적인 생각의 기능에서 설명 하고 있어서 생략합니다. 그 곳을 참조하시기 바랍니다.

2.2 '잘못' 생각해 발생하는 문제들
(1)잘못 생각하는 것이 무엇인지의 개념

다 초점 이론에서는 무의식의 3가지의 조연 배우가 없으면 의식적인 '자아가 형성되지 않는다. 먼저 무의식의 자아가 작동하면서 대상에 대하여 인지와 인식이 자동적으로 되고 이러한 과정에서 필요할 때에 의식적인 자아가 개입되는 것이다. 우리는 생각에 대하여 의식적인 판단 능력을 가질 수 있는 자아감이 확립되는 청소년기 이전에는 무의식적인 생각이 많은 역할을 하게 되며 이에 따라 수천가지의 생각적인 이미지의 환상, 감정, 두려움 등의 개념을 구분하고 분류한다.

그러나 일단 청소년기에 달하면서 자아의 정체감이 확립되기 시작하면서 의식적인 자아가 제 역할을 하게 되면, 그 때에도 무의식은 아직도 자동적으로 작동하여 계속 큰 역할을 하면서 게으르고 필요할 때에만 작동하는 의식의 자아가 올바른 판단과 결정을 하기 위한 논리적이고 객관적이며, 합리적이고 타당한 생각을 하는 것에 방해와 지장을 초래한다. 이러한 내부의 잠재의식이 올바른 판단과 결정을 하는데 있어서 방해가 되는 최대의 적이 되는 역할을 한다는 것은 사실이다.

우리는 이러한 잘못 생각하는 오류를 막기 위해서는 항상 주의와 노력이 필요하다. 그러한 주의를 하면 생각을 훌륭하게 관리할 수 있으며 그렇게 하는 것이 반드시 필요하며 건강하고 보람 있는 과정이다. 그러나 이러한 주의와 노력을 하지 않고 너무 많이, 제멋대로 생각하면 크나큰 문제가 발생할 수 있다.

(2)잘못 생각하는 요인

(가)끊임없는 생각: 사실 우리는 생각을 멈출 수가 없다. 그러나 의식적이고 계획적으로 생각하지 아니하면, 자동적으로 작동하는 무의식이 대신하여 생각하기 시작한다. 긴장이 완전히 풀린 상태에서도 생각의 생성은 완전히 멈추지 않는다. 그저 속도만 느려질 뿐 이다. 따라서 문제는 생각하는 것 자체가 아니라, 지나치게, 그리고 걱정스럽게 생각하는 것이 문제이다.

갖가지의 외부적인 문제를 해결하는 데 전문가라 하더라도, 끊임없이 떠오르는 생각을 차분히 가라앉힐 수 없다면 자주 지치게 될 것이다. 그러니 조심하라, 끊임없는 생각은 걱정을 낳고 뇌를 압박 한다. 이는 강력하여 전문가, 엘리트, 종교인, 과학자까지도 무너뜨리고 좌절하게 만든다는 것이다.

(나)가속된 생각: 모든 사람의 뇌는 10억분의 1초 만에, 머릿속에 떠도는 10억 가지 선택 사항을 훑어서 한 가지 개념이나 생각으로 응축한다. 이런 면에서 인간은 대단한 상상력과 창조력을 가지고 세상을 지배하는 것이다.

그러나 이러한 인간의 정신적인 능력에도 한계가 있으며, 생각할 대상이 너무 빠른 속도로 유입되고 증가하면 사람의 생각을 허약하게 만들며, 결국 걱정과 불안이 생겨날 수 있다. 현대사회에서의 속도의 중시와 이에 따른 대응을 위한 인간 사고의 속도는 생각의 문제를 감당하지 못하고 정보의 과적과 경쟁의 스트레스 등으로 잠재의식이 주된 역할을 하게 된다.

이로 인하여 수많은 현대인들은 일정한 형태의 생각 가속증후군ATS: accelerated thought syndrome이 발생하여 시달리고 있다는 것이다. 이러한 생각 가속증후군의 특징은 근심, 불안, 건망증, 집중력 결핍, 불안, 과도한 신체적 피로도이다. 이러한 생각 가속증후군의 사례는 의사, CEO, 교사, 변호사 등 가장 전문적인 책임을 맡은 사람들에게 나타나기도 한다.

(다)과거와 미래에 대한 집착: 많은 사람들이 과거에 일어난 일에 붙잡혀 살아가는 까닭은 생각 가속증후군 때문이다. 그런 사람들은 이미 일어난 일과 관련하여 머릿속에 흘러넘치는 생각을 통제하는 법을 배우지 못했다.

심지어는 아직 일어나지 않았지만 장차 '일어날지도' 모르는 일인 자녀의 탈선 문제, 재정적 위기, 질병, 승진누락, 이혼 때문에 죄책감을 느끼거나 걱정을 한다. 우리가 예견하는 것 중 90% 이상은 일어나지 않을 가능성이 크며, 이는 쓸데없이 걱정하고 괴로워 한다는 것이다. 따라서 무엇보다도 필요한 것은 생각을 감독하는 방법이 필요하다.

2.3 생각의 감독

자동적으로 작동하는 무의식이 생각에 있어서 주연 역할을 함으로써 발생하는 문제를 억제하고 개선하기 위해서는 의식적인 자아가 무의식의 기억촉발, 자동 흐름, 기억 창문에 의하여 잘못 생각하여 발생하는 문제들인 끊임없는 생각, 가속된 생각, 과거와 미래에 대한 집착에 대한 감독을 하여야 한다. 이와 관련하여 의심하기 doubt, 비판하기 criticize, 결심하기 determine 의 DEC 기법은 생각을 감독하고 사고를 고양시키는 매우 훌륭한 기술이다.

(1)의심하기: 자동적인 무의식의 잘못된 생각을 통제하기 위해서는 먼저 문제가 있다는 전제하에 생각에서 발생하여 자아의 의식을 저해하고 괴롭히는 것을 의심 doubt 해야 한다. 의심은 지혜의 원천이다. 갈등과 어려움과 시련을 극복할 수 없다고 말하는 생각을 대담하게 의심하고, 또한 거짓과 부정적인 생각에 대하여도 기꺼이 의심하여야 한다.

(2)비판하기: 우리는 잘못 생각하여 발생하는 문제에 대하여 판단하고 비판 criticize 해야 하며, 그 외의 우리의 생각이 주장하는 다른 것도 주의와 노력을 통하여 판단하고 옳은가 여부에 따라서 수용하여야 한다. 우리는

자신의 생각을 비평하는 문제에서 적극적인 태도를 보여야 한다. 가속화된 부정적인 생각을 스스로가 비판하고 저지하지 않는다면 잘못 생각하는 것을 멈출 수가 없게 된다. 긍정적인 생각과 부정적인 생각을 구별하는 방법을 습득하면, 비판을 올바르게 생각할 수 있는 훌륭한 도구가 된다.

(3)결심하기: 잘못 생각하여 발생하는 문제를 해결하기 위해서는 최종적으로 잘못된 것을 과감하게 바로잡을 수 있는 결심determine을 하는 것이 필요하다. 생각 속에서 잘못된 생각에서 갈등하는 생각의 노예가 되지 말고 과감히 이를 탈피하여 자유롭고 자율적인 생각의 지배자가 되어 행복하고 강해져야 한다. 삶의 매력을 즐기고 아름다움을 감상하고 꿈을 이루어 삶을 성공으로 이끌기 위해서는 "올바르고 탁월한 생각"을 항상 견지할 수 있어야 한다. 이를 위해서는 잘못 생각해서 발생하는 문제를 과감하게 물리치고 배제하는 결심을 하고 이를 실행해야 한다.

DEC의 기법의 세 가지 단계는 앞의 순서에 의하여 전개하여야 한다. 먼저 우리의 머릿속에 가득한 부정적인 생각과 죄책감 등의 잘못된 생각을 의심하고, 비판하여 판단하고 난 후에 잘못된 생각을 과감하게 버리고 "올바르고 탁월한 생각"을 채택하는 결심을 하여야 한다. '결심하기'부터 시작 하면 피상적인 변화만 나타날 뿐, 실제의 근본적인 생각의 변화를 가져올 수 없는 것이다.

생각을 잘 감독할 수 있다면 화를 잘 참을 수 있으며, 정신적인 고통을 무마하고 달콤한 생각의 유혹에 빠져 각종의 중독으로 도피하는 것을 막을 수 있을 뿐만 아니라, 생기와 활기가 넘치는 생각이 충만하고 기회와 가능성을 가진 충만한 생활과 더불어 의미 있고 숭고한 목적이 있는 삶을 영위할 수 있게 될 것이다. 지금 이 순간에도 생각 때문에 심적, 정신적으로 괴로워하는 셀 수 없는 수많은 사람이 있는 것은 자기의 생각의 무대에서 의식적인 자아가 제대로 주연의 역할을 하지 못하고 오히려 잘못된 생각을 주도하는 무의식이 주연의 역할을 하고, 그것을 의심하고 비판하며, 과감하게 물리치고 "올바르고 탁월한 생각"을 받아들이는 결심을 못하기 때문이다.

우리사회의 주변에서는 벗어날 수 없는 고통과 참담한 환경, 돌이킬 수 없는 처절한 여건 속에서도, 마치 모진 비바람과 한파를 겪으면서도 그 추운 겨울에도 꽃을 피우는 인동초와 같이, 우뚝 서서 의미 있고 숭고한 목적을 달성하는 성공적인 삶을 살아나가는 힘의 원동력은 역시 우리의 행동과 태도를 좌우함은 물론, 우리가 지향하는 가치와 사랑, 참다운 지혜와 영원한 생명 인류애까지도 추구하고 구현하게 하는 "올바르고 탁월한 생각"과 그것의 과감한 실천이라고 할 수 있을 것이다.

(4) 심각한 강박 장애의 치유 사례(DCD 요법사용)
(가)잘못된 생각의 문제

피터라는 물리학 분야의 저명한 과학자이며 대학 교수인데 심각한 강박 장애(OCD: obsessive-compulsive disorder)를 앓고 있는 환자가 있었는데, 그 증상은 아주 심하여 정신과병원의 치료를 받고 있었고 그 상태는 이 세상의 모든 것을, 그 중에서도 삶을 두려워했다. 그 증세는 20년이 넘도록 일련의 불안한 장면, 특히 총알이 아들의 가슴을 관통하는 장면이 있었고, 그는 아들이 고통스러워하며 죽는 모습을 환상 속에서 보았고, 그런 환상은 그를 고문하고 생각을 사로잡으며 삶의 기쁨을 차단하고 평온함을 망가뜨리기까지 했다.

그는 20년이 넘는 기간 동안 내면의 감옥에서 살았다. 그는 지나치게 억압되어 괴로운 이미지가 강의 시간에도 떠올라 그는 강의까지 할 수 없어 강의를 중단하는 사태와 사회생활을 중단하고 침실에 갇혀 지내는 정도로 악화되었고 저명한 전문의를 열두 명이나 찾아 갔고 여러 종류의 항우울제를 복용했지만 증세가 나아지지 않았다.

그러나 그의 드러나지 않은 정신은 그가 의식적으로 만들어낸 생각과 무의식적으로 생기는 생각을 구별하지 않았다. 그 결과 그는 사실이 아닌 것 때문에 괴로워하며 실제로는 의식적인 생각이 하지 않은 잘못을 짊어진 것이다. 그러한 증상을 치료하는 방법이 부적절한 것이었다.

(나)DEC 요법에 의한 치료 성공

피터는 '의심, 비판, 결심'이라는 DCD기법을 쓰도록 권유를 받고 복용 중인 약을 계속 먹되, 내담하여 치료를 보완하도록 DCD 기법을 반복하여 실행하라고 했다. 이렇게 하여 그는 '자아가 생각을 감독할 만큼 주도력을 강화했다. 그는 자신을 위해 생각보다 더 많은 일을 할 수 있으며, 모든 사람의 정신과 같이 그의 정신에도 아직 제대로 발휘할 기량과 비범한 능력이 있다고 확인시켜 주었다. 그는 잘못된 생각으로 발생하는 문제를 뿌리치고 명료하게 생각하는 법을 짧은 기간에 익혔다. 결과는 놀라웠고 그는 해결책이 없어 보이던 강박장애를 극복했다. 치료 6개월 만에 그는 올바르게 생각하고 명료하게 생각하고 일관성이 있고 열정이 넘치며 믿음직한 사람이 되어 행복하고 생산적이며 창의적인 과학자로서, 교수로서의 삶을 회복했다.

2.4 생각과 감정

대다수 사람들은 감정을 관리할 수 있는 것이며, 갑자기 치밀어 오르는 감정을 그대로 드러내야 하는 것이 아님을 알게 되면 깜짝 놀란다. 우리는 일상생활에서 감정에 휘둘리지 않고 감정을 잘 다스릴 수 있느냐 하는 것이 생각의 관리와 더불어 중요한 삶의 문제이다. 특히 감정의 경우에는 기복이 생각보다 더 심하고 관리하기가 더 어려운 것이 사실이다. 따라서 감정에 대하여 잘 관리하고 대처하는 학습과 훈련이 필요하다.[4]

(1) 감정을 일으키는 생각의 사슬

우리 삶에는 긍정적인 감정도 있지만 그렇지 않은 부정적인 감정도 역시 존재하며, 따뜻한 감정도 있고 차가운 감정도 있으며, 이러한 감정의 발로는 억울함, 서운함, 화, 질투 등이 있다. 이러한 감정 자체를 느끼는 것은 인간으로서 당연한 일이며, 이러한 감정을 제대로 알아야 스스로 관리하고 보호할 수 있는 것으로써 다음의 체크판Mood Meter을 활용하면 자신의 감정을 보다 잘 읽을 수 있다. 감정 체크판은 예일대 데이비드 카루소David R. Caruso박사가 개발한 자기감정 방법이다. 자신의 신체 에너지와 기분을 토대로 감정을 정확히 읽는 데 큰 도움을 준다.

---

[4] 위 책 생각의 심리학. pp75-94

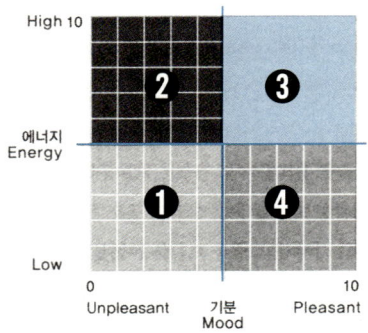

위의 감정 체크판은 오전. 오후와 특히 필요할 때에 감정의 흐름을 체크하고, 감정 체크판의 해석 방법은 ①세로축은 현재 내가 느끼는 에너지energy이다. 0에 가까울수록 힘이 없는 상태이고, 10에 가까울수록 힘이 넘치는 상태이다. ②가로축은 현재 내가 느끼는 기분mood이다. 0에 가까울수록 불쾌한 상태이고, 10에 가까울수록 유쾌한 상태이다. ③ 감정 체크판의 각 면은 감정의 대표적인 종류에 따라 달라진다. 제4면은 만족 스러움, 제3면은 행복을, 제2면은 분노를, 제1면은 우울을 나타낸다.[5]

우리가 느끼는 감정은 모두 기억이 읽힐 때 생성되는 의식적, 무의식적 생각의 사슬에서 표면화되는 것이다. 감정이란 그런 과정의 산물이다.

우리가 감정을 느낄 때마다 비록 감지하진 못하더라도 생각이 먼저 떠오른다. 활동하는 낮 시간에도 그렇지만 자는 동안에도 꿈을 꾸면서 잠재의식이 기억을 읽고 괴로운 생각을 만들어 내고 기분이 상해 잠을

---

5) 감정을 다스리는 사람, 함규정, 청림출판,2010 .9.27 PP27-31

깨는 경우도 있다. 감정이 생기는 과정은 몹시 빨라서 인식할 수도 없고 저지할 수도 없는 경우도 많다. 그런 면에서는 감정은 생각과 비슷하다. 우리는 이러한 감정의 발생을 막는 것이 아니라, 감정을 관리해서 긍정적으로 활용하는 것이 필요하다. 앞에서 우리는 기억 촉발 현상이 작동하면 기억의 창문에서 감정을 생성할 생각을 만들어 낸다. 가만히 두면 이런 생각과 감정은 금세 걷잡을 수 없이 한쪽으로 쏠리며 삶을 파괴한다. 그러나 의식의 '자아'를 활동시켜 생각과 감정을 긍정적으로 관리하고 잘 안정 되도록 변화시킬 수 있다.

어떤 상황에서는 우리가 인식하기도 전에 일단 생각과 감정이 먼저 발생한다. 그 때 우리는 의식적인 '자아'를 빨리 작동시켜 생각과 감정을 관리해서 올바르게 관리되도록 하여야 한다.

일상의 세세한 갈등은 물론이고 우리가 의식적으로 동의하지 않아도 생각과 감정의 무대에서는 매일 충동적인 상황이 자주 일어나고 우리는 자주 손을 놓는다. 때로는 일상의 생활과 충격으로 감정의 고통과 억압을 받고 쉽게 치유되지 못하는 상황까지도 벌어지게 된다.

(2)감정의 관리

감정은 순수하고 솔직하며, 가장 복잡하고도 아름다운 정신 영역이다. 감정은 우리의 정신에 크나큰 변화를 일으키고, 감정은 모험과 지루함, 매력과 환멸, 걱정과 평온, 두려움과 안정, 기쁨과 우울을 낳는다.

분노, 증오, 질투, 교만, 자만, 두려움은 우리 눈과 생각을 모두 멀게 할 수 있다. 심지어 분노는 파멸까지도 초래할 수 있다. 감정에는 칭찬, 기회, 승리처럼 긍정적인 요소도 있으며, 그 역시도 통제력을 발휘하여 균형적이고 안정적으로 관리하고 조절하여야 한다.

감정을 잘 관리하려면 생각을 감독할 때와 같이 DCD의심-비판-결심기법을 활용해야 한다. 건강하지 못한 감정의 내용을 의심하고, 특정한 반응이 왜 나오는지를 질문하고 비판하며, 그 자리에서 자유로워지겠다고 선언해야 한다. 또한 건강하지 못한 방식으로 감정적인 반응을 하고 싶은 충동이 생길 때 우선은 침묵하기로 결심하여, 내면의 리더를 작동시켜야 한다.

(3) 감정의 잘못 대처에 의한 피해

정신적인 무대에서의 감정의 잘못을 의심하고, 비판하고, 결심하지 않으면, 심리적, 정서적 장애의 피해자가 될 것이다. 가장 흔하게 나타나는 증상은 다음과 같다.

(가) 불안과 신체의 증상: 건강한 불안이나 긴장도 있다. 그것은 우리가 우리의 여건이나 환경, 그리고 사회의 현실에서 역경과 시련을 극복하고 희망과 꿈을 실현하기 위해 도전하고 성취하기 위한 힘과 노력이다.

또한 이와는 달리 만성적이고 격렬하고 파괴적인 불안이나 긴장도 있다. 어떤 종류의 불안을 경험하느냐는 감정을 관리하는 능력에 달라진다. 걱정은 생각이 지나치게 많아진 상태로, 긴장된 감정을 초래한다. 우리 모두 어떤 식으로든 그러한 기본적인 증상을 겪을 수 있거나 겪은 경험이 있을 것이다.

그런 증상으로는 급한 성미, 조급함, 감정적 불안, 초조함, 수면 장애가 있으며, 때로는 두통, 위염, 현기증, 목의 이물감, 고혈압, 근육통, 탈모 등의 신체적 증상이 나타나기도 한다. 이러한 신체적 증상은 걱정이 해소되지 않을 때 주로 나타난다. 심지어 심리 장애가 심장 발작에서 암에 이르는 신체 질병을 유발할 수 있음을 우리는 알고 있다. 이러한 불안의 유형은 다음과 같다.

- **공포증:** 두려움을 불러일으키는 사물이나 상황에 직면할 때 과대해지는 공포
- **공항장애:** 죽을 것 같은 급작스러운 기분
- **강박 장애:** 습관적이고 반복적인 행동에 가끔 동반되는 집착적인 생각
- **범 불안 장애:** 신체 화 증상에 자주 동반되는 초조함과 조급함
- **외상 후 스트레스 장애:** 개인적인 상실, 해고, 이혼, 교통사고, 전쟁 등 신체적이고 심리적인 트라우마를 겪은 후 나타나는 걱정

이런 증상을 한 가지 이상 겪더라도 절망하지 마라, 모두 극복할 수 있다. 인간의 정신에는 회복 불가능한 것이 거의 없기 때문이다. 무엇보다도 중요한 것은 감정을 관리하는 기술을 습득하는 것이 중요하다.

- **우울증:** 우울증은 다양하다. 첫째, 주요 우울 장애로 평소에는 명랑하지만 특정한 이유, 예를 들면 상실, 실패, 이혼, 부정적인 생각 등으로 우울에 빠진 경우. 둘째, 기분부전 장애로 평소 기분상태가 슬프거나 비관적인 경우로서 사춘기 이후에 많이 나타남. 셋째, 양극성 장애인 조울증으로 즐거운 기분이나 흥분 상태와 우울한 상태가 극과 극으로 변동하는 경우 우울증 중 일부에는 세로토닌 결핍이 나타나고 때로는 유전적 영향이 존재하기도 한다. 그러나 확실한 유전적 결함 같은 것은 없다는 것이 사실이다. 우울증에 걸린 사람은 다른 사람들과 경계를 지음으로써 감정적으로 스스로를 보호하는 법을 모른다.

그 결과 다른 사람의 고통에 지나치게 괴로워하며, 자신의 상심이 커

진다. 또한 과민하기 때문에 과거에 겪은 것은 불쾌함이 사라지지 않고 마음속에 남아있게 된다. 심각한 우울증은 대부분 의기소침, 성욕감퇴, 수면장애, 식욕장애, 자살충동, 지나친 피로, 사회적 고립 등의 증상을 나타 낸다. 우울증은 전문 의사에게 치료받는 것이 필요하다.

(나)자살충동: 안타깝게도 우리나라를 포함한 세계에서는 수많은 사람이 자살을 하며, 그 인원이 살인보다도 많으며, 특히 우리나라는 세계에서 자살률이 세계에서 1-2위를 다투고 있는 등 사회의 문제가 심각하다.

그러나 사람들이 자살을 생각하거나 시도할 때는 자기 자신을 죽이려고 하는 것이 아님을 반드시 명심해야 한다. 그들은 자신의 감정적 고통과 고뇌, 괴로움을 죽이려는 것이다. 철학적으로 말하면, 죽음에 대한 생각은 모두 살려는 의지의 표명이다. 자살을 생각하는 것은 그저 비참한 상태에서 벗어나려고 하고 싶었기 때문이다. 일단 감정을 냉정하게 다스리고 내면의 '자아'를 리드하는 법을 익히고 숙달하여 삶의 의지를 강하게 발동시키면 자살의 희생자가 되는 것을 방지할 수 있다.

(다)감정을 관리하는 연습

우리는 감정에 대하여 명심하여야 할 점이 "건강하지 못한 감정은 수동적 사람을 찾아가지만, 건강한 감정은 그 감정을 이끌 수 있는 사람을 찾아가는 것이다" 인생을 성공적으로 이끌기 위해서는 감정의 관리를 중요하게 생각하고 이를 적극적으로 관리하여야 한다는 것이다.

감정을 관리하는 연습을 하면 몇 달이 지나지 않아 큰 변화를 느끼게 될 것이다. 삶이 더 평온해지며, 더 자유로운 기분이 들며 좋은 꿈을 꿀 수 있게된다. 또한 자기 자신의 목표를 설정하고 추구하며, 자신의 존재에 더 매력을 느끼게 될 것이다. 자신의 내면의 섬세함과 평온함이 서서히 자리 잡고 수동성에서 벗어나 활달하게 생각하고 행동의 활력도 회복할 수 있는 것이다.

2.5 생각, 감정과 기억
(1) 기억의 특질과 작용

컴퓨터와 달리 사람은 기억의 내용을 마음대로 조절할 수 없다. 자동 기억 등록AMR: automatic memory registry현상을 따르는 것이다. 우리는 일상적으로 기억되는 사항을 머릿속에서 지워버릴 수 없는데, 그 이유는 기억의 '문지기'인 기억의 등록기는 저절로 작동하며 인간의 의지에 좌우되지 않기 때문이다. 무엇인가를 기억하고 싶을 때 마음 내키는 대로 저장해 두었다가 잊어버리고 싶을 때 삭제할 수는 없다. 어떠한 때 무례하고 무자비한 친구나 상사의 말과 행동이 마음에 몹시 거슬리고 상할 때, 우리는 그것을 잊어버리려고 한다. 그러나 잊어버려지지도 않고 더욱 생각이 나는 것이 현실이며, 그럴 때에 그것이 더 생각나고 괘씸한 마음이 되살아나는 것이 통상적인 일이라는 것을 우리는 경험을 통하여 잘 알고 있다.

올바르고 탁월하게 생각하려면 우선 의식적 기억에 등록된 것을 '보호 하는 방법'부터 익혀야 한다. 이 영역을 잘 관리하는 사람은 상상력과 통찰력과 이해력이 풍부해지고, 실수와 실패를 통하여 더 많은 것을 배울 수 있게 된다. 사람들은 기억이 어떻게 작용하는지를 잘 모르며, 기억이 자신의 의지에 달려 있다고 주장해 왔다. 기억을 지울 수 있고 애초에 일어나지 않았거나 우리 의식 속에 들어오지 않은 것처럼 살 수 있다고 믿었다. 그러나 그것은 사실이 아니며, 정신을 확장하고 삶의 질을 향상시키려면, 기억의 역할과 기능과 특징을 잘 알고 우리가 어떻게 활용할 수 있는지를 파악하고 알아야 하는 것이다.

모든 아이디어, 생각, 반응, 순간적인 감정, 경험은 기억 속에 각인되며 이야기라는 스토리의 한 조각을 이룬다. 삶의 스토리의 한 부분을 이루는 것이다. 상처와 상실, 거부 같은 경험은 잊어버리려고 노력할수록 우리 안에 더욱 깊이 새겨지고, 무의식은 그런 경험에 더욱 접근 한다. 즉, 그런 경험을 판독 하는 것이다. 부정적인 생각이 판독될수록 기억하고 싶지 않은 바로 그 사건에 대해 수천 가지 생각이 꼬리에 꼬리를 물고 일어난다. 스트레스를 주는 경험을 걸러내는 가장 좋은 방법은 화내거나 증오하거나 거부하거나 불평 하는 것이 아니라는 것이다. 왜냐하면 그렇게 반응 하면 상황은 더욱 더 나빠지기 때문이다. 다음과 같이 하는 것이 효과적이다.

- 그 경험을 이해한다.
- 그 경험을 비판한다.
- 그 경험을 다각도에서 바라본다.
- 그 경험을 성찰할 기회로 활용한다.
- 그 경험의 노예가 되지 않기로 결심한다.

(2) 감정이 기억에 끼치는 영향

우리는 우리가 겪은 경험 중에 '감정의 정도'가 크면 클수록 감정의 등록기가 빠르게 작동하고 기억에 '읽힐' 기회도 커지고 '입력'도 생생하게 된다는 것을 알 수 있다. 우리의 삶을 생각해 보면, 늘 활성화된 감각과 감정은 일 년에도 수백만 개의 경험을 입력한다. 따라서 그에 대한 기억도 수백만 가지다. 그러나 계속 떠오르는 경험은 그 중에서도 상실, 기쁨, 칭찬, 두려움, 좌절처럼 강렬한 감정을 느낀 경우이다.

경험은 우선적으로 일상 활동에 쓰이는 연속 사용기억CUM: continuous usage memory에 등록되는데, 이는 곧 의식적 기억을 말한다. 강렬한 경험은 의식 중추에 등록되고, 그때부터 끊임없이 반복하여 읽히기 시작한다. 시간이 지나면서 기억의 강렬함이 서서히 감소함에 따라 회상 빈도가 줄어들고 존재적 기억EM: existential memory의 주변부로 옮겨가기 시작한다.

예를 들어 우리는 칭찬을 받으면 그것을 연속 사용 기억에 등록한다. 칭찬을 처음 받은 날에는 그 기억을 여러 번 읽는다. 다음날에는 전날처럼 자주 읽지 않는다. 다음 주가 되면 거의 읽지 않을 것이고, 한 달이 지나면 마치 사라진 것같이 보일 것이다. 그러나 이 칭찬은 전혀 삭제되지 않았다. 그저 무의식적 영역인 존재적 기억으로 옮겨간 것뿐이다. 이 기억은 약화되었지만, 지속적으로 우리의 성격에 영향을 미친다.

그러나 부정적인 경험, 예를 들면 '불쾌하거나 분노를 샀던 일 등의 잊혀지지 않을 사건'은 그 후로 며칠 동안 비슷한 각본대로 자주 읽힐 것이며 무지막지한 생각을 양산하고 결국 갈등지대, 트라우마 지대를 만들어 낼 것이다. 그 사건은 존재적 기억으로 가지 않고 건강하지 못한 기억의 창문이 되어 연속사용 기억에 머무른다. 감정은 경험 등록의 질뿐만 아니라 기억이 열리는 정도도 결정하며, 긴장된 감정은 기억이 읽힌 해당 창문을 닫아버릴 수도 있는데, 그러면 우리는 이성대신 본능에 따라 반응하게 된다.

우리는 외부에서 일어난 문제의 크기가 아니라, 기억이 읽히는 영역이 열리고 닫히는 현상의 영향을 받는다. 사랑하는 사람의 냉소적인 표정이나 좋지 못한 상황을 본 것처럼 작은 문제들이 기억의 긍정적인 영역을 닫고 이성적 사고를 차단할 수 있다. 어떤 경우에는 걱정이나 괴로움의 크기가 너무 격렬해서 아무런 지각없이 반응하지만, 또 어떤 경우는 기억의 창문을 열고 아름다운 감정을 일구는 생각을 만든다. 또한 자신뿐만 아니라 다른 사람에게도 문제를 일으키는 건강하지 못한 기억의 창문을 열 수도 있다. 항상 생각의 감독이 되어야 하며, 생각을 고쳐 쓰고, 감정을 다스리고, 자신의 문제를 의심하며 연약함에 비판을 가하며, 상황을 여러 각도에서 보아야 함을 명심해야 한다. 자신 스스로가 자신을 보호하지 않으면 특별한 삶을 얻을 수 없으며, 생각의 지평이 원래의 잠재력만큼 확장되지 않는다.

(3) 기억의 재편집과 보호

인간의 기억은 컴퓨터와 달라서 기억의 내용을 임으로 삭제하기는 쉽지 않으며, 또한 큰 상처와 살면서 가장 힘들었던 순간을 지우려고 노력해도 쉽지 않다는 것을 우리는 경험을 통하여 잘 아는 사항이다. 그러면 자기 자신의 이러한 문제를 해결할 수 있는가는 다음과 같다.

· 무의식에서 자동적으로 나타나는 기억을 재편집하기
· 건강하지 못한 기억 창문에 대응할 또 다른 창문 만들기

첫째, 자동적으로 나타나는 기억을 재편집하기 위해서는 부정적인 경험에 새로운 경험을 덧입힌다는 것이다. DCD 기법을 적용하면, 건강하지 못한 경험이 저장된 곳에 새로운 경험을 등록할 수가 있다. 예를 들면, 뚜렷한 이유도 없이 주변 사람들을 늘 공격적이고 비판적으로 대하

는 남자가 있다. 그가 부정적인 행동에 매일 DCD 기법을 적용한다면, 즉 그 타당성을 의심하고 그 행동의 가치를 비판하고 좀 더 적절한 행동으로 바꾸기로 결심한다면, 3개월 안에 '무의식에 자리잡은 기억'을 재편집할 수 있다.

그는 눈에 뛸 만큼 달라질 것이다. 더 친절하고 긍정적인 모습으로 변할 것이다. 부정적인 충동은 여전히 남아 있겠지만 점차 약화될 것이다. '자아'의 무척 중요한 역할은 자기 스스로의 이야기를 쓰는 저자가 되는 것이다. 과거의 영향을 고쳐 쓰고 무의식에서 나타나는 기억을 재편집하는 것이다. 인간의 생각을 변화 시키는 것은 쉽지 않지만 가능한 일이며, 모든 것이 훈련과 인내와 의도에 달려 있는 것이다.

둘째, 건강하지 못한 기억창문에 대응할 다른 창문 만들기에 관한 것이다. 우리는 앞에서 살펴본 부정적인 경험의 기억을 떠올릴 수 없게 한다고 해도 그 경험이 사라진 것은 아니며, 다만 의식적 기억인 연속 사용 기억CUM에서 무의식적 기억인 존재적 기억EM으로 자리를 옮겼을 뿐이다. 그 기억은 떠오르지 않을 뿐 우리의 기억 속에는 있으며 아직도 잠재되어 잇는 것이다. 이것을 완전히 제거하기 위해서는 기억 속에서 완전히 제거되도록 새로운 기억의 창이 열리도록 해야 하는 것이다. 이렇게 하기 위해서는 완전히 생각의 틀을 바꾸어 올바로 생각할 수 있는 생각과 감정을 갖는 것이다.

생각의 틀을 바꾸어 새롭게 생각과 감정을 관리하면 힘든 어린 시절을 보냈다고 하더라도 어른이 되어 건강하고 행복하게 살 수 있는 것이며, 현재 여건과 환경이 어렵더라도 내적인 생각의 틀이 긍정적이라며 현재에 대한 인내와 창의적이고 활동성 있는 행동을 이끌어내어 환경과 여건을 변화시킬 수 있는 것이다. 생활방식이 스트레스를 준다면 그것을 바꾸기로 결심을 하고 삶의 아름답고 긍정적인 것을 음미하며 시간을 보내도록 하여야 한다. 창의력을 자유롭게 발산하고 생각을 관리하고 감정을 보호하는 연습과 실행을 계속하면 하루하루의 삶의 질이 높아지고 행복도 증가될 수 있는 것이다.

제3절 자아 정체감에 관한 생각

3.1 자아정체감의 확립을 위한 생각

자신이 남과 다르다는 것을 인식하게 되면서 서서히 발달하는 자아개념self concept은 연령에 따라 간단하고 구체적인 개념에서 추상적이고 복잡한 개념으로 발달된다. 심리학자인 윌리엄 제임스William James는 1980년에 자아개념을 "한 개인이 가진 모든 것"이라고 정의하고 이에는 물질적인 자아material self는 외모, 신체적 특징, 물질적 소유 등을 말하고, 사회적 자아social self는 타인과의 관계 속에서 나타나는 나의 신분과 위치를 뜻하며, 심리적 영적 자아psychical or spiritual self는 가치관과 도덕 기준 등과 관련된 내면적 특성과 사고 등을 말하는 것으로 성격, 능력, 적성 등을 포함하는 생각과 감정들이라고 할 수 있다. 이러한 자아개념은 자존감self esteem관련되며, 자존감은 자아를 긍정적인 가치로서 인식하는 개념으로 다른 사람들의 수용과 인정으로부터 형성된다.[6] 따라서 자아개념의 형성에 있어서 부모, 교사, 친구 등과 같은 중요한 타인에 의해서 자기가 행한 특정의 행동에 대하여 칭찬, 인정과 같은 긍정적 반응을 보

---

6) 위 책 인간행동과 사회환경. 2006.7.5 P36

이면, 이에 따라서 자아 개념은 긍정적으로 반응을 하여 그 행동을 지속화 습관화 시킬 가능성이 높으며, 그렇지 않으면 자아개념도 부정적으로 작용하여 부정적으로 형성될 가능성이 높다. 자아개념은 세상과 자기를 바라보는 색안경이라고 할 수 있다.

우리가 세상을 정확히 보려면 자아 정체감self-identity 확립이 필요하다. 청소년기인 15-25세에 있어서는 부모로부터 독립하기 위하여 자아 정체감을 갖는 시기로써 이때에는 부모로부터 독립하여 자율성을 갖는 과정에서 대부분의 청소년들은 독립에 대한 갈망과 분리되는 것에 대한 불안감의 양쪽감정ambivalence을 갖게 된다. 이러한 양쪽의 감정을 극복하기 위해서는 진정한 자율성을 확보하기 위한 자아 정체감을 형성하여야 한다는 것이다.

자아 정체감self-identity의 형성과정은 자신은 독특하고 타인과 구별되고 분리되는 실체라고 인식하는 데에서 시작된다. 신체적 특징, 개인적 기술적 특성, 가치관, 희망, 역할, 사회적 신분을 포함하여 나는 누구이며, 무엇인가를 깨닫는 것이다. 자아 정체감의 형성은 아동기에 부모나 교사의 감정, 태도, 행동, 가치관을 마치 자기의 것 인양 동일시하는 아동기의 경험과 동일시에 뿌리를 두고 청년기를 거쳐 성인기 까지 발달이 지속되는데 청소년기보다도 청년 후기에 더 중요한 문제로 대두되고 있다. 청년기의 정체감은 앞으로의 인생 여정에서 삶을 살아가는 지표로서 삶의 방향과 진로를 결정하는 중요한 요인이기 때문이다. 이 시기에 정체성 확립을 위한 생각을 가지고 노력과 관심을 기울여야 한다. 또한 청년의 후기에는 취업의 준비와 선택에 대한 결정을 하여야 하는 중요한 시기로서 청년기에 달성해야 할 중요한 과업 중의 하나이기도 하다. 홀랜드Holland, 1973의 성격 유형 이론에서는 자신의 성격과 적성에 맞는 직업을 선택하는 것이 좋다고 보았으며, 직업은 성인기의 삶의 형태를 결정하는 주요한 요인이라고 할 수 있다고 말 하였다.[7]

3.2 건강한 자아의 이해
(1)건강한 자아의 확립에 관한 생각

자아는 상황을 분석하고 비관적으로 생각하며 자유의지를 행사하고 오류를 바로잡으며 목표를 설정하며 감정을 다스리고 생각을 다스린다. 자아는 비판적인 양심과 의식적인 의지, 결정하는 능력을 지닌 우리의 정체성이다. 건강하저 못하고 미성숙한 사람, 자신을 인도하는 생활방식이 자리 잡히지 않은 사람은 우유부단하고 불안정하며 걱정이 많고 파괴적인 생각과 감정에 사로잡힌 모습을 보이는 경우까지 있다.

자아가 건강하지 못하면 스스로 자신의 지도력self leadership이 없어서 내면의 문제와 갈등을 해결하지 못한다. 올바르게 생각하려면 건강한 자아를 개발하여야 한다. 우리는 자아를 확립하여 올바르고 탁월한 생각의 주체로 살아가며, 스스로가 삶의 여정에 있어서 스스로가 삶이라는 인생의 연극에 주연 역할과 감독의 역할을 하여야 함에도 극장의 객석에 앉아 있는 관객처럼 수동적인 관객이 되는 경우가 많은 것이 사실이다.

우리는 성격과 태도를 바꾸고 삶을 통제하는 것이 아주 힘들며, 심지어는 불가능한 경우도 볼 수 있으나, 그러나 청소년은 성격을 바꾸기가 용이한 편이지만 성인의 경우에도 생각의 구조와 기능을 잘 이용하면

---

7) 위 책 인간 행동과 사회환경 PP114-116

나이에 관계없이 잘 개선할 수 있으며, 이를 통하여 인생이라는 연극에서 스스로 연극의 대본을 쓰고 연기를 하며 이를 잘 감독할 수 있는 역할까지도 할 수 있다.[8]

인간은 언제나 생각을 한다. 의식하던 그렇지 않던 생각 하나하나는 우리에게 영향을 미치며 우리를 만들어 간다. 우리가 건강한 생각을 개발하고 부정적인 것을 걸러내도록 할 때에 우리의 자아는 건강하게 확립된다. 이러한 생각은 우리의 정신과도 직접적으로 연결되어 있어 정신은 자연 현상 중 가장 아름다운 존재이면서도 쉽게 갈등을 겪는다. 열등감, 세심함, 공포증과 우울증, 강박감과 패닉 증후군, 경직과 완벽주의, 불안감과 충동성, 미래에 대한 걱정 등 수많은 갈등이 있을 수 있다.

이러한 갈등에서 벗어나고 긍정적인 변화를 이루기 위해서는 융통성과 침착함, 명료한 생각을 가지고 자아의 정체성을 보다 확고하게 확립하여야 한다. 이를 위해서는 필요한 생각에 대하여 학습을 하고 훈련을 받아야 한다.

(2) 억압 받는 상황에서의 대처를 위한 자아

우리는 살아가면서 때로는 어떤 나쁜 함정에 빠지거나 배신당하고 궁지에 몰려서 참을 수 없는 고통과 스트레스가 올 때 그 상황에서 침착하게 참고서 슬기롭게 대처하기보다는 충동적이고 분별없이 반응을 하는 것이 우리의 본능이다. 그러한 억압의 순간에 우리는 두려움, 화, 걱정에 사로잡힌 나머지 최악의 실수를 저지르거나 나중에 후회할 말과 행동을 하고 심지어 목숨까지도 버리는 자실을 하는 경우까지도 있다.

---

[8] 위 생각의 심리학 PP28-30

이러한 어려움에 처하여 감정을 억누를 수가 없는 상황에서는 일단 30-60초 동안 호흡을 들이쉬고 한숨을 돌린 뒤 격앙된 것을 풀기위한 격리나 회피, 억제의 조치를 한 후에 감정을 가라앉히고 냉정하고 이성적인 생각으로 침착하게 대처하여야 한다.[9)]

시간이 조금 지나고 침착해지면 해결 할 수 없었던 문제에 대한 판단과 해결방안이 떠오를 수도 있는 것이다. 이러한 어려운 상황에 부딪혔을 경우에는 그 상황에 따라 친구, 교사, 부모님, 선배 등의 조언을 받는 것이 상당한 도움이 되며, 전문적이고 권한 있는 해결이 필요할 때에는 전문가나 관련 정부기관에 도움을 요청하여야 한다. 특히 요즈음 청소년들에게는 학교에서의 폭력의 문제나 기타 사회에서의 어려움으로 인하여 이를 스스로나 가정에서 해결하지 못한 채 깊은 실의나 좌절에 빠져서 심각한 상황에 처하거나 심지어는 이런 문제로 가출하거나 자살을 하는 경우가 종종 있는 것을 우리는 방송과 신문을 통하여 목격하곤 한다. 어떠한 경우에도 인간의 문제는 인간이 해결할 수 있는 지혜와 능력을 가지고 있다는 신념과 인간의 생명은 무엇보다도 고귀하고 중하며, 스스로 함부로 버릴 수 없다라는 진리를 마음속에 깊이 간직하고 실천해야 하는 것이다.

---

9) 위 생각의 심리학 PP34-35

제2장 인간의 인지와 인본주의에 대한 이해

제1절 인지란 무엇인가

1.1 인지의 개념

인지cognition란 일반적으로 사고의 능력을 의미하는데, 넓은 의미로는 사고 외에 정보를 획득하고 저장하며, 지각, 기억, 지능, 언어 등을 통해 회상하는 것을 포함하는 높은 수준의 정신과정을 말한다.

간단히 말하면 인지란 배우고 생각하는 능력이다. 인지의 개념 속에는 지적과정, 지각, 기억, 지능, 학습, 회상, 상상, 추리, 판단 능력, 그리고 문제 해결 능력 등, 눈으로 볼 수도 없고 손으로 만질 수도 없는 일련의 정신 과정들이 포함된다. 그러므로 인지과정에 포함되는 중요기능으로는 지식의 발견과 해석, 지식의 분류, 저장된 지식의 상기와 이들 지식이나 개념의 평가, 그리고 지식들을 종합하여 법칙을 추론하며, 또 이 지식을 다른 영역에 결합시켜 발견하지도 못한 지식을 찾아보기도 하고, 또 여러 가지 가능성을 상상해 보기도 하고, 책략을 꾸미고 이를 일반화 시키며, 또 환상을 꾸며보는 기능이 포함된다.

이러한 문제해결 과정은 인지과정에 기초가 되며, 새로운 사건을 계획하고 해결하는 방법과 장애물을 피하는 방법이 모두 인지적 과정을 통해 일어난다고 볼 수 있다.

인지이론에서는 인간을 매우 주관적인 존재로 규정하고 있다. 즉 이 세상에는 객관적인 현실이란 존재하지 않으며 각 개인이 나름대로 의미를 부여하는 주관적 현실만이 존재한다고 본다.

인지이론에 의하면 객관적인 현실은 개인의 독특한 방식에 따라 구성되어 모든 사람에게 획일적이고 표준화 된 영향을 미치지는 못하므로 개인의 사고와 행동을 이해하기 위해서는 그 개인의 주관적인 현실을 이해하여야 한다. 인지이론에서는 인간의 무의식에 초점을 두고 인간을 충동적인 존재로 보는 정신역동이론과는 달리 인간의 의식세계에 초점을 두고, 인간을 사고하는 합리적 존재로 가정한다.

인지이론에서는 인간의 지적능력이 어떠한 과정을 거쳐 발달하며 또한 발달에 영향을 미치는 요인은 무엇인가에 대해 많은 관심을 가져왔다. 인간의 지적능력이 연령이 증가함에 따라 기본적이고 구체적인 것으로부터 복잡하고 추상적으로 발전해 간다는 것을 밝혔다.

인지이론은 환경적 요인들이 인간에게 어떻게 지각되고 인식되느냐에 큰 관심을 두고 변화 과정에 탐색을 하고 있다.[10]

1.2 인지 발달에 대한 이해

인지이론가 중에서 가장 널리 알려진 피아제는 인간이 인지 능력 또는 사고 능력을 발달시키기 위해서는 반드시 거쳐야 하는 단계가 있는

---

10) 위 책. 인간행동과 사회환경, PP276-277

데, 피아제는 이에 대한 관심을 가지고 자기 아이가 성장하고 발달하는 것을 주의 깊게 관찰하면서 이에 대한 이론을 정립시켰다.

피아제는 인지적 성숙과정을 주된 영구영역으로, 그는 지식의 구체적인 내용보다는 적극적인 과정으로의 인식에 관심을 가졌다. 여기에서의 인식은 경험을 조직화 하고 의미를 부여하는 과정으로, 말하고, 해석하고, 문제를 해결하며, 정보를 종합하고 복잡한 과제를 분석하는 포괄적인 인지적 활동을 연구하고 인지적 발달과정을 밝혔다

피아제는 인간의 지적 능력이란 개인이 주어진 환경에 효과적으로 작용할 수 있는 능력이라고 보았다. 그는 인지의 발달의 이해는 인간의 타고난 인지 능력이 환경과의 상호작용을 통해 어떻게 변화해 가는가와 그 변화 양상을 이해하는 것으로 인간의 인지구조는 유전적인 요인과 환경적 요인이 서로 맞물려 복잡한 상호작용을 통해 발달하면서 형성된다고 했다.

피아제는 인간은 성장하는데 있어 다양한 단계를 거치면서 생각하는 법을 배우며, 유아기와 아동기의 초기에는 생각하는 것이 매우 기본적이고 구체적이다. 그러나 성장하여 청년기를 거치면서 사고는 더욱 복잡하고 추상적이 되며, 인지 발달의 단계는 개인이 생각하는 일정한 원칙과 방식으로 특징지어진다고 보았다.

피아제의 인지발달 이론은 성격의 한 측면으로 간주될 수 있는 인지 기능의 다양한 발달 수준을 개념적으로 설명해 줌으로써 인지적 측면의 인간행동과 인간발달에 관한 이해를 넓히는데 기여했다.

인간의 인지 발달은 아동기까지의 기본적이고 구체적인 생각의 인지 과정을 거쳐, 청소년기인 11-15세 정도가 되면 논리적 조작에 필요한 모

든 문제를 해결할 수 있는 능력이 발달한다. 이 기간 동안에 이들은 가설적인 것, 확률 및 가능성에 관해 생각하는 능력이 발달된다. 또한 다양한 요인들을 함께 고려할 수 있을 뿐만 아니라 사물이 존재하는 방식과 기능하는 방식에 대하여 추상적으로 가설을 세울 수 있다. 즉 한 사건이 주어지면, 모든 방안을 강구할 수 있으며, 가장 체계적이고 과학적인 추론을 할 수 있고 미래, 사회본질 등에 대하여 생각하면서 추상적인 인지 능력도 가지게 된다. 그러나 이는 어른과 거의 유사한 형식적인 사고를 할 수 있으나, 아직도 어떠한 문제를 어른과 같이 체계적이고 종합적으로 사고하는 인지능력은 덜 갖추어진 상태로 보았다. 그러나 이러한 피아제가 생각한 인지발달은 청소년기 이후에도 계속 발전하는 수많은 다양성과 복잡한 사실이 그 후의 연구를 통해 밝혀졌고 현재에도 생각과 관련한 인지발달에 대하여 밝혀지지 않은 심리학적 정신 의학적 사실에 대하여 연구를 실시하고 있다.

1.3 긍정의 심리에 대한 이해 [11]

(1)심리학의 적용분야의 변화

종전의 심리학은 지난 50년 동안 정신질환이라는 한 가지 주제에만 매진해 왔으며 큰 성과도 거두었고, 그 결과 심리학자들은 이제 우울증, 정신분열증, 알코올 중독증과 같은 것을 상당히 정확히 진단하게 되었다. 아울러 이러한 정신질환의 발병 과정, 유전적 특징, 생화학적 작용, 심리적 원인들에 대해서도 방대한 지식을 축적하게 되었다.

---

11) 긍정의 심리학, 마틴 셀리그만 저, 김인자 역, 도서출판, 물푸레 발간.2011.7.5 PP9-14

그러나 이러한 놀라운 업적에도 불구하고 삶을 불행하게 하는 여러 심리상태를 완화하는데 치중하고 삶의 긍정적 가치를 부각시키려는 노력은 상대적으로 소원하였던 것이다. 사람들이 원하는 것은 단순히 약점을 보완하는 것보다는, 보다 긍정적으로 바라는 것은 사는 동안 진정으로 의미 있고 충만한 삶을 사는 것인데 이에 대한 연구는 부진하였던 것이다.

이제는 심리학에서 삶을 불행하게 하는 부정적인 심리상태가 아니라 긍정적인 심리상태인 긍정적인 정서에 대하여 연구하고, 개인의 강점과 미덕을 추구하여 '행복한 삶'으로 이끌어 줄 수 있는 것을 연구하게 된 것이며 이에 대한 대표적인 심리학자가 마틴 셀리그만 교수이다.

그는 인지심리학 분야를 심층적으로 연구하여 인간이 긍정적으로 생각하는 내적인 자율성이 외적인 인간환경보다 더 중요하고 이는 영속적인 행복의 수준을 결정하는 주요한 요인임을 밝혀냈고 이러한 내용을 삶에 적용하는 것을 학습할 수 있는 긍정의 심리학을 저술했다.

(2)긍정 심리의 삶에의 적용

인간의 삶에 있어서 행복에 영향을 미치는 요인은 첫째, 선천적으로 타고 태어나는 유전적인 성격의 특성과 쾌락의 늪의 긍정성이 약 50%정도로서 중요한 요인이라는 것이다. 이는 세상을 보는 원초적이고 근본적인 관점과 입장, 시각을 긍정적이냐 부정적이냐에 관한 수준이 어떠한지에 관련된 심리적 특성과 관련한 것으로 우리나라 어린 아이가 국외로 입양을 간 경우에도 그곳에서의 양부모의 성격적 특성보다는 생부모로부터 물려받은 성격적 특성이 훨씬 더 중요하다는 것이다. 이는 일반인의 경우에 있어서도 환경과 여건보다는 선천적으로 태어난 심리적인 특성이 어떠한지가 행복에 더 많은 영향을 미친다는 것이다. 그러나 이러한 성격적 특성은 유전적으로 가지고 태어나는 것으로 이를 근본적으로 바꾸기는 어려운 변수라는 것을 의미한다.

둘째, 행복에 영향을 미치는 외적 환경은 돈, 결혼, 사회생활, 부정적 정서, 나이, 건강, 교육, 날씨, 인종, 성, 종교 등이며, 이러한 환경적 조건이 행복에 영향을 미치는 영향력은 대략 8-15% 정도라는 것이다. 이러한 외적 환경자체는 쾌락이나 만족을 주는 데는 영향력이 크지만은 그 자체로서 행복의 요인이 되는 강점과 미덕, 더 나아가서 삶의 목적과 의미를 부여하거나 충족시켜 주는 결정적인 요인이 아니라는 것이다. 이러한 외적 환경은 생존과 안전에는 크게 기여할 수 있으며 그 자체가 인정과 존경에는 어느 정도의 영향력을 발휘할 수 있는 요인이나 아름답고 성숙되며 깨달은 삶을 살아가는데 있어서 중요한 의미를 갖는 삶의 목적을 실현하는 결정적인 요인은 아니라는 것이다.

셋째, 행복에 영향을 미치는 내적 자율성은 개인이 타고 태어난 성격적 특성과 관련이 없는 사후적으로 형성되는 특성으로 이는 행복에 35-42%의 영향력을 미친다는 것이다. 이러한 내적 자율성은 주어진 환경적 여건과 관련이 거의 관련이 없는 심리적 속성으로 자신의 긍정성과 매사에 감사하는 마음가짐, 관용과 포용의 심성으로서 용서를 하는 것을 포함한다. 또한 이러한 내적 자율성에는 통찰력과 판단력, 예견력을 갖는 지혜와 용기, 사랑, 정의감, 절제력, 영성과 초월성 등의 내적 수용과 적용이 관건이 된다.

이러한 내적 자율성은 긍정적인 심리를 가지고 살아가는 중요한 삶의 요인으로 세상을 보는 삶의 안경역할을 하는 심리적인 자아로써 모든 세상의 문제를 합리적이고 긍정적으로 보게 하며 삶을 사회 전체의 입장에서 함께 잘 살 수 있는 플러스 게임의 입장에서 생각하고 실천할 수 있게 한다. 또한 이러한 긍정적인 심리는 세상을 살면서 겪는 어려움이나 좌절과 실패를 잘 극복하게 하며, 자기 주변의 삶의 문제도 잘 이해하고 해결하며 극복하는데 플러스 요인으로 작용하는 것이다. 종전에는 행동주의 심리학 이론 등에 의하여 환경적 여건이나 외형적인 여건이 내적 자율성보다는 인간의 생각이나 행동에 더 많은 영향을 미친다고 보았다.

그러나 최근에는 인지 심리학이 도입되고 발전하면서 인간의 자율적인 내적 심리가 생각이나 행동에 더 압도적인 영향을 미치며, 이는 행복에 대한 영향력도 선천적인 성격의 특성과 더불어 중요한 요인이 된다는 것이다. 특히 선천적인 특성은 마음대로 조정할 수 없는 것으로 생각을 올바르고 탁월하게 하는 내적 자율성이 자신의 행복을 가져다주는 가장 중요한 결정적인 요인이라는 것이 명확하게 밝혀졌다.

제2절 인본주의에 대한 이해[12]

2.1 인본주의의 개념

인본주의의 이론은 인간의 생각이나 행동을 무의식적 결정론에 근거하고 있는 정신분석이론과 환경결정론에 근거를 두고 있는 행동주의 이론에 반대하는 제3의 이론이다. 이 이론은 실존주의 철학에 근거를 두

---

12) 위 책 ,인간행동과 사회환경, pp291-299

고 있으나 유럽의 실존주의 이론이 인간의 소외, 무의미 등과 같은 인간 존재의 제한성에 초점을 두고 있는데 반하여, 인본주의 이론에서는 사랑, 창조성, 선택, 의미, 가치, 자아실현 등과 같은 인간의 긍정적인 측면에 초점을 두고 있다.

인본주의자들은 각 개인이 자신의 행동과 경험의 결정자임을 강조한다. 즉, 인간은 스스로 경험하고 결정하며, 자신의 행동을 자유롭게 선택하는 생각과 의지를 지닌 사람이라는 것이다. 또한 인간은 근본적으로 선하며 존경을 받을 만하고 환경 조건이 일정하기만 하면 자신의 잠재 능력을 실현해 나갈 수 있는 존재라고 보았다.

인본주의 학자들은 인간은 겉으로 드러나는 반응들로만 구성되어 있지 아니하며, 또한 전적으로 외부 환경에 의해 지배당하는 존재도 아니라고 주장한다. 이들은 인간이 지금까지 인식되어 온 것보다 훨씬 더 자유롭고 긍정적인 존재로 평가한다. 인본주의적 관점은 정신분석적 인간관에서 볼 수 있는 음울한 비판론과 절망에, 그리고 행동주의에서 볼 수 있는 인간을 기계화하는 생각에도 반대한다.

인본주의자들은 인간에 대해 좀 더 희망적이고 낙관적이며, 이들은 어떤 인간도 자신의 내부에 건전하고 창조적인 생각을 하고 성장과 가능성을 가지고 있다고 믿는다.

2.2 인본주의 성격이론

아브라함 머슬로 Abraham H. Maslow는 인본주의의 옹호자였으며, 그에게 가장 중요한 목적은 인간이 자신의 발달과 향상을 개발하기 위해서 우리의 잠재력이 어느 정도인지를 알려는 것이었다. 머슬로는 인간 본성의 어두운 면을 인정했지만, 인간의 좋은 면을 연구하는 것이 정신 병리를 방지하는 것이라고 믿었기 때문에 건강한 사람의 생각과 성격 본질을 이해하려고 노력했다.

그는 자아실현에 도달한 사람은 공통적으로 현실 감각이 뛰어나고, 자발적으로 행동하며 자아 중심적 이기보다는 문제 중심적이고, 좋은 유머 감각을 가지고 있으며, 독창적이고 원만한 대인 관계를 갖는다고 밝혔다. 머슬로의 인본주의 성격이론의 기본전제는 다음과 같다.

첫째, 각 개인은 통합된 전체로 간주되어야 한다.

둘째, 인간의 본성은 본질적으로 선하며, 인간의 파괴적이고 약한 요소는 파괴적인 환경에서 비롯된 것이다.

셋째, 창조성이 인간의 본능이다.

머슬로는 어느 순간 자아실현이 이루어지는 일시적인 순간을 경험할 수 있는데, 이를 정상경험peak experience이라고 했다. 정상경험은 행복과 만족이며, 더 넓은 세계와의 일체감이며, 통합적인 존재에 대한 체험이다.

머슬로는 인간의 욕구 중 자아실현의 욕구가 가장 높은 수준의 것이라고 했다. 자아실현을 이루기 위해서는 몇 가지 전제조건이 충족되어야하며, 우선 세속적인 걱정, 특히 생존과 관련된 근심으로부터 자유로워야 한다고 했다. 그리고 자신이 하는 일. 직업에서 편안해야 하고, 가족원이나 직장 동료들로부터 인정을 받는다고 느껴야 한다. 거기에다 자신을 진정으로 존중하는 마음이 있어야 한다고 했다.

머슬로는 인간에게 있는 기본욕구와 성장욕구를 구분하는 동기화 이론을 제시했다. 기본욕구는 결핍성의 욕구라고도 하며, 음식물과 물,

온도, 사랑과 애정, 안전, 자기 존중 등에 대한 욕구들이다. 성장욕구는 자아실현 욕구라고도 하며, 정의. 선. 미. 질서. 조화. 잠재 능력과 재능을 발휘하려는 욕구들이다. 기본적인 욕구들은 대부분 성장욕구에 비해 우세하며 계층적인 순서로 배열된다.

성장욕구는 기본적인 욕구처럼 선천적이라고 보았으나, 기본적 욕구들 만큼 사람들에게 선천적이거나 본능적인 것이 아니며, 이 욕구들이 충족되지 않을 때에 그 사람은 소외, 고민, 냉담, 냉소 등과 같은 상태가 되어 병적인 상태가 될 수 있다. 즉 심리적인 긴장을 유지하고 완전한 성장을 이루기 위해서는 성장 욕구를 만족시켜야 한다.

1단계에서 4단계까지의 생리적 욕구, 안전 욕구, 소속과 사랑의 욕구, 자존의 욕구들은 결핍 deficit 으로부터 인간을 동기화 시키지만, 자아실현 욕구는 성장 growth 에 의해 동기화되기 때문에 다른 욕구와 함께 계층화 시키기에는 적합하지 않다고 하였다.

머슬로와 로저스가 대표적인 인본주의자이며, 머슬로가 주장한 인본주의 이론 중 욕구단계설의 계층적인 욕구에 대하여, 기본적 욕구 중 생리적인 욕구가 먼저 충족되어야 다음단계의 욕구들을 충족할 수 있다는 내용이었다. 그러나 이러한 생리적 욕구가 충족되지 않았을 때에도 여전히 타인과 사회에 대한 소속감을 가지고 정서적 유대감을 맺고 있으며, 자존감을 유지할 수 있다. 또한 안전하고 주변이 보장된 환경에 있지 못하는 사람들도 타인과 의미 있는 관계를 믿고 있는 현실을 볼 때, 머슬로의 이론은 인간의 사고와 행동을 설명하는데 있어 나름대로의 제한성을 지니고 있다고 볼 수 있다.

제2부

합리적, 창조적인 생각

Excellent Thinking Frame

Excellent Thinking Frame

제3장

합리적 판단과 선택을 위한 생각[13]

제1절 판단을 위한 생각

1.1 생각의 두 가지 체계

(1) 개념: 우리의 생각에는 직관적 사고의 기초를 이루는 자동적이고 무의식에 의한 거의 혹은 전혀 힘들이지 않고 빠르게 작동하는 생각의 체계와 복잡한 계산을 포함해서 관심이 요구되는 노력이 필요한 정신활동에 관심을 할당하고, 활동 주체, 선택, 집중에 대한 주관적인 경험과 연계되어 작동하는 의식적이고 통제된 생각 체계가 있다.

위의 직관적이고 자동적으로 작동하는 직관적인 생각의 체계를 편의상 직관적 생각이라고 하고, 주의적 노력과 통제가 요구되는 의도적인 생각의 체계를 편의상 의식적 생각이라고 하기로 한다. 우리는 자신이 누구인지 생각해 보자. 우리는 살면서 계속 생각하고, 판단하고 선택하며 결정하는, 의식적이고 추론하는 자아reasoning self 는 의식적인 생각

---

13) 생각에 관한 생각, 대니얼 카네만 저, 이진원 번역, 김영사, 2012

의 역할이다. 그러나 의식적인 생각은 자신이 주인공이라고 믿지만 실상은 자동적인 직관적인 생각은 노력 없이 발생하는 인상과 느낌을 묘사하며, 의식적인 생각이 분명한 믿음과 의도적인 선택을 하도록 하는 원인과 출처를 제공한다.

놀랍게도 이런 직관적인 생각의 자동적인 작용은 복잡한 사고 패턴을 창조하지만, 이보다 느린 의식적인 생각은 질서정연한 일련의 조치들을 통해 사고를 구성할 수 있다. 또한 의식적인 생각이 직관적인 생각의 자유분방한 충돌과 영상들을 압도하면서 우위를 점하는 환경도 있다.

직관적인 생각에는 우리가 다른 동물들과 공유하는 선천적 능력과 기술이 포함되어 있다. 우리는 주변을 감지하고, 사물을 인지하고, 주의를 기울이고 손해를 피하고, 맹수를 두려워할 준비를 하고 이 세상에 태어난다. 그 밖의 정신활동들은 장기간의 연습을 통해 자동적으로 습득하며 개선한다.

의식적인 생각은 자동 주의와 기억의 기능들을 프로그래밍 함으로써 직관적인 생각의 작동방식을 바꿀 수 있다. 이를테면 사람들로 북적이는 대합실에서 친척을 기다릴 때, '머리가 힌 여성' 혹은 '턱수염이 난 우락부락한 남자'를 찾겠다고 정해 놓으면 먼 거리에서도 친척을 더 쉽게 발견할 수도 있을 것이다.

(2)두 생각 체계의 상호작용: 직관적인 생각과 의식적인 생각은 모두 우리가 깨어 있을 때 활성화 된다. 직관적인 생각이 의식적인 생각을 위해서 인상, 직관, 의도, 느낌 등을 지속적으로 제안한다. 의식적인 생각의 승인을 얻으면 인상과 직관은 믿음으로 바뀌고, 충동은 자발적 행위

로 변한다. 모든 과정이 자연스럽게 진행될 때, 의식적인 생각은 직관적인 생각의 제안을 그대로 수용한다. 그러나 직관적인 생각이 어려움에 빠지면 의식적인 생각에게 당면한 문제를 해결해줄 수 있는 구체적이고 확실한 처리 지원을 요청한다. 의식적인 생각은 우리의 행동을 지속적으로 감시한다. 분노했을 때도 공손하게 행동하고, 야간 운전을 할 때에 긴장하게 만드는 통제 역할을 수행한다. 의식적인 생각과 행동의 대부분은 직관적인 생각에서 발생하지만, 상황이 어려워 질 때면, 주도적 역할을 하면서 결정권은 의식적인 생각이 갖는다.

직관적인 생각은 특정 상황에서 발생하는 오류를 갖고 있는데, 바로 '편향'이다. 직관적인 생각은 가끔은 받은 질문보다 더 쉬운 질문에 대답할 때가 있고, 논리와 통제를 거의 이해하지 못한다. 그리고 또 다른 한계는 바로 그 작동을 잠시도 멈출 수 없다는 것이다.

의식적인 생각이 하는 일들 중 하나는 직관적인 생각의 충동을 억누르고 극복하는 것이다. 이처럼 의식적인 생각은 자제력self-control을 책임진다. 우리는 직관적인 생각은 자동적이고 마음대로 정지할 수 없기 때문에 편향과 인지적 착각을 일으키며, 이를 감시하고 통제하는 의식적인 생각의 주의와 노력을 통하여 이러한 문제를 방지할 수 있는 것이다.

그러나 의식적인 생각은 주의와 노력이 필요한 생각이므로 직관적인 생각에 비하여 너무 느리고 비효율적인 것이 문제이나, 그러나 오류가 생길 가능성이 높은 상황과 심각한 잘못이 일어날 가능성이 높으면 의식적인 생각을 적극적으로 활용해야 한다.

1.2 직관적 생각

(1) 직관적 생각의 기능

직관적 생각의 주요기능은 우리의 일상생활에서 비교적 짧은 시간적 간격을 두고 어느 정도 규칙성을 갖고 일어나는 환경, 사건, 행동, 결과에 관한 생각들을 연결하는 연상에 의해서 구성된다. 이 연결들이 형성되고 강화되는 가운데 연상 생각들의 패턴은 살면서 일어나는 사건들의 구조를 반영하게 되고, 그 구조는 현재에 대한 우리의 해석뿐 아니라 미래에 대한 우리의 기대도 결정한다.

직관적 생각은 유기체가 생존하기 위해서 풀어야 하는 주요 문제들을 풀고 해결하기 위한 자동적인 생각의 기능을 한다. 이러한 직관적인 생각의 신경 메커니즘은 여러 상황들에 대하여 판단과 평가를 하여 탈출을 요구 하거나 접근을 허용하는 결정을 한다. 또한 직관적 생각은 인간이 낯선 사람들과 상호교류가 얼마나 안전한지 재빨리 판단하는 생물학적 근원이다. 이러한 직관적인 생각은 의식적인 생각의 근원이며, 인간의 생활과 관련된 판단과 결정에도 원천이 되는 생각의 기능을 한다.

(2) 직관적 생각이 판단에 미치는 영향

(가) 인지적 착각

직관적 생각의 믿음과 인상사이의 차이와 자율성을 이해하기 위해서 아래 그림을 살펴보라. 그다지 특별한 것은 없는 그림으로, 양쪽 끝에 화살표시가 붙은 서로 다른 것 같은 두 개의 평행선이 각기 다른 방향을 가리킨다. 아래 직선은 분명 위 직선보다 길어 보인다. 우리 눈에는 그렇게 보이고 우리는 자신이 본 것을 자연스럽게 믿는다. 그러나 이 그림을 전에 본적이 있는 사람이라면, 이것이 '뮐러리어의 도형Muller-lyer figure'임을 알 수 있을 것이다. 두 직선의 길이는 실제 같은 것인데, 직관적 생각에 의해서는 화살의 표시가 붙어 있을 때 우리 눈에 보이는 착각에 의한 인상을 믿게 되어 화살표가 밖으로 있을 때가 더 커 보인다.

인간에게는 이러한 시각적 착각만 존재하는 것이 아니라, 우리가 '인지적 착각cognitive illusion'이라고 부르는 생각의 착각도 있다. 인지적 착각은 직관적이고 자동적인 직관적 생각에 의하여 흔히 많이 발생하는 것이며, 심지어 전문가인 심리치료 의사도 환자에게 느끼는 동정과 애착으로 인한 인지적 착각 때문에 신경증환자를 치료하는데 있어서 환자의 상태를 잘못 진단하고 치료하여 올바른 치료를 하지 못한 경우가 있다.

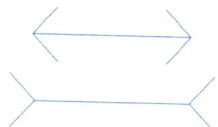

(나)점화효과

직관적 생각은 바나나와 구토라는 두 단어를 보고 토사물이나 악취, 불쾌한 이미지의 기억을 할 수 있다. 직관적 생각은 두 단어의 병렬적 연상으로 복잡한 여러 반응들이 순식간에, 자동적으로, 전혀 힘들이지 않고 바나나와 구토라는 두 단어를 본 후 결과적으로 생긴 일들은 '연상적 활성화associative activation'라는 과정을 통해서 일어난다. 갑자기 떠오른 생각들이 두뇌 속에서 폭포가 퍼지듯 연쇄적 연상 활동을 일으키며 많은 다른 생각들을 야기하는 것이다. 이런 복잡한 정신 활동의 본질적 특징은 이치에 맞고 적합한 정합성이다. 각 요소가 모두 연결된 상태로 다른 요소들을 지지하고 강화한다. 단어가 기억을 떠올리고, 기억은 감정을 유발하며, 감정은 다시 얼굴표정과 일반적인 흥분과 회피 경향 같은 다른 반응들을 일으킨다.

표정과 회피 동작은 그들이 연결되어 있는 감정을 강화하고, 그 감정들은 다시 그에 어울리는 생각들을 강화한다. 이 모든 일이 순식간에 한꺼번에 일어나면서 다양하고 통합적인 자기 강화적 self-reinforcing, 인지적, 감정적, 신체적 반응 패턴을 낳는다. 심리학자들은 이러한 연상의 기억의 연결고리는 다양하며, 원인은 결과와 연결되고 바이러스-감기, 사물이 그 성격과 연결되고 라임-녹색, 사물이 그 범주와 연결된다 바나나-과일. 또한 '먹다'를 뜻하는 eat라는 단어를 본적이 있다면 영어로 so_p라는 단어의 빈칸을 채우라고 하면 비누인 soap 보다는 먹는 수프 soup라는 단어를 만들 가능성이 일시적으로 나마 높다고 한다.

이에 반하여 '씻다'라는 뜻을 가진 wash라는 단어를 봤다면 so_p라는 단어를 보고 수프보다 비누 soap를 떠올렸을 것이다. 이처럼 시각적으로 먼저 제시된 단어가 나중에 제시된 단어의 처리에 영향을 주는 현상을 '점화효과 priming effect'라고 한다. 이러한 현상은 프로리다 Florida, 잊기 쉬운 forgetful, 대머리 bald, 회색 gray, 주름 wrinkle 처럼 노인을 연상시키는 단어들을 일부 젊은 학생들에게 먼저 보여주고 나서 이들 실험집단과 그 외의 단어를 보지 않은 통제집단을 잠시 후에 복도를 걸어보라는 실험을 했을 때, 실험 집단은 통제집단에 비하여 '점화효과'로 인하여 훨씬 더 천천히 복도를 걸어 내려갔다.

이런 놀라운 생각에 의해서 행동이 영향을 받는 점화효과는 '관념운동 효과ideomotor effect'라는 말로도 알려져 있으며, 이는 우리 뇌의 연상 네트워크로 즐거우면 미소를 짓는데, 미소를 지으면 즐거워지기도 하는 '상호 연결reciprocal link'이 일어나기 때문이다.

단순하고도 평범한 제스처들은 무의식적으로 우리의 사고와 감정에 영향을 미치며, 이는 오디오 실험의 목적으로 소리에 왜곡이 있는지를 머리를 움직여 표시하라고 하면 긍정적인 표시는 머리를 아래위로 흔들고, 부정적인 표시는 머리를 옆으로 흔드는 모습을 보였다. 이러한 태도는 단순한 습관적인 관련성이 존재하는 것이며, 이러한 무의식적인 사고를 의식적으로 잘 관리할 수 있는 자제와 통제가 필요하다.

점화효과의 진수를 보여주는 사례로는 자선모금을 위해서 사무실 직원들이 커피나 차를 마신 후에 모금함에 자선모금을 넣게 하였는데, 그때에 모금함위에 꽃 등의 일반그림과 사람의 눈을 부릅뜨고 응시하는 사진을 붙였을 때의 모금액수를 비교하면, 눈을 부릅뜨는 사진이 붙여졌을 때가 그 외의 꽃 등을 붙였을 때보다 약 3배의 모금이 더 많았다는 것으로 이는 감시당한다는 걸 상기시켜주는 순전히 상징적인 이미지가 사람들의 행동을 변화시킨 것이다.

(다)인지적 편안함이 주는 착각의 문제
1)인지적 편안함의 개념

단정한 글씨체, 반복적이고 연상적인 문장은 인지적으로 편안하게 처리된다. 그러나 지저분한 글씨, 희미하게 인쇄되거나 복잡한 문장으로 작성된 지시는 불편하고, 기분이 나쁘거나 인상을 찌푸리며 인지적 긴장감을 경험한다. 인지적으로 편안한 상태라면 기분도 좋고, 보는 것들의 대부분이 마음에 들 것이며, 들리는 대로 믿고, 직관을 신뢰하며, 현재 상태가 친근하고 안정되었다고 느낄 것이다. 느긋하게 피상적으로 생각할 가능성도 높다. 반대로 긴장 상태라면 우리의 경계심은 심해지고 의심이 많아지며 평소보다 더 많은 신경을 쓸 것이고, 덜 편안하게 느낄 것이다. 잘 못을 덜 저지를 가능성이 높지만, 대신 평소보다 덜 직관적이고 덜 창의적이다.

2)인지적 편안함이 주는 착각의 문제

한번 본 이름을 다시 보거나, 단정하고 깔끔하게 쓴 글씨는 다시 볼 때에 익숙해진 것 같은 인지적 착각을 갖게 한다. 또한 운전면허 시험 등에서 익히 본 문제가 예문과 같이 나오면 인지적 편안함으로 깊이 생각하지 아니하고 정답으로 고르게 하고, 반면에 생소하게 느껴지면 정답으로 고르지 아니하게 한다. 낯익음의 인상은 직관적 사고이고, 낯설음은 의식적 사고에 기인된다.

인지적 편안함이 주는 인상에 따라 판단을 내리면 예상할 수 있는 착각들이 필연적으로 생길 수밖에 없을 것이다. 인지적 편안함을 활용하는 것은 '사실로 믿게 되는 착각들 truth illusion'을 일으킨다. 아래의 글씨의 예에서 최대한 읽기 쉽고 알기 쉽게 만들면 인지적 착각을 일으키게 한다.

아돌프 히틀러는 1892년에 태어났다.
아돌프 히틀러는 1887년에 태어났다.

두 문장은 모두 틀렸다. 히틀러는 1889년생이다. 그러나 여러 실험 결과를 보면 많은 피험자들이 첫 번째 문장을 믿었다. 전달하는 메시지를 인쇄할 때는 글자와 배경사이의 대조를 최대한 명확하게 만들기 위해 고품질 종이를 사용하고, 컬러를 사용하며, 컬러는 노란색, 하늘색 같은 중간색 보다는 파랑이나 빨강색 같은 강렬한 원색을 사용하면 훨씬 더 신뢰를 받을 수 있다.

신뢰할 수 있고 지적인 사람으로 인정받고 싶다면 복잡한 단어 대신 간결하고 명료한 단어를 사용하고, 메모지의 작성은 간단하고 쉽게, 특히 생각을 운율이 가미된 경구를 사용하면 훨씬 더 인지적 편안함을 갖게 하는 것이다.

한 실험에서 참가자들은 다음의 경구에서 위의 경구보다는 운율이 가미된 아래의 경구가 훨씬 더 통찰력이 있다고 판단했다.

    슬픔은 적들은 단결시킨다.
      Woes unite **foes**
      Woes unite **enemies**

    조그만 쳐도 거대한 전나무들이 무너질 것이다.
      Little strokes will tumble great **oaks**
      Little strokes will tumble great **trees**

잘못을 고백하면 죄가 반으로 줄어든다.
A fault **confessed** is half redressed
A fault **admitted** is half redressed

그러나 정작 전달하려는 메시지가 터무니없는 거짓이거나, 보편적인 진실과 상충되는 내용이라면 아무리 고품질의 종이를 쓰고, 밝은 색상을 사용하고, 운율을 맞추고 단순한 언어를 사용하도 별 소용이 없으며, 이는 사람들이 우둔하거나 잘 속지는 않으나, 속는 경우는 인지적 편안함에 인도되어 살고 있기 때문에 이러한 것을 종종 모르는 때에 한정된다.

인지적 편안함과 긍정적 감정positive affect은 편안함을 높여주는 점화를 유발하여 관련성에 대해 더 많은 것을 말해주는데, 아래 단어들을 잠시 생각해 보면 다음과 같다.

sleep. mail. switch(잠 .우편. 스위치)

salt. deep .foam(소금 .깊다 .거품)

우리가 모르는 사이에 두 번째 단어 조합들은 읽은 후 옅은 미소를 감지할 수 있는데 이는 공통적인 연상어가 '바다'이며 이를 알고 느끼는 인지적인 편안함 때문이다.

(라)정상과 비정상

직관적인 생각은 정상적인 것과 관련하여 어느 정도 규칙성을 갖고 일어나는 환경, 시간, 행동, 결과에 관한 생각들을 연결하는 연상에 의해서 구성된다. 이 연결들이 형성되고 강화되는 가운데 연상 생각들의 패턴은 살면서 일어나는 사건들의 구조들을 반영하게 되고, 그 구조는 현재에 대한 우리의 해석뿐 아니라 미래에 대한 우리의 기대도 결정한다.

이러한 정상적인 것의 인지적인 판단은 직관의 영역으로 연상적인 이치에 맞고 적합하다고 생각되어지는 것은 익숙하거나 진실로 느끼고, 좋고, 쉬우며 편안하게 느끼는 것은 기준과 범위내의 것일 때의 것이며, 이러한 경우와 거의 유사하면 비정성적인 것도 정상으로 착각하는 오류를 범하기 쉽다. 예를 들면 "모세는 동물들을 종별로 몇 마리씩 방주에 태웠을까?"라는 질문을 들으면 사실은 모세가 아니라 노아 임에도 인지적 착각을 일으키기 쉽다. 그 이유는 이러한 말이 사실이 아님에도 성경에서 모세가 많이 등장하여 기억에 익숙하므로 이것을 진실로 느끼고, 인지적 편안함을 줄 수 있는 연상적인 정합성 때문이다.

또한, "복잡한 뉴욕 거리에서 멋진 광경들을 둘러보며 하루를 보낸 제인은 지갑이 없어졌다는 걸 깨달았다"는 이 짧은 이야기는 '광경들'보다는 '소매치기'라는 단어를 더 많이 떠올리는 것으로 나타난다. '소매치기'라는 단어는 위 문장에 없으며 '광경들'이라는 단어만 실제로 들어 있는데도 말이다. 연상적인 정합성이치에 맞고 적합한의 규칙들은 우리에게 과거 일어났던 일을 말해준다. 다시 말해 지갑을 분실한 이유는 여러 가지이다. 옷의 주머니에서 떨어졌을 수도 있고, 깜박 잊고 다른 곳에 놓을 수도 있고, 그러나 없어진 지갑, 뉴욕, 복잡한 거리를 나란히 생각하자 이들이 합쳐져 '소매치기를 당해 잃어버렸다'는 설명을 생성한다. 이러한 인과성casuality에 대한 착각은 뉴욕이라는 복잡한 거리에서 지갑 분실의 원인이 '소매치기'가 많다는 우리의 기억에 익숙한 직관적 생각에 의하여 하기 때문이다.

사람들은 인과관계에 영향을 받는 직관적 생각 때문에 통계적이고 합리적인 추론이 요구되는 상황에서도 부적절하게 직관적인 인과관계에 의존하는 것이 인지적 착각을 일으켜 비정상적인 판단을 하게 된다.

(마)성급한 결론

직관적 사고는 성급하게 결론을 내릴 수 있어 시간과 노력을 절감해 주는 효과는 있다. 그러나 상황이 낯설고 복잡하며, 더 많은 정보를 수집할 시간이 필요할 때 성급하게 결론을 내리는 위험이 문제이다. 이럴 때 직관적 오류를 막기 위해서 의식적인 생각의 개입이 필요하다.

우리는 정상적이고 합리적인 판단을 위해서는 맥락적인 이해가 필요하다. 예를 들면 'bank'라는 단어는, 돈을 연상할 때에는 은행 등의 금융기관이 생각나지만, 강물을 연상할 때는 강의 둑이라는 해석을 내릴 것이다.

아래의 경우에 있어서도 맥락적으로 왼쪽 상자를 영어의 ABC라고 읽고, 오른쪽 상자를 12 13 14로 읽어야 한다. 그러나 개별적으로 임으로 해석하여 읽는다면 왼쪽 상자의 B는 13으로, 오른쪽 상자의 13은 B로 읽을 수도 있을 것이다.

| A 13 C | ANN APPROACHED THE BANK★ | 12 13 14 |

1)확증편향

사람은 자신의 신념과 일치하는 정보는 받아들이고 일치하지 않는 정보는 무시하는 경향이 있다. 이러한 것은 연상기억의 작용에 의한 것으로 일반적인 '확증편향conformation bias'에 기여한다.

　직관적 생각에 의한 확증편향은 극단적이고 개연성(있을 가능성, 일어날 가능성)이 낮은 사건들의 일어날 가능성을 제안하고 과장하기를 대수롭지 않게 받아들인다. 만일 향후 30년 동안에 지진 해일이 캘리포니아 해안을 강타 할 가능성이 얼마나 될지 질문을 받는다면 당신의 머릿속에는 '송어가 사탕을 먹는다.' 처럼 터무니없는 문장을 제시했을 때의 방식으로 지진 해일의 이미지들을 떠올릴 가능성이 높다.

2)후광효과

　우리가 어떤 사람의 인격이 훌륭하거나 얼굴이 잘생기면 그 사람에 대해서 모르는 일의 처리나 품성, 행동 등 모든 것을 좋아하는혹은 싫어하는경향을 '후광효과halo effect'라고 한다. 후광효과는 사람과 상황에 대한 우리의 시각에 중요한 영향을 미치는 일반적인 편향으로 직관적 생각이 만들어내는 세상의 반영이 실제 세계보다 단순하면서도 정합적인 이유들 중의 하나이다. 이러한 사례는 어떤 특정한 사람이 관대하고 호감이 가면 그사람이 어떤 일을 할 때 그에 많이 동조하고 지원하는 등의 상황이 되는 것을 뜻한다.

　또한 어떠한 사람에 대한 성격의 묘사를 하는 단어들을 처음부터 어떻게 배치하느냐의 여부에 따라 그 사람에 대한 전반적인 평가가 달라지는 것도 작용한다.

갑은 똑똑하다-근면하다-충동적이다-비판적이다-고집스럽다-질투심이 많다.

을은 질투심이 많다-고집스럽다-비판적이다-충동적이다-근면하다-똑똑하다.

위의 예에서 사람들은 을보다 갑에게 더욱 많은 호감을 갖게 되는 것에서와 같이 성격 묘사의 배치 순서에 따라 다르게 되는 것이다.

3)존재하는 것만 보는 문제

제한된 증거를 가지고 성급한 결론을 내리는 직관적 사고의 문제를 이해하기 위해서 매우 중요한 것은 "당신에게 보이는 것이 세상의 전부이다What you see is all there is"라는 것으로, 이는 줄여 WYSIATI라고 부르며, 직관적 생각은 인상과 직관을 생산하는 정보의 질과 양 모두에게 극단적이라고 할 만큼 둔감하다는 것을 말한다.

WYSIATI는 정합성과 아울러 우리가 어떤 진술을 사실로 받아들이게 만드는 인지적 편안함을 쉽게 얻도록 한다. 예를 들면, 재판을 할 때 원고 쪽인가, 피고 쪽인가에 따라 생각하고 주장하는 논점이 자기들의 재판에 유리한 입장과 관점에서 보는 것과 같이 우리들의 주변의 상황에서도 자기가 생각하는 관점과 입장에서 세상의 모든 것을 보게 되는 것이다.

이러한 WYSIATI는 '과도한 자신감'을 가지고 타당하고 객관적이기 보다는 자신이 보는 것에 과도하게 의지하며, '프레이밍구도, 틀효과'로 같은 뜻의 표현이 다른 감정을 유발예를 들면, '수술 이후 한달후의 생존 확률이 90%이다' 라는 문장이 똑같은 의미의 '수술 이후 한달내의 사망률이 10%' 라는 문장보다 훨씬 더 긍정적인 느낌한다. 또한 어떠한 판단을 하기 위한 생각을 할 때에 직관적 사고에 의존하기 때문에 합리적이고 객관적, 타당한 판단을 위한 통계적인 '기저율발생 가능성을 무시'하는 오류를 범하는 경우가 많다.

(바)판단의 문제

직관적 생각은 계속 마음 안팎에서 일어나는 일을 주시하고, 구체적인 의도가 없고, 노력을 기울이지 않은 채 자신이 처한 상황의 다양한 측면을 계속 평가하는 '기본 평가들basic assessments'은 직관적 판단에 매우 중요하다. 어려운 질문들을 쉬운 질문들로 교체해 주며, 어려운 판단을 다른 판단으로 대체하기를 선호한다. 이것이 휴리스틱주먹구구식 생각, 쉬운 판단과 편향적비합리적인 생각접근법의 핵심이다.

1)기본평가

고전적인 생존과 생활을 위한 직관적 생각의 메커니즘은 현대 사회의 투표에서 사람을 뽑는 선거 운동 캠페인 팸플릿에 실린 얼굴들을 보면 선거 결과 당선자의 70% 이상이 유능한 평가를 받았던 얼굴을 가진 후보들 이었다. 토도로프는 사람들이 장점과 신뢰성이라는 두 가지 면을 결합해 유능함을 판단한다는 걸 알아냈다. 유능함을 물씬 풍기는 얼굴에는 강인한 턱에 자신감 넘치는 웃음이 떠올라 있다. 이러한 얼굴의 특징은 사실 그들이 얼마나 정치를 잘할지 예상하는 증거는 못된다. 그러나 당선자와 낙선자에 대한 두뇌 반응의 연구결과들은, 우리가 생물학적으로 중요한 특징들이 결여된 후보들은 진작부터 거부하게 되어 있다는 걸 보여주는 것이다.

이 연구에서 낙선자들은 부정적인 감정을 더 강력하게 유발했다. 이것은 '판단 휴리스틱judgement heuristic' 이라고 부르는 것의 사례이다. 유권자들은 후보자가 얼마나 유능한 정치인이 될지의 인상이 투표 결정에 영향을 미치며, 유권자가 의식적인 생각이 결정을 내려야 할 때 얻을 수 있는 간단한 평가에도 영향을 준다는 것이다. 특히 이러한 영향은 지식과 정보가 적은 유권자에게 배 정도 더 영향을 많이 미치는 것으로 분석 되었다.

아래의 그림에서 나오는 특징들의 인상은 왼쪽 그림과 오른쪽그림의 두 탑의 높이가 같고, 유사하다는 것을 쉽게 인지할 수 있을 것이다. 그러나 중간의 블록 숫자가 왼쪽의 탑의 블록의 숫자와 같다는 건 즉시 간파하지 못한다. 그리고 가운데 모인 블록들을 갖고 세울 수 있는 탑의 높이도 직관적으로는 쉽게 알 수 없는데, 이는 의식적인 생각을 통해서 할 수 있다.

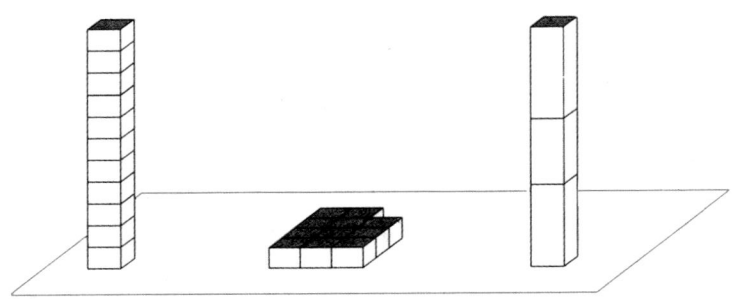

2)집합과 원형

아래의 그림을 보면 직관적 생각으로 각 선들의 길이와 방향을 쉽게 구분할 수 있다. 그러나 그 선들의 총체적인 합들은 의식적인 생각에 의해서만 할 수 있다. 이는 직관적 생각에 의해서는 원형이나 전형적인 모범들의 집합에 따라 만들어진 간단하고 단순한 사항의 평균적이고 개별적인 것의 파악이 용이하나, 범주가 포함하고 있는 사례들의 숫자인 '총계 같은 변수들sum-like variable' 은 파악이 어려우며 이는 의식적인 생각으로 파악될 수 있다는 것이다.

사상 최악의 기름 유출 사건으로 기록될 엑손 발데스호Exxon Valdez 기름 유출 사건과 관련하여, 철새들이 기름에 빠져죽는 사고를 방지하기 위한 그물을 설치하기 위하여 소요되는 비용의 충당을 위하여, 참가자 집단별로 2,000마리, 2만 마리, 20만 마리를 구하기 위한 돈의 기부 의사를 물었는데 세 집단이 낸 돈의 평균은 각각 80달러, 78달러, 88달러 였으며, 새의 숫자와 기부한 액수에는 아무런 변화가 없었다.

이 모든 세 집단에서 참가자들이 반응한 건 원형, 즉 깃털이 두꺼운 기름에 흠뻑 오염된 채 속수무책으로 죽어가는 새의 모습이 담긴 끔찍한 사진이었다. 그러한 감정적 맥락에서 양이 거의 전적으로 무시된 경우가 여러 번 확인되었다.

3) 강도의 짝짓기

강약도의 범위는 기본적으로 다양한 차원들을 나타내는 '짝짓기

maching를 허용한다. 범죄를 나타내는 색깔이라면 살인은 절도보다 더 진한 빨간색이 될 것이다. 범죄가 음악으로 표현된다면 다중 살인은 포르테시모_{매우 세계}로 연주되겠지만, 경범죄는 약한 피아니시모_{매우 여리게}정도일 것이다. 우리는 처벌 강도에 대해서도 비슷한 감정을 느낀다.

사례를 하나 더 살펴보면, **줄리는 네 살 때 글을 능숙하게 읽었다.**

이제 어린아이로서 줄리의 글 읽기 능력을 다음의 강약도 범위와 짝지어 보자. **줄리의 조숙도 만큼 키가 큰 사람은 얼마나 큰가?**

당신은 네 살 때 글을 술술 읽는 능력만큼 놀라운 키가 어느 정도에 해당하는지를 찾고 있다. 줄리의 능력이 꽤 놀랍기는 하지만 그렇다고 특별히 예외적인 사례는 아니다. 하지만 만약 15개월에 글을 읽는다면 7.8피트 키의 남자처럼 예외적인 사건이 될 것이다. 직관적 생각에는 잘 맞을 정도의 자연스러운 방식으로, 통계학자들을 제외한 대부분의 사람들의 의식적인 생각에도 수용 가능한 수준이다.

4)정신적 산탄총

직관적 생각은 한 번에 많은 계산을 수행한다. 이러한 것은 정상적으로 수행하는 것으로서, 눈이 떠 있을 때마다 당신의 두뇌는 사물들의 모양, 공간내 사물들의 위치, 사물들의 정체성을 포함해 가시 범위 내에 있는 것의 3차원적 이미지를 계산한다. 우리는 이런 작업을 하거나 틀린 예상을 지속적으로 주시하기 위해 어떤 의도를 개입할 필요는 없다. 우리는 자주 원하거나 필요 이상으로 계산하고 한다. 우리는 이런 과잉 계산을 '정신적 산탄총_{mental shotgun}'이라고 부른다.

탄환이 흩어지도록 발사하는 무기인 산탄총으로 하나의 목표에만 집중해서 겨냥하기란 불가능하다. 마찬가지로 직관적 사고는 의식적 사고가 요구하는 것 이상을 하지 않기가 불가능하다.

(사)쉬운 질문에 대답하기

마음이 일반적인 상태일 때 우리는 자신에게 닥친 거의 모든 것에 대하여 직관적 느낌과 의견을 갖는다. 우리는 사람들에 대하여 많은 것을 알기 훨씬 전부터 그들에게 호 불호를 느낀다. 영문도 모른 채 낯선 사람들을 신뢰하거나 혹은 불신한다. 제대로 분석하지 않고도 그 기업이 성공할 거라고 느낀다. 말로 표현하건 하지 않건 상관없이, 설명하거나 옹호할 수 없는 증거에 의존한 채 완전히 이해하지도 못하는 질문에 관한 대답을 갖고 있을 때가 자주 있다.

1)질문들을 대체하기

우리가 복잡한 문제에 대하여 질문을 받고서 만족스러운 대답을 찾기 힘들면, 직관적 생각은 더 쉬운 연관된 질문을 찾아서 처음 받았던 질문에 대답하며, 이렇게 바꿔서 대답하는 작업을 '대체substitution'라 부른다.

직관적 사고는 어려운 목표 질문들에 접했을 때 적절한 대답을 찾아내는 걸 돕는 단순한 절차인 휴리스틱을 사용한다. 관련되고 더 쉬운 휴리스틱 질문의 대답이 어렵지 않게 머릿속에 들어왔을 때 그렇다. 질문을 다른 질문으로 대체한다는 건 어려운 문제를 해결할 때에 좋은 전략이 될 수도 있는 것이다.

'우리가 문제를 풀지 못할 경우 풀 수 있는 더 쉬운 문제가 존재한다면, 그것을 찾는 것'이 문제 해결의 한 방법이다. 이의 사례는 아래의 표에서 목표 질문에 대한 휴리스틱 질문에 관한 것이다.

목표질문	휴라스틱 질문
• 멸종위기에 빠진 종을 구하기 위해서 어느정도 금액을 기부할 것인가? • 요즘 당신의 인생은 얼마나 행복한가? • 6개월 후 대통령의 지지도는 어떻게 될까? • 노인들을 등쳐먹는 금융 사기범들은 어떤 처벌을 받아야 할까? • 이 여성은 예비선거에 출마하고 있다. 그녀가 정치판에서 얼마나 성공할 것인가?	• 죽어가는 돌고래 생각을 하면 얼마나 많은 감정을 느끼는가? • 지금 내 기분은 어떠한가? • 지금 대통령의 인기는 얼마나 좋은가? • 금융 사범을 생각하면 얼마나 많은 분노를 느끼는가? • 이 여성이 정치적으로 승리한 걸로 보이는가?

2) 3차원적 휴리스틱

세 명의 남성이 등장하는 다음 그림을 보고 질문에 답하라.

인쇄된 상태에서 보이듯 우측에 있는 사람이 좌측에 있는 사람보다 큰가?

이 질문에 대한 답은 우리의 머릿속에 우측에 있는 사람이 더 크다는 답이 바로 떠오른다. 그러나 실제는 크기가 같다. 이 사람들의 상대적 크기에 대한 우리의 인상은 강력한 착각의 영향을 받는다. 대체가 일어나는 과정을 명료하게 보여주는 사례이다.

세 남성이 보이는 복도는 원근법에 따라서 그려져 있으며, 비행기 안쪽으로 들어가는 것 같다. 우리의 지각 시스템perceptual system은 자동적으로 이 그림을 평평한 종이 표면 위에 인쇄된 이미지가아니라 3차원의 장면으로 해석한다. 이렇게 3차원으로 해석하면 우측에 있는 사람이 좌측에 있는 사람보다 훨씬 더 멀리 떨어져 있고 크기도 더 커 보인다. 우리 대부분에게 이러한 3차원적 크기가 주는 인상은 매우 강력하다. 시각 예술가들과 숙련된 사진사들만 이 그림을 종이위에 그려진 대상으로 파악하는 기술을 갖고 있으며, 대부분의 나머지 사람들은 대체현상을 경험한다.

※ 자료 : 대니얼 카너먼, 『생각의 관한 생각』 P152

3) 기분 휴리스틱

독일 학생들을 대상으로 실시된 한 조사 결과는 대체의 가장 좋은 사례들 중에 하나에 속한다. 젊은 학생들이 답한 이 조사에서 다음 두 질문이 담겨 있었다.

요즈음 당신은 얼마나 행복한가?
지난달 데이트 횟수는 얼마나 되는가?

위에 대한 답에서 데이트 횟수와 행복의 관계는 거의 상관관계가 없는 것으로 나타났다.
이번에는 질문서의 순서를 바꿔서 질문을 했다.

지난달 데이트 횟수는 얼마나 되는가?
요즈음 당신은 얼마나 행복한가?

이번에는 전혀 다른 결과가 나왔으며, 그 결과는 데이트 횟수와 행복도의 상관관계는 매우 높았다. 이렇게 변화된 이유는 무엇인가? 학생들은 데이트를 할 때 로맨틱한 기분을 느꼈으며, 이로 인하여 행복한 순간을 느꼈음을 나타났기 때문으로 대체의 좋은 사례이다.

4)감정 휴리스틱

감정이 개입되면 결론이 합리적인 이유보다 감정에 의한 영향이 더 작용하는 현상을 나타낸다. 심리학자 폴 슬로빅Paul Slovic은 사람들의 호불호가 세상에 대한 그들의 믿음을 결정하게 만들어버리는 감정 휴리스틱을 제안했다. 우리들의 정치적 선호도는 그에 맞는 정치적인 주장에 대하여 투표를 하고, 건강정책과 그 밖의 정책에 대해서도 그 정책이 마음에 들면 그 정책이 주는 혜택이 충분하다고 믿으며, 그 비용에 대하여는 부담가능한 수준이라고 믿는다.

우리들의 이념이 보수적이라고 하면 다른 국가들에 대하여 우리 국가 위주의 강력한 정책을 가져가기를 원하고, 반면에 진보적이라면 다른 국가에 대하여 온건한 정책을 견지하는 것을 선호 한다. 이와 같이 감정적인 휴리스틱은 판단을 하는데 있어서 혜택과 부담, 좋음과 싫음, 긍정과 부정 등에 대하여 편견을 갖게 할 수 있다는 것이다.

1.3 의식적인 생각의 기능

의식적인 생각은 복잡한 계산을 포함해서 주의가 요구되고 노력이 필요한 정신 활동에 관심을 할당한다. 활동주체, 선택, 집중에 대한 주관적인 경험과 연관되어 작용하는 경우도 빈번하다. 의식적인 생각의 공통적인 특징은 주의를 요하면서도 주의가 사라지면 와해된다는 것이다. 예를 들면, 어떠한 상황에서의 주시 및 집중, 특별한 사항에 대한 판단과 분별력, 복잡한 논리적 주장의 타당성 확인 등의 상황에서 우리는 집중하여야 한다.

집중하지 않거나 자칫 잘못된 방향으로 초점을 맞추다간 좋은 결과를 얻지 못하거나 아예 아무성과도 얻지 못한다. 의식적인 생각은 자동 주의와 기억의 기능들을 활성화함으로써 직관적 사고의 작동 방식을 바꿀 수 있는 능력을 가지고 있다.

(1) 정신적인 주의와 노력

의식적인 생각의 특징은 노력해야만 작동한다는 것이다. 또한 게으르기 때문에 필요 이상으로 노력하기를 기피하는 것이다. 결과적으로 의식적인 생각이 선택했다고 믿는 행동들은, 사실 이 이야기의 주인공인 직관적인 생각에 의해서 조종받는 경우가 많다. 그러나 의식적인 생각은 직관적인 생각의 직관과 충동을 뛰어넘는 노력과 자제력이 필요하다.

예를 들면, 우리는 간단한 덧셈이나 곱셈을 할 때는 직관적인 생각으로 할 수 있지만, 두 자리 수 이상의 곱셈(34에 45를 곱하는 곱셈) 등은 의식적인 생각을 가지고 실제적인 계산을 하여야 하는 정신적인 노력이 필요한 것이다.

또한 동공은 정신적인 노력의 정도를 보여 주는 민감한 지표로써, 두 자라의 숫자를 곱할 때에는 동공의 크기가 커지고, 특히 쉬운 문제를 풀 때보다 어려운 문제를 풀 때가 커지는 것은 정신적 노력과 공동의 크기가 상관관계가 있다는 사고 메커니즘을 말해주는 것이다.

주의 통제 능력을 통해 지능을 높여보려는 시도를 포함해서 여러 가지 방법으로 인지적인 통제와 지능의 관련성을 탐구했다. 그들이 4-6세의 아이들을 대상으로 한 주의력 훈련의 결과 주의력 훈련이 아이들의 실행 제어 능력을 개선해줄 뿐만 아니라 비언어적인 지능 테스트 점수들도 높여 줬고, 이 개선 정도는 몇 달 동안 유지된다는 것을 발견했다. 또한 다른 탐구에서도 이러한 사항이 확인되었고, 아이들의 실행 제어 능력과 감정통제 능력사이의 밀접한 연관성이 있음을 입증했다.

우리는 가끔 의지력에 기대지 않고서도 장시간 엄청난 노력을 투자하며, 심리학자 칙센트미하이Mihaly Csikszentmihalyi는 이런 식으로 별로 애쓰지 않고도 집중하고 주의하는 상태를 '몰입flow'이라고 칭했으며, 이러한 몰입을 경험하는 사람들은 "너무 깊게 애쓰지 않고 집중하다가 시간이나 자신의 문제에 대한 감각을 잃은 상태"라고 묘사한다. 그 상태에서 느끼는 쾌락과 즐거움에 대한 그들의 묘사가 너무 매력적이기에 칙센트미하이는 그것을 '최상의 경험optimal experience'이라고 불렀다.

(2) 직관적인 생각의 통제

우리는 일상적인 생활과 관련된 규칙적이고 반복적인 생각과 행동을 할 때에는 직관적인 생각으로도 부족함이 없이 잘할 수 있다. 그러나 논리적이고 합리적인 사고를 요하는 경우에도 의식적인 사고의 게으름과 직관적인 생각의 빠르고 자동적인 속성으로 인하여 자동적으로 직관적인 생각이 주도하고 이러한 생각이 의식적인 생각을 압도하는 경우가 많은 것이 사실이며, 이러할 때 합리적인 판단과 선택을 필요로 하는 상황에서 착오와 오류를 범하기 쉬우며, 따라서 이에 대한 통제가 필요하다.

이러한 예로는 우리가 몇 가지 물건을 구매하려고 할 때에는 직관적인 생각으로도 충분하지만, 그러나 백화점 등에서 일상생활에 필요한 한 달의 사용량을 구입하려고 할 때에는 합리적이고 효과적인 구매를 위해서 주먹구구식의 직관적인 생각을 통제하고 몇 일간에 걸쳐서 필요한 사항을 잘 체크해서 기록하여야 하는 의식적인 사고가 필요하다.

다음의 문제를 직관적 생각을 가지고 풀어 보자. 억지로 풀려 하지 말고 직관의 목소리에 귀를 기울이자.

방망이와 공을 합친 가격은 1달러 10센트이다.
방망이의 가격이 공의 가격보다 1달러 더 비싸다.
그렇다면 공의 가격은 얼마인가.

직관적인 생각으로는 공의 가격은 10센트이다. 그러나 직관적인 생각은 흥미롭지만 오답을 제공한다는 것이다. 의식적인 생각을 해 보면 공의 가격이 10센트이면 방망이의 가격은 1달러 10센트이고 합계는 1달러 20센트 따라서 오답이며, 정답은 공의 가격은 5센트, 방망이의 가격은 1달러 5센트인 것이다.

(3) 자제력과 인지능력, 실행적인 능력

우리는 산책할 때 어느 정도 이상의 속도를 높이면 걷기의 성격은 달라지며, 더 빠른 걸음으로의 전환은 논리 정연하게 생각할 수 있는 능력을 급격히 저하시키고 생각의 능력은 손상된다.

속도를 늦추고 싶은 욕구를 억제하려면 걸으며 내 몸을 빠르게 움직이려는 신체적인 노력 외에도 자제력이라는 정신적인 수고를 해야 한다.

자제력과 의도적인 사고는 똑같이 제한적인 양의 노력을 요한다.

우리는 자제력과 인지적 노력이 모두 정신작용이라는 사실이 확실한 명제임을 안다. 몇몇 심리학자의 연구결과를 보면 까다로운 인지작업과 유혹의 도전을 동시에 받는 사람들은 유혹에 굴복할 가능성이 높다. 매우 중요한 일이니 1-2분 동안 7자리 숫자를 기억하라는 요구를 받았다고 가정하면, 숫자를 집중하는 동안 건강에 해로운 초콜릿 케이크와 건강에 이로운 과일 샐러드라는 두 가지를 선택해야 한다면, 머릿속이 온통 숫자들로 가득 차 있을 때는 유혹적인 초콜릿 케이크를 선택할 확률이 높다. '인지적으로 바쁜cognitively busy'사람들은 이기적인 선택을 하고, 섹시한 언어를 사용하고, 사회생활을 하며 피상적인 판단을 할 가능성이 높다. 우리에게 '인지적 부하cognitive load'가 자제력을 약화시키는 유일한 원인은 아니다. 불면과 음주도 똑같은 역할을 한다. 자제력을 약화시키지 않게 하기 위한 주의와 노력이 요구된다.

심리학자 로이 바우마이스터Roy Baumeister가 동료들과 수행한 일련의 놀라운 실험을 보면 인지적이건 감정적이건 신체적이건 상관없이 모든 다양한 자발적 노력은 적어도 부분적이라도 정신적 에너지의 공유 풀pool에 의존한다는 것을 확실히 알 수 있다. 바우마이스터는 의지나 자제력 유지 노력이 피곤한 일이며, 다음 도전이 왔을 때, 자제력을 발휘하지 않으려고 하거나 그럴 수 있는 능력이 줄어들며, 이런 현상을 '자아고갈 ego depletion'이라고 한다. 이러한 자아고갈 현상의 효과를 거부하기 위해서는 강력한 인센티브유인가 주어져야 한다. 또한 정신 에너지를 산출하는 신경 시스템은 다른 신체의 부위에 비하여 많은 포도당을 소비하며,

힘든 인지적 추론을 하거나 자제력을 요하는 일을 할 때에 혈당의 수치는 떨어지며, 이걸과 포도당 섭취로 자아고갈의 현상을 예방할 수 있다.

이러한 자아고갈 현상은 판사의 판결 업무 등이나 정신적인 에너지가 많이 필요로 하는 업무의 수행에 있어서도 업무의 효율이나 효과에 뚜렷하게 영향을 미치어 식사시간 직전의 업무의 수행은 아주 저조하고 나쁜 영향을 미치는 것으로 판명되었다.

(가)자제력과 사고력

많은 학자들이 사고와 자제력의 관계를 알아보기 위해서 다양한 방법을 사용했고, 어떤 학자들은 '자제력과 인지적 적성cognitive aptitude에 대한 상관관계를 밝혀내는 실험을 했다. 아이에게 아무 때나 먹을 수 있는 과자상자를 방안에 놓고 자유롭게 먹을 수 있는 상황을 부여하고 그러한 상황 속에서 15분을 기다리게 하는 실험을 했다. 그 방안에는 장난감, 책, 그림, 혹은 정신을 찾을 수 있는 어떤 것도 없었다. 실험자는 여러 방에 벨이 놓인 책상을 아이와 서로 마주본 상태에서 아이들을 혼자씩 두고 방을 떠나고 15분이 지나서 아이가 벨을 누르거나, 일어나거나 , 아니면 어떤 괴로움의 신호를 보이기 전까지는 돌아오지 않았다.

실험자는 밖에서만 안이 보이는 거울을 통하여 아이들을 관찰 했다. 아이들 중 절반정도는 관심을 다른데 쏟으면서 15분을 참아냈다. 10-15년 후 당시 유혹을 물리쳤던 아이들과 그렇지 못했던 아이들 사이에 거대한 틈이 벌어졌다. 참아 냈던 아이들은 인지과제 실행 제어 능력이 못 참아 냈던 아이들에 비하여 훨씬 더 뛰어났다. 특히 효과적으로 주의를 다시 할당할 수 있는 능력이 탁월했다. 마약 복용 비율도 낮았다. 지적 능력도 큰 차이를 보였다. 네 살 때 자제력을 보여준 사람들은 그렇지 못한 사람에 비해 지능지수도 높았다.

(나)인지적 성향과 사고력

심리학자 프레데릭은 두 질문들로 이루어진 인지반응 테스트cognitive reflection test : CRT를 만들었다. 피험자들을 주목하게 만들며 인지적 대답을 유발하는 질문들이다. 그는 이 실험에서 매우 낮은 점수를 받은 의식적인 생각이 취약한 학생들을 연구한 결과, 그들은 머릿속에 먼저 떠오르는 생각을 대답으로 삼는 경향이 있고, 직관 확인에 필요한 노력을 기울이지 않는다는 걸 알아냈다.

문제를 풀 때 무비판적으로 직관만 따르는 사람은 직관적 사고에서 나온 다른 제안들을 수용하는 경향을 보였다. 또한 충동적이고 조바심이 많으며, 직관적인 만족감을 얻고자 한다. 직관적인 응답자들 중 63%는 다음 달에 3,800달러를 받기보다는 이 번 달에 3,400달러를 받고 싶다고 대답했다. 이에 비하여 의식적인 생각이 강한 사람 중 불과 37%만이 적은 돈을 당장 받기를 원하는 근시안적인 사고를 보였다.

주문한 책을 내일 받기위해 얼마를 더 지불할 용의가 있는지 묻자, 의식적인 사고가 낮은 사람들은 점수가 높은 사람보다 2배를 더 지불할 용의가 있다고 대답했다. 프레드릭의 연구결과들은 우리의 심리에 다른 '성격들personality'이 있음을 시사했다. 개인의 차이를 보면 어떤 사람들은 충동적이고 즉각적인 직관적인 사고에 더 해당하는 성격을 보이고, 혹자는 신중하면서도 깊이 인지하고 추론하는 의식적인 사고에 더 흡사한 성격을 보인다. 이러한 실험은 의식적인 사고의 합리성과 타당성을 입증하고 있다.

스타노비치는 "합리성과 반성적 마음Rationality and the Reflective Mind"이

라는 책에서 의식적인 생각의 두 가지 부분을 명확히 구분했는데, 실제로 이 부분은 매우 예리하기 때문에 그는 부분을 '별개의 마음'이라고 부른다. 그 중의 하나는 알고리즘이라고 부르는 느리게 생각하기와 까다로운 계산에 능하다. 어떤 사람들은 다른 사람들보다 이런 일을 수행하는 능력이 뛰어나다. 지능이 높은 사람으로 이러한 일을 잘 할 수 있는 사람이 그러하다. 그러나 스타노비치는 지능이 높은 사람도 편향에 사로잡히는 경우가 많으며, 여기에는 또 다른 능력인 합리성이 필요하며, 그 것을 합리성이라고 불렀다. 위의 방망이와 공 문제 등 그와 유사한 문제가 지능 시험보다 인지적 오류에 대한 민감도를 더 잘 측정할 수 있다는 걸 알아냈다.

제2절 판단과 결정을 위한 생각[14]

우리는 합리적인 판단과 결정을 하기 위해서는 첫째, 어떠한 문제에 대하여 그 문제의 내용과 속성, 범위, 영향 등의 세밀하고 체계적인 분석이 필요하고, 둘째, 그 문제에 대하여 정확한 평가를 하기 위한 기준이 필요하며, 셋째, 각각의 평가의 요인의 중요성에 따라 평가 기준별 각 사항에 높고 낮은 수준을 적용하는 가중치를 부여하고, 넷째, 문제 해결을 위한 대안을 작성하고, 각 대안별로 장단점을 비교하고, 다섯째, 여러 대안 중 최적의 대안을 채택하는 의사결정을 하여야 한다.

그러나 이러한 합리적인 의사결정은 충분한 시간과 비용, 필요한 정보를 충분히 얻을 수 있고, 의사결정자의 인지적 능력에 제한이 없으며,

---

14) 의료서비스 마케팅, 이영훈, 청람 2008.8.10 pp261-310

의사결정자의 현재의 상태context와 경험에 따른 영향이 없어야 되는 문제점 등으로 실제의 의사결정에는 제한된 합리성의 범위 내에서 의사결정이 이루어지는 것이 일반적이다

그 중 특히 중요한 의사결정의 제한 요인은 다음과 같다.

첫째, 충분한 정보를 얻을 수 없다. 의사결정자가 판단과 선택을 위하여 가질 수 있는 관련 정보는 충분하기 어려우며, 시간과 비용의 제한으로 필요로 하는 정보를 충분히 얻을 수 없다는 것이다.

둘째, 의사결정자의 인지적 능력에 한계가 있다. 자신의 기억 능력의 한계와 실제적인 정보와 생각의 한계 등 인지 능력의 제한으로 정확하게 판단하고 최고로 적합한 결정을 내릴 수 없다는 것이다.

셋째, 의사결정은 정황context**에 따라 크게 영향을 받는다.** 의사결정자의 성격, 성향, 결정시의 여건 등 여러 가지 상황에 의하여 영향을 받는다는 것으로, 쉽게 번 돈은 쉽게 쓰며, 어렵게 번 돈은 아껴 쓰는 경우도 정황에 따른 것이다.

이러한 다양한 이유 등으로 합리적으로 의사결정을 하기는 어려운 것이 사실이며, 그 과정이나 실제적인 문제점 등으로 제한된 범위 내에서 합리성을 추구하는 의사결정을 하며, 다음 그림은 그 한 예시이다.

여기에서는 사람들이 실제 상황에서 판단하고 선택하는 의사결정 과정을 이해하고 예측 하고자 하는 노력을 중심으로, 의사결정과정과 방법을 종합하는 모형으로, 사람들이 사용하는 휴리스틱heuristic: rule of thumb, 주먹구구식과 이들의 판단에 영향을 주는 편의(bias)에 중요한 정보에 관한 설명을 다음과 같이 살펴보고자 한다.

1.1 휴리스틱(heuristic)의 활용

사람들은 한정된 정보와 제한된 경험과 지식, 인지적 능력을 가지고 의사결정을 해야 하기 때문에 합리적인 의사결정의 과정과 방법을 사용할 수 없으며 이에 따라 보다 간편한 제한된 합리화를 추구하기 위한 여러 가지 간단한 방법을 사용하고 있다. 이러한 간단한 전략을 다른 말로 휴리스틱heuristic이라고 한다.

휴리스틱은 짧은 시간과 적은 비용을 사용하는 쉬운 의사결정이다. 휴리스틱은 탐색과정을 단순화시켜 의사결정에 필요한 시간과 노력을 절약하게 한다. 또한 휴리스틱은 최적의 판단과 선택은 보장하지는 못하지만 빠른 시간 내에 대체적으로 합리적인 선택을 하게 함으로써 복잡한 의사결정의 상황에서 효과적으로 사용할 수 있는 방법이다.

사회생활을 하고 있는 모든 사람은 휴리스틱을 사용한다. 사람들은 일상생활의 과정에서 선택의 편의와 가능한 합리성을 추구하고자 다음과 같은 휴리스틱을 사용한다.

(1) 가용성 휴리스틱

사람들은 그들의 기억 속에서 얼마나 잘 떠오르는가 하는 정도로 어떤 사건의 발생 가능성과 빈도를 추정하는 경향이 있다.

이를테면 신문이나 텔레비전에 자주 등장하는 연예인이나 정치인, 혹은 관련 사건들은 기억 속에서 잘 떠오르며, 그들이 음주나 어떠한 범죄 등을 저질렀을 때는 다른 일반사람들에 비하여 그들의 범죄나 음주가 많은 것으로 기억된다. 언론들에서도 일반적인 사건보다는 대중의 인기를 끄는 정치적인 이슈나 연예인 스포츠 인들과 관련된 기사를 써서 대

일상생활에서 항상 사용되는 휴리스틱

 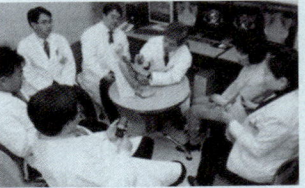 

일상생활 과정에서 수행하는 모든 판단과 선택 등의 의사결정과정에는 항상 휴리스틱이 사용된다. 이러한 휴리스틱은 (heuristic)은 영어로 'rule of thumb'이라 하기도 하며, 한국말로는 주먹구구식이라 표현되기도 한다.

이성보다 감성에 좌우되는 유권자의 선택

　1976년 공화당 예비선거에서 포드는 텍사스 주에서 유세활동을 벌이던 중 '타말레'라는 멕시코 요리를 먹었다. 그러나 그는 음식의 옥수수 껍질을 벗겨내지 않고 통째로 먹는 바람에 질실할 뻔했다. 멕시코계 미국인 유권자들은 이 사건을 보고 "포드는 우리 멕시코계 주민들의 문화를 잘 모른다. 따라서 우리는 당연히 레이건을 지지해야 한다."고 생각하기에 이르렀다. 이러한 생각을 가진 중남미계 유권자들의 절대적인 지지에 의해 레이건은 텍사스주에서 압승을 거두어 96명의 대의원을 확보했고, 포드는 단 한명의 대의원도 못 건졌다.
　또 1992년 대선 유세 과정에서 조지 부시는 빌 클린턴과 TV토론을 진행하던 중에 자신의 손목시계를 쳐다봤다. 그 장면을 목격한 유권자들은 "부시는 토론에 참석하고 싶지 않았다."고 판단하였고 "부시는 미국을 더 이상 이해하려 들지 않는다."고 느꼈으며, 이런 느낌은 "나는 그를 신뢰하지 않는다."는 태도로 이어졌다. 그 결과 부시는 많은 유권자들의 지지를 잃게 되었다.
　이와는 대조적으로 클린턴은 그 토론장에서 관중석에 있는 한 질문자 쪽으로 걸어갔다. 그러고는 그 여성의 눈을 쳐다보며 경제 문제를 얘기했고, 그녀는 연방 고개를 끄덕였다. 당시 클린턴이 했던 얘기를 기억하는 사람은 아무도 없지만, 클린턴의 말에 수긍하던 그 여성의 시각적 동작은 모든 사람들이 기억했다. 이 작은 하나의 동작이 수십만 명의 마음을 바꿔놓는 계기가 되어 이들로 하여금 클린턴에게 지지표를 던지도록 유도하는 결과를 초래했다.
　또 다른 예를 들면, 2008년 뉴햄프셔에서 공화당 예비선거 직전에 힐러리가 눈물을 글썽인 사건은 많은 여성이 힐러리와 일체감을 느끼도록 하였다. 여론조사 전문가 존 조그비는 특히 나이 든 여성유권자들은 힐러리가 감정을 드러내자 '그녀의 투쟁은 곧 나의 투쟁'이라는 생각을 갖도록 하였다. 이외에도 유권자의 투표행태가 감성에 좌우된다는 사례는 무수히 많다. 선거에서 표심이 머리와 가슴, 이성과 감정 중 무엇에 따라 움직이느냐에 대한 논쟁의 답은 명백하다. 따라서 선거에서 사람들이 무엇을 생각하느냐보다 더 중요한 요소는 그들이 어떻게 느끼느냐이다. 마케팅의 경우에도 선거의 경우와 크게 다르지 않다. 따라서 마케터는 소비자의 이성에 호소하기보다는 감성에 호소하는 것이 더 빠르고 유익할 수 있음을 명심해야 한다.

※ 자료 : 이영훈, 『의료서비스 마케팅』pp 264-265

중의 관심과 흥미를 끌려고 하며 이를 통하여 독자나 시청자수를 늘리려는 속성을 많이 가지고 있다. 일반 대중이 원하는 문제를 이슈화 하려면 다수가 결집하여 집단 행동을 하는 것도 이렇게 하여 언론에 보도되게 하여 이슈화 하는데 결정적인 역할을 할 수 있기 때문이다. 언론에의 상품의 광고도 이러한 가용성 휴리스틱을 활용하는 한 가지 방법에 속한다.

즉, 머릿속에 쉽게 떠오르는 사건이 더 높은 빈도를 가지고 있다고 판단하여 쉽게 떠오르는 정도로 사건의 빈도와 의미를 추정하는 것이다. 일반적으로 자주 일어나는 사건의 예가 자주 일어나지 않는 사건의 예보다 머릿속에서 쉽게 떠오르기 때문에 이러한 간단한 휴리스틱은 판단과 선택에 나름대로의 의미와 역할을 하고 있다.

그러나 이러한 가용성 휴리스틱은 판단과 선택에 있어서 잘못된 영향을 미칠 수도 있다. 왜냐 하면, 정보가 머릿속에 쉽게 떠오르는 정보는 객관적인 빈도나 단순한 의미와 전혀 관계없는 요소로부터 영향을 받을 수 있기 때문이다. 즉, 어떤 사건이 아주 생생하게 기억되도록 표현되거나 쉽게 기억되도록 하는 요소를 내포하고 있다면, 단순히 기억에 의하여 이 사건의 객관적인 빈도와 의미를 추정하는 것은 옳지 않다.

예를 들어 비행기 사고는 치명적이며, 대규모 인명피해와 연관되어 아주 생생하게 기억되는 경우가 많다. 따라서 사람들은 비행기를 자동차보다 더 위험하게 생각하는 경향이 있다. 그러나 실제적인 통계자료에 따르면, 동일한 거리를 갈 경우에 비행기가 자동차보다 더 안전한 것으로 나타나고 있는 것이다.

또한 가용성 휴리스틱은 생각해 내는 방법의 용이성에 의존하기 때문에 잘못된 판단으로 유도되기 쉽다. 예를 들어, 영어 단어 중에 r로 시작하는 단어와 r이 세 번째 들어가는 단어 중 어느 것이 많은지를 생각하는지를 물으면 대부분의 사람들이 r이 첫 번째 들어가는 단어가 많다고 대답한다. 이는 r이 첫 번째 들어가는 단어들이 세 번째 들어가는 단어에 비하여 쉽게 떠오르기 때문이다. 그러나 실제에 있어서는 r이 세 번째 들어가는 단어가 훨씬 많은 것이 사실이다.

(2) 대표성 휴리스틱

우리들은 보통 특정한 사람들을 평가할 때 그 사람의 외모, 인종, 출신지역, 출신학교 등 구체적인 품성이나 인격, 실제적인 능력 등에 의해서 평가하기보다는 관찰과 판단이 용이한 외형적이고 가시적인 사항에 중점을 두는 경우가 많으며 이를 대표성 휴리스틱representative heuristic이라 한다.

이러한 대표성 휴리스틱의 사용은 신상품을 평가할 때, 그 신상품이 성공한 상품의 대표적인 유형prototype과 비슷한지, 실패한 상품과 비슷한지를 평가하여 신상품의 성공가능성을 평가하곤 한다. 또한 생물학자들은 새로 발견한 식물이 어느 종의 대표적 특징과 비슷한지를 찾아 그 종으로 분류한다.

사람들의 능력을 평가할 때에도, 관리자들은 평가하고자 하는 사람이 어느 부류의 사람들과 비슷한가를 판단하여 평가하는 경향이 있다. 예를 들면 체형이 마르고 외소한가 아니면 뚱뚱하고 체격이 좋은지, 출신학교는 어디인지, 어느 지역 출신인지 등의 대표적인 휴리스틱의 부류 등을 기준으로 그 사람을 판단하고 예측하는 경향이 있다.

그러나 이러한 판단은 직관적인 생각을 중심으로 한 휴리스틱으로 이를 이용하면 빠르고도 비교적 합당한 판단을 내릴 수 있으나, 경우에 따라서는 잘못된 판단으로 착오를 일으킬 수 있는 인지적 함정이 있다. 특히 사람을 평가할 때 그 사람의 외형적인 학력, 자격, 성적 등의 스펙에만 의존하여 직원을 채용하거나 직책을 부여할 경우에는 그 보다 더 중요한 요인인 품성, 성격, 감성 등의 실제적인 업무를 성공적으로 수행할 능력을 간과하게 되어 실패할 수 있는 확률이 클 수 있다.

특히, 대표성의 휴리스틱이 한가지의 치명적인 실수를 유발할 수 있는 문제는 발생가능성이 낮은(기저율이 낮은)사건들의 발생 빈도를 예측할 때의 문제이다. 예를 들면, 지하철에서 중년의 신사가 어려운 영문의 잡지를 보고 있었다면 그 사람이 명문대학을 나온 사라이라고 생각했을 경우 그 판단은 기저율로 볼 때, 일반대학을 나왔을 가능성이 더 크므로 실수할 가능성이 높다고 할 수 있다.

(3)기준설정과 조정 휴리스틱

사람들이 어떤 것에 대한 추정을 할 때에 기준치를 먼저 설정하고 이를 기준으로 하여 결정할 사항을 조정하여 나가는 방식을 사용한다. 예를 들어 회사에서는 올해에 직원들의 새로운 임금을 책정하려는 경우에 작년의 임금을 기준으로 하여 올해는 몇 %의 임금을 인상할지를 조정하는 경우이며, 또한 정부에서 내년의 신규 예산을 책정할 때에 작년도의 예산을 기준으로 금년도의 예산을 얼마나 인상할지를 조정하는 것이다. 문제는 판단 기준으로 설정한 기준치의 적정성과 타당성의 문제가 발생할 수 있다는 것이다. 예를 들면 전년도의 임금이 너무 낮아 이를 기준점으로 해서는 올해의 임금의 적정한 산출이 어려운 경우이며, 또한 정부의 예산의 경우에도 새로운 정부가 탄생하여 새로운 국정을 펼치고자 할 때에는 전년도의 예산만을 기준으로 하는 점증적인 방식은 부적합하며, 오히려 새로운 기준을 중심으로 예산을 편성하는 영기준의 예산기준이 필요할 수도 있는 것이다. 이러한 기준설정과 조정휴리스틱은 일상에서도 매우 빈번하게 일어나는 중요한 현상으로, 이것을 닻 내림 효과anchoring effect라고도 한다. 닻을 내린 곳에 배가 머물듯, 처음 입력된 정보가 정신적인 닻으로 작용해 이후의 판단에도 계속 영향을 미친다는 것이다

많은 심리학자들은 닻 내림 효과는 측정이 가능하며, 인상적이라고 할 만큼 그 영향력이 크며, 사람들에게 많은 흥미를 유발한다고 하였다. 예를 들면, 샌프란시스코 과학관의 방문객들은 다음과 같은 질문을 받은 적이 있었다.

세계에서 가장 높은 삼나무의 높이는 1,200피트를 넘을까?
세계에서 가장 높은 삼나무의 높이는 어느 정도일까?
* 1피트:30.48센티미터

이 실험에서 '높은 닻' 역할을 한 것은 '1,200피트' 였다. 첫 번째의 질문의 1,200피트를 180피트로 조정했다. 닻의 높이를 낮춘 것이다. 두 닻의 차이는 1,020피트였다.

예상대로 두 집단은 844피트와 282피트라는 매우 다른 평균 추정치를 제시했다. 두 수치의 차이는 562피트 였다.

이러한 닻 내림 효과는 부동산의 호가가 실제거래 가격에도 많은 영향을 미치는 등 일상생활에도 많은 영향을 주고 있다.

2.2 결정의 정황과 구성

사람들의 인지적 능력에는 한계가 있기 때문에 의사결정에 있어서 모든 정보와 상황, 이에 필요한 경험, 지식을 적용하여 종합적이고 체계적인 판단과 선택을 할 수가 없는 것이 현실적인 여건이다.

따라서 사람들은 직관적인 사고와 필요한 범위 내에서의 의식적인 간단하고 편의적인 사고로 판단과 선택을 하게 되며, 이에는 의사결정의 본질적인 문제와는 거리가 먼 상황context이나 구성framing이 사람들의 의사결정에 중요한 영향을 미치는 경우가 많다. 이러한 영향을 받아 사람들은 종종 비합리적인 판단과 선택을 하곤 한다. 특히 일상생활에서의 의사결정에서도 결정의 본질적 사항과는 관련이 적은 부수적인 상황과 여건, 지엽적인 문제에 치중하여 판단과 결정을 하며, 특히 대통령선거 등의 투표 상황에서도 본질적인 정책의 문제보다는 후보자 간의 대결이 되는 이념적 상황이나, 그 밖의 선거의 분위기 여건 등에 의한 상황context과 보수와 진보, 인물간의 정치적 성향의 구도framing에 의하여 많은 영향을 받아 투표를 하는 행위 등이다. 여기에서는 우리가 생활하면서 이용하는 '심리계좌mental-accounts'와 '구성효과framing effects'에 대하여 알아본다.

(1) 심적 회계

경제원칙에 의하여 판단하고 생활하는 합리적이고 이기적인 경제원칙자들은 효율성과 효과성을 중시하고 자기의 이해나 이익을 가장중시하는 방향으로 의사결정을 하고 경제적인 행동을 한다. 그러나 일반의 보통 사람들은 경제원칙에 의한 합리적 평가에 따라 판단하고 행동하기보다는, 자신의 마음속 회계처리 방식을 이용하여 판단하고 선택을 하는 경향이 있다는 것이다.

이렇게 사람들이 마음속 회계처리 방식을 사용하는 것은 사람들이 이성보다는 감성에 의하여 지배받는 경우가 많기 때문이다.

테일러Thaler,1985는 이러한 감정적 가치를 포함하는 것을 심적 회계mental accounts라 칭하고, 여러 가지 사례들을 제시하고 있다.

이러한 심적 계좌에 대해서는 대니얼 카네만Daniel Kahneman도 여러 가지를 행동경제학 분야와 관련해서 제시하고 있다.

(가)심적 회계사례 1

공짜로나 거의 힘을 들이지 않고 돈이 생겼을 때에는, 힘을 들이고 돈을 벌었을 경우보다, 같은 돈이라도 쉽게 쓰는 것이 일반적이며, 이는 사람들이 돈이 어떻게 얻어졌는가에 따라 마음속으로 다른 회계의 계좌를 가지고 있기 때문이다.

(나)심적 회계사례 2

저축통장을 정기예금에 연리 5%의 예금이 5천만 원이 있는 경우에 3천만 원 하는 자동차를 사려고 하는 경우에 그 대금을 지불이자가 8%인 경우에, 정기예금보다 고율의 은행이자를 쓰는 것이 경제적으로는 비합리적인데도 그렇게 하는 것은 마음속의 심적 계좌를 별도로 관리하기 때문이라는 것이다.

(다)심적 회계사례 3

프로 골퍼들이 타수를 잘 관리하기 위해서는 버디를 잡기 위해서 애쓸 때보다 보기를 피하기 위해서 애쓸 때 더 성공적으로 퍼팅을 한다는 것이라고 한다.

이는 프로 골퍼들이 매 홀마다 심적으로 별도의 계좌를 만들고 심리적인 안정을 유지하면서 최선을 다하기 위해서는 무리한 버디를 잡는 것보다는 보가를 피하는 것이 더 좋은 전략이라는 것이다.

(라)심적 회계사례 4

어떠한 값비싼 옷 등을 사고 싶으나 자기의 돈으로 직접 사는 것이 어려운 경우가 많다. 이러한 경우에 부인이 사주면 결국가족내의 돈에서 지불함에도 불구하고 기분이 좋은 것이 사실이다. 이러한 이유는 자기의 심적 계좌를 부인과는 다른 계좌에 관리하고 있기 때문으로, 특히 기대하지 않았던 사람으로부터 기대하지 않았던 선물을 받았을 경우에 그 효용성이 크다.

(2)구성효과

경제학적인 면에서의 본질적인 내용의 진실성의 판단이 중요하며, 이를 위한 합리적인 판단과 선택을 위해서는 논리적이고 객관적이며, 타당한 분석을 통합 합리적인 선택이 필요하다.

그러나 실제로는 그 내용보다는 문제를 제시하는 방법이 의사결정에 중요한 영향을 미치고 있다. 즉, 대안들의 객관적인 특징이 어떠한 관점에서 어떻게 제시되는가에 따라 판단과 선택이 달라지기도 한다.

일반적으로 사람들은 긍정적인 방향으로 구성된 문제에 대해서는 위험을 회피하고risk averse, 손실이나 부정적인 관점으로 구성된 문제에 대해서는 위험을 추구하는risk taking경향이 있다.

예를 들어 컵 속에 물이 반이 있는 경우를 보자. 만일 컵속에 물이 반밖에 없다고 부정적으로 생각한다면, 보다 적극적으로 새로운 물을 찾으려고 위험을 무릅쓰고 노력할 것이다. 반면에 물이 반씩이나 남아 있다고 생각하는 경우에는 무리한 위험을 피하여 보다 느긋하게 대처할 가능성이 높다.

(가)프레임과 현실

2006년 월드컵 결승전에서 이탈리아와 프랑스가 맞붙었다. 다음 두 문장은 당시 결과를 설명한다.

·**이탈리아가 이겼다.**

·**프랑스가 패했다.**

위의 두 문장의 진실적인 내용은 사실이며 같다. 하지만 우리가 감정적으로 느끼는 의미는 같지 않으며, '의미'에는 또 다른 뜻이 있다. 여기서 "이탈리아가 이겼다"와 "프랑스가 패했다"는 전혀 의미가 다르다. 이럴 때 문장의 의미는 그것을 이해하는 동안 우리의 연상기억 속에서 생긴다.

"이탈리아가 이겼다"는 말은 이탈리아와 그 팀이 이기기 위해서 한 일을 머릿속에서 떠오르게 한다. "프랑스가 졌다"는 프랑스 팀이 패배하게 만든 요인을 떠오르게 한다. 각 문장이 머릿속에서 떠오르게 하는 연상의 측면에서 보면 두 문장은 완전히 다른 '의미'이다.

(나) 감정프레이밍

표현이 믿음과 선호에 영향을 미치는 부당한 효과를 '프레이밍효과'라고 한다. 다음의 사례를 보면,

95달러를 딸 확률이 10%센트이고 5달러를 잃을 확률이 90%인 도박을 하겠는가?

100달러가 당첨될 확률이 10%이고 아무것도 당첨되지 않을 확률이 90%인 복권을 5달러에 사겠는가?

위의 예에서 두 질문이 거의 똑같은 걸 묻고 있다는 것을 알 것이다. 두 경우 모두 95달러를 벌거나 5달러를 잃게 해줄 불확실한 전망을 결정해야 한다. 위의 질문에서 사람들은 감정적인 면에서 도박에서 돈을 잃는 것보다 복권가격으로 프레임일 때를 더 쉽게 받아들일 수 있을 것이다.

많은 시도들로 구성된 실험에서 각 피험자들은 모두 '갖다'와 '잃다'라는 프레임 속에서, 그들은 '갖다'라는 프레임에서는 확실한 것을 선택하고, '잃다'라는 프레임에서는 도박을 수용할 가능성이 높다.

그러나 대부분 현실주의적 사람들이라면 마땅히 올바른 선택을 하여야 함에도 프레임과 관계되어 선택을 하게 되는 것이다.

폐암 수술의 결과를 나타내는 두 가지의 설명은 다음과 같다.

1개월 후 생존율은 90%이다.

1개월 내 사망률은 10%이다.

위의 같은 결과에도 불구하고 수술은 후자의 사망률 프레임에 있을 때는 50%가 수술을 하지 않는 방사선 치료를 원하였는데 비하여 전자의 생존율의 프레임에 있을 때는 84%가 수술을 선호하는 결정을 하였다.

(다) 직관에 의한 프레임

아모스와 대니얼 카네만이 '아시아 질병문제'라고 하는 한 사례를 통해 프레이밍을 논의했다.

미국에서 약 600명의 목숨을 앗아갈 것으로 예상되는 이례적인 '아시아 질병을 대비하고 있다고 상상하고, 두 개의 프로그램을 제안했다. 프로그램의 정확한 과학적 추정치는 다음과 같다.

> 프로그램A 채택 시 200명의 목숨을 구할 것이다.
> 프로그램B 채택 시 600명의 목숨을 구할 확률이 3분의1,
> 모두 사망할 확률은 3분의 2이다.

피험자의 과반의 수를 훨씬 넘는 수가 프로그램 A를 골랐다. 도박보다는 확실한 선택을 선호한 것이다.

두 번째 버전에서는 프로그램의 결과들이 다르게 프레이밍 되었다.
> 프로그램A 채택 시 400명이 사망할 것이다.
> 프로그램 B 채택 시 아무도 죽지 않을 확률이 3분의 1, 600명이 사망 할 확률이 3분의 2이다.

위의 두 버전의 첫 번째 버전의 프로그램A와 그 다음 버전의 프로그램A의 결과들은 동일하며, 프로그램B와 또 다른 프로그램 B의 결과들은 동일하다. 그러나 두번째 프로그램에서는 압도적인 과반의 수 이상이 도박을 선택했다.

의사결정자들은 결과가 좋을 때는 도박보다 확실한 것(위험을 회피하는 것)을 선택하는 경향이 강하고, 결과가 모두 부정적이면 확실한 것을 거부하고 도박(위험을 추구함)을 선택하는 모습을 보인다. 이러한 프레이밍 실험은 위험 회피와 위험 선호들이 현실주의적이지 않다는 것을 밝혀주고 있는 것이다.

(라)합리적인 프레임

모든 프레임이 똑같은 것은 아니다. 어떤 프레임은 똑같은 걸 묘사하거나 생각하게 하는데 다른 방법보다 훌륭하다. 다음 문제를 살펴보자.

한 여성이 한 장에 80달러인 입장권을 두 장 샀다. 그런데 극장에 도착해 지갑을 열어보니 지갑에 입장권이 없다. 그녀는 공연을 보러가기 위해서 새로 입장권 두 장을 살까?

한 여성이 한 장에 80달러인 입장권 두 장을 사려고 극장으로 향한다. 그런데 극장에 도착해 지갑을 열어보니 놀랍게도 입장권을 사려고 둔 160달러가 없었는데 그 대신 그녀는 신용카드를 가지고 있었다. 그녀는 신용카드로 입장권 두 장을 살까?

대부분의 사람들은 입장권을 잃어버린 첫 번째 여성은 공연을 보지 않고 돌아간다고 생각한다. 두 번째 여성도 신용카드로 입장권 두 장을 살 것이라고 생각한다. 현금 분실 이야기는 더 합리적인 이야기로 이어지고 입장권을 분실했더라도 손실이 '매몰' 되었고 매몰비용은 무시되어야 하기 때문에 이것이 더 좋은 프레임이다. 과거는 아무 상관이 없고 오직 중요한 문제는 극장에 간 여성이 지금 소유한 많은 옵션들과 그 옵션들로 인하여 생길 수 있는 결과 들이다. 현재 그녀는 입장권이나 현금을 잃어버려 가나해진 것은 사실이나, 이러한 때에 광범위하고 좋은 프레임은 입장권을 현금을 주고 사던지, 신용카드로 사던지 하는 포괄적인 계좌를 갖는 것은 더 합리적인 결정에 이르게 한다는 것이다

이러한 좋은 옵션과 관련한 것은 각국의 국가에서 개인 면허증에 사고로 인해 사망할 시에 장기의 기증의사를 묻는 안내문이 붙어 있고, 이때에 기증의 의사를 표시하는데 있어 그 뜻을 직접 표시하는 '옵트 아웃opt out인 선택적 거부방식을 사용하면,' 옵트 인opt in의 선택적 동의를 하는 프레임을 사용하는 것에 비하여, 특별한 사유가 있어서 기증을 거부하지 않으면 자동적으로 장기 기증을 하게되어 장기의 기증율을 높이는 좋은 프레임이며, 그에 따라서 장기의 기증율이 높게 된다는 것이다.

2.3 전망 이론

우리가 일상생활을 함에 있어서 항상 해야 하는 것은 어떠한 종류의 일을 어떻게 하며 살아갈 것인가를 판단하고 결정하며 살아가는 것이다. 이와 관련하여 우리는 경제학에서 합리적인 생각과 판단에 의한 선

택을 하는 합리주의적인 행동모델을 사용하고 이러한 경제관을 중심으로 모든 생산 활동과 소비 행위를 하고 있으며 이러한 합리성과 자기의 이익self interest을 최대로 추구하려는 경향이 자본주의 시장경제 체제를 발전시키고 인류를 위한 생산과 부를 최대로 추구함으로써 인류의 번영과 인간 생활의 풍요를 달성하는 것으로 생각하고 있다.

그러나 실제적으로 사람들은 사회생활을 해 나가면서 선택을 위한 다양한 여건과 복잡한 환경 속에서 그리고 여러 가지 요인과 주어진 조건 속에서 여러 가지의 대안 중 최선의 대안을 선택하는 것을 택하며 살아간다.

각 대안을 평가하여 선택하는 가장 기본적인 방법은 각 대안의 기댓값을 추정하여 가장 높은 기댓값을 제시하는 대안을 선택하는 것이다. 그러나 사람들은 기댓값이 제시하는 대안을 선택하지 않는 경우가 많다. 즉, 대안들이 어떻게 구성되고 제시되는 가를 나타내는 구성효과 framing effect에 따라 선택이 바뀔 수도 있다. 구성효과를 보다 명확하게 설명하기 위해서, 카네만과 트벌스키Kahneman and Tversky, 1979는 불확실성을 내포하고 있는 의사결정에서 기댓값에 대한 판단과 선택이론의 대안으로 프로스펙트 이론prospect theory을 개발하여 제시하였다.

프로스팩트 이론은 최적의 행동이 무엇인가를 밝히기보다는 실제로 발생하는 사람들의 선택 행위를 가장 정확하게 묘사하고 예측하는 데에 목적을 두고 있다. 아래에서 전망이론의 기본적인 사항과 인지적인 특징에 대하여 설명한다.

(1)효용과 위험에 따른 선택

기대 값expect value은 그 대안을 구성하고 있는 각각의 기대금액과 그 금액이 나올 확률을 곱한 값들의 총합이다. 이를 식으로 나타내면 다음과 같다. 여기에서 x는 기대금액이고 p(x)는 금액 x가 발생할 가능성을 나타내는 확률이다.

이러한 기댓값은 의사결정의 기준이 되고 있다. 즉, 가장 단순한 의사결정 규칙은 여러 대안 중에 가장 높은 기대값을 제시하는 대안을 선정하는 것이다. 최대의 기댓값에 의한 선택을 주장하는 이유는 각각의 경우마다 어느 정도 차이는 있을 수 있으나, 이것이 결국 최적의 의사결정 방법이 되기 때문이다.

그러나 사람들은 기댓값에 의한 선택을 하지 않는 경우가 많다. 예를 들어 어떤 선택을 할 때에 효용이론과 위험에 따른 사람들의 유형에 따라 선택이 달라질 수 있다는 것이다.

$$\text{기대값} = \sum x \cdot p(x)$$
$$x = \text{기대금액 혹은 개별 기대값}$$
$$p(x) = x\text{값이 발생할 가능성을 나타내는 확률}$$

(가)효용 이론

효용 이론에서 전체의 재산보다는 이득에 대한 효용성이 중요하고 의미가 있으며, 이득의 효용성은 재산의 두 가지 상태의 효용을 비교해서 평가된다. 우리의 재산이 100만 달러일 때 추가로 500 달러를 얻으면, 효용성은 100만500달러의 효용성과 100만 달러의 효용성의 차이에 의한다.

만약 우리가 더 큰 돈을 가지고 있다면, 500달러를 손해 보는 비효용성도 재산의 두 가지 상태의 효용성 차이이다. 이 이론에 따르면 득실의 효용성은 그것이 보여주는 신호인 플러스+이냐 마이너스−냐의 여부만 차이를 보이는 것이 활용된다. 이렇게 재산의 변화에 의한 것으로 효용성을 설명할 수 있다.

(나)위험의 추구

의사를 결정하기 위한 선택을 할 경우에는 결정하는 사람의 성향이 위험을 기피하는 형risk averse이냐, 위험을 선호하는 형risk taking이냐, 위험 중립형risk neutral이냐에 따라 선택의 선호가 달라질 수 있다는 것이다. 아래의 그림에서 사람들의 위험에 대한 태도에 따라 위험의 기피형은 안전한 기댓값인 50만원보다 적은 금액이라도 안전한 금액을 선택할 것이며, 위험 선호형은 기댓값보다 많은 50만 원 이상을 선택할 것이며, 위험 중립형은 기댓값인 50만원을 선택할 것이라는 것이다.

그러나 모든 경우에 일관성 있게 항상 위험을 선호하거나 회피하는 것이 아니라 문제의 특성이나 상황에 따라 위험에 대한 태도는 다르게 나타난다. 또한 신체적 위험과 재무적 위험과 같이 서로 다른 종류의 위험은 서로 다른 각도에서 접근하고 인식하게 된다.

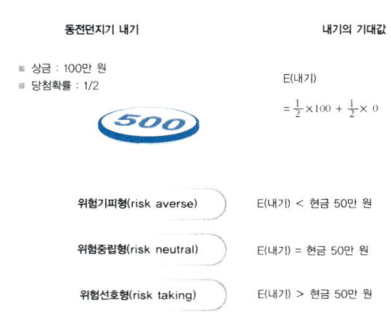

※ 자료 : 이영훈, 『의료서비스 마케팅』 p279

다음의 두 문제를 생각해보자.

1. 당신은 둘 중 무엇을 선택하겠는가?

   확실한 900달러를 얻기 : 1,000달러를 얻을 수 있는 90%의 확률

2. 당신은 둘 중 무엇을 선택하겠는가?

확실히 900달러를 잃기 : 1,000달러를 잃을 수 있는 90%의 확률

대부분의 사람은 문제1에서 위험을 회피한다. 900달러 이익의 주관적 가치는 1,000달러 이익의 90%의 가치보다 분명 크다.

이제 문제2에서는 대부분의 사람들이 위험을 추구하는 1,000달러를 잃을 수 있는 90%의 확률을 선택 할 것이며, 이는 900달러의 손해가 더 크기 때문이며, 이는 누구나 확실한 손해를 싫어하기 때문이다.

(2) 가치함수

카네만과 트벌스키Kahneman and tversky, 1979는 기댓값의 계산에서 사용하는 기대금액x는 사람에 따라, 또는 정황context에 따라 그 가치가 달리 평가될 수 있다고 생각하며, 이를 평가하는 가치함수value function v(x)를 제시하였다. 또한 x가 발생할 수 있는 확률 p(x)도 사람과 정황에 따라 다르게 평가될 수 있다고 하며, 이를 나타내는 함수π p(x)를 만들었다. 그들은 기댓값 대신에 이 두 가지 함수의 곱으로 예측치인 프로스펙트전망치의 값을 계산하여, 사람들의 선택행위를 분석하고 예측하여야 한다는 프로스펙트 이론을 개발하였다. 프로스펙트 이론에서 프로스펙트값 pv는 ΣVx).π p(x)이 되며, 이것은 기댓값과 같은 의미로 해석된다.

$$\text{프로스펙트값(Prospect Value)} = \sum v(x) \cdot \pi(p(x))$$

$$v(x) = \text{금액 } x \text{에 대한 평가가치}$$
$$p(x) = \text{금액 } x \text{가 발생할 가능성을 나타내는 확률}$$
$$\pi(p(x)) = p(x)\text{에 대한 인식을 나타내는 함수값}$$

※ 자료 : 이영훈, 『의료서비스 마케팅』 P281

(가) 가치함수의 개념

프로스펙트 이론에 의하면, 이득과 손실은 중립적인 준거점(refrence point)을 기준으로 하여 평가된다. 준거점의 위치에 따라 구성효과가 달라지기 때문에 준거점의 위치는 매우 중요하다. 가치함수(value function)는 정해진 준거점을 기준으로 이득과 손실에 대하여 평가하는 함수를 말한다.

이러한 가치함수를 통하여 평가된 가치를 y축으로, 이득과 손실을 x축으로 나타내면, 발생되는 이득이나 손실에 따라 인식된 평가가치의 변화는 s자 모양으로 나타난다.

이러한 가치함수의 모양은 가치판단자의 위험에 대한 태도와 그가 생각하고 있는 준거점의 위치에 따라 달라진다. 그러나 대부분의 사람들은 다음 그림과 같은 s자 모양의 가치함수를 가지고 있고, 다만 그 진폭이 다를 뿐이다. 그림에서 금액 x만큼의 이득이 발생하였을 때, 이에 대한 평가가치는 v(x)로서 y축상의 높이로 표시된다. 이득이 x에서 y, z로 증가하면, 그 평가가치는 v(x)에서 v(y)와 v(z)로 변한다. 그러나 그 증가폭은 이득의 증가폭에 비해서 점차 줄고 있다. 이러한 현상은 경제학에서의 한계비용체감의 법칙과 같다. 이러한 한계효용체감은 소득이 증가하면 증가할수록 전체의 효용은 증가하지만 그 증가에 따른 한 단위당 한계효용은 감소하는 것과 같은 원리이다. 이를 그래프로 나타내면 다음 그림에서와 같이 점차 감소하는 곡선의 형태가 된다.

다음에는 3/4분면에 나타난 손실(loss)에 관한 내용을 살펴보자. 만일 당신이 주식투자를 잘 못해서 1억 원의 손실을 보았다면, 손실에 대한 부정적인 가치, 고통의 정도는 매우 클 것이다. 그러나 다음에 1억 원의 손해를 보았으면 그 고통은 처음에 비해서 줄어들었을 것이다. 계속하여 손해가

났을 때에는 점차 고통이 줄어들었을 것이며, 마지막의 1억 원의 손해는 거의 고통을 느끼지도 못했을 것이다. 이와 같은 현상을 한계효용의 체감의 법칙에서 생각하면 한계고통체감의 법칙이라고 생각할 수 있을 것이다.

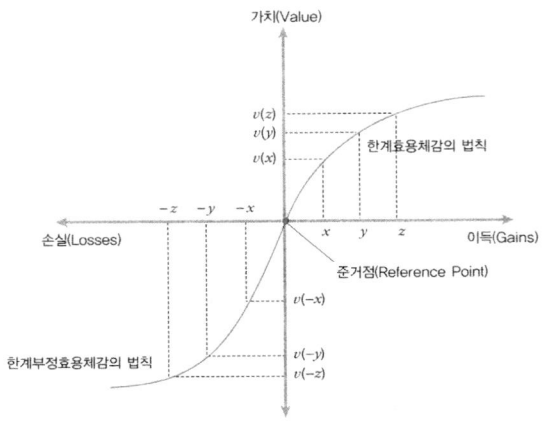

※ 자료 : 이영훈, 『의료서비스 마케팅』 P282

(나)가치함수의 가설

1)인지된 가치는 절대가치와 다르다

어떤 금액을 사람들이 인식하는 가치는 그 금액자체를 나타내는 절대가치와 다르다. 절대가치는 다음의 그림에서 그래프에서 45°각도의 파란색 사선으로 나타나고 있다. 즉, x만큼의 이득이 발생하면, 이를 x만큼의 가치로 평가하고 인식하는 것이다. 그러나 사람들이 인식하는 가치는 발생하는 금액의 크기와 이것이 이득인지 손실인지에 따라 다르다.

일반적으로 사람들은 처음에 발생하는 약간의 이득에 대해서는 그 값의 절대가치보다 높게 평가하고, 큰 금액이나 추가적으로 발생하는 이득에 대해서는 그 값의 절대가치보다 낮게 평가하는 경향이 있다. 또한 손실은 이득보다 그 평가가치가 상대적으로 매우 크게 나타나고 있다.

다음의 그래프를 보면, 이득x에서 얻은 긍정적인 가치 v(x)와 똑 같은 크기의 손실 –x로 인하여 발생하는 부정적인 가치v(–x)의 y축 상의 크기에는 상당한 차이가 있다.

즉, 손실로 인한 고통이 이득으로 인한 즐거움보다 더 크다. 예를 들어, 100만원을 잃었을 때 느끼는 고통은 100만원을 얻었을 때 느끼는 기쁨의 크기보다 그 크기 면에서 훨씬 크다.

이처럼 사람들은 이득보다 손실에 대하여 더욱 민감하며, 손실이 발생하는 경우에는 보다 극단적인 행동을 취하는 경향이 있다. 이득에 대해서는 위험을 회피하는 성향을 보이는 사람들도 손실에 대해서는 위험을 택하는 성향을 보이는 이유가 바로 여기에 있다.

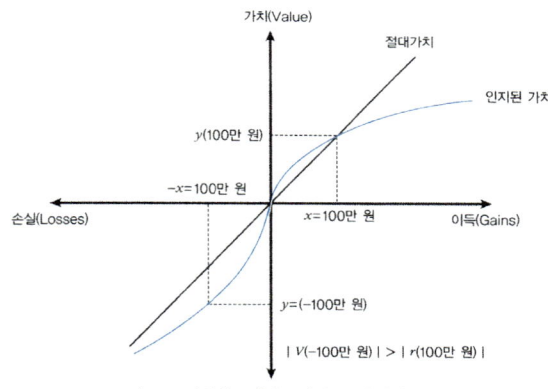

※ 자료 : 이영훈, 『의료서비스 마케팅』 P284

2)가치함수는 가치판단 자에 따라 다르다.

사람에 따라 일정한 금액에 대하여 인식하는 가치가 서로 다르다. 예를 들어 근로자가 생각하는 100만원의 가치는 대기업의 회장이 생각하는 가치와 다르다. 또한 100만원을 얻었을 때 느끼는 기쁨의 정도와 100만원을 잃었을 때 느끼는 슬픔의 정도 역시 사람에 따라 서로 다르다.

아래 그래프의 '가', '나', '다'는 서로 다른 사람들의 상이한 가치함수를 나타내고 있다.

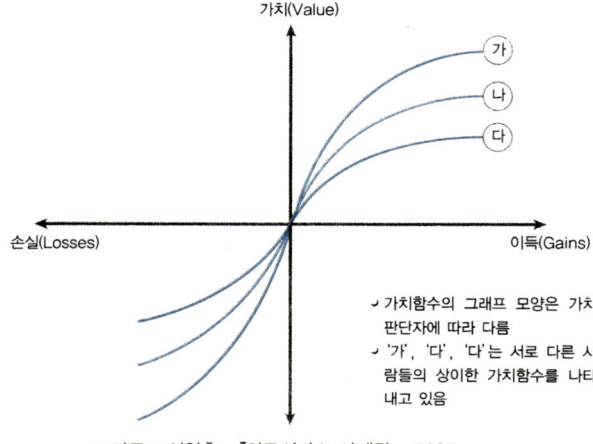

※ 자료 : 이영훈, 『의료서비스 마케팅』 P285

3) 가치함수는 가치판단자의 준거점에 따라 다르다.

가치판단의 기준이 되는 준거점은 상황의 변화와 시간의 흐름에 따라 이동할 수 있다. 친구와의 친선 포커게임의 예를 들어 설명하면, 친구들과 포커게임을 매주 하는 경우, 어느 정도 시간이 지나고 나면, 딴 사람은 없고 잃은 사람만이 존재한다. 이러한 현상은 준거점이 서로 다르기 때문에 발생한다. 예를 들면, 지난주에 10만 원을 딴 사람은 지난주에 딴 것은 다 잊어버리고, 오늘을 기준으로 하여 새로운 준거점을 가지고 게임에 임한다.

반면에 지난주 10만원을 잃은 사람은 이번 주에도 지난주에 만들었던 준거점을 그대로 유지하고 있다. 따라서 이 사람은 10만원을 잃은 상태에서 게임을 시작하는 것이다. 이러한 과정을 되풀이하다 보면, 한 번이라도 잃은 사람은 잃기 전의 준거점을 고집하게 됨으로써 구성원 모두

가 손실을 본 것으로 인식하게 되는 것이다.

(다) 가치함수의 적용

가치함수는 사은품을 이용하는 판촉 마케팅이나 신용카드사의 대금결제방법 등 다양한 마케팅 분야에서 활용되고 있다.

예를 들면, 신용카드사는 고객이 카드를 사용할 때마다 발생하는 손실을 매번 느끼지 않고 사용할 수 있도록 하고, 사용금액을 종합하여 한 번에 지급하도록 제시함으로써 손실에 대한 부정적인 인식을 감소시키고 있는 것이다.

일반적으로 이득과 손실에 관련된 여러 개의 사건이 발생하였을 경우, 실제로 발생하는 금액은 같아도 이것을 어떻게 인식하느냐에 따라서 가치함수의 값이 달라진다. 따라서 여러 개의 손실과 이득을 적절히 결합하면, 가치함수를 이용한 효과적인 마케팅전략이 개발될 수 있다.

테일러Thaler, 1985는 이득과 손실이 일어나는 4가지의 대표적인 경우를 제시하면서, 그에 적절한 전략을 제시하고 있다. 테일러가 제시한 4개의 대표적인 경우는 ①여러 개의 이득이 발생하는 경우, ②여러 가지 손실만이 발생하는 경우, ③커다란 이득과 상대적으로 작은 손실이 발생하는 경우, ④큰 손실과 작은 이득이 있는 경우의 전략은 다음과 같다.

1) 복수 이득 분리의 법칙: 여러 개의 이득은 서로 분리

복수 이득은 분리되어야 그 가치의 합이 많아지게 때문에 분리되어야 한다는 것으로 A는 하나의 복권에서 50만원이 당첨되고, 또 하나의 복권에서 25만 원의 복권이 당첨되었고, B는 하나의 복권에서 75만 원의 복권이 당첨되었을 때, A의 가치함수의 합이 B의 하나의 당첨된 복권의 가치함수보다 크다는 것으로, 이는 보너스를 줄 때에도 한 번에 많은 금액을 주는 것보다는 적정한 시기에 몇 차례에 나누어서 분리하여 지급하는 것이 좋다고 하는 것이다. 이러한 복수이득의 효과를 다음의 그래프를 이용하여 설명하면, 그래프에서 처음에 x만큼의 보너스를 지급하면, 받는 사람은 v(x)만큼의 가치를 인식하게 된다. 이러한 상태에서 어느 정도 시간이 흐르면, 준거점은 ①에서 ②로 이동한다. ②로 이동하고 난 후에 파란색의 새로운 가치함수가 형성된다. 기존의 가치함수보다 높게 나타나는 이 상태에서 y-x만큼의 보너스를 다시 지급하면 받는 사람이 느끼는 종합가치는 v(y')가 된다.

　그러나 처음부터 한 번에 y만큼의 보너스를 지급하면, 이에 대한 가치는 v(y)가 되어 v(y')보다 낮다. 같은 금액의 보너스를 한 번에 줄 때와 두 번으로 나누어 줄 경우, 받는 사람이 인식하는 가치의 차이는 v(y')-v(y)가 된다. 따라서 보너스는 나누어 지급하는 것이 바람직하다. 그러나 준거점이 이동할만한 충분한 시간적인 간격이 필요하므로 너무 잘게 나누어 주는 것은 의미가 없다. 이 법칙에 따르면 선물을 줄 때에도 한꺼

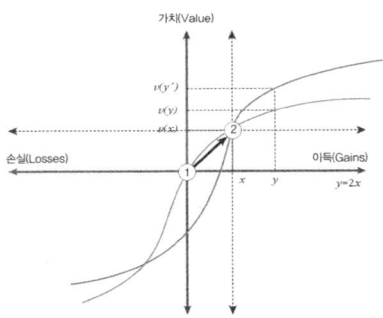

※ 자료 : 이영훈, 『의료서비스 마케팅』 P282

번에 여러 가지 선물을 주는 것보다 몇 차례에 걸쳐서 나누어주는 것이 더 효과가 있다. 또한 전철에서 어떤 물건을 팔 때에도 처음에 하나를 가지고 얼마라고 하면서, 그 뒤에 부수적인 물건을 끼워서 주는 것도 이러한 가치함수를 이용하는 것이다.

2)복수손실 통합의 법칙 : 여러 개의 손실은 하나로 통합하라

A는 국세청으로부터 지난해 종합소득세 신고가 잘못되어 50만 원을 더 내야 한다고 연락을 받았으며, 또한 같은 날 재산세 신고가 잘못되어 20만 원을 더 내야 된다는 통지를 받았다.

B는 국세청으로부터 지난해 종합소득세 신고가 잘못되어 70만 원을 더 내야 된다는 통지를 받았다.

위의 경우에 누가 더 고통스럽다고 생각하는가? 물론 추가적으로 80만원을 추가로 더 내야 하는 것은 같다. 그러나 A의 경우에는 '오늘 무엇인가 재수가 없다'라는 생각을 떨쳐버리기가 어렵다. 심리적으로 이러한 문제가 손실금액 못지않게 고통을 주는 것으로 작용한다. 따라서 복수의 손실은 하나의 손실로 통합하라는 것이 복수손실 통합integration of multiple losses의 법칙이다.

이러한 복수손실 통합은 병원에서나 치과에서 치료를 받을 때에 여러번에 걸쳐서 고통을 당하는 것보다 한 번에 몰아서 치료할 수 있으면 통합하여 치료하는 것이 고통을 덜 느끼고 편안한 것이다.

이러한 복수손실 통합에는 병원의 진료비를 청구하는 경우에도 하나의 청구서 내에서 여러 개의 항목별로 너무 세분하여 청구하는 경우에는 과잉청구를 하는 것으로 오인하기 쉬우며, 이동 통신 요금의 경우에도 기본료, 문자 사용료. 정보이용료 등 너무 세밀하게 구분하여 청구하면 많이 청구하는 것으로 느끼게 한다. 신용카드의 경우에 한 번에 통합하여 월 1회 청구 하는 것은 이러한 복수손실통합의 법칙을 잘 이용하는 사례이다.

3)이득과 손실 통합의 법칙: 이득이 손실보다 클 경우, 큰 이득으로 작은 손실을 상쇄시켜라

A는 복권의 당첨으로 100만원을 받게 되었으나, 너무 기뻐 자동차를 운전하고 빨리 돌아오다 쓰레기통을 받아 범퍼와 헤드라이트가 깨져 수리비로 50만원을 지불하였다.
B는 복권이 당첨되어 50만원을 받게 되었다.

이러한 경우 A는 이득과 손실이 함께 발생한 경우로서 이득이 손실보다 더 큰 경우로서 이럴 때에는 이득과 손실을 통합하여 이득만 제시하는 것이 좋다. 이것이 이득과 손실통합integration of mixed gain의 법칙이다.

이러한 사실을 가족에게 이야기할 경우에 복권을 100만 원 탄 것에 대하여는 기쁘게 생각하나 그 중에서 차수리비로 50만 원을 지불한 것에 대해서는 안타깝게 생각할 것이므로 이를 감안하여 이득과 손실을 통합하여 50만 원의 이득을 얻은 것을 이야기 하는 것이 좋다.

4)이득과 손실의 분리의 법칙 : 손실이 이득보다 클 경우, 큰 손실과 작은 이득은 분리하라

A는 자동차로 쓰레기통을 들이받아 범퍼와 헤드라이트가 깨져서 수리비로 50만원이 발생하였으나, 오늘 즉석복권에서 20만원이 당첨되었다고 한다.
B는 자동차로 스레기 통을 받아 범퍼가 깨져서 수리비가 30만원이 발생했다.

이 경우는 손실이 이득에 비해서 큰 경우이다. 큰 손실로 인한 고통 속에서 작은 이득이 발생하였을 경우는 어떻게 하는 것이 고통을 줄이게 할 수 있나? 이럴 때에는 고통과 이득을 통합하지 않고, 이득을 따로 생각하는 것이 오히려 고통을 줄이는 효과를 가져 오게 되며, 이것이 이득과 손실의 분리 segregation of mixed loss 의 법칙이다.

그러나 이득과 손실의 분리의 법칙은 손실이 이득에 비해서 많이 클 경우에는 분리해서 생각하는 것이 좋으며, 손실이 이득보다 약간 클 경우에는 이를 통합해서 이야기 하는 것이 좋다.

제3절 합리적인 결정을 위한 생각[15]

3.1 과대확신의 배제와 정당성의 추구

우리가 합리적인 판단과 선택을 위해서는 우리의 생각의 체계에서 자동적 직관적으로 떠오르는 직관적인 생각을 잘 활용하고 또한 필요할 때에는 잘 통제하여 인지적 착각을 일으켜서 비합리적이고 타당성이 적은 판단과 결정을 하지 않도록 하여야 한다.

---

15) 위 책, 생각에 관한 생각 p273-341

그렇게 하기 위해서는 의식적인 생각이 제대로 작동하고 역할을 할 수 있도록 하는 조절 및 통제장치가 잘 작동되도록 하여야 하는데 이를 위해서는 우리의 기억과 경험에 의한 이해의 착각과 사후확신의 문제와 예측능력의 과대평가의 문제를 어떻게 배제하고 정당성을 확보할 수 있느냐가 관건이다.

(1)과대확신의 배제

우리가 판단과 선택을 하는데 있어서의 문제를 해소하기 위해서는 기억과 경험, 사고의 오류에 의한 인지적인 이해의 착각과 사후확신의 편중의 문제, 그리고 우리의 예측 능력을 과대하게 평가하는 것을 어떻게 배제할 수 있는가가 매우 중요한 사항이다.

(가)이해 관계의 착각 제거

심리학자이고 통계학자인 나심탈레브는 《블랙스완》에서 과거에 들은 잘못된 이야기가 우리의 세계관과 미래에 대한 기대감에 영향을 미치는 방법을 설명하기 위해 '해설 오류 narrative fallacy'라는 개념을 소개했다.

해설 오류는 우리가 세상을 이해하려고 부단히 노력할 때 불가피하게 생기며, 이러한 문제를 잘 극복하기 위해서는 사람들이 매력적으로 여기는 설명적 이야기들은 단순하고 추상적이라기 보다는 구체적이며, 운보다는 재능 등을 중시하며, 일어나지 못한 무수한 사건보다는 일어났던 몇 가지 놀라운 사건에 주목하는 것이다. 최근 일어난 모든 중요한 사건은 인과관계를 갖춘 해설의 핵심이 될 후보가 된다. 인간은 조잡한 과거의 이야기를 만들어 놓고 그것들이 사실이라고 믿는 식으로 계속 자신을 기만하고 있다고 탈레브는 주장했다.

좋은 이야기는 인간의 행동과 의도를 단순하고 정합적으로 설명한다. 앞에서 우리는 후광효과는 인간의 한 가지 특성이 다른 특성에 대한 판단기준으로까지 작용하여 개인의 모든 판단에 까지 작용하는 것을 설명했다. 예를 들면, 어떤 투수가 잘생기고 야구를 잘한다고 생각하면, 우리는 그가 야구이외의 다른 운동도 잘하리라고 판단하는 생각을 갖게하는 경향을 강하게 보인다.

이처럼 후광효과는 평가의 일관성을 과장시켜 설명적인 해설을 단순하고 정합적으로 만든다. '착한 사람은 좋은 일만하고, 나쁜 사람은 나쁜 일만 하다' 는 식으로 말이다.

여기에서도 강력한 WYSIATI what you see is all there is 규칙은 적용된다. 이러한 편안하고 제한된 생각으로 우리가 판단하는 것은 많은 착오를 일으키게 됨으로 이러한 착오를 방지하기 위해서는 좀 더 본질적이고 근본적인 사항에 대하여 정확한 정보의 확보와 의식적인 생각을 하는 학습을 많이 하고 실제적인 경험도 많이 쌓아 종합적, 체계적, 합리적으로 판단하고 결정하는 것이 필요하다.

(나) 사후확신의 문제점 배제

우리는 어떠한 일이 일어나고 난 후에 그에 대하여 미리 예측하고 알았다는 이야기를 확신을 가지고 하는 경우가 많이 있다. 이러한 사후확신의 사례는 주식투자 등에 있어서도 어떠한 종목의 주식뿐만 아니라 전체의 주식의 주가변동 상황도 다 알고 있었다는 것을 일정한 시점이 지나고 나서 확신적으로 이야기 하는 것을 종종 볼 수 있는 것이 사실이다.

또한 정말 많은 사람들이 '자기는 2008년 금융위기가 터지기 전에 이미 그럴 줄 알았다고' 하는 것을 우리는 볼 수 있었다. 그들은 금융위기 한참 전부터 그것을 알고 있었다고 주장하지만 사실은 알지 못했다. 실제로 위기가 터졌기 때문에 그럴 줄 알았다고 말하는 것이다. 이러한 것은 중요한 개념의 잘못된 사용이다.

우리는 일상적으로 이미 알려진 것이 사실이고, 사실로 보일 수 있을 때만 '안다'라고 말한다. 무엇이 사실인지 확신할 때만이 알 수 있다. 위기를 알고 있었다고 하는 사람들은 그 당시 결정적으로 알고 있었다는 것을 보여주지 못했다. 똑똑하고 많은 정보를 가진 사람들도 그 당시 재난이 급작하게 닥치리라고는 믿고 생각하지 못했다. 이런 상태에서 누구도 위기가 터질지 몰랐던 것이 사실이다.

위의 문장에서 '알다'가 잘못 사용된 것이라고 주장하는 이유는, 이 단어가 세상을 실제보다 더 많이 알 수 있다는 뜻을 가졌기 때문이다. 이런 생각은 엄청나게 위험하며 치명적인 착각을 만들어 낸다.

자신이 과거를 이해하고 있다고 믿는데서 착각의 본질은 싹을 틔운다. 이런 생각은 미래 역시 알 수 있다는 뜻이지만, 사실 우리는 이해한다고 믿는 것보다 훨씬 더 모른다. 과거던 미래던 말이다. 이런 착각을 유발하는 단어가 '알다' 하나만은 아니다. '직관'과 '예감'도 이미 사실로 판명 난 과거의 생각을 위한 준비된 단어들이다. 미래를 명료하게 생각하려면 과거 가졌던 믿음을 말할 때 쓰는 언어를 정화해야 한다.

우리는 과거 승패기록이 똑같은 두 팀의 축구경기를 보고 있다. 경기는 끝났고 한 팀이 다른 팀을 이겼고, 우리는 수정된 세계관에서 이긴

팀은 진 팀보다 훨씬 더 강하다. 또한 과거뿐 아니라 미래에 대한 관점도 이 새로운 개념으로 수정될 수 있다.

놀라운 사건에서 비롯된 학습은 합리적이지만 위험한 결과를 초래할 수 있다. 인간의 사고의 한계는 그것이 과거의 지식 상태나 수정된 믿음을 재창조할 수 있는 능력이 부족하기 때문에 발생한다. 새로운 세계관(아니면 세계에 대한 믿음에 대한 일부)을 갖게 된 사람은, 생각이 바뀌기 전에 소유했던 믿음을 떠올릴 수 있는 능력을 그 즉시 상실한다.

과거의 믿음을 재구성할 수 있는 능력을 잃으면 우리는 결과적으로 과거 사건들 때문에 놀랐던 정도를 과소평가하게 된다. 이처럼 특정사건의 결과를 보고 난 후, 자기는 이미 진작부터 그런 결과를 확실히 예견하고 있었다고 믿는 현상을 '사후확신 편향hindsight'이라고 한다.

이런 사후확신 편향은 의사결정자들의 평가에 악영향을 미친다. 과정의 건전성이 아니라 결과의 좋고 나쁨에 따라 결정의 질을 평가하도록 유도하기 때문이다. 위험하지 않은 수술이었지만 예상치 못한 사고로 환자가 죽는 경우를 생각해 보자, 이 사건을 접한 판사는 "사실은 위험한 수술이었으며, 의사는 그 수술을 좀 더 신중하게 검토했어야 한다"고 말했다.

이처럼 예전에 내린 결정을 과정이 아닌 최종 결과로 판단하려는 '결과편향outcome bias'은 결정 당시에는 합리적이었던 믿음들을 따져보며 적절히 평가하는 일을 불가능하게 만든다. 사후확신은 의사, 금융가, 최고경영자, 정치인처럼 타인을 대신해서 의사결정을 하는 사람들에게 특히 불리한 결과를 낳는다.

결과가 나쁘면 아무리 좋은 결정을 내렸다고 해도 비난을 받고, 이후로는 분명 성공적이었던 결정마저 신뢰받지 못한다. 여기서 확실한 결과 편향의 문제점이 나타난다. 결과가 끔찍할수록 사후확신 편향은 더 강하다. 특히 9.11테러 같은 재난의 경우, 우리는 그것을 예상치 못한 정부 관계자들이 제대로 일을 안했거나 무지했다고 쉽게 치부하곤 한다.

이러한 사후확신의 문제를 두려워하는 사람들은 자연스레 표준운영의 결과를 따른다. 예를 들어 의사의 경우에 의료소송이 빈번하게 일어나자 관례적인 절차와 방법을 따르고 위험을 결코 감수하려 하지 않는다.

의사들은 더 많은 테스트와 실효성이 적더라도 일반적인 치료법을 따르고, 문제가 될 수 있는 실효성이 큰 치료방법을 회피한다. 모험심과 창의성을 지닌 기업가와 연구자들에게는 사후확신과 사후편향은 무한 책임을 갖게 하고 승리의 기쁨이 주는 보상을 크게 제공하기도 한다.

(다)예측 요인의 과대평가 배제

질서정영하고 예측 가능한 세상에서 기업의 CEO는 분명 경영전략과 경영의 방법이 기업성과에 영향을 주는 상관관계는 어느 정도의 관계성이 있으며, 아주 강력한 경우에는 극단적으로 100%로서 경영전략 등의 능력과 기업의 경영성과 간의 상관계수가 1일 때도 있을 것이다. 그러나 비슷한 기업들의 상대적인 성공 가능성이 CEO가 통제 불가능한 운 같은 요소로서 결정된다면, 우리는 뛰어난 CEO가 경영하는 회사가 더 성공할 확률도 50%인 것을 알게 된다.

실제 대부분의 사람들의 생각처럼, 이 수치가 더 올라가리라 기대한다면 자신이 살고 있는 세상의 예측성을 과대평가하는 것이다. 그러나 소비자들은 기업의 성공과 실패의 결정요인들에 대한 확실한 메시지를 주는 경영서적을 선호하고, 아무리 착시적인 성격을 띠더라도 그 요인들을 이해하고 있다는 느낌을 주는 이야기를 원한다. 통찰력 넘치는 책 《헤일로 이펙트》의 저자 필 로젠츠바이크는 두 가지 대중 경영서 장르에서 착각을 확신하는 욕구가 충족되는 방법을 보여준다.

두 가지 장르란 특정 개인과 기업의 성공과 몰락의 역사, 그리고 성공한 기업과 덜 성공한 기업의 차이 분석이다. 로렌츠바이크는 성공과 실패담은 리더십 스타일과 경영관행이 기업실적에 미치는 영향을 지속적으로 과장하기 때문에 별로 유용하지 못하다고 결론 내렸다.

이러한 성공한 기업의 CEO는 유능하고 체계적이며, 단호한 사람으로 평가될 가능성이 높다. 그러나 일 년 후에 그 기업의 상황이 아주 약화되었다면, 동일한 CEO는 이제 완고하고 고집스러우며, 권위주의적인 사람으로 묘사될 것이다.

두 가지 묘사들은 각각 당시에는 맞는 것처럼 보이며, 이는 성공한 리더를 완고하고 권위주의적이라고 하거나, 실패한 리더를 유연하고 체계적이라고 평가하는 것은 불합리해 보이기 때문이다.

사실은 후광효과 때문에 기업이 몰락했기 때문에 CEO가 고집스러워 보이는 것인데도, 오히려 CEO가 고집스러워 기업이 실패했다고 믿어버린다. 후광효과의 결과 편향이 결합해 성공한 기업들의 체계적인 조사 결과에서 경영 이론을 이끌어 내려는 책들은 특별한 매력을 가지고 있다.

이런 장르의 도서 중 가장 유명한 책은 짐 콜린스와 제리 포라스의 저서 《성공하는 기업들의 8가지 습관》이다. 이 책의 18개 경쟁 기업들에 대한 철저한 성공과 실패 분석이 들어 있다. 기업문화, 전략, 경영 관행 등 다양한 측면에서의 비교 데이터 분석도 수록 되었다.

저자들은 "우리는 이 세상의 모든 CEO, 경영자, 기업인이 이 책을 읽어야 한다고 믿는다. 당신은 비전 기업을 세울 수 있다"라고 주장한다. 그러나 이 내용은 과장이다. 더 성공하거나 덜 성공한 기업의 비교는 사실 더 운이 좋거나 덜 운이 좋은 기업의 비교나 마찬가지로, 운의 중요성을 안다면 성공 기업과 덜 성공한 기업사이의 비교로부터 상당히 일관된 패턴이 등장할 때 의심해야 한다. 임의성이 존재하면 일관된 정규 패턴들은 신기루일 뿐이다.

기업의 성공과 실패담은 인간이 간절히 원하는 것, 즉 명확한 원인을 밝혀주고 운과 회귀의 불가피성이 갖는 결정적 힘을 무시하는 단순한 성패의 메시지를 제공하며 독자의 공감을 산다. 이런 이야기들은 이해의 착각을 유발하고 유지하면서, 교훈을 믿고 싶어 하는 독자들에게 전혀 지속성과 일관성이 없는 가치와 교훈을 줄 수 있는 것이다.

(2)정당성의 추구

우리는 판단과 관련하여 어떻게 하면 시간과 노력을 덜 들이고 합리적이고 타당하게 생각하고 판단을 내릴 수 지식과 경험, 그리고 기술을 습득하고 활용할 수 있는지에 대하여 고민하고 숙고하고 있는 것이 사실이다.

그러나 현실적으로 우리가 사용할 수 있는 지식과 정보, 경험은 한정되어 있으며, 실제의 판단과 의사결정에 있어서는 시간과 비용도 제한되고, 유사한 사례마저도 없는 것이 현실적 여건이다.

이러한 여건과 상황 속에서 우리가 가장 쉽고 간편하게 이용할 수 있는 것이 우리의 직관적 생각의 WYSIATI what you see is all there is 에 의해서 획득할 수 있는 정보와 지식이며, 그것은 중요하고 유효한 자원으로서 의식적인 생각이 만들어 주는 정합성 때문에 우리는 자신의 의견에 확신을 갖게 되는 것이다.

그 확신을 뒷받침할 증거의 양과 질은 그다지 중요하지 않으며, 허술한 증거로도 충분히 훌륭한 이야기를 만들어낼 수 있다. 이러한 불합리한 여건 속에서 우리가 합리적으로 판단하고 그 판단이 정당하도록 하게하기 위해서는 정당성에 착각을 일으키는 요인을 배제하여야 하며, 또한 정당성의 추구에 문제를 유발하는 선택 기술의 착각을 배제하고, 정당성을 추구할 수 있는 공식적이고 적합한 해법인 알고리즘을 개발하여 사용하는 것이 필요하다.

(가)정당성의 착각배제

우리가 군인들의 장교 대상자를 선발하기 위한 훈련에서 직관의 생각에 의한 태도의 관찰로 책임성과 리더의 역할 등을 평가하여 적임자를 선발하는 것은 우리가 선발의 타당성과 합리성을 갖출 수 있다고 확신을 할 수 있는 것으로 생각하고 이러한 구체적인 예측은 가치가 있다고 느끼고 행동하는 것이 일반적이다.

그러나 이러한 것은 무작위적 추측과 거의 차이가 없는 것으로 우리가 시각적 착시와 마찬가지로 인지적인 착각이 우리의 생각 속에서 발현되는 것으로 이러한 유사점을 '정당성의 착각 Illusion of validity'이라고 한다.

그러나 군인들의 인위적으로 조성한 환경 속에서 한 시간 동안 군인의 행동을 관찰해 놓고서, 우리는 그가 다른 훈련과 전투에서 리더로 활약하며 겪을 도전들을 해결하는 능력을 알았다고 느꼈다. 그러나 이 예측은 완전히 잘못되었던 것으로, 허술한 증거로 실패나 성공을 예측할 수 있을지 전혀 의심하지 않았고, 이는 분명히 WYSIATI의 분명한 사례였다.

판단의 주관적인 확신은 그 판단이 옳을 수 있다는 개연성의 논리적인 평가는 아니다. 자신감은 느낌이며, 이 느낌은 정보의 정합성과 정보 처리의 인지적 편리함이 반영된 결과이다.

따라서 불확실성을 진지하게 인정해야 현명하지만, 높은 자신감을 피력한 사람은 자신의 머릿속에서 정합적 이야기를 만들어냈다는 걸 우리에게 알려준다. 다만 그 이야기는 사실이 아니라는 것이다.

(나) 선택 기술의 착각 배제

우리는 주식 시장에서 주식을 팔면 누군가가 적정한 가격을 매개로 하여 주식을 사며, 만일 누군가가 특정의 주식이 오늘보다 내일 더 오를 것이라고 믿는다면 오늘 그 주식을 더 많이 매수할 것이다. 그것이 오늘의 그 주식의 상승 요인이다. 시장에서 주식의 가격이 적정하게 산정된다면, 누구도 거래를 통해 주식의 가격이 오르거나 내릴 거라고 기대할 수 없고 거래도 되지 않을 것이다.

그러나 어느 누구도 주식의 가격을 전부 적정하게 산정할 수 없고, 사람에 따라 가격을 산정하는 기준이나 차원이 다르므로 가격산정에 차이가 남으로 주식의 거래가 성립되는 것이다.

이러한 주식의 거래는 가격을 산출하고 예측하는 '기술의 착각 illusion of skill'으로 세워진 것이라고 한다. 실제로 주식이 거래되는 시장에서의 많은 사람은 기술의 착각으로 인하여 실제로 많은 손해를 보는 것이 다반사이며, 심지어 전문가라고 하는 주식 분석가들도 주식에 대한 가격의 예측이 정확하지 못한 것이 사실이다.

금융시장에서 '기술착각'을 일으킬 소지가 가장 높은 심리적인 원인은, 주식을 선별하는 사람들이 고도의 기술을 발휘하고 있기 때문이다. 그들은 기업의 재산 상태와 손익을 파악하는 지식과, 경영 상황을 평가하는 기법 등에 대한 광범위한 지식의 습득과 훈련을 실시하고, 또한 그러한 기술들을 사용하는 경험도 많이 쌓지만, 그러나 한 기업의 사업 전망을 평가하는 기술은 성공적인 주식거래의 충분조건이 아니며, 그 외의 주식시장의 환경과 거래 여건 등의 다른 많은 요인들이 작용하는 것이다.

주식 트레이더들의 주관적인 자신감은 판단이 아닌 감정일 뿐이다. 인지적 편안함과 연상적 정합성에 대한 우리의 이해는 직관적인 생각의 주관적인 확신에 굳건히 자리 잡고 있다.

정당성과 기술의 착각은 강력한 전문가 문화 때문에 더욱 심화된다. 아무리 허황된 기술의 착각 문제를 지니고 있더라도 전문가들의 주관적인 확신에 의한 정당성이 커뮤니티에 의해서 신봉되면, 그 분야에서 활동하는 많은 전문가들의 다수가 타인이 못하는 일을 할 수 있다는, 선택 받은 소수라고 믿는 것은 당연할지도 모른다.

(다)알고리즘의 활용

심리학자 이면서 철학자인 미네소타대학의 교수였던 폴 밀Paul Meehl

은 그의 저서 《임상적 대 통계적 예측: 이론 분석과 증거 검토clinical vs statistical prediction : A theoretical analysis and a review of the evidence》에서 고등학교 졸업예정자들의 대학 1학년 성적을 예측한 결과의 논문을 발표하였으며 그 내용은 다음과 같다. 훈련 받은 상담사들은 학생 1명당 45분간 인터뷰를 했고, 고등하교 성적 및 몇 가지 적성검사 결과, 4쪽으로 구성된 자기 소개서도 참조했다. 통계적 알고리즘은 이런 정보 중 아주 일부인 고등학교 성적과 한 차례의 적성 검사 결과에만 의존했다.

그런데도 이 공식은 14명의 상담사 중 11명보다 더 정확했다. 밀은 가석방 조항위반, 시범 훈련의 성공, 범죄 재범률을 포함해서 다양한 예측 결과들을 총망라해서 이와 유사한 결과들을 밝혀냈다. 이러한 예측 결과의 범위는 의학적인 분야의 변수들, 신규 사업의 성공전망, 은행의 신용 위험 평가와 근로자들의 미래 직업 만족도 같은 경제적 측정 기준, 양부모의 적합성 판단, 과학적인 프레젠테이션 평가. 축구시합 승자들, 보르도 와인의 미래가격 등 다양한 결과를 다루는 데까지 확대됐다.

이러한 각종의 임상적 예측과 통계적 예측을 비교하는 연구는 약200건으로 늘어났지만 알고리즘과 인간의 전문가 사이의 경쟁 점수는 바뀌지 않았으며, 이렇게 수행된 연구의 60%는 알고리즘이 훨씬 더 정확하다는 걸 보여준다.

이러한 알고리즘을 예를 들어 설명하면, 프린스턴 출신의 경제학자이자 와인 애호가 올리 아센펠터Orley Ashenfelter는 단순한 통계들이 세계적으로 유명한 전문가를 능가하는 힘을 가지고 있다는 사실을 확실히 입증했다.

그는 보르도 와인이 생산된 해에 구할 수 있는 정보를 통해 와인의 미래가치를 예측했다. 똑같은 포도밭에서 나왔더라도 숙성된 와인의 가격은 그 원료인 포도를 수확하여 와인을 만든 해를 뜻하는 빈티지vintage에 따라 큰 차이가 난다. 불과 12개월을 차이로 두고 생산된 와인의 가격이 무려 12배의 가격차이를 보이고 있는 경우도 있다.

최고의 와인은 고온 건조한 여름에 생산된다. 습도가 높은 봄도 와인에 유리하다. 이때는 품질에 큰 영향이 없어도 포도 생산량이 늘어난다. 아센팰터는 이런 일반적인 지식을 날씨의 세 가지 특성에 따라 특정 생산지와 특정 연도의 와인 가격을 예측하는 통계공식으로 전환 했다. 세 가지 특성이란 ①여름 성장기의 평균 온도 ②수확기의 강우량 ③전년도 겨울의 강수량이다. 그의 공식은 향후 수 년 심지어 수십 년 동안 정확한 가격 예측을 제공한다. 오히려 햇와인보다도 미래의 와인 가격을 훨씬 더 정확하게 예측한다.

아센팰터가 만든 공식은 매우 정확하다. 그의 예측과 실제 가격의 상관관계는 0.90을 넘는다. 전문가 판단이 열등한 또 다른 이유는, 복잡한 정보를 요약 판단할 때 인간은 고질적으로 일관성이 부족하기 때문이다. 똑같은 정보를 판단해 달라는 부탁을 두 번 받았을 때 우리는 종종 다른 대답을 한다. 이러한 불일치는 x레이의 전문가 판독 등에서도 똑같은 것을 다르게 판독하는 율이 20%이다.

밀의 연구는 놀라운 결론을 제시한다. 예측적인 정확성을 최대한 높이려면, 최종의 결정은 공식에 맡겨야 한다는 것이다. 특히 장기 예측에 있어서는 알고리즘을 사용하는 것이 정확성을 높이는 결과에 있어서 현격한 차이가 난다는 것이 의학적인 예측에서도 발생하고 있는 것이다.

이러한 통계적인 알고리즘은 신병의 군대생활을 예측하는 인터뷰 조사에도 매우 유용하게 활용할 수 있으며 그 예측성은 아주 우수하고 타당성이 높은 것으로 나타난 것이다. 인터뷰 진행자가 대상자의 몇 가지 성격 특성을 평가하고, 각 특성에 맞는 점수를 매기는 절차를 만들고, 전투병에 적합한지를 판단하는 최종 점수는 인터뷰 진행자에게서 추가 정보를 받지 않고 표준 공식에 따라 계산했다.

특성에는 '책임감', '사교성', '남자의 자존심'을 포함한 전투병에게 적절해 보이는 6가지 성격을 목록으로 만들었다. 이어 각 특성마다 군 입대 전 경험했던 다른 일이나 업무의 숫자, 일이나 공부를 얼마나 규칙적이고 시간에 맞춰 했는지, 친구와의 교류 횟수, 스포츠에 대한 관심과 참여정도를 포함해 개인의 사생활에 대한 일련의 사실들을 묻는 질문을 정리했다. 목적은 신병이 각 차원마다 얼마나 잘 했는지를 최대한 객관적으로 평가하는 것이다.

이렇게 표준화된 평가의 기준을 적용함으로써 첫 인상에 따른 후광 효과를 차단하고 평가하고자 하는 사항을 정확하고 객관적으로 평가하는 데에 목적을 두었으며, 인터뷰 진행자는 6가지의 특성별로 각 5점을 만점으로 매기도록 하였다. 그러한 평가사항에 대하여 배긴 점수들에 대하여 종합하기 위하여 고안한 공식을 활용하여 평가의 타당성과 신뢰성을 유지했다. 이렇게 진행된 수백회의 인터뷰의 결과와 군인들이 배정 받은 부대에서의 지휘관들로부터 받은 그들의 근무성적 평가를 수집하여 비교한 결과는 매우 상관성이 높은 것으로 나타났다.

3.2 믿을 수 있는 결정을 위한 생각

우리는 앞에서 살펴본 것과 같이 직관적이고 자동적인 생각은 우리의 일상생활에서 단순하고 습관적이고 반복적인 생활을 하기 위하여 주로 활용되며, 어떠한 위험의 상황에서 본능적으로 빨리 감지하고 대처하는 데에 즉각적으로 작동되는 생각이다.

그러나 이러한 직관은 인지적인 착각과 편향을 가져와 합리적이고 타당한 판단을 위해서는 통제가 필요하다. 한편 의식적인 생각은 논리적이고 합리적이며 이성적인 생각이나 이는 직관적인 생각이 주도하는 것을 보조하고 필요할 때에 한하여 작동하는 느리고 게으르며, 우리의 주의와 노력이 필요하다.

이러한 생각의 두 체계 속에서 우리가 직관적인 생각과 의식적인 생각을 어떻게 작동시키며 활용하는 것이 타당하고 합리적이면서 긴급하게 필요할 때에는 즉각적으로 사용할 수 있는 믿을 수 있는 생각으로 활용할 수 있는지를 살펴보고자 한다.

(1)믿을 수 있는 결정을 위한 방법
(가)기술습득에 의한 직관적 생각의 활용

소방대원이 화재를 진압할 때, 화재의 상황을 파악하고 즉시 불을 끄기 위한 진압작전을 하는 것과, 응급실의 긴급한 상황에서의 응급의사가 생명이 위급한 환자를 긴급히 진단하고 처치를 하는 데에는 행동의 긴급성을 위한 직관적인 판단과 더불어 숙달되고 훈련된 기술적 적응이 필요한 분야이다.

이러할 때에 소방관이나 의사는 실용적인 지식과 필요한 능력, 처리

할 수 있는 경험을 가지고 있는 것이 요청되며 이러한 요건을 잘 구비하고 있으면 즉각적이고 효과성 있으며 적절하고 타당성 있는 대응을 할 수 있고, 이런 때에 전문가에 대한 권위와 신뢰가 주어지고 믿음을 갖게 된다.

전문가로서 이러한 능력과 권위를 갖추기 위해서는 직관적으로 생각할 수 있는 지식과 더불어 경험을 갖추기 위한 학습과 훈련을 하고 머릿속에서 의식적인 생각에 의한 시뮬레이션도 많이 해보는 것이 필요하다. 이러한 긴급한 대응에 있어서는 직관적 생각에 의한 판단이 타당성과 효과성을 갖출 수 있도록 하기 위한 기술 습득에 필요한 두 가지 조건은 ① 예상 가능할 수 있을 만큼 충분히 규칙적인 환경 ②오랜 시간의 연습을 통해서 이런 규칙성을 배울 수 있는 기회가 있어야 한다. 이 두가지 조건이 충족되면 직관을 활용하는 것이 가능하고 효과적이라고 할 수 있을 것이다.

(나)결정의 타당성 제고

직관을 가지고 있는 경험이 풍부한 전문가는 만일, 환경이 규칙적이고, 그 규칙성을 배울 수 있는 기회를 충분히 가졌다면 연상기계는 상황을 인식하고 신속하고 정확한 예측과 결정을 내린다. 이러한 조건에 들어맞는다면 그 전문가의 직관을 믿을 수 있다.

그러나 불행하게도 연상기억은 주관적으로 강력한 허위 직관들을 만들어 낸다. 재능 있는 젊은이들의 체스 게임을 본 사람이면, 누구나 그의 수가 완벽하지 않으며, 완벽한 수를 쓸 뻔하다가도 아주 큰 확신 때문에 어떤 잘못을 저지른다는 것을 안다.

전문가의 직관을 평가할 때에는 규칙적인 환경 속에서라도 단서들을 배울 수 있는 기회가 적절히 있었는지 항상 고려해야 한다. 덜 규칙적이거나 타당성이 낮은 환경이라면 판단의 휴리스틱이 작용하며, 직관적인 생각은 대체에 의하여 어려운 질문들에 대한 빠른 대답을 제공하고 아무것도 없는 곳에서도 정합성을 만들 수 있다. 대답 대상 질문은 원래 의도되지 않았어도 대답이 신속히 생산되고, 느슨하고 관대한 의식적인 생각의 검토를 통과할 가능성을 충분히 있다. 따라서 이러한 문제를 해결하기 위해서는 때에 따라서는 결정의 타당성을 제고하기 위한 알고리즘의 활용도 필요한 것이다.

(2)타당한 결정을 위한 관점

우리가 합리적이고 타당성 있는 생각을 견지하고 이에 따른 정당하고 객관적이고 이성적인 판단과 결정을 하기 위해서는 우리가 가지고 있는 관점과 입장이 중요한 요인이다.

우리는 WYSIATI에 의하여 우리가 볼 수 있고, 우리가 직관적으로 생각할 수 있는 입장과 관점에서 우리 문제에 대한 생각이나 사회의 문제들에 대한 해석에 있어서 편협하고 고정된 관념과 선입견을 가지고 왜곡된 시각과 입장에서 생각하고 해석하고 있는 것이 일반적이다.

이러한 생각과 해석에 있어서의 문제점과 오류를 파악하고 개선하려면 객관적이고 타당한 생각과 신뢰성과 합리성을 가지고 우리의 내부의 문제에 대한 명확하고 타당한 관점과 입장에서의 조망과 더불어 외부의 객관적이고 합리적인 기준에 의한 공정하고 정당한 평가를 하는 것이 필요하다.

(가)내부관점의 문제 파악

우리가 우리자신의 문제나 우리가 할 프로젝트에서 합리적이고 객관적인 생각을 가지고 정확하고 타당하게 접근하여야 그러한 문제를 풀거나 프로젝트를 수행하는 데에 있어서 효율적이고 효과적으로 일을 수행할 수 있는 것이다.

그러나 실제 우리가 수행하는 프로젝트 등을 실시함에 있어서 구체적이고 신중한 계획을 하지 않고 '내부적인 관점'에서 막연하고 낙관적인 주먹구구식의 계획을 수립하여 실시함으로서 소기의 목적을 달성하지 못하고 시행에 있어서 착오와 오류를 범함으로써 실패하는 경우들이 흔하게 있는 일이다.

어떠한 경우에는 초기의 계획이 잘못 수립되어 프로젝트의 수행에 필요한 시간과 비용을 잘못 판단하여 수립함으로써 계획하였던 시간이나 비용을 훨씬 초과하게 되어 프로젝트 수행에 많은 지장을 초래하고 심지어는 그 프로젝트의 수행을 하지 못하는 경우까지 발생하는 예도 있는 것이다.

이렇게 되는 것은 우리 앞에 있는 정보를 바탕으로 WYSIAT에 의해서 사업계획을 수립하고 전망을 했지만, 우리가 알지 못하는 사항에 대하여 외부의 전문가 등으로부터 더 정보를 수집하고 그 계획의 수립에 있어서 요청되는 신중하고도 숙고하는 판단을 하여야 하는 것을 간과하여 정보의 수집 착오와 계획의 오류가 발생하는 것이다.

계획에 있어서의 오류는 과도한 낙관과 주먹구구식의 비합리적인 생각과 판단에 의한 계획을 수립하는 경우에 실제의 실행에 있어서는 생각하지 못했던 상황이나 여건, 또는 특수한 요인이 발생하여 계획에 착오나 오류가 발생하는 것이다.

이러한 계획의 착오나 오류를 방지하고 억지하기 위해서는 유사의 사례가 있으면 그러한 사례를 참고하고 그러한 사례가 없으면 전문가에게 자문을 구하며, 이를 바탕으로 프로젝트팀에서 상황과 여건을 감안한 적합하고 타당한 계획이 수립되도록 신중하고 합리적인 판단을 하여야 한다.

이러한 계획의 오류는 어떠한 사업을 추진하기 위해서 그러한 사업에 대한 승인을 쉽게 하고자 사업을 낙관적이고 긍정적으로 검토하기 위한 수단으로 비용을 적게 하고 소요시간과 노력도 과소하게 산정하여 계획을 수립하고서, 그것이 통과되면 일정기간의 시행을 하는 과정에서 비용과 시간이 엄청나게 증액되고 그 때에는 이미 투입된 매몰비용 때문에 사업의 시행이 계속되도록 하는 전략은 정부나 공기업 등의 사업에서 흔히 발생하는 사업으로 그 차질이나 오류가 심하면 심지어 사업의 시행이 오랫동안 중지되거나 끝내 사업을 포기하는 경우까지 발생하고 있다. 이러한 계획의 오류의 '분포가능한 정보'를 폄하 혹은 무시하려는 일반적 경향이 예측 오류의 중요한 원인일지도 모른다. 이러한 오류의 사례는 개인, 정부, 기업이 겪는 경험주의에 많이 있으며, 경우에 따라서는 끔직한 결과로 이어지는 경우도 많다.

(나) 외부관점의 합리성 수용

우리가 어떤 프로젝트를 수행할 때 계획을 수립하고 집행할 때 합리적이고 타당한 계획과 집행에 있어서의 차질과 오류가 없게하기 위해서는 종합적인 정보의 수집과 여러가지 여건과 상황을 반영하는 신중하고 체계적인 검토와 논의가 관계 참여자들 간에 이루어져야 하며, 이때에 계획의 오류와 착오를 방지하기 위해서는 너무 낙관적이고 긍정적인 사고를 가지는 것은 금물이며, 외부의 유사한 사례 등이 있을 때에는 그에 대한 정확한 정보를 수집하여, 여러 가지의 여건과 상황을 비교하여 그 계획을 참고하여 타당하고 합리적인 계획이 되도록 하여야 하며, 이는 우리의 개인이나 조직이 갖고 있는 '내부관점 inside view'를 보완하기 위하여 '외부관점 outside view'을 이용하는 것이다.

실제로 이스라엘 고등학교에서 판단과 의사결정을 가르치는 커리큘럼을 신설하고자 이의 개발에 필요한 교과서 집필을 위한 팀을 교육부의 지원 아래 구성했고, 그 팀에서 그에 필요한 계획을 수립하고 실시하였다. 그 계획의 과정에서 너무 낙관적이고 열정적으로 임하여서 다른 나라의 계획을 '외부관점'에서 '내부관점'을 보완하기 위해서 참조하여야 함에도, 다른 외국의 사례의 조사결과 교재의 개발에 보통 7년 이상의 기간에 성공률이 40%인 것으로 조사되었는데도 불구하고, 이를 무시하고 2년의 기간 내에 교재를 개발한다는 너무 낙관적인 계획을 수립하고 실시를 하였는데 결국 10년이 소요되어 교재개발을 완료하였다. 이렇게 사업계획의 수립과 집행이 실패하게 된 것은 '외부관점'의 타당하고 적절한 사례를 무시하고 무리하게 '내부관점'에 집착했기 때문이었다.

제4장

창조를 위한 생각도구의 활용[16]

제1절 생각에 대한 관점

모든 분야에서 사고하는 것은 언어로 표현하기 전부터 나타났으며, 언어학적인 법칙이 작동하기 전에 감정과 직관, 이미지와 몸의 느낌을 통해 그 존재를 드러낸다. 상상적이고 창조적인 사고로 나오는 생각의 개념은 공식적인 의사전달시스템, 이를테면 말이나 방정식, 그림, 음악, 춤 등으로 변환 된다.

이 변환의 산물은 그림, 시, 과학이론, 수학공식 등 각양각색이지만 그 과정은 보편적이다. 한 분야에서 창조적 사고를 배운다는 것은 다른 분야에서 창조적 사고를 할 수 있는 문을 여는 것과 같다.

또한 창조성을 발휘한다는 것은 '무엇'의 문제가 아니라 '어떻게'의 문제이다. 창조적인 생각의 근원은 '무엇을 끄집어 낼 것인가'가 아니라

---

16) 생각의 탄생, 로버트 루트번 스타인 외 1인 저, 박종석 역, 에코의 서재, 2007

'어떻게 끄집어 낼 것인가'에 달려 있다는 뜻이다. 창조적 사고에 대한 접근법은 통합적이고 모든 분야를 아우른다. 따라서 각 분야의 지식을 아우르는 '종합적인 이해'를 필요로 한다. 그러나 오늘날 전문화 추세가 가속화 되면서 지식은 파편화 되고 있다.

또한 오늘날 사람들은 너무나 많은 정보를 받아들이고 있지만 그것의 의미나 기원을 알지 못하고, 어디에 어떻게 사용할 것인지 등에 대해서는 거의 파악하지 못한다. 전문적인 지식의 양은 늘어나는 데 비해 학문 간의 교류는 오히려 줄어들고 있어 종합적인 이해력은 퇴보 일로에 있다. 현대사회는 지식의 풍요 속에서 오히려 암흑기를 맞고 있는 것이다.

우리는 오늘날 창조적 사고를 갖게 하기 위해서는 지식을 통합하고 창조적으로 생각할 줄 아는 사람을 길러내는 교육과 시스템의 모색이 필요하고 그러한 창조적 사고를 육성하기 위한 생각의 도구를 이용하는 방법을 학습시키는 것이 필요하다.

우리는 이번 장에서 먼저 역사상 가장 위대했던 '정신'들의 경험을 둘러보고, 그러한 '생각하기'라는 것에 대하여 어떻게 생각했으며 생각하는 법을 어떻게 배웠는지 살펴볼 것이다. 창조적인 일을 할 때 사람들은 매우 다양한 방법으로 '생각의 도구'들을 사용한다. 음악, 미술, 과학, 수학, 문학 등 다양한 분야에서 창조성을 빛낸 천재적 인물들이 어떻게 이러한 생각도구를 사용하였는지를 알아본다.

그것을 통하여 우리는 과학, 예술, 인문학, 그리고 공학기술 사이에 놀라운 연관성이 있음을 알게 될 것이다. 그리고 끝에서는 창조의 개념들이 어떻게 변형되고 종합되는지를 살펴볼 것이다.

21세기는 통합의 시대이다. 이제는 지식의 대통합을 통해 분야를 넘나드는 창조적인 사고를 하여야 한다. 이러한 시기에 있어서 창조적 사고는 아주 중요한 의미를 갖고 있으며 이를 위한 교육과 그 구체적인 도구에 대한 학습은 생각에 대한 통찰력을 제공할 것이다.

1.1 생각을 다시 생각하기

우리는 누구나 생각 할 수 있는 사고 체계를 가지고 있다. 그렇지만 '잘' 생각하는 것은 또 다른 문제이다. 이것은 마치 요리사가 음식을 요리하는 데 있어서 대가가 되려면 아주 재능 있는 사람이라도 필요한 도구의 용법을 익히고 음식의 재료 이용과 혼합 등의 조리법을 익히는 상당히 오랫동안 수련해야 한다는 것을 우리는 잘 알고 있다.

우리는 '생각의 분야'에서 사고의 달인이 되고자 한다면, 생각에 필요한 도구의 용법을 익히고, 정신적 요리법을 배우며 실력을 키워 나가야 한다. 그러나 이 과정은 우리에게 '정신적 요리'가 의미하는 것이 무엇인지 다시 생각해볼 것을 요구한다. 그리고 이러한 '다시 생각하기'를 통해 정신적 요리법은 '무엇을 생각 하는가'에서 '어떻게 생각 하는가'로 초점이 옮겨진다.

정신적 요리는 마음의 부엌에서 시작되고, 음식의 조리와 같이 여러 가지의 생각의 도구들과 재료들을 사용해서 어떠한 생각을 만들어 낼지를 다양한 방법으로 '생각의 조리'를 한다. 이렇게 하여 일반적이고 평범한 생각도 나오지만, 아직까지 발견하지 못했던 흥미롭고 이색적이고 유용한 새로운 생각이 탄생되기도 하는 것이다.

또한 대단한 아이디어들이 기상천외한 방법으로 솟아오르고, 생각지도 못한 기이한 생각의 재료들과 섞이기도 한다. 정신적 요리법만 보아서는 완성된 사고가 어떨지를 상상할 수 없다. 정신적 요리의 대가들은 어떻게 특이하고 독창적인 생각을 요리하는 지의 구체적인 방법을 다 제시하여 주지는 않는다. 그들은 가상의 생각의 재료들을 혼합하는 방법만을 제시하며, 그러한 것을 통하여 새로운 창조적인 생각이 나올지를 직감적으로 알게 한다.

(1)직감의 생각

직감이란 사람이 감각적으로 느끼는 것으로 우리의 무의식적 생각이다. 이러한 직감은 우리가 살면서 일상생활에서 흔히 일어나는 생존을 위한 생각에서 본능적으로 흔히 일어난다. 그러나 새로운 발견을 하는 과정에서의 직감은 또 다른 의미와 중요성을 갖고 있다.

유전학 분야에서 노벨상을 받은 바버라 매클린턱Babara McClintock은 젊은 시절인 1930년 어느 날 코넬대학의 옥수수 밭에서 동료과학자들과 유전학 연구를 하고 있었는데, 연구자들은 전체 옥수수의 절반 정도에서 열매를 맺지 못하는 꽃가루가 나올 것이라고 예상했는데 실제는 삼분의 일 정도에서 그 현상이 나타났다.

매클린턱은 그러한 예상외의 결과에 대해서 골똘히 생각하다가 30분쯤 후에 답이 갑자기 직감적으로 떠올랐다. 그것은 정답이었다. 그러나 그것은 무의식적으로 떠오른 답이며, 그 답에 대한 확신은 절대적이었지만 설명할 방법은 떠오르지 않았다.

그리고 나서 차근차근 생각하기 시작했는데, 과정이 매우 복잡했다.

시간이 지나서야 그 답을 어떻게 알게 되었는지 알게 되었다. 나중에 도식을 갖고 풀자 답이 정확히 들어맞았다. 그런데 어떻게 하여 종이 위에 써보지도 않고 그걸 어떻게 알았을까?

이러한 의문은 '창조적 사고'를 이해하는데 핵심적인 부분이다. 돌연한 계시와 통찰은 어디서 나오는 걸까? 어떻게 우리가 말하거나 그리거나 쓸 수 없는 것들을 '아는' 걸까?

우리는 느낌을 말로, 감정을 숫자로 옮길 수 있는 것인가? 우리가 과연 창조적인 상상을 어떻게 할 수 있는 것인가? 이에 대한 정확한 대답은 신경의학에서도 아직 정확이 밝혀지지는 않았지만, 그러나 사색가, 창작가, 발명가의 경험은 그 연구를 위한 대략적인 대답을 해주고 있다.

무엇보다도 그들의 경험은 사고 자체에 대한 기존의 관념이 충분하지 않음을 말해주고 있다. 왜냐하면 기존관념에는 언어로 표현할 수 없는 논리 이전의 무의식적 사고에 대한 정확한 설명이 되지 않고 있기 때문이다.

아인슈타인의 경우에 있어서도 그가 동료인 자크 아디마르Jaques Hadamard에게 한 말에 의하면 아인슈타인은 남다른 강인한 정신력의 소유자였다고 볼 수 있다. "언어라는 것, 글로 된 것이건 말로된 것이건 간에 언어는 나의 사고과정 안에서 아무런 역할을 하지 못하는 것으로 보인다. 사고과정에 필수적인 역할을 수행하는 실체들은 일종의 증후들이거나 분명한 이미지들로서, 자발적으로 재생산되고 결합되는 것들이다. 내 경우에 그 요소들이란 시각적이고 때로는 '근육까지 갖춘 것이다"

모종의 '사고실험thought experience'에서 그는 자신을 빛의 속도로 이동하는 광자라고 상상했다. '광자'인 그가 보고 느끼는 것을 '상상' 하고 나서 그는 또 다른 광자의 역할을 맡았고, 첫 번째 광자의 역할에서 경험한 것을 상상했다고 했다.

매클린턱 역시 아인슈타인이 말한 광자 개념에 해당하는 "유기체 느낌"에대해서 말하고 있다. 옥수수 염색체를 연구하면서 그녀는 밭에 있는 모든 옥수수 개체를 한 줄기 한 줄기 다 알고 있었다. 그래야만 옥수수를 진정으로 '인식'할 수 있었기 때문이다.

그녀는 이렇게 말했다. "옥수수를 연구할 때 나는 그것들의 외부에 있지 않았다. 나는 그 안에서 그 체계의 일부로 존재했다. 나는 염색체 내부도 볼 수 있었다. 실제로 모든 것이 그 안에 있었다. 놀랍게도 그것들은 내 친구처럼 느껴졌다. 옥수수를 바라보고 있으면 그것이 나 자신처럼 느껴졌다. 나는 종종 나 자신을 잊어버렸다. 가장 중요한 것은 바로 이것, 내가 나 자신을 잊어버렸다는 것이다."

(2) 느낌과 직관의 생각

물리학자 리처드 파인만Richard Feynman 은 "수학은 우리가 본질이라고 이해한 것을 '표현'하는 형식일 뿐이지 이해의 내용은 아니다"라고 말하고 있다. 직관적으로 문제를 보고 느꼈던 그는 "내가 문제를 푸는 과정들을 보면 수학으로 해결하기 전에 어떤 그림 같은 것이 계속 눈앞에 나타나서 시간이 흐를수록 정교해졌다'라고 말한다.

"우리가 진리를 찾아내기 위해 모형을 사용하는가? 아니면 진리를 알아낸 다음 이를 설명하기 위해 수학공식을 가동하는가? 와 관련하여 아인슈타인은 이를 다음과 같이 설명한다. "직감과 직관, 사고 내부에서 본질이라고 할 수 있는 심상이 먼저 나타난다. 말이나 숫자는 이것의 표현수단에 불과하다." 이것은 수학이나 형식 논리학이 아인슈타인에게는 부차적인 수단이었음을 말해준다.

"기존의 말이나 다른 기호들(추측 건데 수학적인 것들)은 이차적인 것들이다. 심상이 먼저 나타나고 내가 그것을 마음대로 부릴 수 있게 된 다음에야 말이나 기호가 필요한 것이다." 그러면서 그는 "과학자는 공식으로 사고하지 않는다."라고 말 했다.

과학자들은 수학적 언어로 사고하지 않는다. 그러나 자신만의 직관적인 통찰을 객관적으로 납득할 수 있게 표현해야 한다. 맥클린턱은 이렇게 말했다. "과학적 방법으로 일을 한다는 것은 내가 직관으로 알아낸 어떤 것을 과학의 틀 속으로 집어넣는 것이다." 다른 과학자들도 직관적으로 깨달은 후에 논리적으로 표현하는 다음단계의 과정을 거친다고 말하는 것과 같다.

과학자들이 다른 사람들보다 논리적으로 생각한다는 일반적인 인식은 과장된 것이다. 창조적으로 생각한다는 것은 '느낀'다는 것이다. 이해하려는 욕구는 감각적이고 정서적인 욕구와 한데 어우러져야 하고 지성과 통합되어야 한다. 그래야만 상상력 넘치는 통찰을 낳을 수 있다.

실제로 생각과 감정, 느낌 사이의 연관성은 《데카르트의 오류 Decartes' Error》라는 책의 주제이기도 하다. 이 책은 마음(생각)과 몸(존재 혹은 감각)의 분리를 말한 철학자 데카르트의 주장을 반박한 것이다.

이 책의 저자인 신경학자 안토니오 다마지오 Antonio Damasio는 갑작스러운 사고나 뇌졸중, 종양으로 정서적 감응구조가 총체적으로 바뀐 신경질환자들은 합리적으로 계획을 세우는 능력이 부족하다는 것을 알아냈다. 의사결정 과정에서 정서적으로 몰입할 수 없기 때문이다.

느낌과 직관은 '합리적 사고'의 방해물이 아니라 오히려 합리적 사고의 원천이자 기반이다. 다마지오에게 있어 몸과 마음, 감정과 지성은 불가분의 것이었다. 이것은 과학자들은 느낌으로 논리적 개념에 이르며, 모든 학문에서 창조적 사고와 표현은 직관과 감정에서 비롯된다는 것과 일맥상통하는 것이다.

《열정과 기질》, 《마음의 틀》과 같은 저서에서 다양한 사고법의 개념을 진전시킨 하워드 가드너 같은 학자는 창조적인 사람들의 사고는 자신을 표현하는 양식에 따라 분류될 수 있다고 주장 한다. 그는 아인슈타인, 파인먼, 매클린턱 같은 과학자는 논리 수학적 사고를 하는 사람들로, 시인이나 작가들은 언어로 생각을 하는 사람들로 분류했다. 무용수는 몸짓으로, 화가들은 시각적으로 사고하며, 심리학자는 개인의 내면을 사고하는 사람, 정치가는 개인과 개인을 사고한다고 여겼다.

그러나 이러한 분류는 요리를 하던 생각을 하던 한 가지 재료만으로는 음식을 만들 수 없는 것이며, 사람들은 지식과정 중에서 단 한 가지 요인만을 가지고 개인을 분류한다는 것은 아이슈타인을 처음부터 끝까지 논리. 수학적으로 사고하는 사람으로 것처럼 오류가 있는 것이다.

1.2직관이 통찰로 이어진다.

대개 예술적인 착상도 과학자들의 직감, 직관처럼 심상의 감각으로 나타나며, 비시각적인 형태이다. 예술가들 역시 과학자들처럼 전달 가능한 표현수단으로 해석하고 바꿔야 한다. 화가이자 디자이너인 요제프 알벨르스Josef Albers는 이 변화에 대해 간결한 말로 표현했다. "예술이란 물적인 사실과 영적인 효과 사이의 불일치이며 삶에 대한 반응을 시각적 공식으로 나타낸 것이다."

이는 조각가 루이스 부르조아Louise Bourgeois의 관점과 비슷하다. "나는 오랫동안 깊이 생각했다. 그러고 나서 내가 말해야 할 것을, 또 그것을 어떻게 해석할 것인가를 고민했다. 나는 내가 할 말을 조각으로 해석하기 위해 노력했다."라고 그녀는 말했다. 화가 막스 빌Max Bill역시 예술의 목적을 언급하면서 "예술이란 인간 정신의 표현이며, 마음속에 이미 존재하고 있는 막연한 심상을 구체적인 형태로 가시화한 것"이라고 말했다.

"그림이나 스케치는 색과 공간과 빛의 움직임을 수단으로 삼아 어떤 것을 구체화 하는 도구이다"라고 조지아 오카프Georgia O' Keeffe는 쓰고 있다. "오래전에 나는 깨달았다. 내가 보고 즐긴 것을 그대로 그림으로 옮겨놓는다 하더라도 그때 내가 받은 느낌을 관람객에게 다시 줄 수는 없다는 것을 말이다. 결국 내가 받았던 느낌을 새로 만들어야 했다. 이것은 복사가 아니었다." 그녀의 이러한 말은 결국 예술이 제시하는 이미지가 어떤 느낌이나 개념, 감각의 직접적인 반영이 아니라는 것을 의미한다. 이는 과학자가 창안한 공식이 그의 생각을 그대로 표현한 것이 아닌 것과 같다.

말을 통해 표현을 하는 사람들도 말만 가지고 사고하거나 개념을 만들어 내는 경우는 드물다. 소설가 도로시 캔필드 피셔Dorothy Canfild Fisher는 이렇게 말했다. "나는 어떤 장면을 강렬한 이미지로 만들어 낸다. 만일 그 장면을 절대적이고 완전한 이미지로 형상화 하지 못한다면 나는 아무것도 쓰지 못할 것이다. 그렇지 않으면 내가 잘 알지 못하는 장소와 사람들, 삶에 대해 글을 쓰지 못할 거라는 뜻이다." 작가 이사벨 아옌데Isabell Allende의 말을 들어보자. "책은 내 마음대로 생겨나는 것이 아니라 뱃속 어딘가에서 떠오른다. 그것은 내가 접근하지 못하는 대단히 어둡고 비밀스러운 장소에 숨겨져 있으며 내가 그저 모호한 느낌으로만 짐작하는 것, 아직 형체도 이름도 색깔도 목소리도 없는 것이라고 한다." 처음 경험한 충동과 영상, 느낌을 말로 나타낼 수 없다. 그러나 결국에 가서 그것들은 말로 표현 된다. 시인들과 작가들이 이미지와 느낌을 재현하면서 겪게 되는 문제를 과학자들이나 예술가들도 경험하게 된다. 내적인 느낌을 외적인 언어로 해석해낼 수 있을까 하는 문제가 그 것이다.

시를 쓰거나 소설을 쓸 때의 '이미지의 논리', '심상의 체험', '상상하는 삶'이 요구하는 인내와 관찰', 이런 말들은 스타니슬라브 올람Stanislaw Ulam의 용어를 빌려 표현하자면, '초 논리'가 보다 적절한 이름일 것이다. 이런 종류의 사고는 아직 제대로 연구되지 않았으며, 그저 공식적인 의사소통 언어라기보다는 비언어적이고 비수학적이며 비기호적인 것이라는 정도로만 알려져 있다.

그런 초 논리에 대해 현재 가장 근접한 개념은 '직관'이다. 아인슈타인은 "오직 직관만이 교감을 통하여 통찰력으로 이루어질 수 있다. 연구의 성과는 면밀한 의도나 계획에서 오는 게 아니라 가슴으로부터 바로 나온다." 라고 말했다. 막스 플랑클Max Plank은 이를 다음과 같이 표현한다. "과학자에게는 예술의 상상력이 필요하다" 실로 과학자와 예술가는 친척관계라고 해도 무방한데, 왜냐하면 그들의 통찰은 느낌과 직관의 영역에서 발생하는 것이라고 한다.

(1)창조적인 사고

상상을 동원하는 모든 사람들은 이 생각도구를 가지고 얻어낸 주관적인 통찰을 객관적으로 표현하기 위해 공식적인 언어로 해석하는 방법을 배운다. 이것을 통해서 그들의 생각은 다른 사람들의 마음속에 새로운 생각을 불러일으키게 된다. 즉, '창조적인 작업'을 할 때 과학자나 수학자, 예술가들은 '우리가 생각을 위한 도구'라고 부르는 공통의 연장을 사용한다. 이 도구들 속에는 "정서적 느낌, 시각적 이미지, 몸의 감각, 재현 가능한 패턴, 유추" 등이 포함된다.

그동안 수많은 과학자나 예술가들이 창조행위의 보편성에 주목해 왔다. 과학자나 예술가들은 물리학자 프리먼 다이슨Freman dyson이 "과학과 예술이 유사하다는 말은 '창조'와 '행위'에 관한한 매우 유효하다. 창조라는 점에서 둘은 매우 유사하다. 장인의 경지에 이른 창조행위가 주는 미적 쾌감은 과학 분야에서도 대단히 강력하다."라고 하는 것에 대하여 동의 한다. 한 음악가는 과학자나 예술가의 사고 과정이 놀랄 만큼 흡사하다는 것은 개인적 차원뿐만 아니라 사회적 차원에서도 맞는 말이라고 주장한다. 과학자들이 '공통적인 문제해결법'이라고 인식하는 것을 예술가들은 '공유된 영감'으로 이해한다. 그러나 과학이던 예술이던 모든 '해답'은 동일한 창조행위를 통해 구해진다.

면학연구로 노벨상을 수상한 샤를 니콜Sharles Nicolle은 다음과 같이 말하고 있다. "새로운 사실의 발견, 전진과 도약, 무지의 정복은 이성이 아니라 상상력과 직관이 하는 일이다. 그런데 상상력과 직관은 예술가와 시인들과도 밀접한 관계를 맺고 있다. 현실로 이루어지는 꿈과, 무엇인가를 창조할 듯하는 꿈은 같은 것이다."

프랑스의 물리학자 아르망 트루소Armand Trousseau도 이 말에 동의한다. " 모든 과학은 예술에 닿아있다. 모든 예술에는 과학적인 측면이 있다. 최악의 과학자는 예술가가 아닌 과학자이며 최악의 예술가는 과학자가 아닌 예술가이다."라고 말했다.

(2)통합과 통찰의 사고

요즘 유행하는 '교과목 통합'이라는 거창한 구호에도 불구하고 진정한 통합수업은 드물 뿐 아니라, 모든 지식을 망라하고 아우를 수 있는 커리큘럼은 아예 생각지도 않고 있다. 더구나 가장 중요하다고 할 수 있는, 한 학문과 다른 학문을 엮어줄 수 있는 직관적인 생각도구는 철저하게 무시되고 있다. 수학자들은 오로지 '수식 안에서' 작가들은 '단어 안에서', 음악가는 '음표 안에서만' 생각해야 하는 것이다. 각 학교와 대학들은 필요한 재료의 절반만을 사용하는 요리법을 고집하고 있다. '생각하기의 본질'을 절반만 이해하기 때문에 교사들은 가르치는 방법의 절반만을 이해하고 학생들은 배우는 방법의 절반만 이해하게 되는 것이다.

분리된 과목과 공식 언어 체계에만 기반을 둔 현행 교육이야말로 '창조적 사고과정'이라는 대단히 중요한 부분을 빠뜨리고 있다. 교사들은 학생들에게 수학적이고 통합적인 논리를 가르치면서도 느낌과 직관이라는 초 논리를 무시한다. 그렇지만 학교교육에 대한 이런 잘못된 생각이 더 이상 커져서는 안 된다. '창조적 사고'라는 직관을 이해하고 설명하는 것은 매우 중요하다. 이 직관은 서로 통찰을 주고받는 데 있어서 말이나 숫자만큼 중요하다. 본래 통찰이라는 것은 상상의 영역으로 호출되는 수많은 감정과 이미지 속에서 태어나는 것이다. 따라서 '느낌'도 커리큘럼의 일부가 되어야 한다. 학생들은 몸으로 느껴지는 것에 대하여 어떻게 주목하고 그 느낌을 발전시키고 사용해야 하는지 반드시 배워야 한다.

다행히 의학을 비롯한 다양한 학문분야에서 학문의 사고 기반으로 직관의 중요성을 재인식하기 시작했다. 우리가 창조적 상상력의 기반이 되는 느낌과 감정과 직관의 사용법을 배워야 하는 것은 절대적인 명령과 같다. 그것이 '정신적 요리' 교육의 요체다.

제2절 생각의 도구 활용

2.1 상상과 창조를 이끄는 생각도구

우리는 학습이나 경험을 통하여 많은 지식과 지혜를 쌓고 살아가고 있으면서도 그러한 지식이나 지혜를 현실적인 생활에 직접 적용하고 활용하는 것이 때로는 아주 어려운 것이 사실이다.

우리가 생활에서 지렛대를 사용하면 큰 힘을 발휘할 수 있다는 원리를 알면서도 어떤 물건을 들어 올리거나 밀어낼 때에 직접 팔을 이용하여 직접 힘만을 사용하는 경우가 많은 것이 사실이며 이렇게 할 때 큰 육체적인 힘이 작용하면서도 효과적인 일의 처리는 잘되지 않고 있다.

또한 아이들이 시소를 탈 때에도 중간에서 멀리 떨어질수록 더 큰 힘을 발휘한다는 원리를 알면서도 이러한 원리가 물리학의 한 원리라는 것을 모를 때도 있다. 이러한 지식을 응용하는 것이 우리의 현실 생활에서 긴요하게 요청되고 있는 것이 사실이다.

또한 인간이 만물의 영장으로서 온 세상을 지배할 수 있도록 한 것은 인간은 다른 동. 식물에 비하여 상상하고 창조하는 능력을 가지고 있으며, 또한 이러한 능력을 바탕으로 생활에 필요한 물질적인 기계와 도구, 장비, 물리적인 힘을 제압할 수 있는 각종의 무기들까지 만들고 사용하며, 각종 문화와 문명의 창조를 할 수 있는 것이다.

이러한 인간의 상상력과 창조력은 21세기를 살아가는 인류에게 물질적인 풍요와 찬란한 문화를 개발하고 발전시키는 원동력으로 지식. 정보화 시대로의 진전까지 이루게 되었으며, 정보통신 기술, 생명공학 기술, 나노기술, 각종의 컨텐츠 기술, 우주공학의 기술 등을 눈부시게 발전시키고 있는 것이다.

우리는 이러한 지식의 생활에의 실제적 적용과 상상과 창조를 이끄는 생각의 도구들은 어떠한 것이 있으며, 이러한 생각도구들을 이용하여 어떻게 실용적인 지식과 과학, 문화, 예술이 생성되고 발전되는지를 살펴본다.

(1)지식을 응용하도록 만드는 도구

우리는 지식의 '환상'과 실제적인 '적용' 사이에 실제적인 큰 간격이 있다는 사실을 종종 발견하고, 때로는 인간의 '무지' 현상이 생각보다 크다는 것을 절실하게 느끼곤 하는 것이 사실이다.

만일 문을 열 때 문의 회전축으로부터 멀리 잡으면 큰 힘을 받는 것은 물리학에서 배우는 간단한 지식임에도 우리는 그러한 원리를 실제

생활에서 때때로 잘 활용하지 못하는 것이 사실이다.

　이러한 사실들은 수학자 앙리 푸앙카레Henn Poincare는 "중등교육을 받은 학생들이 학교에서 배운 기계학 지식을 실생활에 전혀 응용하지 못하고 있는 사실은 충격적이며, 그들에게 있어서 과학의 세계와 실제세계는 방수벽으로 막아놓은 것처럼 완전히 단절되어 있었다."

　일류대학에서 물리학 강의를 듣는 학생이라면 상대성 이론을 나타내는 아인슈타인의 방정식을 수학적으로 풀 수 있는 실력을 지니고 있다. 그러나 이 방정식을 실생활에 적용시킬 수 있는 학생은 몇 명 되지 않는다.

　단지 소수만이 이러한 물리학적인 이론을 물리학의 대가처럼 자신들이 수학적, 물리학적으로 이해하고 있는 것을 자유자재로 응용할 수 있을 뿐이다. 너무나 많은 학생들이 수학이나 물리학이 무엇을 '전달'하고자 하는 것을 배우지 못하고 그저 전달언어로서의 수학을 배울 뿐이다. 그들은 총명하다고는 하나 반만 아는 허튼 똑똑이 일 뿐이다.

　지식을 단순이 외우고 암기하는 공부나 학습보다는 그 원리를 정확히 이해하고 실생활에 적용할 수 있는 산지식화 하는 것이 요청되고 있다. 책을 읽고 공부를 할 때에도 원리의 파악과 함께 현실적인 적용과 활용을 해야 하며, 문학을 할 때에는 등장인물들에게 완전히 감정을 이입할 수 있어야 감정과 느낌을 진지하게 받아들일 능력과 마음을 갖게 될 수 있으며 시나 소설을 써서 그를 통하여 다른 사람들의 공감대를 형성하여 마음을 움직일 수 있게 됨으로써 문학가로서 성공할 수 있는 것이다.

(2)상상과 창조를 하도록 하는 도구

작가이자 화가인 폴 호건Paul Horgan에 따르면 존재하지 않는 것을 상상할 수 없다면 새로운 것을 만들어 낼 수 없으며, 자신만의 세계를 창조해내지 못하면 다른 사람이 묘사하고 있는 세계에 머무를 수밖에 없다. 그렇게 된다면 자신의 눈이 아닌 다른 사람의 눈으로 실제를 바라보게 된다. 더 나쁜 것은 환상을 볼 수 있는 통찰력을 갖춘 마음의 눈을 개발하지 않는다면 육체의 눈으로 아무것도 볼 수 없다는 것이다.

일류 과학자들은 이 사실을 알고 있다. 그들에게 환상은 실제에 의해 끊임없이 단련되어야 하며, 이론은 항상 실험과 관찰에 의해 검증되어야 하는 것이다. 작가나 예술가도 같은 이야기를 한다.

판타지 작가 어슬리 르귄은 소설가들 역시 진실을 열망하고, 알고자 싶어 하고, 말하고 싶어 하며, 그것에 헌신하려고 한다고 말한다. "그러나 그들은 진실을 있는 그대로 서술하는 것이 아니라 결코 존재하지 않았던 사람과 장소, 일어난 적 없는 사건들을 우회적이고 독특한 방식으로 '꾸며내는' 것으로 이를 만들어 낸다. 그들은 이 모든 허구들을 아주 상세하고 길게, 대단한 열정을 가지고 이야기 한다. 한 보따리의 거짓말을 다 쓰고 나서 그들은 이렇게 외친다. '여기에 진실'이 있다." 라고. 르귄은 더 나아가 작가들이 하는 '거짓말의 연속'은 갖가지 '사실'들이 뒷받침해준다고 주장한다.

지각심리학자인 리처드 그래고리Richard Gregory는 '허구'를 '허위'와 동일시하는 것은 잘못이라고 한다. 허구와 사실을 맞춰보고 대조함으로써 작가들은 진실에 가까운 근사치를 얻게 된다. 그러나 궁극적인 견지에서 볼 때. 상상으로 꾸며낸 허구는 사실 이상의 것이다. 왜냐하면 창조의 과정이 개입되었기 때문이다.

예술뿐만 아니라 과학에서도 마찬가지다. 루이 파스테르Louis Pasteur는 실험자가 가진 '환상'은 그의 능력에서 가장 많은 부분을 차지하고 있다고 말한다. 아인슈타인 역시 "창조적인 일에는 상상력이 지식보다 더 중요하다고 말한다."라고 단언한다. 피카소Picasso는 "예술은 사람들이 진실을 깨닫게 만드는 거짓말" 이라고 했다. 수많은 과학자 예술가들과 마찬가지로 그는 상상력이 단순히 진실을 발견하게 하는 것이라고 생각하지 않았다. 그는 상상력이 진실을 '이룬다'고 생각했다.

상상력의 부재는 우리가 감각기관을 통하여 직접 받아들이는 것들만 가지고서는 우리에게 실체가 될 수 없다. 우리가 '이해'를 창출하기 위해서는 이런 것들을 '상상력'을 빌어 해석해야만 한다.

지구는 우리가 보는 것과는 다르게 태양주위를 돈다. 그리고 태양계의 중심은 지구가 아닌 태양이다. 사진, 그림, 글 같은 것들은 잉크나 은으로 얼룩져 있는 종이에 지나지 않는다. 이것들이 그 이름에 값하는 하나의 실제로서 다시 태어나는 곳은 우리들 마음속이다.

그리고 상상력의 탄생은 이것들이 상징하는 감각적이고 정서적이며 경험적인 느낌들을 재창조해낼 수 있는 우리들의 기술에 달려있다. 그것들은 진실의 반지를 끼고 있는 허구다. 이 진실이란 우리가 우리 내부에 받아들여야만 '진실'이 되는 어떤 것이다. 생산적인 사고는 내적 상상과 외적 경험이 일치할 때 이루어진다.

2.2 생각 도구의 사용과 그 종류별 사용법

우리가 상상과 창조를 위해서 생각의 도구들을 사용하기 위해서는 우선 생각의 도구들을 우리가 어떻게 사용할 수 있는가에 대한 대체적인 사용과 활용법을 학습하고 습득 한 후에 실제적인 활용을 위해서는 생각의 도구에 대한 종류와 각 종류별로 구체적이고 체계적인 사용법을 종합적으로 익히고 숙달하여야 한다.

이는 앞에서 살펴본 봐와 같이 우리가 음식을 하는 데 있어서도 좋은 재료가 있더라도 음식을 하기 위해서는 도구의 사용법과 조리방법을 터득하여만 맛이 좋고 영양가가 풍부한 것은 물론, 상상과 창조를 통하여 독특하고 개성 있는 품질이 우수한 음식을 만들 수 있는 것이나 일맥상통하는 것이다. 여기에서 우리는 우선 대체적인 생각 도구의 사용의 예를 살펴보고 난 후에 생각의 도구의 종류별로 구체적인 체계적인 활용방법을 살펴보고자한다.

(1) 생각도구의 사용

우리는 과학자들이나 예술가들이 새로운 것을 상상하고 창조하는 작업을 하기 위해서 사용하는 것이 '생각의 도구'인데, 이것이야 말로 창조적인 심성과 더불어 그 작업의 구체적인 도구의 활용을 이해하는 핵심이다.

이 도구들은 관찰, 형상화, 추상화, 패턴형성, 유추, 몸으로 생각하기, 감정이입, 차원적 사고, 모형 만들기, 놀이, 변형, 그리고 통합이다.

세상에 관한 모든 지식은 처음에는 관찰을 통해 습득 된다. 보고 듣고, 만지고, 냄새 맡고, 맛을 보고, 몸으로 느끼는 것들 말이다. 이런 느낌과 감각을 다시 불러내거나 어떤 심상으로 만들어 머릿속에 떠올리는 능력이 바로 형상화다. 실제로 과학자나 화가, 음악가들은 그들이 실제로 보지 못한 것을 마음의 눈으로 보고, 아직 세상에 나온 적이 없는 노래나 음악을 들을 수 있으며, 한 번도 만진 적 없는 어떤 것들의 질감을 느낄 수 있다. 그런데 이 감각적 형상은 너무 많고 복잡하기 때문에 창조적인 사람들은 필수적인 사고의 도구로서 추상화를 활용한다.

피카소 같은 화가건, 아인슈타인 같은 과학자건, 헤밍웨이 같은 작가건 간에 그들은 복잡한 사실들을 단순한 몇 가지 원칙들로 줄여나가는데, 추상화는 이런 것을 일컫는다.

이 단순화는 자주 패턴화와 짝을 이룬다. 이 패턴화는 다시 두 부분으로 나뉜다. 첫째, 패턴인식은 자연의 법칙과 수학의 구조를 발견하는 일일뿐만 아니라 언어와 춤, 음악의 음운을 발견하는 것이고, 그림의 경우 화가의 형식적 의도를 감지하는 일과 관련되어 있다.

패턴을 안다는 것은 새로운 것을 창조하는 첫 걸음이다. 음악이나 미술, 공학, 혹은 무용, 그 어떤 분야이건 간에 기발한 패턴을 형성한다는 것은 단순한 요소들을 예상외의 방법으로 조합하는 것에서 출발한다.

보다 흥미로운 것은 패턴이 스스로 패턴을 만들어낸다는 것이다. 게다가 패턴 속에 들어 있는 패턴을 인식한다는 것은 곧 유추로 이어진다. 명백히 달라 보이는 두 개의 사물이 중요한 특질과 기능을 공유하고 있음을 깨닫는 일이야말로 세계에서 가장 중요한 문학과 예술작품, 불후의 과학이론, 공학적 발명을 이루어내는 일의 중심에 놓여 있는 것이다.

생각 도구들은 언어와 상징 이전의 것이다. 바로 몸으로 생각하기가 정확히 그런 것인데, 생각이란 것이 먼저 감각과 근육, 힘줄과 피부를 타고 느낌으로 다가오기 때문일 것이다. 사람들이 의사 표현의 수단으로 말과 공식을 발견하기 훨씬 이전부터 수많은 창조적인 사람들은 어떤 생각의 덩어리가 솟아오름을 '느끼고' 있었던 것이다.

몸의 감각과 근육의 움직임, 감정들은 보다 정련된 사고의 단계로 뛰어오르게 하는 도약대 역할을 한다. 운동선수와 음악가는 동작의 느낌을 상상하고, 물리학자와 미술가는 몸 안에서 전자와 나무의 움직임과 긴장을 감지한다.

감정이입은 몸으로 생각하는 것과 긴밀하게 연결되어 있다. 많은 창조적인 사람들은 뭔가를 생각할 때 자기 자신을 잃는다고 말한다. '나를' 잊고 '그것'과 하나가 되는 것이다. 배우들은 맡은 배역을 자신의 임무로 만든다. 과학자, 의사, 화가 역시 배우들처럼 일종의 연기를 통해 다른 사람이나 동물, 나무, 전자, 별이 된다.

생각도구 가운데 공간적 경험에 근거하고 있는 것이 있는데 바로 다차원적으로 생각하는 것이다. 다차원적 사고란 어떤 사물을 평면으로부터 끌어내어 3차원 이상의 체계로, 지구로부터 우주로, 시간을 통과하여 심지어 다른 세계로 옮길 수도 있는 상상력을 일컫는다. 이것은 생각 도구들 가운데 가장 알려지지 않은 도구지만 공학, 조각, 시각예술, 의학, 수학, 천문학 분야에서 반드시 필요한 능력이다. 평면적 차원의 '그림'을 보다 높은 차원 속으로 옮겨 해석하는 행위이기 때문이다.

생각도구들은 그중 다른 것들과 연결 된다. 유추는 패턴인식과 패턴

형성에 의지하고, 패턴화는 다시 관찰에 의지하고 있다. 그럼에도 불구하고 배우고 실습하는 과정에서 각각의 생각도구들을 분리할 수 있다.

그 밖의 생각도구들도 높은 단계의 생각도구들은 기본적인 생각도구들을 기반으로 통합한 것들이다. 어떤 대상과 개념을 모형으로 만드는 것은 다차원적 사고, 추상화, 유추, 손재주의 결합을 요구하는 작업이다. 시인과 작가들은 앞 세대의 작가들이 남긴 작품을 보면서 장르의 패턴을 익힌다.

화가나 조각가들은 대형작품을 제작하는 준비단계로 스케치를 하거나 작은 모형을 만든다. 무용수들은 일반사람들의 동작에서 안무를 뽑아낸다. 의사들은 인체모형을 놓고 시술과정을 배운다. 엔지니어들은 작업 모형을 다루면서 설계를 검토한다.

놀이는 또 다른 통합적인 생각도구로 몸으로 생각하기, 감정이입, 역할연기와 모형 만들기 등의 생각도구들을 바탕으로 이루어진다. 놀이는 작업에 즐거움을 불어 넣어주며, 관습적인 목표나 절차, 게임의 법칙 등을 크게 중시하지 않는다. 무슨 일이 일어날지 궁금하다는 이유만으로 기존 과학과 예술, 기술의 한계에 장난스럽게 도전한다는 것은 기발한 생각들이 탄생하는 가장 흔한 방법 중의 하나이다.

그리고 변형은 하나의 생각도구와 다른 생각도구 사이, 그리고 생각도구들과 공식적인 의사전달을 하는 언어 사이에서 일어나는 변환과정이다. 생활에서 우리는 몸과 마음에서 느껴지는 불편함을 통해 문제를 포착한다. 그러나 그 해결책에 대해서는 말이나 동작, 혹은 방정식을 가지고 논리적으로 표현해야 한다. 느낌에서 의사전달로 이행하는 데에는 거쳐야 할 일련의 단계가 있기 때문이다.

우선 문제를 이미지나 모형으로 변환하고, 면밀한 실험과 관찰을 통해 패턴을 찾아내고, 패턴 중에서 가장 중요한 것들을 가지고 추상화하여 그것을 다시 모형으로 만든다. 그런 다음 감정이입과 역할 연기를 통해 다양한 해결책들을 모색하여 '놀아' 본다. 그러고 나서 마지막으로 자신이 깨달은 것을 가장 잘 표현해줄 수 있는 '언어'를 찾는다. 변형은 나머지 다른 생각도구들을 한데 엮어서 하나로 기능하는 전체로 만들고 각각의 기술을 다른 기술들과 상호 접합시킨다.

끝으로 통합은 생각도구들의 완결로서, 이해한다는 것은 항상 통합적이며 많은 경험의 방식들을 결합하는 일이기 때문이다. 통합에는 두 가지 기본적인 요소가 있다. 하나는 공감각synesthesia으로, 이는 동시에 복수적으로 감각하는 것을 일컫는 신경학적, 예술론적인 용어다. 어떤 소리는 색체를 유발하며 어떤 맛은 촉각이나 기억을 불러낸다.

통합은 지식의 통합을 전제로 한다. 통합적 지식 안에서는 관찰, 형상화, 감정이입과 기타 생각도구들이 유기적으로 작용한다. 이 작용은 앞서 설명한 변형의 경우에서처럼 순차적으로 이루어지는 것이 아니라 동시다발적으로 이루어지며 기억, 지식, 상상, 느낌 등 모든 것들이 따로따로가 아닌 전체로, 그리고 몸을 통해서 이해된다.

이 단계에서 말을 숫자로 표시하는 방정식이 실제로 문을 열 때 손에 느껴지는 회전력으로 직접 다가온다. 우리는 이것을 몸과 마음, 감각과 분별력을 이어주는 '통합적 이해', 혹은 '종합적인 앎' 이라고 부르는데 이것이야말로 생각을 가르치는 일의 최종 목표라고 할 수 있다.

(2)생각도구들의 사용법

(가)생각도구의 사용과 관련한 관점

앞의 생각도구와 관련해서 다음의 의미는 중요하다.

첫째, 생각도구의 이론은 과학자, 예술가 등의 창조적인 사람들이 여러 가지의 생각도구들을 실제 사용했던 방법에 크게 의존하고 있다는 것이다.

둘째, 이러한 생각도구들은 전부 창조자들이 처음 사용한 방법은 아니며, 종전에도 선지자들이 사용했던 방법도 있다는 것으로, 여기에서 서술하고 있는 생각도구들은 창조적인 사람들이 사용했던 생각도구의 실례인 것이다. 셋째, 우리는 이 생각도구들이 그 본질상 실제적인 것과 상상적인 것, 창조적인 것들 사이에 영속적인 연결망을 만들어 준다는 것이다. 생각도구들은 사물을 통합하는 것이다. 넷째, 이 생각도구들은 보조적인 것이지 다른 인적기술을 대체하는 것이 아니며, 지식을 습득하는 데 중요한 역할을 한다고 주장을 할 수 있는 것은 아니다.

다섯째, 생각도구들을 이용한다고 해서 독창성을 쉽게 얻는 것은 아니나, 그러나 음식을 훌륭하게 요리하는 데 있어서 도구들을 잘 다루는 법을 알아야 하는 것처럼, 생각도구들은 창조적인 사고에 필수적이라는 것이다.

여섯째, 이 생각도구들을 학교에서 사용법을 가르치고 학습해서 창조의 본질을 이해하고 창조력을 키워낼 수 있어야 한다는 것이다. 물론 실제적인   과학, 예술의 현장에서도 사용되어져야 한다.

이러한 생각도구에 대한 정확한 이해와 적용을 통하여 환상과 실제를 통합함으로써 창조적인 생각과 새로운 발견을 할 수 있는 능력과 기회가 증진 되도록 하는 것이다.

나)주요 생각도구들의 사용법
1)관찰

모든 지식은 관찰에서부터 시작된다. 관찰은 수동적인 보기와는 다르다. 예리한 관찰자들은 모든 종류의 감각 정보를 활용하며, 위대한 통찰은 '세속적인 것의 장엄함' 즉 모든 사물에 깃들여 있는 매우 놀랍고도 의미심장한 아름다움을 감지하는 능력에 달려있다. 만일 우리가 무엇을 주시해야 하는지를 알지 못한다면 주의력을 집중시킬 수가 없다. 그래서 관찰은 생각의 한 형태이고, 또한 생각은 관찰의 한 형태이다.

가)수동적인 '보기'가 아닌 적극적인 '관찰'

우리는 세계를 정밀하게 관찰할 수 있어야 한다. 그래야만 행동의 패턴들을 구분해내고, 패턴들로부터 원리를 추출해 내고, 사물들이 가진 특성에서 유사성을 이끌어 내고, 행위모형을 창출해낼 수 있으며, 효과적으로 혁신해낼 수 있다.

현대 화가들의 많은 놀라운 작품들은 '수동적인 보기'가 아닌 '적극적인', '관찰'의 산물이다. 제퍼스 존스jasper Johns가 그린 소재들인 플래시나 전구같은 것들은 보기가 어렵기 때문에 소재로 선택한 것들로 보지 않아도 '인식'을 한다고 말했다. 우리는 국기를 국가로 인식한다. 그는 단순히 '보는' 것에서 시작하여, '관찰'을 통하여 생각하는 대상을 반복적으로 제시하고 변형시킴으로써 그는 우리가 그동안 보아온 것에 대하여 새로운 '인식'을 갖게되는 것으로 말하고 있다.

글쓰기에도 예리한 관찰의 기술이 요구된다. 시인 에드워드 E. 커밍스 Edward E. Cummings는 자신을 태양아래 있는 모든 것을 관찰하는 사람으로 규정한 바 있다. 소설가 서머싯 몸 Somerset Maugham은 "사람을 끊임없이 탐구하는 것은 작가의 필수적인 자세이다."라고 했는데 그 말은 사람들의 외관뿐만 아니라 대화, 행동까지 관찰해야 한다는 뜻이었다.

작가들에게 관찰력이 얼마나 중요한지는 새삼스럽게 말할 필요도 없다. '진짜처럼 보이는 프롯'의 전개를 위해서는 사람들이 다른 사람들의 몸짓과 행동에 어떤 반응을 보이는지를 알아야 한다. 독자들의 감각에 자극을 주기 위해서는 감각자체를 알아야 한다. 작가는 경험을 향유할 뿐만 아니라 그것을 관찰하고 분석한다.

나)관찰은 눈으로만 하는 것이 아니다.

곤충학자 칼 폰 프리시 Karl von Frisch는 자신의 관찰능력이란 단지 움직이지 않고 '생물을 끈질기게 주시하는 힘'이라고 말한다. 그는 세계는 참을성 있는 많은 관찰자에게 그 놀라운 모습을 드러낸다고 한다. 벌이 추는 춤을 언어로 보고 해독한 성과 역시 그가 가진 관찰의 힘에서 비롯됐던 것이다. 그러나 관찰에 있어 '무엇을 찾으려 하는지가 중요'하다. 고생물학자 엘윈 시몬스 Elwyn Simons는 화석을 찾아내는 진짜기술은 '빠르고 예리한 시각적 식별력'에 있다고 말하는데, 이는 화석을 찾는 작업이 얼핏 보기에는 무작위하고 평범한 지역에서 질서를 찾아내는 작업이기 때문이라는 것이다.

"장구한 시간에 걸쳐 풍화된 돌들로 뒤덮인 이집트사막에 이빨화석

하나가 있다 한들 눈에 잘 뜨이지 않는다. 그건 마치 책 한 권에 단 한 번 나오는 단어를 책장을 획획 넘기면서 찾는 일과 같다." 하지만 관찰은 시각분야에만 국한되지 않는다. 다이아몬드는 '청각적 관찰'도 크게 강조하고 있다. "밀림이 빽빽해서 새를 볼 수 없는 아프리카 미림의 숲에서는 새의 소리를 듣고 새의 종류를 알아낼 수 있어야 한다."

생물학자 제라트 버메이(Geerat Vemeij)는 어렸을 때 시각을 상실하였는데 그는 그 이후 "소리, 냄새, 형상의 요철이나 질감으로 느껴지는 것이 전과는 다른 감각으로 생생한 세계의 모습을 그에게 보여주었다"라고 말했다. 현재 캘리포니아 생물학 교수로 재직하고 있는 그는 아프리카, 남아메리카, 남태평양의 해안을 자주 찾아다니며 그 분야의 혁신적인 연구로 세계적인 명성을 얻고 있다. 그는 눈으로 보는 대신 손으로 만져서 관찰을 했다.

다)관찰은 '주의 깊게 듣는 것', '주목하기' 등이다.

이고르 스트라빈스키(Igor Stravinsky)는 음악자체, 특히 현대 음악은 우리로 하여금 '그냥 듣는 것'과 '주의 깊게 듣는 것'을 구분시켜 준다고 한다.

이것은 현대미술이 우리에게 '그냥 보기'보다는 '주목 하기'를 더 요구하는 이치와 같다. 그의 말에 따르면 음악은 항상 청중에게 '흘러 듣는 자'가 아닌 '경청자'가 될 것을 요구하며 음악과 적극적인 관계를 맺을 것을 명령한다는 것이다.

'주목하기'와 '그냥보기', '흘려듣기'와 '경청하기'의 관계는 무용하기와 다른 예술에서의 '수동적인 움직임'과 '적극적인 동작' 간의 관계와 같다. 현대무용의 개척자인 도리스 험프리Doris Humphrey는 사람의 육체적, 감정적 행위를 예리하게 관찰하려면 밝은 눈과 좋은 귀를 가져야 하고, 관찰한 것들에 의거해 몸으로 이미지를 만들어 내야 한다고 주장한다.

심지어 냄새나 맛도 관찰에서 중요한 역할을 한다. 향수재조업자, 포도주 시음인, 요리사 등의 직업에 종사 하는 사람들은 미각과 후각을 이용한다. 냄새나 맛을 이용하여 좋은 품질의 음식이나 포도주, 질 좋은 향수를 만들거나 관리한다.

맛도 진단에 이용될 수 있다. 고대의 의사들은 환자들의 고름과 오줌의 맛을 보는 실습을 했다. 당뇨환자들의 오줌이 달다는 것은 수천 년 전부터 알려진 사실이다. 요즘 의사들은 간단한 화학적 요법으로 이를 알아내지만 말이다. 우연히 사용하던 목적을 가지고 사용하던, 맛보기 같은 전통적인 요법은 아직도 실험실 안, 박에서 아직도 사용하고 있다.

라)관찰은 '감각작용'을 이용하는 것이다

예리한 관찰자들은 모든 종류의 감각정보를 활용한다. 위대한 것은 '세속적인 것의 장엄함sublimity of the mundane', 즉 사물에 깃들여 있는 매우 놀랍고도 의미심장한 아름다움을 감지할 줄 아는 사람에게만 찾아온다.

사람들은 그토록 숱하게 욕조에 들어가면서도 몸을 담글 때 수면이 높아지는 것을 중요하게 생각하지 않았다. 물질의 비중이 배수량과 관련 있음을 간파한 사람은 수학자 아르키메데스Archimedes였다. 생화학자인 알베르트 스젠트 기요르기Albert Szent Gyorgiy는 일상적인 관찰을 통해 비타민 C를 발견했다. "내가 색깔을 너무 좋아했기 때문에, 색깔은 아직도 나를 어린아이처럼 즐겁게 만든다. 나의 첫 번째 의문은 왜 바나나가 상하면 껍질이 갈색으로 변하는가라는 것이었다", 그는 식물이 함유하고 있는 폴리페놀이라는 화합물이 산소와 작용하면 일종의 딱지인 갈색이나 검은색 물질을 만들어 낸다는 것을 밝혀냈다.

'세속적인 것의 장엄함'을 발견하는 일은 과학자에게만 국한되지 않는다. 무용가 머스 커닝햄Merce Cunningham은 선구적인 안무 작품에서 '작은 동작'을 추구했는데 이는 그가 스튜디오 창문에서 거리를 내려다보면서 거리 사람들의 동작에서 따온 것이다. 아무리 기묘한 동작이라 하더라도 거기엔 누군가가 발견하고 활용할 수 있는 '표현의 아름다움'이 있는 것이다. '관찰'은 '생각'의 한 형태이고 생각은 관찰의 한 형태다. 결국 관찰 행위의 목적은 감각적 경험과 지적 의식을 가능한 한 가깝게 연결하는 데 있다.

마) 관찰을 익히기 위한 예술 훈련법

관찰하기 위해서는 눈, 코, 귀, 손을 훈련시키듯 마음을 훈련해야 한다. 그렇다면 이 훈련을 어떻게 할 것인가. 재스퍼 존스 같은 현대 미술가들도 시각예술이 어느 정도까지는 시각적 인지능력을 향상시키는데 유용하다는 기능을 인정하고 있다. "미술행위 속에는 수련이 포함되는데 이 수련이라는 것은 미술적 재능을 계속해서 살아있도록 만든다. 수련의 대상은 마음, 귀, 무엇이든지 가능하다. 그런 것들을 단련시킴으로써 감각은 우리의 삶에서 일어나는 어떤 것에도 감응할 수 있게 된다."

수많은 시인과 소설가, 심지어 과학자들도 시각예술을 공부하는 것은 관찰력을 기르기 위한 것이다. 어떤 것을 묘사하는 스케치 등의 미술 활동을 하는 것은 관찰능력과 손 기술이 는다고 생각하기 때문이다. 임상의와 화가는 둘 다 특별한 시각적 감지능력을 필요로 한다. 그러나 보긴 보되, 겉으로 보이는 것 너머에 있는 것을 봐야 한다.

관찰은 음악을 공부하면서도 키울 수 있다. 많은 연구들은 보기 위해서 눈을 훈련하는 것처럼, 제대로 듣기 위해서는 귀를 아주 정교하게 훈련해야 한다는 것을 알려주고 있다. 많은 음악가들의 사례는, 비록 몇몇 천부적인 소질을 가지고 태어났지만, 후천적 노력에 의해서도 그런 능력을 가질 수 있다는 것을 보여준다. 음악비평가들은 수많은 연주를 듣고 비교하고 또 비교하는 것만이 일급 연주자와 평범한 연주자를 구분하는 기준이 된다고 말한다. 그것만이 미세한 질적 차이를 감지할 수 있게 해준다는 것이다.

2) 형상화

형상화라는 것은 현상을 그대로 재현하는 것에서부터 특이한 추상능력, 감각적인 연상에 이르기까지 망라된다. 형상화는 시각과 청각은 물론 후각과 미각, 몸의 감각까지 동원해야 이루어지기 때문에 우리는 내면의 눈과 귀, 코, 촉감과 몸 감각을 사용할 구실과 기회를 만들어야 한다.

또한 형상화할 때 마음에 떠오른 모든 이미지들은 다른 전달수단으로 변환할 수 있어야 하는데, 그 전달수단은 말, 음악, 동작, 모형, 회화, 도형, 영화, 조각, 수학, 논문 등 매우 다양하다.

가)사물을 그리는 능력

찰스 스타인 메츠Charles Steinmetz는 발전기와 변압기, 일반 배전장치를 발명하여 벨의 전화기나 에디슨의 전구가 어느 집에서나 사용될 수 있게 하였다. 그에게는 비범한 형상화능력, 즉 어떤 사물의 모습을 상상 속에 그려내는 능력이 있었다. 실물이나 형체 없이 그 모든 것을 상상 속에서 구조와 기본모양을 그려보는 것이다.

심리학자들은 시각형 사고자visual thinker로서 세 가지 유형이 있다고 한다. 예를 들어 삼각형을 마음속에 떠올린다고 할 때 첫째, 마음속으로 삼각형을 '볼 수' 없는 사람들이 있다. 그들은 종이 위에 그림을 실제로 그려 보아야만 삼각형을 볼 수 있다. 둘째, 어떤 사람들은 눈을 감고 마음의 눈으로 삼각형을 본다. 다른 것들이 마음에 들어오면 마음속으로 삼각형을 상상하는데 방해가 되기 때문이다. 그들은 눈을 감은 뒤 눈꺼풀의 안쪽에서 삼각형의 영상을 투사한다.

어쩌면 삼각형을 그리는 대로 눈동자가 따라 움직이는지도 모른다. 셋째, 극히 소수의 사람들은 눈을 뜬 채로 삼각형의 모습을 떠올릴 수 있다. 이들은 다른 것을 보고 있다가도 그 위에 삼각형의 상을 겹쳐놓을 수도 있다. 이들 중의 일부는 삼각형의 크기나 색깔, 원근까지도 조정할 수 있다. 그들은 삼각형을 빙빙 돌리거나 위로 떠오르게 만들기도 하고, 다른 상들도 뚫고 지나가게 할 수도 있다. 스타인 메츠 등이 이 정도 수준의 사람들이다.

진실로 아래의 물체들의 삼차원의 양상을 생각해보자, 실제로 그림C는 위에서 볼 때는 원모양, 측면에서 볼 때는 삼각형을 하고 있으며, 그림 H는 한 측면에서 보면 삼각형, 다른 측면에서 보면 원모양의 물체로서 체적을 계산하는 문제에서 메츠가 상상했던 쇠막대기에서 드릴로 도려낸 쇠뭉치의 모양을 그대로 나타낸 것으로, 쇠막대기의 단면은 둥글고 드릴도 둥글다. 그러나 쇠뭉치의 종단면 모양은 사각형이다. 따라서 구멍을 뚫을 때 밀려나가는 쇠뭉치의 모양은 '구형도, 원통향도 아닌 일종의 마름모형'이라는 것을 보여준다. 다른 그림에 대하여도 그 형상을 상상하는 학습을 위하여 아래와 같이 예시를 한다.

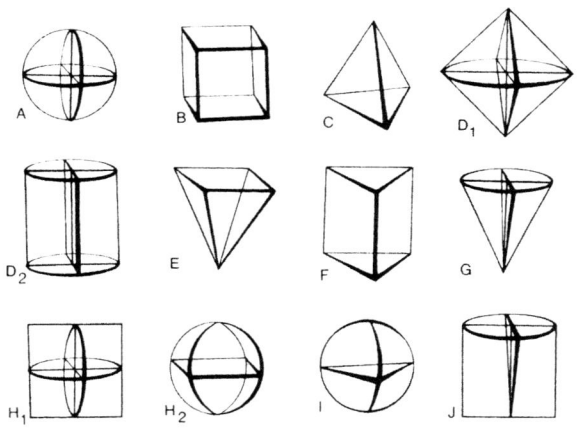

A. 위에서 볼 때와 모든 측면에서 볼 때 원모양의 물체의 형상
B. 위에서 볼 때와 모든 측면에서 볼 때 정사각형인 물체의 모형
C. 모든 측면에서 보았을 때 삼각형인 물체의 모형
D. 위에서 볼 때는 원모양, 모든 측면에서 볼 때는 정사각형의 모형
E. 위에서 볼 때는 정사각형, 모든 측면에서 볼 때는 삼각형인 물체의 모형
F. 위에서 볼 때는 삼각형, 모든 측면에서 볼 때는 정사각형인 물체의 모형
G. 위에서 볼 때는 원모양, 모든 측면에서 볼 때는 삼각형인 물체의 모형

H. 위에서 볼 때는 원모양이고, 한 측면에서 보면 원모양이지만, 다른 측면에서 보면 사각형인 물체의 모형
I. 위에서 볼 때는 삼각형, 모든 측면에서 보면 원모양인 물체의 모형
J. 위에서 볼 때는 원모양, 한 측면에서 보면 삼각형, 나머지 측면에서 보면 사각형의 물체

위의 물체의 모형을 형상화 하기는 어려우며, 극히 소수의 사람들만이 뛰어난 형상화 능력을 타고나며, 대부분의 사람들은 연습을 통하여 능력을 키울 수 있다는 것이다.

나)형상화는 세계를 재창조한다.

형상화는 과학. 예술. 문학 등의 분야에서 보편적으로 쓰이는 생각의 도구다. 파인만은 어떤 문제를 풀 때, 머릿속으로 정교한 영상을 떠올리고, 이미지를 다듬는 작업을 했다. 그리고 난 뒤 그 답을 이미지 형태에서 방정식 형태로 변환시켰다. "그는 사고의 대부분을 그런 그림을 구체적으로 만드는 작업으로 채우고, 맨 마지막에 수학을 사용하며, 수학은 머릿속의 그림을 사람들에게 전달하고 이해시키는데 효과적인 도구라고 했다"

퓰리처상 수상자인 도널드 머리Donald Murray는 자신이 '언어 형' 사고자가 아님을 발견했다. 오히려 그는 자신의 사고가 언어의 기록이 아닌 어떤 '보는' 과정, 즉 심상에 의지하고 있는 것임을 알게 되었다.

많은 예술가들 역시 시각형 사고자들이다. 테네시 윌리엄스Tennessee

Williams는 희곡 《욕망이라는 전차 A Streetcar Named Desire》가 하나의 심상에서 비롯되었다고 말한다. "나는 젊음의 막바지에 이른 한 여인을 떠올렸다. 그녀는 창문 옆 의자에 고적하게 앉아 있다. 달빛이 흘러들어와 그녀의 쓸쓸한 얼굴을 비춘다. 그녀 옆에는 결혼할 남자가 서 있다."

헨리 밀러 역시 《남회귀선 Tropic of Capricorn》을 구상할 때, 미술적 재능이 있는 다른 작가들과 마찬가지로 책의 주제와 등장하는 사건들을 그림과 표로 만들었다. 형상화는 단순히 사물의 기하학적 형태를 보는 일을 넘어서 사람들과 그들을 둘러싼 세계를 재창조하는 데까지 이른다.

다) 비시각적 형상화

분명히 많은 발명가와 과학자, 화가들은 형상화가 중요한 생각도구라는 것을 알고 있으며, 그 중 시각적인 이미지를 그려내는 것은 여러 종류의 형상화 중 하나일 뿐이다. 1990년에 쓴 《이미지와 이해 Images and Understand》이라는 책에서 호레이스 바로우 Horace Barlow 등은 이미지가 그림의 형태 말고도 비시각적인 방법으로 지각되고 전달된다고 강조하고 있다.

이 책에서 "화가, 디자이너, 엔지니어들이 마음속에 있는 생각이나 사실을 이미지를 통하여 다른 사람에게 옮겨 놓는다. 거기에는 그림이나 도형의 형태도 있지만 말, 시, 음악이나 춤의 형태도 있다."

우리는 마음의 눈으로 볼 뿐만 아니라 마음의 귀로 들으며, 냄새와 맛과 몸의 느낌을 '상상'하기도 한다. 이런 모든 감각을 통해 형성되는 것들은 상상이나 이미지의 전달과 관계가 있다. 우리가 눈으로 관찰 한다면 시각적 이미지를 만들어 낼 것이고, 우리가 손을 써서 관찰 한다면 촉각의 이미지를 만들어 내고, 코로 관찰한다면 후각의 이미지를 만들어 낼 것인데 이것은 과학적 발명과 예술적 발상에서 중요한 역할을 한다. 요컨대 우리는 관찰할 수 있는 것을 상상할 수 있고, 그 상상을 통해 형상화가 이루어진다.

청각적 형상화 능력이 뛰어난 사람들은 그리 힘들이지 않고도 음표를 보고 '음을' 형상화 하며, 교향곡 전체를 청각적 이미지로 만들어 '볼 수' 있다. 피아니스트인 알리시아 드 라로사Alicia De Larrocha는 순회공연을 떠나기 위해 공항에서 대기하던 중 마음이 돌연 음악으로 가득 차던 순간이 있었다고 말한다. "저는 연주할 곡을 머릿속으로 듣고 있었고, 그러면서 왼손으로 모든 음표와 악절, 화음을 연습을 했다." 소리없이 마음으로 음악을 듣는다고 연습을 한다는 것이다.

무용가 마사 그레이엄도 춤 연습을 하기 전부터 마음으로 음악을 들으며 깊은 상념에 빠져들곤 했다. "침묵 속에서 음악을 들을 때, 저는 마음으로 들을 뿐 아니라 몸으로도 느낍니다," 라고 그녀는 말한다.

희곡작가 테네시 윌리엄스는 자신에게 내면의 귀가 있어 희곡이 무대 위에서 상연될 때 어떤 소리로 나타나게 될지 잘 알고 있었다고 말했다. 그는 형상화를 극단까지 몰고 간 경우로, 그는 "희곡을 쓸 때면 마치 불을 훤히 밝힌 무대를 보는 것처럼 모든 상황이 다 보인다. 로마에 있을 때 나는 쓴 글을 한 줄씩 큰 소리로 읽곤 했다. 그때 집주인은 내가 이제 미쳤다고 했다. 그는 내가 소리소리 지르면서 방안을 어슬렁거리고 있는 모습을 보고 그렇게 생각한 것이다."

과학자들 역시 사고할 때 시각적, 운동감각적, 청각적 이미지들을 모두 동원한다. 아인슈타인은 앞에서 시각적, 운동적인 이미지에 크게 의지했다고 했는데, 그는 연구가 막다른 길에 봉착하거나 난관에 부딪혔다고 느낄 때는 바이올린이나 피아노를 연주하거나, 음표 몇 개를 그려놓고 연구실로 다시 돌아오곤 했다. 심지어 아인슈타인은 유명한 일본인 음악교사 스즈키 신이치Suzuki Shinichi에게, 상대성 이론은 직관에 의해서 떠오른 것이며 이 직관이 작동하도록 뒤에서 힘을 밀어준 것이 음악이었다고 말 할 정도였다.

라)형상화 교육을 위한 학습 방법

학생들의 형상화능력을 배양하기 위한 교육을 위한 학습 방법에는 다음과 같은 것이 있다.

첫째, 자신의 시각적, 청각적, 기타 감각적 이미지를 인식하는 것으로, 방금 열쇠를 어디에 두고 왔는지 마음의 눈으로 보라. 읽고 있는 소설을 마치 영화를 보듯이, 아니면 그것을 라디오를 듣고 있는 것처럼 머릿속에 생생하게 떠올려보라. 바나나, 눈, 고양이를 상상할 때 머릿속에서 그것들을 보고, 듣고, 냄새 맡고, 심지어 맛까지 보려고 노력해보라.

둘째, 하고 싶은 것, 이를 테면 가장 좋아하는 영화장면을 떠올리고 싶다면 그것이 완전히 자신의 것이 될 때까지 머릿속으로 다시 '보고' 다시 '쓰고' 하라. 만일 소리를 이미지 형태로 사고하고 싶다면, 가장 좋아하는 노래나 협주곡의 선율뿐 아니라 음을 머릿속에서 떠올리거나 들으려고 해야 한다.

셋째, 직접 그리고 작곡하고, 시를 쓰고, 음식을 만들어보라. 그러는 가운데 이미지가 저절로 떠오른다. 색을 사고하고, 소리를 사고하고, 음식의 맛을 사고하고 나서, 그에 해당되는 책. 음악. 음식 등을 고르고, 음악을 하고, 음식을 요리하라. 이렇듯 행위들을 하기 전에 과정을 먼저 상상하고 그 과정을 떠올리려고 노력하라.

넷째, 내면의 눈. 귀. 코. 촉감과 몸 감각을 사용할 구실과 기회를 만들라. 과학과 수학, 예술을 스스로나 타인을 시켜서 하고 느끼거나 상상하는 일에 집중하고 이미지를 형상화 하는 학습을 하라.

그러나 우리는 아직 '원시단계'에 있기 때문에 마음에 떠오르는 모든 이미지들을 다른 전달수단으로 전환해야 한다. 그 전달 수단에는 말. 음악. 동작. 모형. 회화. 도형. 영화. 조각. 수학공식 등이 있다. 그렇지만 우리는 불평하지 말아야 한다. '직접 형상화 direct imaging'할 능력이 부족했던 상태에서 우리에게 대단한 표현수단이 생긴 것이니까 말이다.

3)차원적 사고

내과 의사들은 환자의 몸을 찍은 X레이 사진이나 MRI를 판독할 때, 그것을 살아 움직이는 생명체로 환치해 놓고 해석해야 한다. 추상 미술가들도 마찬가지로 평면작업이 갖고 있는 문제를 명백히 보여준다. 입체파 미술은 3차원적 물체가 가지고 있는 다면성과 입체성이 2차원 평면에 묘사될 때 나타나는 한계를 끈질기게 대비시킨다. 이 작품들은 2차원적 세계의 크기나 색체, 형상이 3차원적 세계와 다르게 상호작용을 하고 있음을 강조한다.

가)공간을 입체적으로 생각한다.

무용수인 아그네스 드 밀Agnes De Mile은 공간을 가로지르며 움직이는 것들에 매료되었다. 한편 그녀는 무용을 할 때 3차원적 세계에서 중력이 움직임을 2차원의 세계에 묶어두려 한다는 사실을 느낀다고 하며, 뛰어난 무용수라 할지라도 바닥에서 도약하여 공중에 머무르는 시간은 고작해야 몇 초를 넘기지 못한다. 그들은 면과 면 사이의 공간이 아니라 단 한 면만을 가로지르며 움직인다.

우리는 3차원의 우주에서는 무중력 상태로 지구에서와는 다른 무용수 등 인간의 몸은 붕 떠있는 것을 우주의 비행에서 우리는 여러 차례 보았고 그러한 사실이 진실이라는 것은 이미 사실로 입증이 되었다.

이러한 입방체 내부의 여러 면에 대하여는 기하학의 연구를 통해 연구되어졌으며, 세계적인 기하학자인 휴고 슈타인 하우스Hugo Steinhause 등은 3차원의 우주에서 당구를 칠 경우 4면을 다 맞칠 수 있는 방법을 알아냈던 것이다.

나)차원적 사고의 활용

차원적 사고dimensional thinking사고는 2차원에서 3차원으로, 혹은 그 역방향으로 이동하는 것과 관련이 있다. 어떤 한 차원에서 주어진 정보들을 변형시켜 다른 차원으로 옮겨 놓거나, 아니면 차원 내에서 어떤 물체나 과정이 차지하는 크기를 일정한 비율로 줄이거나 변경하는 등 우리가 알고 있는 것에 따라 공간과 시간 너머의 차원들을 개념화 하는 것을 뜻한다.

우리는 어떤 물체를 만들거나, 집에 오는 약도 등을 그릴 때에 차원적 사고를 하며, 어떤 물체를 줄이거나 할 때에도 차원적 사고를 한다.

또한 환자의 진료를 위해서 X레이나, MRI 사진을 찍으면 3차원의 몸의 일부분이 2차원의 평면으로 나타나게 되어 우리가 육안으로 판별할 수 있게 하나 입체적으로는 볼 수 있지는 못하나 의사들은 살아 있는 생명체로 환치해 놓고 본다.

우리는 진흙이나 눈 자국 위에 사람의 발자국을 보면, 이는 3차원의 인간의 몸이 남긴 2차원의 흔적으로 표현한 것이며, 법 의학자나 고고학자는 그 흔적을 가지고 그 사람의 크기, 무게, 체격 등을 재구성해야 한다. 군대의 정보 분석가들은 정탐위성이 촬영한 2차원의 사진을 가지고 3차원의 추리를 해야 한다.

요즘의 의학계에서는 근시교정에서 안면성형에 이르는 기술들을 놓고 3차원-6차원까지 분석하는 기술들이 있다. 음향기록장치sonogram나 양자방사선 단층 촬영 술(PET, CT)은 언제나 인체의 기능을 공간상으로 뿐만 아니라 시간상으로도 확인할 수 있게 한다.

다)차원적 사고의 학습(기하학)

과학뿐만 아니라 미술이나 공학, 상품제조, 일상생활에서도 차원적으로 생각하는 기술이 필요한데, 어떻게 이것을 배울 수 있을 것인가? 먼저 이 기술에 정통한 사람들의 훈련과정을 모델로 삼아야 한다. 그런 점에서 한 가지 방법은 기하학 모형을 가지고 놀면서 그것을 실세계의 물체들과 연결시키는 것이다.

3차원의 퍼즐을 가지고 노는 것도 좋다. 그것은 세상을 뒤집어 보거나 자신의 집 천장이 방바닥인 것처럼 상상하는 것도 하나의 실례이다. 이런 경우 계단이 어떻게 보이고 2층이 어떻게 올라갈 수 있는지 상상해 보자.

  헨리 무어라면 조각이나 오리가미 같이 3차원 미술과 관련된 것들을 추천할 것이다. 진흙이나 밀랍, 나무로 무엇인가 만들어 보는 것도 일반적인 그리기로는 할 수 없는 차원적 사고의 경험을 제공한다. 나무나 돌로 조각을 해보는 것도 같은 효과를 낼 것이다.

  알렉산더 콜더라면 공작 장난감을 만들어보라고 추천할 텐데 자신이 그런 것들을 통해 차원적으로 생각하는 기술을 습득했기 때문이다. 레고, 케이넥스, 이렉터, 링컨 로그, 돔 키츠…… 이런 기능을 하는 장난감의 종류는 끝이 없다.

4)추상화

  과학자, 화가, 시인들은 모두 복잡한 체계에서 '하나만 제외하고' 모든 변수를 제거함으로써 핵심의 의미를 발견하려고 애쓴다. 현실이란 모든 추상의 종합이며, 이 가능성을 알아냄으로써 우리는 현실을 보다 잘 이해할 수 있다. 즉, 진정한 의미에서 추상화란 현실에서 출발하되, 불필요한 부분을 도려내 가면서 사물의 놀라운 본질을 드러나게 하는 과정이라고 할 수 있다. 그러므로 우리가 궁극적으로 할 일은 추상화 자체의 본질을 찾아내는 것이다.

가)피카소는 눈이 아니라 마음으로 본 것을 그렸다

  예술가나 과학자는 자신들이 관찰하고 생각한 것 중에서 가장 중요한 몇 가지 아니면 한 가지 요소를 제외하고 버리게 된다는 것이다. 그들은 복잡한 시각적, 물리적, 정서적 관념들을 제거해 가면서 결국은 아무것도 걸치지 않은 이미지들만 남기고 있다. 단순성을 통해 이미지들은 순수의 힘을 보여주고 있다. 바꿔 말해 그들은 '추상화'를 한 것이다.

다음의 피카소가 그린 테레즈의 스케치를 이해하는 열쇠는 추상이 대상의 전체를 재현하는 것이 아니라 눈에 덜 뛰는 한두 개의 특성만을 나타내는 것이라는 것을 깨닫는데 있다. 피카소는 모델 자신보다는 그녀가 머물고 있는 공간에 주목했다. 이 그림을 이해하는데 있어 가장 중요한 것은 다른 모델과는 달리 테레즈가 뜨개질 하는데 있어 어떤 특징의 동작을 하고 있는지를 인식하는 것이다.

피카소의 스케치가 말하고자 하는 것은 뜨개질 하는 여인의 초상화를 그대로 그리는 것이 아니라 테레즈의 또 다른 실체인 놀라운 속성을 보는 대로가 아닌 마음으로 생각하는 모습을 그리는 것이다. 피카소는 이렇게 말한다. "나는 보고 있지만 보고 있는 것이 아니다. 보고 생각하는 것이다. 표면적인 것 배후에 숨어 있는 놀라운 속성을 찾기 위해 눈이 아니라 마음으로 보고 있다." 그는 이 스케치에서 모델의 뜨개질 하는 광경과 함께, 그녀를 그리고 있는 자신의 모습도 그렸다.

※ 자료 : 루트번 스타인, 「생각의 탄생」 P141

커밍스의 시는 피카소의 작품만큼이나 강력한 추상이다. 시인으로서의 커밍스의 평판은 아래와 같이 단어를 가지고 그림을 '쓰는', 그것도 표의 문자가 아닌 영어로 쓰는 방법을 알아냈다는 데서 나온다. 그는 시가 글자나 단어가 아니고 하나의 이미지라는 점을 생각해야 한다고 말한다. 시는 알파벳 I로 시작하는데, 이 글자는 숫자 I로도 읽을 수 있다. 이 글자. 숫자야 말로 커밍스가 행한 추상화의 본질로, 그는 글자 숫자를 이용하고, 시의 구조를 가지고도 장난을 하는데 그것을 가르켜 '시 그림poempicture'이라고 부른다. 단어라는 것은 말로 하면 들리지만, 써 놓으면 보이기도 한다. 이 시에서 단어들은 주도 면밀하게 배치되어 있다. 시인은 "나뭇잎이 떨어진다leaf falls라고 적고 있다. 독자들은 이 단어 조각들이 '떨어지는 모습'을 흉내 내고 있음을 알 수 있을 것이다."

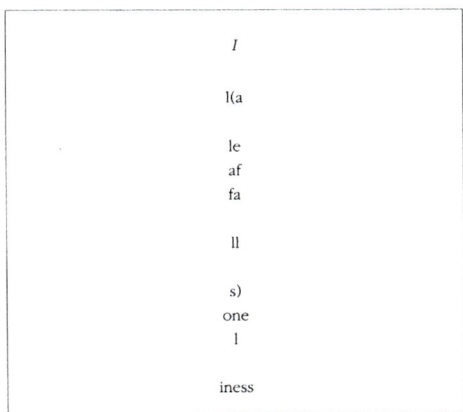

※ 자료 : 루트번 스타인, 『생각의 탄생』 P114

나)추상화는 단순화이다.

모든 추상화는 단순화이다. 피카소나 커밍스가 한 것과 같은 뛰어난 추상작업은 그때까지 드러나지 않던 특성과 관계를 단순화를 통해 드러내는 일이었다. 그 결과 새롭고 다의적인 통찰의 의미를 전달할 수 있었다. 위 사례들이 알려주는 또 다른 진실은 가장 단순한 추상이 파악하거나 고안하기가 가장 어려운 반면 가장 중요한 통찰을 품고 있다는 것이다.

이러한 추상화는, 수학에 있어서의 수의 개념은 언제, 어디서, 무엇에나 적용이 가능한 추상화의 진수다. 또한 모든 과학이론은 놀랄 만큼 강력하고 통찰력 넘치는 추상이다. 중력장 안에서는 어떤 물체든지 모양, 크기, 밀도, 색, 조직, 단단함, 구성 등과는 상관없이 점집합point mass 으로 표시된것이다.

속도. 가속도. 온도. 밀도 개념 등의 추상은 너무 보편적인 것이다.

말 역시 추상을 빌어 발설된다. 또한 문학에 있어서 추상이란 전체가 아닌 특징을 추상화 하며, 예술작업에서도 관습적 형식과 무의미한 세부를 골라내고 전체를 대표하는 정신만을 보존하는 일이다. 몸 언어 역시 추상이다. 실제로 몸으로 말하기는 아주 기본적인 것이어서 셈법과 마찬가지로 이질적인 문화에서도 통용된다. 이런 추상화는 무용, TV나 각종 전달매체에서의 표현 등에서도 사용된다.

다)추상화는 특징을 잡아내는 것이다.

어떻게 복잡한 현실 뒤에 숨어있는 단순한 개념들을 알아내느냐 하는 것에 추상화가 필요하며, 이는 현실을 관찰하는 것에서부터 시작되며, 이는 많은 창조적 인물들이 어떻게 추상화를 했는지를 말해주고 있다.

피카소는 그 유명한 황소 연작물을 시작하면서 처음에는 황소의 모습을 사실적으로 묘사했다. 그러다가 평면들의 가장자리와 모서리에서 황소의 특징이 잘 드러난다는 것을 알게 된 그는 간단한 외곽선 몇 개로 황소를 처리한 그림을 그렸다. 그리고 종국에 가서는 황소의 몸을 이루는 요소들을 대부분 제거하고 머리와 특징을 잡아낸 아래 그림을 그렸다.

※ 자료 : 루트번 스타인, 『생각의 탄생』 P122

'추상화'는 다양하게 활용할 수 있는 생각의 도구로, 어떤 대상이나 이념의 다른 측면들을 드러내는 추상화의 방법은 헤아릴 수 없이 많다. 추상화의 결과물은 대체로 관찰과 단순화의 대상이 되는 사물의 특징에 많이 의존하게 된다.

앙리 마스터 역시 자신만의 독특한 방법으로 추상화를 했다. 만년에 그는 지병으로 병상에 누워 있었기 때문에 그림을 그릴 수 가 없었다. 그래서 그는 그림을 그리는 대신 가위로 그림을 오려서 다수의 작품을 만들어 냈으며, 훗날 유명해진 달팽이를 주제로 한 작품들은 그의 추상화 기법을 잘 보여준다.

그는 아래의 그림에서와 같이 그의 가위질 한 작품의 달팽이에서 우아한 '달팽이 다움'의 '본질'을 표현하고자 했다. 그가 의도한 것은 달팽이의 복잡한 모양을 하나로 분절시키는 것이었다.

※ 자료 : 루트번 스타인, 『생각의 탄생』 P124

라)추상화는 사물의 본질을 드러내는 과정

예술가와 과학자들이 하는 추상화를 우리도 할 수 있다. 그 방법은 추상화 주제를 잡고 그에 맞는 도구를 선택하는 것이다. 먼저 주제에 대하여 현실적으로 생각하고, 그 다음 다양한 특성들과 특징들을 두루 생각하고, 가장 본질적이라고 생각하는 것을 잡는 것이다.

그리고 난후 시간이나 공간의 거리를 두고, 추상화의 결과로 나타날 수 있는 것을 생각하고 또 생각하는 것이다. 추상을 하고, 몸짓으로, 노래로, 산문으로, 그림으로, 시 등으로 나타내어 개념과 은유를 추출해 내라. 과학이나 무용의 경우에는 실험을 하거나 행동을 그대로 흉내도 내 보아라. 음악의 경우에는 새소리, 바람소리, 회전목마의 정수를 음악으로 묘사해 보라. 최대한의 감수성과 의식을 최소한의 어휘로 전달하는 방법을 찾으라.

이러한 추상화는 초등학생부터 기초적인 것으로 할 수 있는 것이며 나이가 들수록 더욱 고도의 근본적이고 놀라운 특징을 추출할 수 있는 훈련을 하여야 한다. 추상화를 잘하기 위해서는 대가들의 추상화 사례를 보면서 계속하여 훈련하고 연습하며 마음과 정성을 다하여 불굴의 정신으로 새로운 예술작품의 출현과 놀랄만한 과학적 창조를 이룩하는 계기를 만드는 것이다.

5) 유추

유추란 둘 혹은 그 이상의 현상이나 복잡한 현상들 사이에서 기능적 유사성이나 일치하는 내적 관련성을 알아내는 것을 말한다. 많은 철학자들은 유추가 비논리적이라서 판단을 그르치게 한다고 폄하하지만, 오히려 유추는 불완전하고 부정확하기 때문에 알려진 것과 알려지지 않은 것 사이에 다리가 될 수 있다. 유추는 우리가 기존 지식의 체계에서 새로운 이해의 체계로 도약할 수 있도록 도와준다.

가) 양자론과 음악

원자에서 에너지를 내는 빛의 파장과 악기인 피아노와 오르간에서 내는 음이 퍼져가는 파장이 유사하다는 것을 과학자들은 발견했다. 독일의 물리학자 플랑크는 원자는 핵과 전자로 되어있고 전자는 태양주위를 도는 행성처럼 핵 주위를 돌며, 이때 원자가 방출하는 에너지는 특정주파수에 한정되어 있고, 무엇이 원자를 조율하여 전자들이 특정량의 에너지를 가지고 원자핵 주위의 길을 이탈하지 않고 다니는가를 연구했다.

이러한 과정에서 플랑크는 이 질문들에 대한 대답을 음악적 유추작업을 함으로써 찾을 수 있다고 깨닫고, 전자가 진동하는 음악의 현처럼 여기고 그것을 수학적으로 풀었고 그는 매우 흥미로운 사실을 알아냈다. 그는 전자가 정상의 파동을 가질 때만 궤도의 에너지가 보존된다는 것과 이때 전자가 진동하면서 진동 에너지가 발생되고 그것은 파장들 속에서 양자에너지로 바뀌고 이는 하나하나의 개별단위로 분산되는 연속적 반응이 일어난다는 것이다.

아인슈타인은 양자론을 가지고 빛의 파동(광파)이 어떻게 해서 현재 '광자'로 불리는 입자처럼 움직이는 가를 설명했고, 그 후에 물리학자이며 아마추어 바이올리니스트인 루이스 드 브롤리Louis De Broglie는 양자화 된 전자가 갖고 있는 파장은 음악의 현의 파장과 같다고 하였다. 그는 원자를 현악기로 여기고 이 작은 악기의 현이 진동하면 당연히 상음overtones이나 배음harmonics이 나와야 하며, 그것은 악기의 현이 실제로 진동할 때와 같다고 하였다. 1927년, 두 명의 미국 물리학자 G, 데이비슨Davisson과 L.H거머Gemer는 드 브롤리의 원자배움을 '듣는데' 데 필요한 도구를 개발하여 그 배음을 찾아냈다. 결국 에너지를 방사하는 원자핵은 배음을 만들어낸다는 것이 밝혀졌고, 이 발견은 핵자기공명 분광학으로 이어졌다. 또 여기에서 MRI라고 부르는 자기공명영상기법이 탄생했다. 이는 원자핵이 공명할 때 내는 특정양의 에너지나 주파수를 통해 우리 몸을 구성하고 있는 일부 원자의 '소리'를 들을 수 있고 이 소리를 시각적 영상으로 전환시킬 수 있게 되었다.

나)헬렌 켈러의 세계의 이해

접근할 수 없는 세계를 비추는 유추의 힘을 가장 강력하게 증명하는 인물이 바로 보고, 들을 수 없었던 헬렌 켈러Helen Keller다. 어떻게 이 여인은 오로지 감촉과 맛, 냄새에만 의지하여 '보는 것'과 '듣는 것'의 세계를 배울 수 있었을까? 보고 듣는 것의 세계를 이해한다거나 그것에 공헌한다는 것을 제쳐놓고라도 말이다. 그녀가 도전했던 것은 플랑나 브롬니 같이 오직 간접적으로밖에 지각할 수 있는 세계를 이해하려 한 사람들의 문제들과 크게 다르지 않다.

우리가 눈과 귀, 코, 입, 피부 등의 육체적인 감각을 통해 지각할 수 있는 범위는 아주 제한적이다. 많은 생물들이 지구의 자기력선, 전기장, 기압이나 수압 등 우리가 지각할 수 없는 것들을 지각할 수 있다. 또한 어떤 생물들은 우리가 볼 수 없는 자외선이나 적외선의 영역에 있는 빛도 감지해 낸다. 맛과 냄새의 전 영역은 우리들의 지식과 상상력의 범위 저 너머에까지 뻗쳐 있다. 아직도 불가사의한 현상들의 비밀을 벗겨내려면 우리에게 어떤 감각이 얼마나 더 필요할지 모를 일이다.

켈러도 그녀의 자서전에서 밝혔다시피 그녀의 학습에 있어 가장 중요한 열쇠는 '유추'였다. 그녀는 감각들이 무수한 '개념'들을 공급한다고 하였다. 그녀가 유추할 수 있었던 것은 보고 들을 수 없었던 것과 맛, 냄새, 느낌으로 알았던 것들 사이에서 수많은 '연상들과 유사성'을 이끌어 낼 수 있었기 때문이다. 자신이 지각할 수 있는 것들과 없는 것들의 유사성을 만들어내는 일은 그녀가 직접 접근할 수 없었던 광범위한 정보를 습득하는 주요한 도구가 되었다. 그녀는 유추적인 상상력을 이용하여 들을 수도 없는 데도 말을 배웠고, 글을 쓰고, 몇 개국의 말을 점자를 통하여 읽고, 편지를 통하여 사람들을 설득시키기도 하였다.

다)유추는 창조적 사고 작용의 핵심

유추가 우리들의 삶에서 상상력을 가장 크게 동원하는 생각도구 중 하나라는 점은 놀라운 이야기가 아니다. 이러한 유추적인 사고는 종교, 정치, 사회조직, 문화 활동 등 우리의 삶 전반에 스며들어 있다.

최근에 나온 책《지적도약: 창조적 사고를 위한 유추 Mental Leaps:Analogy in creative thought》의 공동저자인 카키 홀리오크와 폴 새거드는 유추가 사람의 사고 작용의 핵심이라고 주장한다. 창조적으로 사고하는 것이 무엇이냐고 질문할 때 유추는 그 중심에 있다고 말 할 수 있다.

생물학자인 아그네스 아버Agnes Arber는 '유추는 다른 것으로 대체 불가능한 생각도구'라고 말한다. 철학자 A. E. 히스Heath는 유추야말로 과학적 방법의 초석이라고 주장한다. 그는 유추에 대한 비난이야말로 '알려진 것'으로 '알려지지 않은 것'을 설명하려는 시도를 쓸모없는 것으로 만들고 '모든 가정의 싹을 제거하는 것'이라고 목소리를 높인다.

예술과 음악에 있어서도 유추는 훌륭한 예술의 창작과 새롭고 경이적인 음악의 창조를 위하여 절대적으로 필요하며, 유추능력은 다른 생각도구들처럼 훈육과 연습, 학습을 통하여 향상시킬 수 있다.

6)모형 만들기

모형은 보는 사람이 즉각 인식할 수 있도록 실체를 축약하고 차원을 달리 표현해야 한다. 모형은 실제, 혹은 가정적 실제 활동을 염두에 두고 필요한 규칙과 자료, 절차를 이용하는 시뮬레이션이다. 우리가 정치학이나 역사, 인류학을 배울 때 전투과정이나 건축양식의 혁신, 전통의

술의 효능, 경쟁적인 경제활동의 결과들, 종교의식 등의 목적을 물리적, 기능적, 이론적인 모형으로 만들어 배운다면 매우 효과적일 것이다.

가)모형의 본질

　모형은 실제 혹은 가정적 실제 상황을 염두에 두고 필요한 규칙과 재료, 자료, 절차를 이용하는 시뮬레이션이라는 것은 모든 모형의 정의를 내릴 때 두루 사용하는 용어이다.

　이 정의를 통해 나타난 모형들을 하나씩 살펴보면, 첫째, 표상적 혹은 물리적 모형으로서 실제물체의 물리적 특징들을 보여주고 있다. 둘째, 기능적 모형으로서 어떤 물체나 기구의 본질적인 작용을 포착하고 있으며, 셋째, 이론적 모형은 어떤 과정의 실행을 규준 하는 기본적 개념을 구현하고 있다. 넷째, 이 외에 가상적 모형이 있을 수도 있는데 이는 우리가 직접 관찰할 수 없는 대상의 특성을 나타내기 위해서 고안된 것이다. 가장 발달된 모형은 이 4가지 모형을 다 합쳐놓은 것이다. 모든 모형은 해당 대상의 구조와 기능에서 가장 중요하고 결정적인 요소만을 추출한 것이다. 그것들은 대부분 추상화와 유추, 차원적 변형을 구현한다.

　대개의 경우 모형의 용도는 직접 경험하기 어려운 것에 접근할 수 있도록 만드는 데 있으며, 모형은 실물보다 작거나, 같거나, 클 수가 있는데 이는 그것의 사용 용도에 달려있다. 예를 들면 세포나 원자의 크기를 실물보다 수 백만 배 더 크게 모형을 만드는 것은 수천 수백 가지 실험 결과와 정보를 집대성할 수 있게 하며, 이는 보다 정교한 이론적 구축물을 나타내 주는 것이다.

빌딩이나 비행기, 배처럼 크기가 큰 것들의 모형은 대개 일정한 비율로 축소시켜 만든 것인데 그래야 만 예산과 공간 내에서 제약을 가지고 있는 개인들이 쉽게 조작하고 다룰 수 있다. 또한 대형의 동물들은 가지고 놀기 쉽게 하기 위해서 축소하는 경우가 많다.

모형을 만드는 모델링 작업은 많은 상상기술을 요구하는 동시에 이것들을 가르쳐 주기도 한다. 모형은 대상이 되는 시스템이나 상황을 면밀하게 관찰한 다음에 만들 수 있는 것이다. 대상의 중요한 특징을 잡아 사람이 다루기 쉽게 크기를 조정하는 등의 단순화 과정과 형상을 떠내거나 언어적, 수학적, 혹은 예술적 수단을 통해 구체화 되는 과정을 거치는 것이다. 실제로 모형을 제작하려면, 그 모형이 정신적인 것인 것이건 물질적인 것이건 간에 여러 가지 다양한 제작수단과 소재에 대한 이해와 깊은 분석이 있어야 한다.

모형이 만들어지고 나면 이를 시험적으로 다루어 봄으로써 그 특성이 실제상항이나 시스템의 본질을 제대로 갖추고 있는지 판단하게 된다. 감각기관으로 지각할 수 없는 현상을 인지할 목적으로 모형을 만들 때는 대단히 강력한 형상화 기술이 필요하다. 실재를 대리하는 모형은 유추와 추상화에 의지한다. 거의 모든 모형들은 차원적 사고기술을 활용해 만들어 진다. 모형 만들기는 우리가 책에서 다루어온 많은 '생각도구'들보다 상위에 있는 한편, 그것에 오히려 생각도구가 의존한다.

모형을 만드는 작업에서 가장 중요한 점은 그것을 만드는 사람이 어떤 상황이나 대상, 혹은 생각을 완전히 제어할 수 있게 한다는 것이고, 이를 통해 이해가 부족한 지점이 어디인지를 깨닫게 해준다는 것이다.

자동차의 모형을 만드는 엔지니어, 약품 모형을 만드는 생화학자, 사회의 이론모형을 만드는 사회학자, 미니어처 집을 만드는 애호가들은 모두 상당히 깊이 있는 지식과 관련 지식을 습득하게 되는데 이는 세부사항에 대해 오랫동안 집중한 결과라고 할 수 있을 것이다. 만일 이러한 모형들이 제 기능을 한다면 그 분야의 새로운 형태의 이해를 가능케 할 것이며, 그것들을 완전히 익히게 될 것이다.

나)각종 분야에서 모형의 사용

각종 분야에서 모형이 사용되고 있는데, 작가들은 허구적 인물과 사건을 가공하기 위해 지인들과 직. 간접적으로 경험한 상황들 속에서 표상적이거나 때로는 기능적인 모형을 찾아낸다. 그들은 또한 작품구조를 세우기 위해 앞선 작가들의 작품에서 이론적 모형을 구하기도 한다.

소설을 쓰는 과정에서 기술적 어려움을 느끼거나 음악의 작곡에서 실제적인 어려움에 직면할 때에도 실제적인 모형을 구하여 이를 유사하게 활용하거나 참고하기도 한다. 화가들도 유사한 표상적 모형을 활용한다. 시각예술에서 가장 흔한 모델링의 형태는 사전 스케치이다. 대부분의 화가들은 스케치를 한다. 스케치를 하는 목적은 자신의 생각을 '줄여' 일정한 크기 안에 담아낼 수 있도록 하는데 있었다. 스케치를 함으로써 전체적인 그림의 구도를 가늠하고, 실제적인 그림 작업에 들어가기 전에 예상되는 문제점을 점검하는 것이다.

건축가들은 자신의 설계도를 종종 작은 모형으로 만드는데, 그렇게 함으로써 청사진이 그림을 보는 것보다 완성된 건물에 대한 더 분명한 감을 얻을 수 있고, 혹시 공사 중에 봉착할지도 모르는 문제들을 미리 파악할 수 있다. 조각가를 역시 모형을 사용하는데 스케치에서 시작하여 판지, 골판지, 나무모형을 거쳐 마지막에 돌에다 조각을 한다.

최근에는 의학에서도 정밀하고도 인체와 거의 질이나 기능이 아주 유사한 밀납 등으로 만들어진 인체 모형을 의술의 훈련에서 사용하는데 이는 직접 인체를 다루는데 있어서 보다 많은 모의적 경험과 실제적인 학습과 기술을 연마하기 위함이다.

다)세계를 이해하기 위한 모형의 제작

우리가 우리를 둘러싼 세계를 이해하려면 유용하면서도 다양한 모형을 만들어봐야 한다. 그런 일을 장려하고 가르침으로써 이 일이 노는 것만큼이나 자연스럽고 쉬운 것이 되도록 해야 한다. 실제로 아이들은 유추와 차원적 사고를 통하여 장난감을 가지고 놀면서 자발적으로 모형을 만든다.

많은 창조적 인물들은 어린 시절 모형을 만드는 놀이에 몰입했던 적이 있었고, 성인이 되어서도 그 경험이 자신의 관심사에 영향을 주었다고 말한다. 많은 과학자나 공학자들은 모형 만들기를 통해 무엇인가를 형성해 보는 경험을 할 수 있었다고 말한다.

모형에 있어서 중요한 것은 만드는 소재가 무엇인가가 아니라 구현하고자 하는 아이디어나 기능이 무엇인가, 그리고 모든 세부를 재구성하기 위해 모형제작자가 어떤 노력을 기울였냐는 것이 중요하며, 상상력에 의해 '생명'을 부여받지 못한 모형은 별 의미가 없다.

학교에서 다양한 과목을 학습하는 수단으로 모형 만들기를 권장할 수 있다. 예를 들어 수학시간에 모형을 만들어 봄으로써 개념을 구체화

할 수 있다. 모든 방정식이 실체가 있는 물리적 형태로 나타날 수 있고, 모든 물리적 현상이 방정식 모형으로 표현할 수 있음을 빨리 알면 알수록 창의력은 높아질 수 있다.

시각형 사고 역시 모형 만들기를 통해 증진될 수 있다. 운동감각과 형상화 능력 사이에는 직접적인 연관이 있기 때문이다. 형상화를 통해 상상하고 모형을 만들어 보는 것은 학생들에게 귀중한 경험이 될 수 있을 것이다. 집의 모형을 만들거나 삼각뿔을 기초로 한 돔이나 조각, 그 밖의 건축형태를 모형으로 만들어보면 공학적, 디자인적 기술을 습득할 수 있다.

정치학이나 역사학, 인류학을 배울 때에도 각종의 관련 상황이나 양식, 활동의 결과와 종교의식의 목적 등을 물리적, 기능적, 이론적 모형으로 배운다면 매우 효과적인 학습방법이 될 수 있을 것이다.

7)통합

생각이라는 행위는 본질적으로 공감각이다. 종합적인 앎은 이러한 공감각의 지적 확장이 되는데, 공감각이 미적 감수성의 가장 고급의 형태라면 종합적인 앎은 궁극적인 이해의 형태를 만들기 위해 다양한 방식의 앎과 느낌을 가장 높은 수준에서 통합한 것을 말한다. 상상, 분석하고, 화가인 동시에 과학자가 되는 것, 이것이 최고 상태에 이른 종합지적인 사고의 모습이다.

가)종합적 이해로서의 통합

우리의 종합적 이해를 위해서는 감각적 인상과 느낌, 지식과 기억이 다양하면서도 종합적으로 결합되는 것을 말한다. 과학과 미술과 시의 훈련을 제대로 받은 나보코프에게 한 번에 여러 가지 생각을 하는 능력, 즉 그의 말에 의하면 '여러 겹의 의식'은 없어서는 안되는 것이었다. 그의 기억과 사고는 항상 다중 감각적이었으며, 감정적인 동시에 지적이었다.

과학자들 또한 감각과 이성이 통합된 방식으로 세계를 통합한다. 응용수학자이자 런던의 유니버시티 칼리지의 학장이었던 제임스 라이트힐 James Lighthill은 이에 대한 훌륭한 사례가 된다. 그는 60여 가지의 분야를 섭렵했다. 물리학과 공학. 역사학. 심리학과 수많은 언어들이 그의 학문적 영역에 들어있었다고 한다. 그는 특히 '유체'에 대해 각별한 호감을 가지고 있었다고 했다. 그는 수영에 관해 많은 관심을 가졌으며, 그는 수영을 하면서 헤엄을 치는 속도와 해류의 속도, 파도의 동향을 종합적으로 계산해 내지 않으면 안 되었던 것이다. 그는 그가 세운 방정식, 그 방정식이 모델링하고 있는 유체, 바다에서의 육체적인 경험과 감각적인 관찰, 다른 해양 동물들과 나누었던 교감, 이 모든 것들이 나보코프가 말한 '우주적 동시성' 속으로 융합되어 들어갔던 것이다.

나보코프와 라이트힐이 보여주고 있는 통합적 사고의 세계는 분명히 경험의 일반적인 범주(아는 것을 느끼고 느끼는 것을 안다는)를 넘어서는 것이었다. 이러한 이해는 생각도구들을 통합적으로 사용할 때 가능한 것이다. 그것은 감각적인 인상과 느낌을 종합하는 것이고, 감각적으로 종합된 것을 패턴이나 모형, 유추 등을 고차원적 형태로 구축하여 기억 속에 저장하고 있는 추상적 지식과 함께 아우르는 것을 말한다. 실제로 많은 수재들은 이 통합적 이해를 위해 세계에 대한 다중감각 능력을 계획적으로 배양하려고 노력한다.

나) 공감각으로서의 통합

감수성이 뛰어난 사람들에게는 시각과 소리, 그 밖의 모든 감각들이 서로 뒤섞인다. 칸딘스키에 있어서도 색체는 소리와 운동감각적 느낌, 숱하게 이입되는 감정들을 불러일으킨다. 그는 열 살 때 유화물감 한 상자를 샀는데 그 물감의 튜브를 짜서 색이 흘러나올 때 그는 손가락에 전해지는 압력, 환희와 기쁨, 사념, 자기몰두 등…, 이러한 감각과 감정이 공감각으로 느껴졌던 것이었다. 이러한 공감각을 시인 예술가 과학자들에게도 여러 가지 형태의 감각과 감정으로 나타난다.

이 모든 다양하고도 특이한 감각융합 현상들은 공감각synesthesia의 형태를 띤다. 공감각이란 말은 그리스어에 어근을 두고 있는데 융합, 결합, 다 같이를 뜻하는 'syn'과 감각을 뜻하는 'aisthesis'가 합쳐진 말로, '한꺼번에 느낀다,', 혹은 감각의 '융합'을 의미한다. 의식적인 감각의 융합과 그것의 강도는 사람마다 제각각 다르다.

감각을 융합시키는 힘이나 강도를 제어하지 못하는 사람은 드물다. 사이토윅을 비롯한 많은 신경의학자들은 이렇게 비자발적이고 항상 일어나는 감각유합이 '진정한 공감각'이라고 부르는 일종의 신경 의학적 질환이라고 생각한다. 이것은 유전처럼 보이며 10만 명당 1명도 안 되는 사람만이 그 특질을 나타낸다는 것이다.

하지만 연상 학습된 공감각의 경우에는 많은 사람들이 감각적 느낌의 동시발생, 그것들 간의 일치, 종국에 가서 일어나는 융합현상을 '의식' 하게 된다. 생각보다 흔히 일어나는 현상인 것이다.

누구에게나 특정한 소리, 냄새, 맛 또는 행동은 특별히 유쾌하거나 불쾌한 공감각적 기억을 환기시킨다. 이것은 우리가 기억과 생각을 시각적. 청각적. 그리고 기타의 감각적인 형태나 패턴으로 저장하고 있기 때문이다. 우리가 그 생각이나 기억들을 끄집어 낼 때 그것들은 애초에 우리가 경험한 방식이나 감각적 형태로 되돌아간다.

연상적인 공감각 현상은 약 절반정도의 어린들과 성인 인구의 5-15% 정도의 사람에게서 일어난다. 공감각을 체험하는 어린이와 성인들의 비율이 이렇게 많이 차이가 나는 것은 기초교육이 단일 감각적인 경험과 표현에만 집중되어 있어서 어린 시절의 자연스러운 연상능력이 위축되는 방향으로 가고 있음을 시사한다.

우리는 어떻게 보고. 듣고. 말하고 느껴야 하는지를 배우는 공감각에 대한 교육은 '생각하기'를 배우는 것으로써, 연습을 통하여 연상적인 공감각 능력을 유지. 발전시켜야 하는 것이다.

이러한 공감각의 경험은 예술가들에 있어서 흔히 일어나는 경험으로 가령 스트라빈스키는 음악을 창작할 때의 육체적 감각은 음악을 듣는 감각의 일부라고 생각했다. 그는 바흐의 작품을 높이 평가했는데, 그 이유가 "그의 바이올린 파트에서 송진 냄새를 맡을 수 있고, 오브에 파트에서는 목관악기에 들어가는 리드인 갈대를 맛볼 수 있기 때문"이라고 하였다.

이와 비슷한 예로는 메를로퐁티는 "세잔cezanne의 그림은 그 내부에 풍경의 냄새를 품고 있다. 사람들은 어떤 물체의 모양이나 색 뿐만 아니라 그것의 매끄러움. 단단함. 부드러움. 심지어는 냄새까지도 볼 수 있다"라고 주장하고 있다. 그는 지각에 대하여 "나에게 지각이란 입력된 시각. 촉각. 청각정보의 단순한 결합이 아니다. 나는 나의 모든 감각에게 말을 거는 나의 전 존재와 더불어 전체적이고 통합적인 방법으로 지각한다"고 했다.

다)공감감적 사고로서의 통합

'통합'이라는 말에는 감각적이거나 미학적인 것 이상의 큰 의미가 담겨 있다. 나보코프와 라이트힐 모두 공감각은 사물을 한 가지의 지각양식으로 받아들이는 것보다 훨씬 높은 수준으로서의 경험과 이해를 가능케 하는 열쇠와 같다고 말하고 있다. '이해'라는 말을 사용하면서 우리는 올더스 헉슬리Aldous Huxley의 정의를 사용할 수 있다. 그는 "아는 것은 수동적인 것이며, 이해한다는 것은 앎에 따라 행동할 수 있는 것이다."라고 쓰고 있다. 우리의 친구 존은 물리학을 알았지만 이해하지 못했고, 레슬러 스티븐 역시 문학을 알았지만 이해하지 못했다. '이해'에 도달하기 위해서 우리는 지적으로 알고 있는 것과 감각적으로 경험한 것을 능동적으로 통합해야 한다.

타악기 연주자인 이블린 글레나Evelyn Glennie는 확신에 찬 어조로 같은 주장을 편다. 글레나는 공감각이 뛰어난 사람이다. 그녀는 고유 수용 감각적이고 촉각적인 용어로 소리를 묘사한다. "나는 높고 딸랑거리는 소리를 상대할 때도 있고, 단단하고 날카롭고 짧은 소리를 상대할 때도 있으며 낮고 대담한 소리, 살찐 소리, 쿠션에 앉아 있는 듯한 감미로운 소리를 상대할 때도 있다." 심지어 그녀는 콘서트홀의 음향이 '공기가 얼마나 두껍게 느껴지는 가'에 따라 달라진다고 말하고 있다. 그녀에 있어서 공감각은 그녀가 세계를 이해하는 통합적 사고방식이었으며,

그녀는 청력을 완전히 상실한 뒤에도 다른 감각을 이용해서 음악을 듣고 이해하는 방법을 배웠다.

그녀와 남편은 "아무것도 들을 수 없는 청각 장애인이라 할지라도 소리를 듣고 느낄 수 있다."라고 말한다. 그녀는 낮은 음은 주로 다리나 발을 이용해서 느끼고, 높은 음은 얼굴의 특정 부위나 목, 가슴으로 느낀다. 전적으로 상상과 감촉, 느낌과 몸의 모든 감각을 이용하여 '듣는' 것이라고 하였으며, 느끼는 소리와 듣는 소리는 차이가 전혀 없다고 하였다. 글레니처럼 감각과 사고를 융합하는 것은 창조력이 뛰어난 사람들 사이에서 연상적 공감각만큼이나 흔한 일이다.

헬렌 켈러 역시 촉감과 냄새를 통해 보고 듣는다고 말하며 다음과 같은 시를 썼다.

> 내 손은 감촉으로 소리를 불러내지.
> 감각들은 끝없이 자리를 서로 바꿔가며.
> 동작과 모습을, 향기와 소리를 연결해 주는구나.

헬렌 켈러는 자신의 말을 믿지 않는 사람들과도 맞서야 했다. 그녀는 상상의 감각에 대해 이렇게 말한다. "만일 시각 장애인의 마음이 다른 사람들의 마음과 완전히 다르다면 그는 다른 사람들의 생각을 상상해 낼 수단을 전혀 갖지 못할 것입니다. 그러나 장애인의 마음은 상실된 육체적 감각에 해당하는 것을 제공해 줍니다. 그것을 통해 외면적인 것과 내면적인 것의 유사성, 보이는 것과 보이지 않는 것의 일치를 지각할 수 있는 거지요."라고 말하고 있다.

사람들이 의식적으로 감각융합 능력을 키우건 안 키우건 간에 생각이라는 것은 감각과 지각사이에 만들어지는 결합에 의존하고 있다. 우리는 감각기관들이 따로따로 지각작용을 수행하고 있다고 생각하지만, 실제로 그것들을 합리적으로 생각하고 행동할 수 있도록 통합하고 조정해야 하며, 이렇게 할 때에 통합적인 사고를 할 수 있는 것이다.

라)감각. 정신. 지식의 종합적인 앎으로서의 통합

실제로 통합적인 앎의 방식은 모든 창조적인 사람들이 자신의 일에서 추구하는 일인 동시에 다른 사람의 일에서 찾아내려고 하는 것이다. 음악가 이고르 스트라빈스키는 통합적인 앎synosia의 개념을 분명히 이해하고 있었다. 그는 인간이 통합에 이르러야만 완전해진다고 믿었다. "나는 지금껏 완전한 인간이 만들어 낸 음악이 아니면 관심도 갖지 않았다. 완전한 인간이란 자신의 전 감각과 정신적 능력과 지적장비로 무장한 사람을 지칭한다." 그는 심지어 녹음된 음악도 듣지 않았는데, 음악이 운동 감각적으로 연주되는 것을 보는 것이야말로 듣는 것만큼 중요하다고 생각했기 때문이다.

화가인 오토 피에네Otto Piene는 "마음은 몸이고, 몸은 마음속에 존재하는 것이므로 이 둘을 별개로 취급해서는 안 된다. 마음을 담기위해 몸을 사용하고 몸을 고양하기 위해 마음을 사용하는 사람은 시간을 초월해서 살아가게 된다. 그러면 일종의 '천상적 현실'을 갖게 되며, 공간을 자유롭게 활보하게 된다. 그렇게 함으로써 내면에 천국을 지니게 되는 것이다." 창조성이 뛰어난 사람들이 예술이나 과학에서 이뤄낸 최고의 성과는 이러한 생각을 발전시킨 결과다. 안무가 로이 풀러Loie Fuller

는 " 춤은 빛이고 색이며, 동작은 음악이다. 또한 그것은 관찰이고 직관이며, 최종적으로는 이해다." 라고 했다.

애런 코플랜드는 음악을 작곡하거나 감상할 때 세 가지 수준을 동시에 의식해야 한다고 말한다. "첫째는 감각수준, 둘째는 표현(정서)수준, 셋째는 순전히 음악(지적)수준이다." 케임브리지 대학교수인 시인 T. R 헨Henn은 문학작품을 이해하거나 창작하는 데도 이 세 가지가 필요하다고 하였다. 그는 "모든 문학과 시는 생각과 정서의 특별한 융합을 표현하고자 하는 것."이라고 말했다.

마)융합적 지식으로서의 통합

오늘날의 21세기에 우리에게는 통합적인 마인드가 절실하게 필요하다. 오늘날 세계가 안고 있는 문제 중에서 단일한 학문분야에만 구현되는 것은 아무것도 없다. 그것이 분석적이건, 정서적이건, 아니면 전통적이건 한 가지 접근법으로 해결할 수 있는 것은 하나도 없다. 혁신의 기법이란 항상 모든 분야에 걸쳐 있으며, 다양한 방법론을 가진다. 따라서 미래는 우리가 앎의 방법 모두를 통합해서 통합적 이해를 창출할 수 있느냐에 달려있다. 세계가 안고 있는 심각한 문제들은 오직 '전인whole man' 만이 해결할 수 있다. 그는 기술자. 순수과학자. 예술가 중 하나만 되는 것을 거부하는 사람이다. 오늘날의 세계에서는 '모든 것'이 되어야 한다. 그렇지 않으면 '아무것'도 되지 못한다. 이는 오늘날 각 분야의 수많은 지성인들과 저명인사들이 주장하고 있다.

2.3 창의적 생각기법의 활용[17]

(1) 마인드 맵(mind map) 두뇌 사용법

토니 부잔Tony Buzan과 배리 부잔Bary Buzan형제는 지능과 사고기술의 사용방법과 관련하여 인간의 뇌는 두뇌로 들어오는 정보, 즉 모든 감각과 기억과 생각(단어, 숫자, 부호, 음식, 향기, 선, 색상, 이미지, 박자, 음조, 감촉 등 모든 감각과 느낌을 포함한다)은 하나의 중심 구심체에서 수십, 수백, 수천, 수백만 개의 갈고리들이 방사선으로 뻗어나가는 형상으로 표현할 수 있다(아래 그림 참조)는 것을 알았다. 또한 각 갈고리는 하나의 연상결합을 나타내고, 각각의 연상결합은 그 자체가 무한한 연결고리로 배열되어 있으며, 이러한 연상결합의 수는 기억력, 데이터베이스, 지식의 보고 등으로 표현되며, 우리의 뇌는 세상에서 가장 발달된 분석 능력과 저장 능력을 갖춘 메가바이트 컴퓨터보다도 훨씬 뛰어난 정보처리 능력을 가지고 있는 것이라는 뇌의 기능을 알았다. 아래 그림은 두뇌에 들어 있는 하나의 정보단위를 표현한 그림이다.

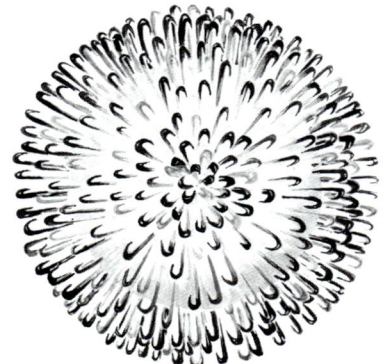

※ 자료 : 루트번 스타인, 『생각의 탄생』 P69

---

17) 마인드 맵 북, 토니 부잔. 배리 부잔 저, 권봉중 옮김. 비즈니스 맵 출간, 2013.1.14 PP68-112

우리의 뇌의 기능은 아무리 많은 자료를 저장하고 연상결합이 이루어져도 생각의 새로운 패턴과 결합들이 방사상으로 뻗어가는 잠재력은 그것의 100만의 4제곱배가 된다는 것이다. 따라서 새로운 자료를 통합하고 방사선 사고로 조직화하는 방법을 사용하면 학습은 더욱 쉬워지며, 이 거대한 정보처리 능력과 학습 능력으로부터 마인드맵으로 표명되는 방사선 사고의 개념이 탄생했다. 아래의 그림과 같이 마인드맵은 인간 마음의 자연적 기능으로 실생활의 모든 면에 적용할 수 있고, 학습을 향상시키고, 사고를 명료하게 하여 인간 활동의 질을 높여주며 다음의 4가지의 특징을 가지고 있는 것이다.

①주의를 집중할 주제는 중심이미지에서 구체화된다.

②주제에 대한 주요 테마는 중심이미지에서 나뭇가지처럼 방사상으로 뻗어나간다.

③연상결합으로 연결된 가지 위에 키 이미지나 키워드를 올린다. 이때

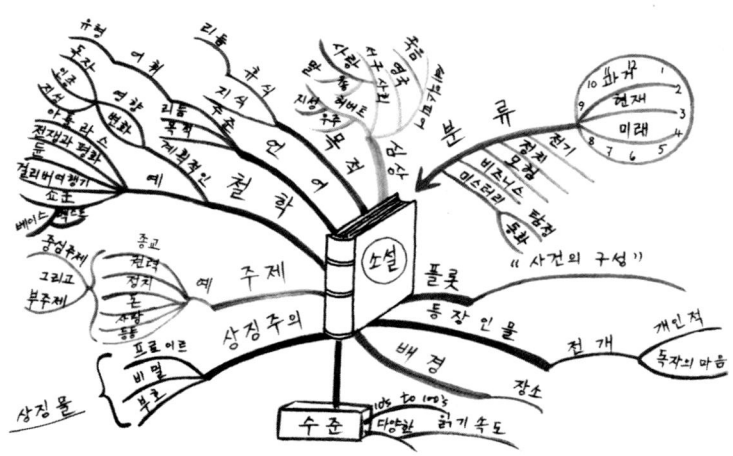

※ 자료 : 루트번 스타인, 『생각의 탄생』 P175

중요한 주제는 상위 가지에 하위 가지로 연결하여 표현한다. 즉, 중요도에 따라 상위 가지와 하위 가지로 구분하여 연결한다.
④가지는 마디가 서로 연결되어 있는 구조를 취한다.

마인드맵은 재미, 아름다움, 그리고 개성을 더하기 위해서 색상, 그림, 부호, 입체 등으로 효과를 더해 강조할 수 있다. 이렇게 하면 창의력과 기억력, 정보를 회상하는 능력을 향상시킨다. 마인드맵은 두뇌의 저장 용량과 저장 효율을 구별할 수 있도록 도와준다. 마인드맵은 목표를 달성하는데 효과적으로 사고하고 정보용량을 효율적으로 저장하고 사용할 수 있게 한다. 결국 마인드맵은 사고 장치(유전자 사고인 '네메neme machine'을 의미), 두뇌 훈련 도구, 지능향상 장치, 창의의 사고기술, 다차원적 기억(향상)법, 두뇌가 빠른 속도로 방대한 저장 능력을 갖출 수 있도록 해주는 대뇌피질이 가진 모든 지능과 지능의 외적 표현이다.

이 모든 표현들은 마인드맵은 정보처리의 본질과 뇌세포의 구조와 기능에 관한 지속적인 연구를 통하여 이를 활용함으로써 우리가 관심 있는 생각이나 문제를 포괄적으로 조사하고 끊임 없이 연상결합을 일으키면서 그 생각이나 문제를 끝까지 규명할 수 있도록 한다는 것이다. 마인드맵은 3차원 내지 다차원적 차고를 할 수 있게 한다는 것이다.

이러한 마인드맵의 두가의 함축적 의미는 첫째, 모든 키워드나 이미지는 새로운 마인드맵의 중심 이미지가 되어 다시 방사선으로 뻗어나갈 수 있다는 것이다. 하나의 마인드맵은 방사선으로 뻗어가는 잠재력이나 본질에 비추어볼 때, 하나의 마인드맵 자체에 덧붙여지는 모든 키워드나 이미지는 새롭고 방대한 범위의 연상결합이 일어날 가능성을 높여주고,

새로 생겨난 연상결합 자체도 새롭고 더 방대한 범위의 연상결합이 일어날 가능성이 더해진다. 그래서 연상결합의 가능성은 무한정 계속되고, 정상적인 인간의 두뇌가 지닌 연상결합 능력과 창의력은 무한하다는 것을 의미한다는 것이다.

둘째, 마인드맵의 이러한 연상결합은 시간적인 논리가 아니라 연상결합의 논리에 근거를 두고 있다는 것이다. 마인드맵은 어떠한 방향에서든지 다가 갈 수 있고 모든 각도에서 나오는 모든 사고를 포착할 수 있다는 것이다. 연설, 프레젠테이션, 에세이, 문제탐구 등에 필요한 조건을 충족시킬 만한 생각들을 만들어낸 각각의 생각에 번호를 부여함으로써 생각을 순서대로 정리하기로 하는 것이다.

셋째, 위계적 조직화와 범주화에 관련된 세부사항으로서 마인드맵에서 핵심이 되는 주개념은 가장 간단하면서도 가장 분명한 배열상태를 보여주는 단어와 이미지다. 또한 헤아릴 수 없을 만큼 많은 연상결합을 불러일으키는 핵심 개념들이다. 마인드맵이 정상적인 기능을 발휘하기 위해서는 위계적 조직화와 범주화를 사용하여야 하는 것이다. 주개념에 해당되는 것을 찾기 위해서는 하고자 하는 일의 목표와 필요한 지식, 책에 있어서는 제목에 해당되는 의미이다. 또한 중심이미지도 이에 해당된다. 육하원칙인 누가. 언제. 어디서. 무엇을. 어떻게. 왜? 라는 질문은 종종마인드맵의 주 가지를 형성하는데 도움이 된다. 주개념이 적절한 자리에 있으면 제2. 제3의 개념들이 빠르고 쉽게 뒤따라 조화로운 사고를 이룰 수 있다. 주개념은 두뇌가 구조화된 사고로 자연스럽게 생각할 수 있도록 마인드맵 형태를 만들고 다듬고 구성하는데 큰 도움이 된다. 이와 관련하여 노트의 필기도 이를 활용할 수 있으며, 이렇게 할 때 직선적 노트 법에 비하여 절반이상의 효율과 수배 이상의 효과를 가져 온다는 것이다.

(2)마인드맵의 활용

(가)마인드맵의 규칙 사용
1)**강조기법** : 강조는 기억력과 창의력을 높여주는 주요요소 중 하나다.
　가)**중심이미지 사용** : 마인드맵에서 중심이미지는 눈과 두뇌를 집중시키고, 수많은 연상결합을 유발하고 기억의 조력자로서 역할을 하기 때문에 이를 잘 사용하여야 하는 것이다.
　①**마인드맵 전반에 걸쳐 이미지를 사용** : 이미지를 사용할 때는 시각적 두뇌 기능과 언어적 두뇌 기능을 모두 균등하게 자극해서 인식력을 높일 수 있는 것이다.
　②**중심이미지마다 3가지 이상의 색상을 사용** : 기억력과 창의력을 자극하고, 이미지에 생명력을 불어넣고 이미지를 더욱 매력적으로 만든다.
　③**이미지와 단어의 입체화** : '눈에 띄게' 하여 쉽게 기억하고 전달되도록 하는 것으로, 마인드맵의 가장 중요한 요소는 3차원으로 꾸며서 강조한다.
　나)**공감각(여러 가지 육체적 감각의 융합)을 사용** : 마인드맵에서는 시각, 청각, 후각, 미각, 촉각, 근운동 감각(육체적 감각)등과 관련된 단어나 이미지를 사용하여야 한다는 것이다.
　다)**리듬, 반복, 순서, 심상, 움직임, 과장, 색상, 느낌 등의 감각사용**

라)글자, 가지, 이미지를 다양한 크기로 사용한다.
마)공간을 조직화하여 사용
바)적절한 공간과 여백의 사용

2)연상결합 : 연상결합은 기억과 창의력을 높여주는 주요 요소로서, 우리의 두뇌가 물리적 경험을 이용하기 위한 통합 장치이고 두뇌가 주제를 깊이 있게 다루도록 유도한다.

가)화살표 사용 : 가지 자체 내에서 가지끼리 서로 연결하고자할 때 화살표를 사용한다.
나)색상 사용 : 기억력과 창의력을 높이기 위하여 사용.
다)부호사용 : 부호는 점, 십자, 원, 삼각형, 밑줄 등의 형태를 취하는 것으로 마인드맵의 서로 다른 부분들을 연결해 주는 역할을 한다.

3)명료화 기법 : 사람들은 명료하게 정리된 것을 쉽게 이해하는 것의 이용과 연상결합에도 도움을 주기 위한 것이다.

가) 하나의 가지에 하나의 키워드만 사용
나) 모든 단어는 활자체로 쓴다
다) 키워드는 가지 위에 표현
라) 가지의 길이는 단어의 길이 이하로 한다
마)중심이미지에 주 가지를 연결하고 가지를 계속 이어나간다
바)중심 쪽으로 갈수록 가지는 두껍게 만들고 곡선을 유지
사)마인드맵 가지 주위를 외곽선으로 둘러싼 모양으로 경계를 만듦 : 완성된 마인드맵은 가지의 외곽을 둘러싸도록 경계선을 그어주면 그 가

지의 독특한 모양을 분명히 해주며, 이러한 독특한 모양은 우리가 구름에서 토끼나 여우, 사자의 모양을 발견하듯 그 것에 대한 전반적인 기억을 잘 할 수 있도록 연상화 하는 '청킹chunking'의 한 표현을 사용하는 것임

 아)용지는 수평으로 배치
 자)글씨를 똑바로 세워서 쓴다.

(나)실제적인 배열
1)위계적인 조직화 사용

 방대한 두뇌의 힘을 컨트롤하고 적용하기 위해서는 자신의 사고와 마인드맵을 위계적 조직화와 범주화를 사용하여 구조화할 필요가 있다. 그 첫 번째 단계가 생각의 기본질서를 이루는 주개념을 식별해내는 것이다. 주개념은 많은 다른 개념들이 그 안에서 조직화될 수 있는 핵심개념으로 예를 들면, "기계"라는 단어는 매우 방대한 범주를 가지고 있는데, 그중 하나가 '자동차'이며, '자동차'에는 현대, 기아, 벤츠 등의 많은 종류가 있다. 이와 같이 위계적 조직화는 관련되는 연상을 하기 위해서 마인드맵에서 꼭 필요한 것이다.

 이러한 예는, "악기"를 주개념으로 하면, 그 아래에는 '현악기'와 '타악기'라는 트리 구조로 단어들로 주 가지로 연결하고, 그 다음 단계로 '현악기' 아래에는 '바이올린', '비올라', '첼로'를 연결하고, '타악기' 아래에는 '팀파니', '케틀드럼', '봉고' 등을 연결한다. 이러한 조직화는 무작위로 구성된 단어들보다 기억과 연상에 훨씬 많은 도움을 주는 것이다. 이는 결국 두뇌 능력의 확장과 강화에 엄청난 도움이 되는

것이다.

2)번호를 사용과 이미지 추가

연설이나 글쓰기, 시험 답안과 같은 특수한 목적을 위해 만드는 마인드맵에는 때로 생각에 순서를 매겨야 할 때도 있으며, 순서는 대개 연도나 중요도를 기준으로 한다. 이 작업을 할 때에는 원하는 순서대로 간단하게 가지에 번호를 매긴다. 날짜와 같이 좀 더 세밀한 정보가 필요하다면 선호도에 따라 덧붙일 수도 있다. 또한 아래 그림과 같이 이미지를 더해주면 연상 결합과 회상을 촉진할 수 있다.

(3)마인드맵의 창조적 활용
가)예술 마인드 맵

마인드맵은 눈과 손의 공동 작용을 향상시키고 시각기능을 개발하고 발달시킬 이상적인 기회를 제공한다. 이에 따라 개발된 자신의 이미지 창조 기술을 이용해서 마인드맵을 예술적인 영역까지 끌어올릴 수 있다. 그렇게 끌어올린 예술 마인드맵은 두뇌가 예술적이고 창의적인 개성을 표현할 수 있게 한다. 이미지, 색상, 입체, 공간적 배치 등의 지침 원리를 적용하는 것은 자신만의 개성 있는 스타일을 개발하는데 특히 유용하다는 것이다.

나)예술적인 마인드맵의 예

첫 번째의 마인드맵은 컴퓨터 산업의 국제적 컨설턴트인 존 기싱크 John Geesink 박사가 만든 것이다. 그는 '사랑'이라는 개념을 단어를 사용하지 않으면서 유머스러하게 다음과 같이 예술적으로 표현하고자 했다.

두 번째의 마인드맵은 다음의 마케팅 컨설턴트인 캐시 드 스테파노 Kathy De Stefano가 그린 것으로 이상적인 직업에 대한 생각을 표현하고 있다. 이 작품은 생기 넘치는 창의적인 마인드맵일 뿐만 아니라 창의성이 풍부한 훌륭한 예술 작품이다.

다음 그림의 세 번째의 모양으로 된 특이한 마인드맵은 조직구조에 관한 예술 마인드맵으로 전 유럽에서 명성을 떨치고 있는 클로디우스 보러Claudius Borer의 작품이다. 이 독특한 마인드맵은 기본적인 방법대신 성장하는 사업을 주 가지와 '과일'로 대체하고 있다.

※ 자료 : 토니 부잔, 『마인드 맵 북』 P146

※ 자료 : 토니 부잔, 『마인드 맵 북』 P146

※ 자료 : 토니 부잔, 「마인드 맵 북」 P147

다)예술적인 마인드맵 창조의 이점

　①예술적 재능과 시각적 지각이 발달되어 기억력이 강화되고 창의적 사고와 자신감이 생긴다.
　②스트레스와 긴장이 완화되고 탐구가 가능하며, 즐거움을 준다.
　③다른 마인드 맵 퍼에게 훌륭한 '역할 모델'이 된다.
　④위대한 예술가들의 작품을 이해하는 안목을 길러준다.
　⑤마인드맵을 그려서 경제적인 가치를 창출할 수 있다.

(4)마인드맵의 적용

　(가)의사결정에 적용 : 무엇인가를 결정하고자 할 때 특히 유용하게 쓰이는 도구다. 자신이 꼭 필요로 하는 것과 원하는 것, 우선적으로 해

야 할 것과 자제해야 할 것 등을 마인드맵으로 정리해보면 훨씬 더 명확하고 객관적인 시각으로 의사결정을 할 수 있다.

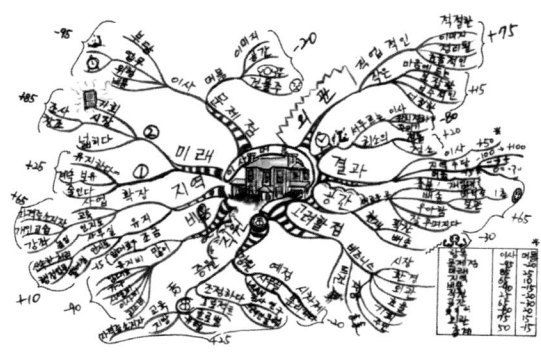

※ 자료 : 토니 부잔, 『마인드 맵 북』 P156

　(나)자신의 생각을 조직화하기에 적용 : 위의 마인드맵 그림을 활용하여 노트를 작성하여 기억이나 창의적 저장소에서 정보를 끌어내어 그 정보를 우리가 사용할 수 있는 외적 형태로 대상에 대하여 상상력, 기억력, 창의적 사고 등을 위한 생각을 조직화 하는데 사용한다. 또한 아래에 나열한 주개념들을 다 범주 마인드맵을 전개하는데 특히 유용하다.

- 기본적인 질문: 언제, 어디서, 누가, 무엇을, 어떻게, 왜?
- 구분: 장, 과, 주제
- 특성: 사물의 특징
- 역사: 사건이 일어난 연대기적 순서
- 구조: 사물의 형태
- 기능: 사물이 하는 일
- 과정: 어떻게 작용하는지

- 평가: 얼마나 좋은지, 얼마나 가치 있는지, 얼마나 유익한지
- 분류: 서로 어떻게 관련이 있는지
- 정의: 의미가 무엇인지
- 개성: 역할은 무엇인지, 무슨 성격인지

(5)창의적 사고에의 마인드맵 활용
(가)창의적 마인드맵의 목적

창의적 사고, 또는 브레인스토밍 마인드맵은 상당히 많은 목적을 지니고 있으며 그 주요 목적은 다음과 같다.

첫째, 주어진 주제에 관한 모든 창의적 가능성을 탐구하고 주제에 대해 이전에 가지고 있던 개념들을 정리해서 새로운 창의적 사고를 불러일으킬 수 있는 여지를 제공한다.

둘째, 특별한 행동을 하게 하거나 실제 현실을 창조하거나 변화시키는 아이디어를 내고, 창의적 사고를 끊임없이 계속하게 한다.

셋째, 이전에 갖고 있던 생각들을 재 조직화할 수 있는 새로운 개념들을 만들어내고, 순간적으로 일어나는 통찰력을 포착하고 개발하며, 창의적으로 계획한다.

(나)창의적 사고 메커니즘으로서의 마인드맵

마인드맵은 일반적으로 창의성과 결합되는 모든 기능들, 특히 상상력과 생각의 연상결합능력, 융통성을 활용하기 때문에 창의적 사고와 이상적인 조화를 이룬다. 그 외의 다른 요소들은 새롭고 독특한 생각을 이미 알고 있던 생각과 결합시키는 능력 등을 가지고 있다.

(다)창의적 사고 과정의 단계

창의적 사고 마인드맵 기법을 바르게 적용한다면, 마인드 맵퍼 개인들은 같은 기간에 전통적인 브레인스토밍 사용자들이 창조해낼 수 있는 양의 2배나 되는 창의적인 사고를 창조해낼 수 있다. 창의적 사고 마인드에는 5가지 단계적 과정이 있다.

1)속성마인드맵 단계

먼저 중심이미지를 커다란 백지의 중앙에 그린다. 주제를 생각할 때마다 마음에 떠오르는 모든 생각을 중심이미지에서 방사상으로 퍼져나가도록 한다. 20분이 넘지 않게 가능한 빠른 속도로 생각이 자유롭게 흐르도록 한다. 이렇게 하면 두뇌는 습관적인 사고 패턴에서 두뇌가 자유로워진다. 새로운 생각들이 떠오르고 새로운 통찰력의 세계로 들어가는 열쇠 역할을 한다. 낡고 구속적인 습관을 타파하기 때문에 항상 억제하지 않고 그대로 두어야 한다.

2)첫 번째 재구조화와 수정단계

두뇌가 지금까지 쏟아낸 생각들을 잠시 쉬었다가 통합할 수 있도록 짧은 휴식을 취하고, 이렇게 쉰 다음 새로운 마인드맵을 만들 필요가 있다. 이 새로운 마인드맵에서는 주개념에 해당되는 것이 무엇인지 확인하고, 통합하고, 범주화하고, 위계적으로 조직화하고, 새로운 연상결합을 찾아내고, 마인드맵의 전체적인 맥락에서 처음에 '어리석거나' '엉뚱하게' 보였던 생각들을 다시 고려해 본다. 앞에서 보았듯이, 전통적이고 틀에 박힌 것과 거리가 멀 수록 더욱 창의적인 생각을 만들 수 있다.

이 첫 번째 재구성 단계에서 마인드맵의 중심에서 벗어난 외곽 경계 부분에 있는 개념들이 유사하거나 심지어는 똑 같다는 사실을 깨닫게 될 것이며, 이 중복된 개념들은 지식의 창고에 깊숙이 묻혀 있으면서 실질적으로는 우리들의 모든 사고 영역에 영향을 주는 매우 중요한 생각들을 반영하는 것이다. 그에 적절한 정신적. 시각적 무게를 부여하기 위해서는 같은 개념이 두 번째 나타났을 때 밑줄을 그어 강조해야 한다. 그리고 세 번째 나타나면 기하학적인 모양으로 외곽선을 두르고 네 번째 다시 나타나면 3차원 형태로 외곽에 박스를 그려라. 마인드맵에 표시된 3차원 모양들을 서로 관련 있는 것끼리 연결시키고 그 링크들을 다시 입체화시키면 새로운 정신적 틀을 만들 수 있고, 과거의 사실들을 새로운 시각으로 볼 때 일어나는 번득이는 통찰력을 이끌어낸다. 이러한 변화는 전체 사고 구조를 즉석에서 재취합함을 의미한다.

3) 부화단계

두뇌가 휴식을 취하고 평화롭고 한가로운 상태에 있을 때, 예를 들어 걷거나 잠자거나 공상을 하고 있을 때 갑자기 창의적인 깨달음이 일어난다. 이것은 두뇌가 휴식을 취하고 있을 때 두뇌의 잠재능력 깊숙한 곳까지 방사사고 과정이 퍼져 들어가 정신적 발견의 가능성을 높여주기 때문이다.

역사상 위대한 창의적 사상가들은 이 방법을 사용했다. 아인슈타인은 모든 사고에는 부화단계가 필요하다고 가르쳤다. 벤젠고리(방향족 화합물에 함유되어 있는 6개의 탄소 원자로 이루어진 고리를 뜻함)를 발견한 케클레Kekule도 자신의 하루 일과 프로그램에 반드시 부화/공상 시간을 넣었다.

4) 두 번째 재구조화와 수정 단계

부화 단계를 거치고 나면 두뇌는 첫 번째와 두 번째의 마인드맵을 새로운 시각으로 바라볼 것이다. 그리고 이 통합의 결과를 더욱 견고하게 보완하기 위해 또 다른 마인드맵을 빠른 속도로 만들어내는 것이 좋다.

이러한 재구조화 단계 동안 우리는 종합적인 마인드맵을 만들기 위해서 1, 2, 3단계에서 수집하고 통합한 모든 정보를 고려해야 한다. 노르마 스위니Norma Sweeney가 만든 아래 그림의 마인드맵은 부화와 여러 번의 사고 수정을 거친 결과다. 이 마인드맵은 브레인클럽 개념에 대한 소개의 극치를 세상 사람들에게 보여준다.

5) 최종 단계

이 단계에서 우리들은 해결책을 찾고, 결정을 내리고, 창의적 사고의 원래 목적을 깨달을 필요가 있다. 이것은 마인드맵에서 본질적으로 서로 다른 요소들을 연결시켜 새로운 주요 통찰력을 배양하고 비약적인 발전을 이루게 한다.

(6) 위대한 두뇌들의 마인드맵 사용

(가) 위대한 두뇌들

인류 역사상 '위대한 인물'로 간주되어온 사람 중에서 레오나르도 다 빈치나 아인슈타인 같은 사람들이 남들보다 자신의 두뇌 기능을 광범위하게 사용하여 위대한 업적을 이룩했다는 것은 주지의 사실이다. '위대한 두뇌들'은 정말로 타고난 재능을 더 많이 사용했고, 직선적 사고를 주로 사용한 동시대인들과는 달리 방사선 사고와 마인드맵 원리를 직관적으로 사용했었다는 것을 입증했다.

(나) 두뇌 기능을 최대한 폭넓게 사용

다음 그림의 노트들은 과거 위대한 두뇌들의 사고과정을 표현한 것으로, 동시대의 다른 사람들보다 타고난 두뇌 능력을 훨씬 더 많이 사용했음을 알 수 있다. 아래의 노트 중 하나는 레오나르도 다 빈치의 노트다. 그는 단어, 상징, 순서, 목록, 선, 분석, 조합, 시각적 리듬, 숫자, 이미지, 입체, 게슈탈트(전체)를 사용했다. 이 노트는 자신의 생각을 완벽하게 표현한 생각정리의 전형이다.

또 다른 노트는 피카소의 것으로 역시 다빈치의 노트와 같은 맥락에서 이해할 수 있다. 우리는 위대한 두뇌들이 연상결합능력, 출력능력, 방사선사고 능력을 이용하여 과학이나 예술에 있어서 사고력, 창의력, 문제해결력 등에 사용했음을 알 수 있는 것이다. 과학과 문명이 눈부시게 발전된 21세기의 지식. 정보화 시대를 살아가는 우리들에게도 이러한 위대한 생각의 방법을 창의적이고 창조적으로 활용할 수 있다는 것은 명확하고 확연한 사실이다.

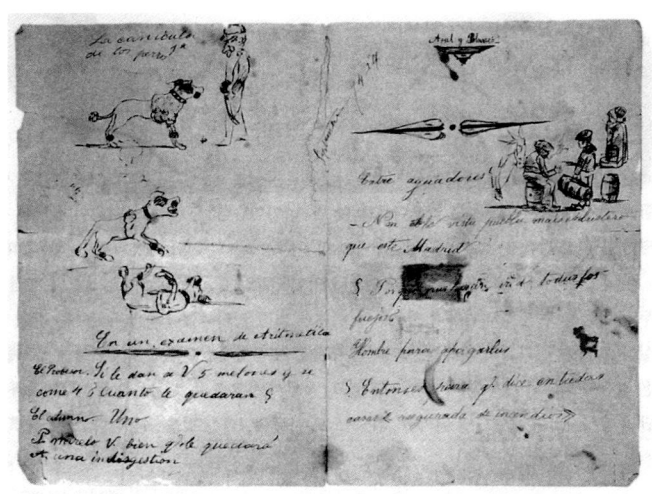

※ 자료 : 토니 부잔, 『마인드 맵 북』 P54

※ 자료 : 토니 부잔, 『마인드 맵 북』 P54

제3절 전인을 길러내는 통합교육

우리가 지금까지 '창조적 사고'라는 실 뭉치를 곱게 빗어서 '통합적 이해'라는 혁신적인 직물을 짜는 것에 대하여 설명을 했다. 그리고 이제 그러한 것을 기르고 연마하기 위해서는 새로운 종류의 전 분야에 걸친 통합적인 교육을 요구하고 있다.

창조적인 사람들의 감정과 이성을 들여다 본 결과, 우리는 상상력이 생각도구의 숙달과 종합적인 이해에 도달하고자 하는 욕구에 의해 길러지고 연마될 수 있음을 알게 되었다. 그런데 분명한 것은 이러한 요소들이 현재의 교육에서 결여되어 있다는 점이다. 교실에서 생각도구들을 사용하고 종합지적인 교육을 하는 일은 현행의 교과과목을 크게 바꾸지 않고도 할 수 있는 것이다. 통합교육은 단지 가르치는 방법의 변화를 말하며, 거기에는 염두에 두어야할 여덟 가지 기본 목표가 있다.

1.1통합교육의 기본목표

첫째, 우리는 학생들에게 학생들이 각 과목의 지식을 획득하는 일 외에, 보편적인 창조의 과정을 가르치는 데 중점을 두어야 한다. 교육의 목표는 이해에 있지, 단순한 지식의 습득에 있는 것이 아니다. 사실의 수동적 습득보다는 능동적인 배움과 창조의 과정에 초점을 맞춰야 한다.

둘째, 창조과정에 필요한 직관적인 상상의 기술을 가르쳐야 한다. 모든 분야에서 창조적 사고는 논리나 언어가 아닌 형태로, 누구나 자신이 받아들인 시각적, 청각적, 기타 감각적인 자극을 동원해서 공감적 이미지로 만들어 내는 방법을 배워야 한다. 이 통합적인 이미지를 섞고 융합하는 법을 배워야 한다. 그리고 추상화, 유추, 감정이입, 변형을 배워야 한다 .

셋째, 예술과목과 과학과목을 동등한 위치에 놓는 다 학문적 교육을 수행해야 한다. 우리는 예술과 과학이 대단히 유용한 방식으로 상호작용하고 있다는 사실을 알아야한다. 예술이란 단순히 자기표출이나 오락이 아니라 의학이나 수학만큼이나 엄격한 과목이며 그 나름의 지식, 기법, 도구, 기술, 철학을 가지고 있다. 게다가 예술에서 활용하는 상상의 도구들은 인문학과 과학에서도 매우 중요하기 때문에 배우고 서로 활용해야 하는 것이다.

넷째, 혁신을 위해 공통의 언어를 사용함으로써 교과목을 통합해야 한다. 지식을 파편화 시키고 자신의 분야 밖에서는 소통할 수 없는 전문가만 양성하는 교양과목과 과학과목을 가르치는 일은 아무 의미가 없다. 교육은 나무에서 줄기가 되는 부분의 지식에 해당되는 언어, 용어가 과목들 간에 공유될 수 있도록 공통으로 가르쳐서 줄기와 잎이 무성하고, 원하는 열매를 맺을 수 있게 하여야 한다.

다섯째, 한 과목에서 배운 것을 여러 분야에 응용할 수 있어야 한다. 학생들이 특정한 문제에 대한 특정한 해법만을 배우는 것보다, 좀 더 일반적으로 활용할 수 있는 정보와 기술, 지식을 배워서 이를 다른 분야에도 폭넓게 공통적으로 활용할 수 있게 하여야 한다. 한 가지 교육재료들을 '예술', '음악', '과학', 같은 분야의 교육에 폭 넓게 활용하여 사고하며, 상상하고, 창조하는 데 도움을 주어야 한다.

여섯째, 과목 간의 경계를 성공적으로 허문 사람들의 경험을 창조성의 본보기로 활용해야 한다. 최선의 수업방식은 다른 사람들을 관찰하고 그들의 기법과 통찰, 창조과정을 모방하는 것이다. 학생들에게 새로운 창조를 할 수 있도록 하기 위해 다양한 분야의 개념과 도구들을 융합하여 이용한 훌륭한 혁신가의 창조적인 방법을 이해하고 활용할 수 있게 새로운 방식으로 통합한 지식을 교육하여야 한다.

일곱째, 정신 영역을 최대한 확장시키기 위해서는 모든 과목에서 해당 개념들을 다양한 형태로 발표하는 법을 가르쳐야 한다. 한 가지 상상기술이나 창조기법만으로는 사고에 필요한 모든 것을 충족시켜줄 수 없다. 모든 개념은 저마다의 표현 형식을 가지고 있으며 가기 다른 생각 도구들을 사용한 여러 개의 같은 형태로 변화될 수 있고, 또 그래야 한다. 학생들이 같은 개념을 놓고 더 많은 방법으로 생각하고 표현 할수록 더 나은 통찰력을 얻을 가능성은 높아진다.

여덟째, 우리는 개척자적인 교육방법을 만들어 내야 한다. 그리고 그 목적은 상상력이 풍부한 만능인generalist을 양성하는 데에 있다. 모든 기발한 생각은 우리를 새로운 영역으로 이끌고 간다. 그런 점에서 보면, 창조적인 사람들은 개척자라고 할 수 있다. 창조적 상상을 하는 개척자들은 융통성이 뛰어난 마음과 만능 생각도구들을 가지고 있어야 한다. 그래야만 그것을 가지고 새로운 지식을 창출해낼 수 있다.

1.2 창조적 상상의 세계에 대한 교육

스코트랜드에서 가장 높은 벤 네스 산 정상에서 햇무리를 보고 깊은 감명을 받은 사람은 찰스 토머스R. 윌슨이었으며 그는 그 산장에서 포착한 그 아름다움을 그림으로 그렸을 것이고 그는 화가가 되었을 것이라고 추측할 수 있다. 그런데 그는 이러한 아름다움의 포착과 활용을 한 분야는 다른 것이었다. 그는 후에 케임브리지대학 연구실로 돌아가서 마음속에 있는 '물리학의 시'를 가지고 '구름상자'를 발명했다. 발명을 한지 수십 년이 지난 후에 윌슨은 노벨상 수상 강연에서 자신의 첫 번째 관심사가 순순히 정서적이고 심미적인 것이었다고 밝혔다. 그의 구름상자는 미술과 과학 모두를 구현한 것이며 그 자신은 물론 미래 세대를 위한 것이었다.

어린 시절부터 사랑했던 사회과학에 대하여 흥미를 느끼고 사회에 대한 '추상적' 사고를 하였던 사람은 바실리 칸디스 이었다. 그는 후에 이러한 '추상적' 사고를 활용하여 비구상적 그림을 최초로 그린 최초의 화가로 알려져 있다. 추상적 개념에 대한 그의 사랑과 인류의 조건을 개선시키려는 열망은 그를 사회학자나 경제학자로 만들지 않고 화가의 길로 들어서게 했다. 그는 그림을 통해 지각과 표상의 개념을 정립 했다. 그는 "그림은 다른 세계들 간에 부딪히는 천둥 같은 충돌을 통해 신세계를 창조하려고 하였다고 말했다. 이 충돌로부터 탄생하는 신세계가 바로 작품이다. 누구도 새 가지가 돋아난 것을 두고 나무줄기에 불필요한 잉여가 발생했다고 생각하지 않는다. 나무줄기가 가지를 가능하게 했을 뿐이다."라고 했다.

이런 창조적인 인물들은 어린 시절의 열망과 성인이 되어서의 관심을 조화시킬 줄 알았고, 일과 취미를 한데 엮어낼 줄 알았다. 이런 태도가 그들의 상상력의 원천이 되었고 혁신가로서의 자세를 잃지 않도록 해주었다.

1.3 전인이 되는 박식가

전인은 자신들의 방대한 관심사에도 '불구하고'가 아니라 그것 '때문에' 자신의 분야에 공헌할 수 있었다. 그들은 전문가가 아니고 '전인generalist'이었으며, 개척자요 보편주의자 이었다. 그들은 전문가의 영역들 사이에 다리를 놓았으며 제각각 떨어져 있는 지식의 제반 분야를 통합했다. 그들은 자신이 속한 시간과 공간을 뛰어넘으려 했으며, 박식가가 됨으로써 인간의 상상력을 확장했다.

우리가 통합교육이라는 문제를 해결하는데 있어서 앞으로 의지해야 할 사람들이 있다면 그들 같은 박식가이다. 박식가polymath라는 말은 '많이 알다' 혹은 '정말 아는'을 뜻하는 그리스어에서 나온 말이다. 이 단어는 백과사전식으로 많이 아는 사람을 지칭하는 데 쓰인다.

박식가는 중요한 단계에서 지식활동을 제어할 줄 알고 지식들 간의 근본적인 연관성을 인지할 수 있는 사람이다. 역사상 가장 위대한 박식가로 알려진 '르네상스인들'은 레오날도 다빈치나 베살리우스Vesalius, 미켈란젤로 같은 사람들은 알려진 모든 것을 포괄할 수 있었다.

심리학자들의 오랜 관찰 결과를 보면, 혁신적인 사람들은 다른 사람들에 비해 보다 광범위한 지식활동에 참여하는 경향을 보였으며, 활동에 필요한 더 높은 수준의 기술을 가지고 있음을 알 수 있다. 확실한 것은 이런 경향이 여태까지 우리가 살펴본 모든 화가. 발명가. 인문 학자들에 해당한다는 것이고 그런 점에서 이들을 '박식가' 라고 부를 수 있는 것이다.

'박식가'가 되기 위해 꼭 천재가 되어야 하는 것은 아니다. 누구나 취미를 개발하고, 여가 시간에 그림을 그리거나, 공예를 하거나, 관심 있는 분야의 공부를 할 수 있다. 누구나 아마추어적인 취미생활을 할 수 있다. 여기서 얻을 수 있는 대가는 상상을 뛰어 넘는다. 최근의 연구결과들을 보면 직업에서 성공여부를 알려주는 지표는 IQ나 시험점수 같은 것이 아니고 한두 가지의 강도 높은 지적인 취미나 여가활동여부 이었다. 그 취미활동이란 그림 그리기. 작곡하기. 시 쓰기. 컴퓨터 프로그래밍이나 비디오 제작. 수학문제 풀기 등에 이르기까지 아주 다양하다. 이는 전문직 종사자들. CEO. 화가. 학자. 연예인 등 모든 사람에 해당된다.

제 3 부

지혜와 능력을 갖게 하는 생각

Excellent Thinking Frame

Excellent Thinking Frame

제5장 삶에 지혜를 주는 생각

제1절 긍정적인 생각

스스로 자신의 문제와 자기를 둘러싸고 있는 환경과 여건에 대하여 낙관적이고 희망적으로 생각하며 어떠한 고난과 역경이 있더라도 이를 잘 극복하고 의도하는 목표를 성취할 수 있는 자신감이 있다는 정신과 정서를 갖는 심리적 성향과 정향을 긍정성이라고 한다.

이러한 긍정적인 사고에는 자아의 문제와 환경 여건에 대한 낙관성과 자신이 위치하고 처해 있는 현재의 생활에의 만족, 자신의 모든 상황과 여건, 관계에 대하여 좋고 희망적인 것은 물론이고 어떠한 어려움과 역경이 있더라도 스스로 부정하지 않고 잘될 수 있다고 생각하며 기꺼이 받아들이고 순응하며 감사할 줄 아는 것이 필요하다.

1.1 자아 긍정성[18]

(1) 긍정적 정서의 진작

---

18) 위 책 회복탄력성 pp15-36

뇌 과학 연구에 따르면, 부정적 감정과 긍정적 감정이 처리되는 부분은 서로 다르다. 분비되는 신경전달 물질도 다른 것으로 알려져 있다. 그렇기 때문에 똑같은 사건이나 사물에 대해서도 긍정적인 사람과 부정적인 사람은 뇌를 전혀 다른 방식으로 사용한다. 긍정적인 사람은 긍정적인 정서가 뇌에 깊이 각인되어 습관이 된 사람이다. 인간의 뇌는 스스로 변화하는 가소성을 지니고 있기 때문에 아무리 나이가 들어도 반복적인 훈련을 하면 변하게 마련이다. 긍정적인 정서가 습관화 된 사람은 행복의 기본수준도 높다.

우리나라에 있어서 사람들의 긍정적 정서는 우려할 만큼 낮은 수준으로 각종의 조사결과 나타나고 있으며 또한 최근에는 사회. 경제적 여건의 악화와 인간관계의 유기적 연대성의 약화 및 결여, 청소년의 진로와 취업과 학교나 사회에서의 적응의 어려움 등으로 긍정성은 더욱 악화되어 이의 문제로 인하여 청. 소년과 노인의 우울증이 심각하며, 또한 자살률이 급증하고 세계에서 자살률이 1,2위를 나타내고 있는 실정으로 심각하다.

이러한 부정적인 심리적 문제를 해결하기 위해서는 사회. 경제적 문제의 해결과 함께 사람들이 어렸을 때부터 긍정적인 감정을 가지고 살아가며 어떠한 어려움과 역경도 잘 극복할 수 있는 정신적인 교육과 훈련을 하고, 우울증과 심리적 장애에 대하여는 치료와 더불어 앞에서 살펴본 생각을 관리하고 감독하는 것이 요청되고 있다.

(2) 긍정적 생각의 강화

앞에서 살펴본바와 같이 모든 현상과 여건을 판단하는 것은 우리의 심적 회계에 따라 많은 영향을 받는다는 것을 알았다. 예를 들면 물이 컵에 반쯤 있을 때에, 부정적인 생각을 가진 사람은 '물이 반밖에 없네'라고 생각하고, 긍정적으로 생각하는 사람은 '물이 반이나 남아 있네' 그런데 문제는 긍정적인 사람이 되기 위해서는 일시적으로 긍정적으로 생각한다고 해서 바로 되는 것이 아니며, 뇌에 부정적이고 비관적인 정보처리 루트를 약화시키고 긍정적인 루트가 강화되도록 습관을 들도록 지속이고 각별한 주의와 노력을 기울이고 근본적으로 부정적인 생각의 형태를 긍정적인 생각으로 강화되도록 교육과 훈련을 하여야 하는 것이다.

이러한 긍정적인 생각을 기지고 있으면 어려운 일이나 역경이 닥쳐와도 자기의 생각과 감정을 잘 다스리고 조절하며, 아무리 당황스럽고 어려운 상황이 닥쳐도 잘 견뎌내고 어떠한 유혹과 방해가 있어도 충동을 잘 참아낼 수 있게 생각과 감정을 관리하며, 발생한 문제에 대하여 그 원인이 무엇인지와 가능한 해결 방안에 대하여 먼저 생각을 한 후에 해결하려고 노력하는 자세를 갖도록 생각을 강화해야 한다.

(3) 긍정적 심리의 효과

뇌에 긍정적인 정서나 감정의 심리적인 요소가 일시적으로 유발된 아주 작은 것, 예를 들면, 예상치 못한 조그만 선물을 받았든지, 5분간 코미디 프로를 시청한다던지, 감사한 일에 대하여 생각한다던지 하면, 인지능력을 뚜렷하게 향상시킨다. 많은 연구들이 이러한 긍정적 정서는 사고의 유연성을 높여주고, 창의성과 문제해결능력을 향상시키고, 집중력과 기억력을 증가시켜 인지능력의 전반적인 향상을 가져온다는 것을 밝혀냈다.

긍정적 정서는 뇌의 도파민 수준을 일시적으로 향상시키며, 기분이 좋아지면 도파민이 많이 분비되고 이는 뇌의 다양한 영역을 활성화시키며 이에 따라 인지능력이 향상된다. 도파민에 대해 신경세포들이 더 민감하게 반응하는 유전자를 지닌 사람들이 외향적이고 쾌활한 성격을 지녔음을 밝혀 낸 연구도 있다.

긍정적인 심리를 향상시키는 훈련을 하면 도파민 분비에 따른 긍정적 정보처리시스템이 보다 활발히 작용하게 되어 마치 선천적으로 쾌활하고 행복한 성격을 지닌 사람의 뇌에 가까워지게 된다.

실험결과 긍정적인 심리가 유발된 피험자들은 가난한 사람. 노인. 청소부 등 사회적인 약자들에 대해서 좋은 사람들의 범주 안에 속한다고 긍정적으로 판단하는 마음이 더 높았다. 즉 긍정적인 심리가 향상되면 다른 사람들을 더 긍정적으로 바라보게 되며, 부정적인 편견이나 고정관념은 약화된다.

긍정적인 감정은 타인에 대한 부정적인 편견으로부터 우리를 자유롭게 한다는 사실이 실증적으로 밝혀진 것이다. 뿐만 아니라 긍정적 정서는 무언가 새로운 것을 추구하려는 경향이 강하다. 긍정적인 사람은 좀 더 도전적이고 진취적이며, 늘 새로운 것을 추구하게 되며 그들에게 더 많은 기회가 찾아오게 되는 것이다.

1.2 생활만족

(1) 생활에 대한 긍정성

우리는 삶을 살아가면서 때로는 기쁘고 유쾌하며, 때로는 슬프고 우울하기도 한 희. 노. 애 .락을 같이 느끼고 경험하면서 살아가는 것이 인생의 현실이기도하다. 이것은 마치 우리가 사는 기후가 4계절의 현상이나, 천지만물의 음. 양의 복합적인 현상과도 일맥상통하는 것이다.

이러한 우리의 삶속에서 자기의 삶을 부정적이고 소극적인 생각이나 차원의 인식과 사고로부터 탈피하여 적극적이고 긍정적인 차원의 인식과 생각을 가지고 살아갈 수 있느냐의 문제는 자신의 인생을 보람 있고 활기 있으며, 가치 있고 만족스럽게 살아갈 수 있느냐와 아주 밀접하고 유기적인 관련성을 가지고 있다고 할 수 있을 것이다.

좀 더 긍정적이고 적극적으로 생각하고 삶을 살아갈 때 좋은 일과 유쾌한 일은 좀 더 고양시키며, 삶에서 겪는 슬픔과 고통이 있더라도 이를 잘 참아내고 극복하여 창조적이고 진취적인 태도를 가지고 만족하고 행복한 삶을 살아가게 될 것이다.

삶의 여러 가지 환경들과 조건들에 대하여 긍정적이고 낙관적으로 생각하고 자기가 주도적으로 삶을 개척하고 진취적으로 살아가면서 삶에서 목표하는 중요한 의미를 성취해 나가면서 삶에 대한 만족과 행복을 높일 수 있는 것이다.

(2) 행복수준의 향상

행복의 기본수준을 높이려면 과학적으로 입증된 방식을 사용하여야 한다. 그럴듯한 미사여구와 근거도 없이 감미로운 말을 늘어놓는 자기개발서는 일부에 한정되어 맞는 이론으로 앞에서 우리가 살펴본 바와 같이 너무 꾀어 맞추기식의 놀리나 근거에 의거하고 있으며, 보편타당하고 객관적이고 과학적인 근거나 이론에 의하고 있지 않음을 알 수 있다.

    수많은 심리학자들과 과학자들이 실증적인 연구 활동을 통해 밝혀지고 검증된 방법을 사용해야 하며, 2000년대에 들어서면서부터 긍정심리학을 중심으로 행복의 기준수준을 높이는 다양한 방법에 대해 실증적인 연구가 활발히 진행되어 왔다.

    행복의 기본 수준은 일차적으로 유전적 요인에 의하여 결정된다. 태어나면서부터 긍정적이고 밝은 성격의 사람이 있는가 하면, 날 때부터 부정적이고 어두운 성격의 소유자도 있다. 그러나 일란성 쌍둥이에 대한 종단연구들은 행복수준의 50% 정도만 유전적으로 결정되는 것을 밝혀냈다.

    행복의 기본수준이 높은 사람을 우리는 낙관적인 사람이라고 부른다. 낙관성이 높은 사람들은 주어진 상황이 엔젠가는 좋아지리라는 믿음을 지닌 사람들이다. 신체적으로도 더 건강하고 우울증에도 덜 걸린다. 성취도도 더 높고 업무생산성도 높다. 그러나 낙관성은 객관적인 위험성을 과도하게 평가 절하하는 비현실적인 낙천주의와는 다르다.

    그러나 선천적으로 낙천주의가 아니더라도 후천적으로 행복의 기본 수준은 체계적인 노력을 통해 얼마든지 향상될 수 있다는 것을 밝혀졌다. 선천적으로 몸이 약한 사람도 꾸준한 운동을 통해 건강한 사람이 될 수 있고, 음치도 꾸준한 훈련을 통해 노래를 잘 부를 수 있게 되는 것처럼, 행복의 기본 수준도 체계적인 훈련과 꾸준한 노력을 통해 얼마든지 향상될 수 있다. 심리학이 발견한 긍정적 정서 향상법에는 명상하기, 선행 베풀기, 인생에서 좋은 일과 추억을 회상하기, 잘되는 일에 집중하기 등등 다양한 방법이 제시되었으며 모두 다 일정한 효과가 있음이 입증되었다.

행복의 수준을 결정하는 후천적인 요인으로서의 돈, 결혼, 사회생활, 부정적 정서, 나이, 건강, 교육, 날씨, 인종, 성(性), 종교 등의 환경과 여건은 종전의 행동주의 심리이론 등에서는 중요한 요인으로서 다루었으나 최근의 인지심리 이론의 연구결과 이러한 요인들이 인간의 행복에 영향을 미치는 영향력은 8-15%인 것으로 나타나고 있다. 오히려 환경과 여건보다는 자신의 통제할 수 있는 내적인 심리적 자율성에 해당되는 과거에 대한 만족으로서 과거에 있었던 부정적인 일보다는 긍정적이고 감사할 수 있는 일에 대한 집중과 자신 감정의 완전한 회복을 위하여 과거의 안 좋았던 일에 대한 내심으로서의 진정한 용서, 미래에는 모든 것이 순조롭게 바라고 희망하는 대로 잘 될 것이라고 믿고 생각하며 적극적이고 도전적인 태도를 갖고 어려운 역경과 시련을 잘 극복하는 낙관주의, 현재 자신이 가지고 있는 강점과 미덕에 집중하여 긍정적이고 진취적으로 생각하고 삶을 실현해가면서 느끼는 인지적 반응 등이 행복에 미치는 영향력은 35-42%로서 훨씬 더 중요한 요인이라는 것이 밝혀졌다.[19]

1.3 감사하기

(1) 감사하기의 효과

지난 10여 년간 긍정심리학이 발견한 여러 가지 긍정성 증진 훈련

---
19) 위 책 긍정의 심리학 pp39-135

방법 중에서 단연 최고의 훈련효과를 지닌 것으로 감사하기 입증된 것이 감사하기 훈련이다. 감사하기는 긍정성 향상에 가장 강력하고도 지속적인 효과를 나타낸다.

특히 감사하기의 훈련의 효과는 신경심장학neuro cardiology이라는 학문 분야를 통해 입증되었다. 예로부터 사람들은 마음이 심장에 있다고 믿었다. 감정이나 마음의 변화가 심장박동의 변화와 밀접하게 관련되어 있기 때문이다. 심장은 뇌와는 별도로 독립적으로 학습하고, 기억하고, 독자적으로 기능적 결정을 내리는 기관으로 '하트브레인heart brain'이라고 불리기도 한다. 또한 심장과 뇌는 서로 정보를 밀접하게 주고받으며 커뮤니케이션을 한다. 두뇌의 판단에 따라 심장박동수가 달라지기도 하지만 반대로 심장에서 보내는 특정한 신호가 감정이나 인지능력에 영향을 미치기도 하는것이다.

감정의 변화는 심장박동수의 변화에 민감하게 영향을 받아, 심장이 나빠서 심장박동수가 불규칙 하면 그 사람은 불안하고 짜증을 내게 만들기도 한다. 따라서 유산소 운동을 해서 심폐기능을 튼튼히 하여 심장박동수를 규칙적이면서도 되도록 느리게 유지하는 것이 긍정적 정서를 유지하는 데 도움을 준다. 신경심장학 등의 관련 학자들은 심장박동수를 가장 이상적으로 유지시켜주는 긍정적인 정서가 무엇인지를 찾기 시작했다.

피험자들에게 명상. 즐거운 일 상상. 편안한 휴식 등의 방법을 테스트한 결과 결국 '감사하는 마음'이 심장박동수를 가장 안정적으로 유지시켜주는 것으로 밝혀졌다. 이처럼 감사하는 마음은 몸과 마음을 편안하게 해주고 가장 건강하고 이상적인 형태로 유지시켜준다.

또한 감사하는 마음은 편안한 휴식이나 심지어 수면상태에 있을 때보다도 심장박동수의 주기를 더욱더 일정하게 해주는 것으로 밝혀졌다.

(2)감사하기 훈련 방법

감사하는 마음이야말로 긍정심리학이 지향하는 최선의 마음의 상태로, 긍정성 향상을 위한 마음의 훈련을 한다면, 감사하기 훈련이 최선이라는 뜻이다. 한편, 이러한 긍정적 정서 향상 훈련은 긴 기간에 걸쳐 띄엄띄엄 하는 것보다 짧은 기간 동안에 몰아서 집약적으로 하는 것이 효과적이다.

류보마르스키 교수팀은 6주 동안 매주 5가지 이상의 선행 베풀기 실험을 실시했는데, 한 집단은 5가지 선행을 몰아서 했고 다른 집단은 5가지 선행을 1주일 동안 기회가 있을 때마다 하도록 했다. 그 결과의 차이는 커서 선행을 하루에 몰아서 한 그룹이 6주 뒤에 유의미하게 행복감이 증가했고 다른 집단에서는 의미가 없는 것으로 나타났다. 이는 감사하기 훈련에서도 같은 방법으로 했으며 비슷한 결과가 나왔다.

이러한 결과는 행복을 가져오는 의도적인 노력은 규칙적으로 자주 습관이 되도록 해야 할 필요가 있음을 알려준다. 감사하기 훈련 중 가장 효과적인 훈련은 매일 잠자리에 들기 전에 그날에 있었던 일 중 5가지 이상을 수첩에 적어두는 구체적인 방법이 가장 좋으며, 이는 뇌에서 그날 있었던 일 중 감사한 일을 회상하게 하면서 잠이 들게 되면서, 잠자는 동안에 기억의 고착화가 되는 것이다. 즉, 긍정적 마음으로 그날 하루를 회상하는 뇌의 작용을 일종의 습관으로 만드는데 있어 효과적이다.

감사일기 적기를 며칠 하다보면 우리의 뇌는 아침에 일어날 때부터 감사한 일을 찾기 시작한다. 즉, 일상생활을 하는 동안 늘 감사한 일을 찾게 되는-나에게 벌어지는 일들을 감사하게 바라보는-습관이 자연스럽게 들기 시작하는 것이다.

감사 일기를 3주간 매일 쓰면 스스로 긍정적으로 변해가는 것을 느낄 수 있으며, 석 달을 계속해서 쓰면 아마도 주위 사람들도 그가 일상의 말이나 태도에서 긍정적으로 변한 것을 뚜렷하게 알게 된다고 한다.

제2절 자아를 존중하는 생각[20]

2.1 자아의 사랑과 이해

(1) 자아정체성 확립

앞에서 살펴본 바와 같이 청소년기에는 자아의 정체성이 확립되는 시기이며 여태까지의 부모로 부터의 의존적이고 간섭을 받는 시기로부터 자기의 독자적인 생각과 행동을 하게 되는 것이다.

자아정체성의 형성 과정은 자아개념의 발달에서 오며, 자신은 독특하고 타인과 구별되는 분리된 실체라고 인식하는 데서부터 시작되며 신체적 특징, 개인적 성격의 특성, 가치관, 희망, 역할, 사회적 신분을 포함하여 나는 누구며 무엇인가를 깨닫는 것이다.

자아 정체성의 형성은 아동기의 경험과 보모나 교사들의 감정. 태

---

20) 인간발달과 사회환경, 위책 p114-119

도. 행위. 가치관을 자신의 것처럼 채택하는 동일시에 뿌리를 두고 청년기를 거쳐 성인기 까지 발달이 계속되는데, 이는 청년 후기에 더욱 중요한 문제로 대두된다는 것으로 이때에는 취업을 하여 직장생활을 하여야 하고 또한 결혼을 하여 독립적인 가정도 갖기 위해서는 정체성의 확립이 절실히 요구되기 때문이다.

확고한 자아 정체성을 지님으로써 개별성, 총체성, 계속성을 경험하게 된다. 개별성이란 자신을 독특하고 특별하다고 인식하는 것이며, 총체성이란 자신의 욕구. 태도. 동기. 행동양식 등이 전체적으로 통합되어 있다는 느낌이며, 계속성은 시간이 경과해도 자신을 동일한 사람이라고 인식하는 것이다.

이러한 정체성의 확립이 필요한 것은 이제는 자기가 생각과 감정의 주인으로서의 자아를 스스로 관리하고 감독하며 자기가 스스로 인생의 목표를 정하고 삶에 의미가 있다고 생각 하는 일을 정하고 추진하여야 한다.

또한 그러한 일을 스스로의 가치와 신념, 의지에 따라 수행하여 자기실현을 하기 위해서는 자기의 인생을 스스로가 주관하고 가꾸어 갈 수 있는 자아 정체성의 확립이 무엇보다도 중요하고도 절대적인 사항이라는 것이다.

아무도 자기를 대신하여 삶을 살아줄 사람은 없으며, 이제는 자신이 스스로 자신의 인생에 대한 권한과 책임을 가지고 이 세상에서의 삶의 긴 여정을 묵묵히 뚜벅뚜벅 걸어가야 한다는 것이다. 특히 인생의 여정에서 어떠한 곤란과 역경이 있더라도 돌파하고 극복해나가야 하는 것이다.

(2) 자아에 대한 사랑

　인생을 살아가는데 있어서 가장 소중한 교훈은 자아의 정체성을 가지고 어떠한 경우라도 자기를 스스로가 사랑하고 포용하며, 스스로에게 대화하고 긍정적으로 이해하며 살아가라는 것이다. 자기를 스스로가 사랑하지 않으면 이 세상의 어느 누구도 자기를 사랑하고 좋아하지 않는다는 사실과 누구보다도 자기를 사랑하고 아낄 때 어떠한 시련과 역경이 있더라고 이를 잘 극복하고 잘 살아갈 수 있다는 것이다.

　인생을 살아가는 것은 자기 스스로 자신의 목표와 의미를 가지고 스스로 가치 있고 보람 있는 일을 통하여 기본적인 생존과 안전 욕구의 충족은 물론, 그 위의 사랑과 자존감의 욕구와 최고로는 자기실현의 욕구까지 충족하면서 살아가는 것이다.

　이러한 목표와 의미를 가지고 살아가는데 있어서 어떤 사람들은 여러 가지 환경과 여건 등으로 인하여 최하위의 욕구를 충족하는 데에도 많은 어려움이 있는가 하면, 어떤 사람은 여러 가지 역경이나 악조건 아래서도 이를 뚜렷하고 탁월한 방법과 수단으로 잘 극복하고 전진하여 상위의 욕구를 잘 이루어 나가는 경우도 있는 것이 사실이다.

　대부분의 경우는 인생을 살아가는 데 있어서의 공통점은 역경과 어려움이 많으며, 시련과 실패를 겪고서 살아가고 있다는 것이다. 대부분의 인생에서의 성공은 어려움이나 실패가 없는 상태가 아니라 역경과 시련을 잘 극복해낸 상태를 말한다.

　이러한 역경과 시련은 물론이고 삶을 살아가면서 받는 스트레스, 고민, 갈등을 잘 이겨내기 위해서는 '육체적인 문제를 잘 견디어 내기 위해서 육체적으로 튼튼한 근육이 있어야 하듯'이 '마음에도 자기스스로가 이러한 여러 가지의 어려운 문제를 견디어낼 수 있는 마음의 근육'이 필요하다.

이러한 마음의 근육은 자기 조절 능력이라고 하며 이에는 어려운 일이 일어날 때에 자기의 감정을 통제하는 감정통제력, 아무리 당황스럽고 어려운 상황이 닥쳐도 잘 이겨내는 충동 통제력, 어려운 문제가 생겼을 때 보다 객관적이고 냉철하게 원인을 분석하고 현명하게 대처해나가는 원인분석력이 있으며 이를 잘 활용하여야 한다.

또한 인생에 있어서 자기가 감당하기 어렵다고 생각하는 어려움이 닥치면 혼자 고민하고 해결하는 데에는 한계가 있는 것이 사실이며 이때에는 부모나 교사. 심리 상담사. 친지. 선배. 전문가 등의 도움을 받는 것도 매우 필요하고 중요한 일이다.

그러나 어려운 문제에 부딪혀 여러 가지의 방법과 수단을 강구해도 여의치 않다는 생각이 들 때 스스로 더 시간과 여유를 가지고 노력해야 함에도 불구하고 오히려 극단적인 회피를 위한 자살 등을 하는 것이 우리사회에서 빈번하게 일어나고 있다.

이러한 역경과 시련을 잘 극복하고 국민모두가 잘 살아가려면 사회. 경제적인 문제에 대하여는 정책과 제도로써 이러한 문제가 생기지 않도록 사전에 예방을 하거나 또는 사후적이라도 이러한 문제의 극복을 위한 대책을 강구하여 주는 것이 절실하게 요청되고 있는 것도 사실이며, 이러한 것이 매우 중요한 문제라는 것도 다 알고 있는 것이다. 그러나 이러한 대책과 처방에는 또한 한계가 있는 것이 현실이다.

이러한 문제를 근본적으로 해결하기 위해서는 생각과 감정의 주체인 스스로의 자기가 자신를 스스로 사랑하고 아끼며 자기가 소중하고 가치 있는 존재라는 것과 이 세상에서 어떤 어려움이 있더라도 이를 극복할 수 있는 자신감과 의욕이 있으며, 이를 능히 극복하고 오히려 더 훌륭한 목적과 역할을 할 수 있는 기회로 삼는다는 강한 정신적 힘과 능력을 가지고 있어야 한다.

어떠한 경우에도 이 세상에 무엇보다도 고귀하고 중요한 생명은 자기가 마음대로 할 수 있는 것이 아니며, 스스로 값없이 포기하거나 헌신짝처럼 던져버릴 수 없다는 생명존중의 정신을 가져야 한다.

학교와 사회. 정부는 서로 유기적으로 협조하면서 교육하고, 정책적 제도적 지원을 하며, 국민 서로가 유기적으로 도와주고 배려하여 주는 사회가 될 수 있도록 생각에 대한 국민적 교육을 중. 고등학교의 학생은 물론 일반 국민까지도 교육하여 국민스스로가 정신적인 힘과 능력을 갖도록 하여야 가능할 것이다.

2.2 자아의 생각과 감정의 관리

(1)자신감과 의욕의 강화[21]

우리가 앞에서 살펴보았듯이 우리가 어떻게 생각을 하느냐에 따라 모든 일의 성패가 결정된다는 것이다. 일의 상황과 여건이 아무리 좋을 지라도 그것만으로 우리는 그 일을 성공시키기는 어려우며, 또한 상황과 여건이 나쁘고 불리하더라도 이를 돌파하고 극복할 수 있는 알려지지 않거나 알 수 없었던 수단이나 방법을 생각도구를 활용하여

---

21) 생각의 전환, 데이비드 프라이드만 지음, 김혜아. 김소희. 구여우 역, 경성라인 출간. P124-127

상상하고 창조할 수 있다는 것이다.

    이러한 상상과 창조는 무엇보다도 그것에 대하여 생각을 하면 그러한 감각과 심상이 일어나고 그것은 믿음이 되고 그 믿음이 상상과 창조의 현실로 나타난다는 것이다. 이러한 생각에 의한 감각과 심성을 현실화하기 위해서는 그 감각과 심성을 계속 유지해야 한다는 것이다.

    앞에서 살펴본 옥수수의 유전자를 발견한 맥클린턱이 원자에서 광자를 발견한 아인슈타인에게 있어서도 옥수수의 일부가 되고 빛의 일부가 되는 생각을 하고 실제적으로 감각과 심상을 가졌으며, 이에 대한 강한 믿음을 가지고 있었고 따라서 이러한 것이 현실로 나타나서 결국 역사상에 없던 위대한 발견을 하게 된 것이다.

    이러한 예는 다른 예술가와 과학자에게서도 많이 나타났으며, 오늘날에 이르러서도 눈부시게 발전하는 정보통신의 기술에서도 나타나고 있다. 그 집덩이만한 컴퓨터가 조그만 개인용 컴퓨터로 전환될 수 있다는 생각을 가지고 그러한 감각과 심상에 대하야 큰 자신감과 의욕, 믿음을 갖고 추진하여 이러한 것이 현실화 된 것이다.

    최근에는 휴대폰 분야에서도 파괴적 혁신을 애플의 스티브 잡스가 이룩하여 인터넷, 음악, 통신기능 등과 그 밖의 부수적인 기능까지도 통합하는 놀라운 변화를 이룩하였다. 스티브 잡스는 이미 세상을 떠났지만 그가 생각하고 느끼고 실현이 가능하다고 믿었던 제품은 지금도 세계인에게 가장 많이 사용되고 애용되는 필수품화가 되었다.

    우리는 앞으로도 이와 유사한 의료기기와 전자통신 그 밖의 분야에서도 상상과 창조의 생각도구를 가지고 파괴적 혁신을 할 수 있다는 자신감과 의욕, 강한 믿음을 가지고 있다면 생각지도 못할 놀라운 제품이 출현하게 될 것이라고 확신한다.

인간에게 있어 이러한 상상과 창조력은 변화와 발전을 위한 강한 자신감과 의욕을 북돋워 새로운 것을 창조한 개인을 지혜롭고 능력있게 함은 물론 세계 인류의 풍요와 편리함을 대폭 증진시키는 중대한 역할과 사명을 하고 있는 것이다.

(2)생각과 감정의 관리[22]

앞에서 살펴본바와 같이 생각에는 자동적 즉각적으로 무의식에 의하여 일어나는 직관적인 생각이 기본과 주류를 이루고 각종의 편향과 인지적 편안함으로 여러가지 생각의 오류와 인지적 착각을 일으킨다는 것을 살펴봤다.

또한 이러한 생각의 오류와 편향, 착각을 줄이기 위해서는 깊고. 느리나 합리적이고 타당한 생각을 가능하게 하는 의식적인 생각도 살펴보았으며, 상상과 창조와 통합적인 사고를 가능하게 하는 생각의 도구의 활용에 대해서도 살펴보았다.

우리가 이렇게 생각에 대하여 종합적으로 살펴보고 학습을 하는 것은 이 세상을 살면서 우리는 잠자는 시간을 제외하고는 한시도 자동적이거나 의식적으로 생각을 하고 살면서도 생각이 무엇이고, 어떻게 이루어는 것을 잘 모를 뿐만 아니라 더구나 어떻게 하여 올바르고 탁월한 생각을 할 수 있는지의 생각과 더불어 연관되어 있는 감정에 대하여 정확히 아는 사람은 극히 아주 일부에 지나지 않는다는 것을

---

22) 생각의 심리학 위 책p9-13

우리는 익히 알고 있다.

　생각은 우리 자신이자 살아 있는 존재의 징표이며, 생각은 모든 것을 지배하고 결정 한다. 우리가 상상하는 것이나 일상에서 접하는 것을 훨씬 넘어서, 말하고 행동하고 느끼는 모든 것에 대하여 전체적인 영향을 미치는 위력이 있다.

　앞에서 살펴본바와 같이 이러한 생각은 감정과 성격까지도 연결되어 있으며, 감정은 무의식적인 자동적이고 직관적인 생각과 더불어 같이 떠오른다는 것이다. 생각이야 말로 생각의 관리는 물론 감정까지도 관리하는 관제탑이며, 말과 행동의 원천이기 때문에 올바르고 탁월하게 관리하는 것이 긴요하고 꼭 이루어야 할 가치가 있고 필요한 사항이다.

　올바르게 생각하는 사람은 물질적으로 필요한 일만이 아니라 생각을 관리한다. 생각의 관리를 통하여 인지적 편향과 오류, 착각을 줄이고 합리적이고 타당한 판단과 결정을 내리도록 한다.

　탁월하게 생각을 관리하는 사람은 자기의 생각과 감정을 합리적이고 타당성 있게 할 뿐만 아니라 타인과의 관계성을 증진시켜 인간관계를 촉진시키고, 창조적이고 통합적인 생각을 통하여 자기의 영예는 물론 세상을 풍요롭고 편리하게 변화시키는 역할까지도 한다. 또한 기업과 국가, 세계의 리더의 역할까지도 수행하게 한다.

　올바르고 탁월하게 생각하는 능력은 타고난 소수 엘리트들만 할 수 있다고 믿을 수 가 있는데, 사실은 그렇지 않으며, 그것은 앞에서 살펴본바와 같이 인지적 편향과 오류, 착각을 방지하고 의식과 감정까지도 관리하는 생각의 관리 방법에 해당되는 긍정적. 합리적. 창조적. 통합적으로 생각하는 체계적이고 종합적인 생각의 관리 방법을 학습하고 활용하는 것이라 할 수 있다.

(3) 자기 절제력

절제력은 미덕의 핵심으로서 욕망과 욕구를 알맞게 조절해서 표출하는 힘이다. 절제력이 강한 사람은 동기를 억제하는 것이 아니라, 욕망 때문에 자신을 비롯한 다른 사람들에게 해를 끼치지 않도록 적절한 기회가 올 때까지 기다릴 줄 안다.

(가) 자기 통제력

자신의 욕망. 욕구. 충동을 자제하고 참으며 이를 행동으로 실천하고, 기분 나쁜 일이 생겼을 때에도 자신의 감정을 다스리며 평온한 상태로 만들어야 한며 쾌활한 상태를 유지하여야 한다. 현실에 있어서는 이러한 자기 통제력을 발휘하기가 아주 어려운 사항이며 이를 위해서는 자신의 생각과 감정을 올바르고 탁월하게 관리하는 방법과 습관을 가지도록 학습과 더불어 많은 훈련을 하여야 가능한 것이다.

(나) 사려 깊고 신중함

사려 깊은 것은 나중에 후회할 말이나 행동을 하지 않는 것이며, 모든 결정 사항들을 충분히 검토한 뒤에야 비로서 행동으로 옮기는 것이다. 또한 멀리보고 깊이 생각하며, 더 큰 성공을 위해 눈앞의 이익을 쫒으려는 충동을 억제해야 한다. 많은 위험과 어려움이 있는 세상을 잘 현명하게 살아가기 위해서는 어려서 부터 무모한 생각과 행동을 자제하고 스스로가 통제력과 자제력을 가질 수 있도록 가정에서의 교육과 훈련, 학교에서의 학습과 훈련이 병행되어 이를 습관화 되어야 하는 것이다. 또한 성인이 되어서도 이러한 사려 깊고 신중한 사고와 행동을 하는 것을 깊이 생각하고 실천하는 것이 필요한 것이다.

(다)겸손과 겸양

겸손함은 스스로 낮추고 자만하거나 무례하지 않는 덕성을 말하는 것으로 이러한 마음을 갖는 것은 자신이 맡은 일을 성실히 수행하고 대인 관계에서의 성숙한 관계를 갖기 위하여 아주 중요한 요인이 되는 것이다.

겸양을 갖추는 것은 스스로 자제력과 통제력을 발휘하고 타인을 우선적으로 생각하고 행동하는 태도로써 자신이 이룩한 성공과 업적을 뽐내거나 자랑 하지 않으며, 중요한 일을 한 것을 당연히 하여야 할 일로 받아들이고 표현하는 태도이다. 이러한 겸손과 겸양은 자신의 존재가치를 더욱 드높여 주는 요인이 되는 것이다.

제3절 타인과의 관계 긴밀화[23]

대인관계 능력은 다른 사람의 마음과 감정 상태를 빨리 파악하고, 깊이 이해하며, 공감함으로써 원만한 인간관계를 맺고 유지하는 데 있다. 이러한 능력을 지닌 사람은 주변 사람들의 마음을 잘 헤아려서 편안하고 행복하게 해준다. 또한 대인 지능이 높은 사람들은 강한 리

---

23) 위 회복 탄력성 pp155-214

더십을 발휘 한다. 왜냐하면 사람들은 본능적으로 자신을 행복하게 해주는 사람을 따르게 마련이다. 리더십을 잘 발휘할 수 있느냐의 문제는 결국 주변 사람들에게 얼마나 행복을 잘 나눠줄 수 있느냐의 문제이다.

인간관계는 삶의 분야에서 아주 중요한 요소로서 좋은 인간관계를 맺는 사람은 건강하고 강한 삶을 살아가게 된다. 사람을 잘 사기고 좋은 인간관계를 하는 사람일수록 위기에 강하다. 사람은 혼자 살 수 없으며 주변 사람들과 따듯한 정을 나누고 훈훈한 정서적 지원을 받는 사람일수록 내면이 강인하다. 어려움을 이겨내고 역경을 극복하는 사람들 주변에는 언제나 같이 사랑과 신뢰를 보내주는 든든한 지원자가 있다.

사람은 사랑을 주고받는 인격체로서 세상을 살아가는 존재이며, 그러한 사람만이 인간을 악과 죄에서 구하며 어떠한 환경과 여건에서도 굴하지 않고 어려움과 시련을 극복하고 성공적으로 살아가는 원동력이 된다.

예리히 프롬이《사랑의 기술》에서 누누이 강조하듯이 '사랑할 수 있는 능력은 우리가 꼭 배우고 키워야할 능력이며, 이처럼 사랑하고 사랑을 받을 수 있는 능력이 곧 대인관계의 핵심이며, 이러한 능력을 키워야 사회적인 연결성을 내면화하게 되어 역경과 시련을 극복하고 당당하고 의욕에 찬 삶을 살아가게 하는 강한 회복탄력성을 지니게 된다.

그렇다면 대인관계능력은 어떻게 키워나갈 수 있을까? 대인관계능력을 구성하는 요소인 소통능력과 공감능력, 그리고 자아확장능력을 향상시킴으로써 가능하다.

3.1 소통능력

(1) 소통능력은 기술이다.

사람과 사람 사이에 맺는 모든 관계의 기본은 대화, 즉 소통에 의하여 형성되고 유지된다. 그렇기 때문에 소통능력이란 바로 인간관계를 진지하게 맺고 오래도록 유지하는 능력이다.

소통능력이 좋으면 원만한 인간관계를 맺게 하며, 이러한 인간관계는 갈등하는 인간관계에서 오는 부정적인 감정과 인간의 파멸을 억제하고, 긍정적이고 적극적인 인간관계를 형성하게 하여 사회적 가치인 명예, 돈, 권력을 추구하고 획득하는 데에 있어 좀 더 유리하고 좋은 기회와 보상을 획득할 수 있다.

사업을 하는 사람이던, 정치를 하는 사람이던 사회적으로 큰 성공을 거둔 사람이나 명예와 권력을 얻은 사람들은 모두 타인을 설득하는데 뛰어난 능력을 지닌 사람들이다.

자기 경영, 인간관계와 관리, 코칭과 멘토링, 리더쉽 향상 등에 관한 자기 계발서 들의 핵심적인 내용 역시 소통 능력에 관한 것이다. 소통능력의 중요성에 대해서는 사회적으로 인정되고 있으나 그에 관한 정규적인 교육은 아직 없는 형편이다.

소통은 일종의 기술이며, 다른 종류의 운동이나 예술의 경우와 마찬가지로 체계적인 교육과 연습이 필요하다. 소통능력 역시 조금만 체계적으로 연습하면 바로 그 효과를 실감할 수 있다.

그렇다면 소통능력이 뛰어난 사람이란 어떻게 하는 것을 의미하는

가? 이는 말을 유창하고 재미있게 잘하는 사람이 아닌 인간관계와 설득의 능력이 좋은 사람이다. 그러한 능력이 뛰어난 사람의 가장 큰 특징은 인간관계가 원만하고 주위 사람들에게 좋은 인상을 주고 또 좋은 평판을 얻는 것이다. 말을 비록 어눌하게 해도 호감을 주는 사람이라면 소통능력이 뛰어난 사람이다.

소통능력에는 감정이입과 상대방에 대한 배려의 능력. 감성지능. 사교적 지능이 다 포함되기 때문이다. 말은 유창하게 잘하지만, 왠지 친해지고 싶지 아니하고 같이 일하는 것이 부담스러운 사람은 소통능력이 오히려 낮은 사람이다.

(2) 소통의 차원과 불안 극복
(가) 소통의 두 가지 차원

소통능력을 향상시키기 위한 소통에는 두 가지 차원이 있는데 하나는 내용을 전달하는 메시지 차원이고 다른 하나는 사람들의 관계에 영향을 미치는 관계형성과 유지를 위한 차원이다. 그레고리 베이츤은 이를 '보고적 말하기report talk'와 '관계적 말하기rapport talk'라고 구분하기도 했다.

소통의 이 두 가지 측면을 잘 이해하고 조화시키는 능력이 소통능력의 핵심이다. 인간관계에 있어서 대부분의 갈등은 소통의 이 두 가지 차원이 서로 조화를 이루지 못할 때 일어난다. 인간관계의 갈등이 이러날 때 흔히 하는 이야기가 "네가 어떻게 나한테 그럴 수 있어?" "우리사이에 어떻게 그런 이야기를 할 수가 있어?"라는 말이다. 이는 메시지 차원의 문제라기보다는 그런 이야기를 통한 인간관계가 문제인 것이다.

많은 부부나 친한 인간관계 속에서 사이에 흔히 일어나는 대화의 소통의 문제는 전달하는 메시지 차원의 문제보다는 관계적인 문제를 무시하거나 소홀이 하고 의사를 전달하는 데에서 흔히 일어나고 있다. 이는 관계를 무시한체 단순한 사실적 차원의 일방적인 의사의 전달을 하는 데에서 오는 갈등과 불화의 문제와 관련된 것이다.

예를 들면, 남편이 퇴근을 하여 집에 귀가 하였을 때 다짜고짜 다른 말을 생략 한 채 식사를 빨리 달라고 전달하는 메시지를 전달하였을 때 부인은 부부라는 관계적인 메시지를 생략한 것에 대하여 불쾌감과 더불어 모욕적이라고 생각할 것이다. 이러한 문제는 처음 관계를 형성하는 관계나 기존의 친한 사이에도 관계적 메시지를 잘못 전달하였을 때 흔히 발생할 수 있는 문제로 상당한 주의와 노력은 물론 이의 기술을 습득하기 위한 학습과 훈련이 필요하다.

(나)소통불안의 극복

소통능력을 방해하는 가장 큰 적은 소통불안communication apprehension이다. 소통불안이 일어나는 원인은 첫째는 자기제시의 동기self- presentation motivation이다. 즉, 상대방에게 잘 보이려는 욕심이 클수록 소통불안은 증가한다. 둘째는 부족한 자기제시의 기대감self- presentation expectation으로 이는 상대방에게 잘 보일 수 있다는 자신감이 적을수록 소통 불안은 증가 하는것이다.

소통불안을 감소시키려면 이러한 원인을 없애거나 줄이면 된다. 즉, 타인에게 잘 보이려는 욕심이 높을수록, 그리고 잘 보일 수 있다는 자신감이 적을수록 불안감은 증가 한다. 따라서 소통불안을 줄이기 위해서는 잘 보이려는 욕심을 낮추고, 잘 보일 수 있다는 자신감을 키우면 된다.

중요한 면접이나 프레젠테이션을 앞두고 불안감이 증가된다면 우선 욕심을 버리고 마음을 비워야 한다. 자신을 있는 그대로 보여줘도 충분하다는 자신감을 가져야 한다. 과장해서 더 잘 보이려는 욕심이 커지는 순간, 소통불안은 증가되고 오히려 자신의 실제 모습보다 훨씬 더 못한 모습을 보일 가능성이 커진다.

특별히 잘 보이려는 것도 아니고 자신감이 없는 것도 어닌데 소통에 불안감을 느끼는 사람이라면 타인의 시선에 지나치게 민감한 것임에 틀림이 없다. 사실 타인의 시선이란 시선 그 자체가 문제가 아니라 내 머릿속에 만들어진 것이 문제인 것이다.

인간은 누구나 자기가 이 세상에서 중심이고 모든 스포트라이트는 자신을 향해 있다는 착각 속에서 살아간다. 그 결과 주변 사람들이 실제로 나에 대해 갖고 있는 관심을 수백 배 수천 배 더 과장해서 느끼기 마련이다. 그런 자기중심적 오류는 우리에게 긍정적으로 작용할 것이지만, 소통불안과 관련해서 부정적인 요소로 작용한다.

(3) 나를 표현하는 두 가지 길

커뮤니케이션 학자들과 심리학자들은 남에게 잘 보이려는 다양한 인상관리 전략과 호감추구 전략에 대해서 수많은 연구를 해왔는데 결국 중요한 것은 두 가지가 있다. 하나는 자기를 어느 정도 높이고 잘난체하는 '자기높임 self-enhencement'이고 또 하나는 자기를 낮추고 겸손을 떠는 '자기 낮춤 self-effacement'이다.

자기높임은 자칫하면 거만한 잘난 척이 되어 존경도 사랑도 다 잃게 된다. 하지만 자기높임 없이는 우리의 유능함과 강점을 드러낼 길이 없다. 자기 낮춤은 겸손이나 겸양으로 나타나 다른 사람의 호감을 얻기에는 유리하지만, 역시 지나치면 자신감이 없어 보이거나 비굴하게 보일 우려가 있는 것이다.

적당한 수준의 자기 높임과 자기 낮춤의 조합이 중요한데, 이 적당한 비율은 다양한 인간관계의 맥락 속에서 결정된다. 그리고 이 다양한 관계적 맥락에 따른 자기 높임과 자기 낮춤의 적절한 비율을 찾아내는 능력이 소통능력의 핵심적 요소다.

자기 과시와 겸양의 효과는 인간관계의 종류와 소통의 상황에 따라 다르게 나타난다. 서로 잘 모르는 사이에서는 자신의 유능함을 적절히 표현하는 것이 호감과 존중심을 얻는 데 도움이 된다.

반면에 친한 친구사이 일수록 잘난 척은 금물이다. 친할수록 겸손함이 사랑과 존중심을 얻는데 도움이 된다. 그런데 많은 사람들은 이와 반대로 한다. 모르는 사람 앞에서 겸손을 떨고 친한 친구 앞에서는 잘난 체를 하는 식의 모습은 적정하지 않은 것이다.

의사나 변호사 같은 전문 직종에 종사하는 사람들이 잠재적인 고객들과 처음에 만났을 때는 자기 낮춤보다는 자기 높임이 사랑과 존경을 모두 얻을 수 있는 유용한 자기제시 전략이다. 상대방과 내가 어떠한 관계이고 상대방이 원하는 나의 바람직한 이미지가 무엇인지를 빨리 간파해 내는 것이 효과적인 자기 제시의 핵심이다.

3.2 공감능력

(1) 두뇌의 거울 신경계

커뮤니케이션 학자들은 공감empathy에 대해 '다른 사람의 감정이나 생각을 감지하고 그것을 상대방의 입장에서 대신 경험하는 인지적 과정'이라고 정의 내리고 있다. 우선 상대방의 생각이나 감정을 감지해 낸다는 것은 상대방이 무엇을 느끼고 있는지를 이해하는 것이다.

이러한 공감능력은 어디에서 오는 것일까? 뇌 과학자들은 공감능력의 핵심은 뇌의 거울신경mirror neuron에 있다고 본다. 뇌에 대한 연구 결과는 우리가 다른 사람의 경험을 바라보는 것만으로도 그 사람과 비슷한 경험을 하게 된다는 것을 의미한다.

신경과학계에서는 이러한 뇌의 시스템을 거울신경계라고 부른다. 다른 사람의 경험을 마치 거울처럼 반사한다는 의미다. 이처럼 뇌는 나의 경험과 다른 사람의 경험을 비슷하게 받아들인다. 인간의 뇌는 본래 사회적이기 때문에, 이러한 사회적 뇌가 공감의 근원이며, 우리가 서로 소통하고 이해할 수 있는 기반이 된다.

그러나 자신의 경험과 타인의 경험을 똑같이 받아들이는 것은 아니다. 타인의 고통과 관련하여 우리의 뇌는 '감각적 고통'을 같이 느끼지 않는 반면에, 고통에 수반되는 '감정적 측면'은 같이 느낄 수 있음이 밝혀졌다. 특히 사랑하는 사람의 고통은 그 고통을 겪는 사람들의 마음만큼이나 나의 마음도 아프게 한다는 것이다.

(2) 마음이론(역지사지의 능력)

공감을 위해서 꼭 필요한 능력은 상대방의 입장을 헤아릴 수 있는 역지사지易地思之의 능력이다. 입장을 바꿔서 상대방의 입장에서 사물을 바라볼 수 있는 것이 소통과 인간관계를 위한 가장 기본적인 능력이다. 어린 아이에게는 자기의 관점과 다른 사람의 관점을 구별할 능력이 없다는 것이다. 다른 사람의 입장에서 세상의 일을 바라볼 능력이 없는 것이다. 어린 아이뿐만 아니라 어른 중에서도 자폐증에 걸린 사람 중 80%가량이 이러한 능력이 없다는 것이다.

학자들은 이처럼 다른 사람의 마음과 입장을 헤아릴 수 있는 능력을 '마음이론TQM: theory of mind'이라 부른다. '마음이론'은 어떤 학술적인 이론을 지칭하는 것이 아니라 타인의 마음을 헤아리는 능력을 의미한다.

마음이론이 부족한 것은 만 4세 미만의 어린이뿐만 아니라, 어른 중에서도 타인의 입장이나 감정을 헤아릴 줄 모르고 지나치게 자기 중심적으로 세상과 사물을 바라보는 사람이 있다. 재미있는 사실은 아이가 만4세가 되면서 마음이론을 갖추기 시작할 때, 즉 다른 사람의 입장을 헤아릴 수 있는 능력이 생길 때, 바로 그때 우리는 분명한 '자아의식'을 갖기 시작한다는 점이다. 너와 구분되는 나, 나와 구분되는 너, 즉 너의 입장을 헤아리는 순간 우리는 주체로서의 자아(self)를 확립하기 시작하는 것이다. 이러한 사실은 뇌 과학에 의해서 입증되고 있다.

최근의 뇌 영상 연구는 자기 자신이나 타인의 마음상태에 관심을 기울일 때 내측전두엽MPFC: medial prefrontal cortex등이 활성화 된다는 것을 발견했다. 예컨대, MRI는 기계 속에 누워 있는 피험자들에게 마이크를 통해

"이제부터 카메라를 통해 저희 연구자들이 당신의 반응과 행동을 살펴보겠습니다."라고 말해주면 피험자 뇌의 MPFC부위는 즉각 활성화 되며, 이는 타인의 시선을 의식하는 순간 MPFC가 작동하기 시작하는 것이라고 한다.

뇌 과학자 크리스토퍼 프리스에 따르면, MPFC부위의 활동은 세상을 내 머릿속에 재현해 내는 것과 관련이 있다. 마음속으로 무엇인가 생각할 때 자신의 생각과 감정, 믿음뿐만 아니라 다른 사람의 마음 상태에 대해서도 늘 동시에 생각한다는 것이다. 그리고 우리의 행동을 결정짓는 것은 세상의 모습 그 자체가 아니라 그 모습에 대한 우리의 믿음이다.

이렇게 볼 때 마음이론과 공감능력의 발휘는 MPFC와 밀접한 관련이 있다고 볼 수 있다. 한 가지 재미있는 것은 우리가 긴장을 풀고 편히 쉬고 있을 때에도 뇌에서 여전히 가장 활발하게 움직이는 부위 또한 MPFC이다. 아무 생각 없이 눈을 감고 가만히 누워 있을 때인 기본 상태default state에서 MPFC의 활성화는 다른 어떤 부분보다도 높다. 이는 인간이 사회적 동물이라는 것을 다시 한 번 말해준다.

공감능력을 높이기 위해서는 MPFC 부위를 활성화시키는 노력을 해야 한다. 이렇게 하기 위해서는 가만히 앉아서 쉬면서 차분히 생각을 하거나, 특히 명상을 하면 활성화 되므로, 공감능력이 적은 사람은 이러한 방법의 사용이 효과가 있다. 감정이나 내 생각의 흐름을 스스로 돌이켜보는 것만으로도 뇌는 공감능력과 역지사지의 능력을 발휘할 준비를 갖추게 된다. 자기이해 지능과 대인관계 지능은 이처럼 밀접하게 관련되어 있다.

(3)공감능력의 차이와 얼굴의 표정
(가)남. 녀의 공감 능력의 차이

공감능력은 개인마다 많은 차이가 있지만, 특히 남자와 여자의 차이가 두드러진다. 남자의 뇌는 출생할 때부터 상대방의 표정이나 감정을 이해하는 능력이 여자에 비해 상당히 떨어지며, 반면에 공격성향이 훨씬 높은 상태에서 태어나게 된다.

여자는 상대방의 표정에 담긴 감정과 의도를 잘 읽어내는 능력을 갖추고 있기 때문에 남자도 당연히 어느 정도는 알아채리라 생각한다. 하지만 남자는 상대의 표정이나 목소리에 매우 둔감하다. 이러한 남자의 공감능력 부족을 이해하지 못하는 여자는 감정표시를 해도 남자가 전혀 모르는 것은 자기에게 무심하거나 혹은 알면서도 무시하는 것이라고 확신하게 된다. 결국 더 큰 분노와 좌절에 사로잡히고 만다.

그러다가 어느 순간 여자가 분노를 폭발시키면 남자는 이를 이해하지 못하고 여자가 다른 이유 때문에 생긴 분노를 자기에게 쏟아낸다고 화를 내며, 결국, 갈등은 걷잡을 수 없이 커진다.

이러한 갈등을 예방하려면 여자는 불만이나 감정의 변화를 되도록 구체적인 언어적 메시지로 전달해줘야 한다. 또한 남자는 상대방 표정 읽기에 있어 여자보다 훨씬 둔감하다는 것을 스스로 깨닫고 혹시 여자가 갑자기 화를 내면 "아, 내가 상대방의 변화를 몰랐구나 하는" 반성을 해야 한다. 서로 공감을 위한 노력을 하는 것이다.

(나)얼굴 표정의 비밀

얼굴표정은 감정의 변화와 직결되어 있다. 얼굴표정을 만들어 내는 근육은 뇌신경과 직접 연결되어 있기 때문이다. 그런데 감정의 상태가 둔감한 사람은 자기의 감정뿐만 아니라 타인의 감정을 잘 읽어내지 못한다. 그 이유는 내 감정에 대한 인식의 능력과 타인의 감정을 읽어내는 능력은 결국 같은 뇌 부위가 맡고 있기 때문이다.

대부분의 한국인 성인들은 웃는 근육이 많이 경직되어 있다. 사람의 얼굴 표정은 감정과 밀접한 관계가 있다. 그런데 우리가 긍정적 정서를 의식적으로 깨닫기 전에 우리의 얼굴은 먼저 웃는다. 이것은 의식적으로 나의 감정을 느끼는 것은, 예를 들면 아, 지금 기분이 좋구나 하고 느끼는 것은 그러한 감정에 따른 나의 얼굴표정을 변화시킨 이후다.

즉, 긍정적 정서 유발 → 웃는 표정 → 긍정적 정서의 인식의 순서이다. 얼굴 표정이나 심장박동, 근육의 긴장, 땀의 분출 등 내 몸의 변화를 통해서 감정의 변화를 느낀다. 다시 말해서 감정유발 → 신체변화 → 감정인식의 순서를 겪게 된다.

부정적 감정의 순서도 마찬가지다. 분노라는 감정이 유발되어 심장박동과 표정 근육 등에 변화가 먼저 생기게 되고, 이러한 신체적 변화를 뇌가 감지하여 화났다는 사실을 깨닫게 되는 것이다. 그렇기에 즐거워서 웃기보다는 웃기 때문에 즐거운 것이며, 화가 나서 인상을 쓴다기보다 인상을 쓰고 화내기 때문에 분노를 느끼게 된다.

감정의 유발과 감정의 인지 사이에 이처럼 신체적 변화가 개입되어 있기 때문에 신체 조절을 통해 감정을 조절할 수도 있다. 대표적인 것이 호흡조절이다. 긴장하게 되면 호흡이 얕고 빨라져서 어깨 근육이나 얼굴 근육이 경직되어 우리의 뇌는 긴장하였다는 것을 느끼게 된다.

하지만 이때 근육의 긴장을 풀고 천천히 호흡하거나 복식 호흡을 하게 되면 긴장의 정도가 상당히 완화된다.

긍정의 정서도 마찬가지다. 긍정적 정서를 뇌에 유발시키는 가장 간단한 방법은 그냥 웃는 것이다. 웃는 표정을 지으면 뇌는 즐겁고 기분 좋다고 느끼게 된다. 쉽게 긍정적 정서에 쉽게 도달할 수 있는 상태가 된다. 웃음과 관련된 근육이 수축되기만 해도, 뇌는 우리가 웃는다고 판단하고는 긍정적 정서와 관련된 도파민을 분비하게 된다.

내가 긍정적 감정을 느끼면 상대방도 행복해 보이고 세상도 더 희망적으로 보이게 마련이라는 사실을 우리는 알 수 있으며, 타인을 바라본다는 것은 타인에 비친 내 모습을 바라본다는 뜻이다. 긍정적 감정이 원만한 대인관계를 가져오며, 대인관계의 성공적인 유지를 위해서는 먼저 내가 긍정적인 정서를 가져야 한다는 것이다.

(4) 공감을 하기위한 경청

일상생활에서 원만한 대인관계를 원한다면 우선 마음의 문을 열고 상대방의 말을 잘 들어야 한다. 우선 상대방의 말을 들을 때에는 말하는 사람의 표정을 잘 파악하고 그에 동감해 주는 것이 필요하다. 얼굴은 사람의 감정 상태를 나타내는 거울이다. 말하는 사람의 표정을 따라 하면서 들으면서 말하는 사람의 감정 상태를 훨씬 더 잘 느낄 수 있게 하여야 한다. 이를 공감적 경청이라 한다. 물론 공감적 경청의 훈련은 공감적 능력이 태어날 때부터 부족한 남자에게 더욱더 필요하다.

성공적인 소통의 핵심은 말을 잘하는데 있는 것이 아니라 잘 듣는데 있다. 성공감적 경청은 보다 높은 수준의 공감능력과 소통능력을 얻기 위한 가장 효율적인 방법이다. 표정을 따라 하기가 어렵다면 긍정적이고 환한 표정이라도 짓도록 해야 한다. 힘들더라도 웃는 표정이라도 하는 것이 필요하다. 밝은 표정을 짓는 것만으로도 공감능력이 상당부분 향상될 수가 있기 때문이다.

3.3 자아 확장력
(1) 긍정적 정서와 자아 확장력

최근 긍정심리학의 연구결과들을 보면, 자아확장력의 근본은 긍정적 정서이며, 긍정적 정서는 사람을 하나로 묶어준다고 한다. 심리학자 바바라 프레드릭슨에 따르면 긍정적 정서는 타인과 내가 하나 되는 느낌을 강하게 해주는 원동력이다.

기쁨, 즐거움 등의 긍정적 정서가 충만한 사람들은 주변 사람들과 자신을 일치시키는 커다란 하나의 덩어리로 느끼는 느낌을 강하게 갖게 된다는 것이다. 많은 연구들이 긍정적 정서의 수준이 높은 사람들이 사교적 활동이 활발하며, 낯선 사람들과도 넓고 깊은 인간관계를 수월하게 맺는다는 사실을 발견했다.

긍정적 정서를 지닌 사람들은 단지 사람들을 쉽게 사귀는 것뿐만 아니라 보다 의미 있고 성공적인 인간관계를 발전시켜 나가는 경향이 있다는 것도 밝혀졌다. 연구에 따르면 긍정적 정서를 유발시키면 사람들은 낯선 사람들과 대화를 나누고 자신의 개인적인 정보를 털어놓게 될 확률이 더 높은 것으로 나타났다.

사회심리 학자들은 긍정적 정서가 사람들을 더 쉽게, 그리고 깊게 친해지게 하는 원인에 대하여 연구한 결과 그 대표적인 이론이 교환

혹은 공유이론인데, 이는 친한 사이란 결국 다양한 자원과 혜택을 공유하는 관계라는 것이다. 이 이론에 따르면 살아가면서 좋은 것이 생기면 서로 나누는 관계가 곧 친밀한 관계의 본질이다. 한편, 서로의 관점을 공유하는 관계가 곧 친밀한 관계라는 관점도 있다.

아론과 아론은 '자아확장이론'을 제안하면서 친밀한 관계란 '상대방을 나의 자아개념에 포함시키는 것'이라는 대담한 제안을 하고, 이러한 실험 결과는 자아확장력이 높은 사람은 세상사를 바라보는 관점이 다르다는 것을 암시한다. 보다 높은 자아확장력을 지닌 사람은 자신의 입장에서 바라보는 관점과 타인의 입장에서 바라보는 관점에 커다란 차이가 없다. 즉, 타인에게 벌어지는 일들도 마치 내게 벌어지는 일처럼 인지적으로 받아들이고 처리하게 된다. 이런 사람들은 타인을 더 배려하게 된다. 이러한 배려는 의식적인 노력을 통해서라기보다는 자아확장력이 높은 -타인과 나를 동일시하는- 뇌의 자연스런 반응인 셈이다.

(2) 사회적 관계
(가) 사회적 관계의 근본성

인간의 뇌는 신체의 다른 기관과는 달리 여러 사람과의 상호작용을 통해서 성장하고 완성 된다. 저명한 뇌 과학자인 레스택은 사회신경과학social neuroscience이라는 새로운 분야의 탄생을 선언했다.

레스택에 따르면 뇌는 본질적으로 사회적인 것이다. 사회적 작용이 뇌의 발달에 결정적인 영향을 사실은 해리 할로우의 연구에 의해서 입증되었는데, 그는 아기 원숭이를 어미로부터 떼어내어 혼자 기르면서 다양한 실험을 통해 애착attachment의 본질과 애착의 결핍이 가져오는 다양한 결과를 연구했다.

태어나자마자 어미와 다른 새끼들로부터 격리되어 혼자 자란 원숭이는 충분한 영양을 공급했음에도 불구하고 유독 뇌가 제대로 발전하지 못하였다. 특히 뇌가 스테로이드 호르몬 수용체를 충분히 발전시키지 못했고, 이에 따라 스트레스에 제대로 적용하지 못했다.

다른 모든 신체 기관은 영양분만 충분히 공급되면 정상적으로 성장한다. 그러나 뇌만은 제대로 성장하지 못하는데, 이는 태어나자마자 어미로부터 격리된 원숭이의 뇌는 정상주기가 다 지나도 제대로 발육하지 못했으며 여전히 적게 있는 상태임이 밝혀졌다.

(나)엄마의 공감능력 차이

런던대학의 엘리자베스 마인스Elizabeth Meins교수는 아기엄마 중에 아기의 감정과 마음 상태를 직관적으로 잘 읽어낼 수 있는 능력이 높은 사람이 있는가 하면 반대로 낮은 사람들이 있으며, 이 두 유형의 엄마에게서 자란 아이들을 비교해 보는 연구를 진행했다. 아이들이 만 2세가 되었을 때 비교해보니, 아기의 마음상태를 잘 읽어내는 능력을 지닌 엄마를 둔 아이들의 언어능력과 놀이기술이 월등하게 뛰어났다.

한편, 이 주제와 관련해서 흥미 있는 뇌 영상 연구도 있는데, 사람들이 스스로에 대해 생각할 때와 엄마에 대해 생각할 때 활성화되는 뇌의 부위가 거의 정확히 일치한다는 것이다. 이는 우리의 뇌 깊은 곳에는 이처럼 엄마와 나를 동일시하는 기제가 자리 잡고 있다는 것이다.

톨스토이는 소설《사람은 무엇으로 사는가?》에서 "모든 사람은 자신을 보살피는 마음에 의하여 살아가는 것이 아니라 사랑으로 살아간다."는 것이다. 모든 인간이 살아가는 것도 모두가 각자 자신의 일을 여러 가지로 걱정했기 때문이 아니라 다른 사람들이 나를 걱정해 주었기 때문이라고 하는 것이다. 결과적으로 인간은 사랑으로 살아간다는 것이다

(다)이혼과 사랑의 애착

미국 워싱턴 대학의 존 고트만 교수는 결혼을 앞둔 연인의 대화를 단 3분간 분석해보는 것만으로도 결혼 후 4년 안에 깨어질 가능성 여부에 대해 94%의 정확도로 예측할 수 있다는 연구결과를 발표했다.

그는 3,000쌍이 넘는 부부의 대화를 비디오로 촬영한 후 대화 내용, 말투, 표정 등에 나타난 감정을 20가지 정도의 세세한 범주로 구분하는 방대한 데이터베이스를 구축하였다. 이를 바탕으로 이혼 가능성을 예측하는 수학 공식을 만들어낸 것이다.

그 연구 결과에 따르면 이혼에 이르게 되는 가장 결정적인 부정적 표현은 경멸과 냉소다. 대화중에 이미 이런 것들이 나타났다면 굳이 다른 면을 살펴보지 않아도 결혼 생활의 적신호로 파악 할 수 있다는 것이다. 결혼을 앞둔 사람은 이를 잘 알고 반면교사로 삼아야 할 사항이다.

연인관계나 부부관계에 있어서 나타나는 사랑의 애착 형태에는 세 가지의 유형이 있다. 첫째는 안정된secure 사랑인데, 이러한 유형의 사람은 이성과 친해지는 상황을 자연스럽게 받아들이며, 결혼에 대한

만족도도 가장 높다. 남녀 모두 안정적 사랑의 유형일 때, 이상적인 부부가 된다.

둘째는 회피적avoident사랑의 유형으로, 이러한 사람은 이성과 친해지는 것에 대하여 막연한 두려움과 거부감을 느끼며, 어느 정도 거리를 두고 냉담한 관계를 유지해야 마음이 편하다.

셋째는 불안한anxious사랑의 유형이다. 이러한 유형에 속하는 사람은 흔히 상대방에 대한 지나친 관심과 집착이나 강박을 보인다. 또한 이들은 대체로 첫눈에 반해 열정적인 사랑에 빠지는 사람들이기도 하다.

요즈음 젊은이 들은 안정적 유형 성격의 소유자에 대해서 별다른 매력을 느끼지 못한다. 가장 큰 이유는 안정적인 사랑을 하는 유형의 사람들은 별로 극화 하지 않으며, 또한 그런 유형은 마치 시대에 뒤떨어지거나 조연에 불과한 역으로 배역을 한다.

드라마의 대부분의 주인공은 늘 흥미와 관심을 끌 수 있는 불안한 사랑이거나 회피적 사랑의 소유자들이다. 이러한 대중매체에 자신도 모르게 세뇌된 젊은이들은 안정된 사랑의 유형을 매력 없는 사랑으로 평가 절하해 버린다. 심지어 원래 안정적인 사랑의 유형인 사람들까지도 회피적이거나 불안한 사랑의 유형에 따라 할 모범적 유형이라고 생각하고 이를 흉내 내게 한다.

(라)자아 확장력의 핵심

자아 확장력이 뛰어난 사람은 주변 사람들에게 서로 존중하고 사랑을 주고 받을 수 있도록 자기조절과 타인과 소통과 공감을 잘하는 사람들이다. 옛날 성현들의 말씀은 자기의 관리와 타인과의 관계에 대한 것이며, 이는 자기의 마음가짐과 몸가짐을 바르게 하도록 생각과 감정을 잘 조절하고 절제하며, 타인에 대하여는 예의와 사랑의 실천과 인간으로서의 도리를 잘하라는 것이 그 내용의 핵심을 이루고 있다.

예수의 '이웃사랑', 부처의 '자비', 공자의 '인'의 가르침은 자기의 조절과 타인에 대한 사랑과 존중을 통하여 성숙한 인간관계를 형성하고 좋은 인간으로 모범적인 삶을 살아가라는 것이다. 이러한 가르침의 공통점은 모두 자아 확장력에 기반 한 인간관계를 인간성의 핵심으로 본다는 것이다.

여기에서 좋은 인간이 되려면 좋은 인간관계를 맺는 것도 필수적인 일이다. 내 삶 자체가 내가 맺고 있는 인간관계의 총합이기 때문이다. 일에서 성공해도 가족이나 주변 사람들과의 관계가 건강하고 좋지 못하다면 성공적인 삶이라 할 수 없기 때문이다.

이러한 중요한 인간관계에 대한 인성 교육을 우리나라에서는 학교의 정상적인 수업에서 가르치지 않는다는 것이 무엇보다도 문제이며, 시중에는 인간관계의 기본과 원칙에 대한 내용은 없고 일부의 인간관계의 내용을 임의로 해석하거나 각색하여 변칙적이고 현혹적인 처세술과 성공 등에 대한 인간계발서가 많이 있어 청소년들에게 착각과 혼란을 야기하고 있다. 정부와 학계는 이를 빨리 시정할 수 있도록 학교 교육을 개선하여야 한다.

(마) 자아 확장에 있어서의 친교와 친구

1)친교

수천 년 동안 동양 유교사상의 핵심이 되어온 논어에는 다음과 같은 말이 있으며 그것의 처음은 다음과 같다.

'자왈' 학이시습지 불역열호子曰 學而時習知 不亦悅乎, 유붕자원방래 불역낙호有朋自遠方來 不亦樂乎, 인부지이불온 불역군자호人不知而不慍 不亦君子乎.

이의 뜻은 첫째로 '학이시습지 불역역호'는 배우고 익히는 것은 대단히 즐겁다는 말로, 그 가르침은 인간관계에 대한 가르침으로 인간관계에 대하여 잘 배우고 익히면 기쁘고 보람이 있다는 것이다.

둘째로, '유붕자원방래 불역낙호'는 멀리서 찾아오는 친구가 있어 기쁘다는 뜻으로, 이는 인간관계에 대한 가르침을 즐겁게 배우고 익히면 먼 곳에서 친구가 찾아오는 대단히 즐거운 일이 생긴다는 것이다. 이는 또한 멀리서 친구가 찾아올 정도로 평소 인간관계를 잘 맺고 살라는 것이다.

셋째로, '인부지이불온 불역군자호'는 다른 사람들이 나를 알아주지 않는다 하더라도 화를 내거나 부정적 감정에 휩싸이지 않아야 진정한 군자라는 것이다. 즉, 친구뿐만 아니라 불특정 다수와도 잘 지내는 원만한 인간관계를 강조하고 있다.

이처럼 논어의 첫머리에서 공자가 강조하고 있는 것은 기쁨열, 즐거움낙, 화내지 않음불온 같은 긍정적 정서다. 긍정적 감정이 학문의 목적임을 처음부터 강조하고 있는 것이다. 학문은 심각함이나 부정적인 감정이 아니라 기쁨과 즐거움의 원천이어야 한다는 것이다.

공자는 이미 수천 년 전에 리더십의 본질이 행복과 긍정적 감정에 기반 한 인간관계에 있다는 것을 간파했던 것이다.

2) 친구관계의 중요성

자아확장력은 그 사람의 친구관계를 보면 파악할 수 있다. 친구관계는 완전히 자발적인 관계로서 다른 인간관계와는 달리 생물학적. 법적. 특정한 조직에 의해 구속되거나 제한되지 않는다. 친구를 얻는 가장 쉬운 방법은 다른 사람에게 배려하고 관심을 기울이는 것이며, 자기가 관심을 끌려고 애쓰는 것보다 다른 사람에게 관심을 보이는 것이 더 효과적이다.

친구는 성장의 과정에서나 젊었을 때는 서로가 왕성하게 친교활동을 많이 하나, 나이가 들고 활동을 하기가 어려워 질 때에는 점점 친구관계는 닫히게 된다. 그러나 나이가 들수록 친구는 더욱더 중요하며, 친척이나 아이들보다 친구와 가까이 지내는 노인들이 더 건강하고 오래 산다는 연구 결과도 있다. 특히 서로 격려해주고 정신적인 지지를 보내주는 친구를 많이 만드는 것이 필요하다.

자기의 생각과 감정의 조절 능력과 대인 관계능력이 높은 사람은 친밀한 관계를 잘 만들고 유지시킨다. 친구는 평소에는 서로 소통과 공감을 하고 함께 놀고 즐기는 반갑고 친한 사이 이면서, 인생의 어려움이 있을 때 감정적 지지와 더불어 실제적인 도움을 얻을 수 있는 중요한 인간적 관계이다.

어려서부터 좋은 친구를 많이 만들어 놓는 것은 우리를 더욱 행복하고 강하게 해준다. 좋은 친구는 우리의 소통능력. 공감능력. 자아확장 능력을 높여줄 것이며, 이렇게 높아진 대인관계 능력을 통해 우리는 좋은 친구를 많이 얻게 될 것이다.

제4절 세상을 보는 안목과 판단력[24]

4.1 세상에 대한 관심
(1)호기심

　세상에 대한 호기심은 새로운 경험에 대한 열린 마음과 자신의 생각과 다른 사안에 대한 융통성이 전제가 된다. 호기심이 많은 사람들은 불분명한 것들을 그냥 지나치지 않는다. 불분명한 것을 해결해서 호기심을 충족시켜야 직성이 풀린다. 호기심은 꼭 어떤 한가지에만 국한되는 것이 아니라 광범위한 것일 수도 있다. 호기심은 새로운 것에 대한 적극적인 관심이기 때문에 그저 텔레비전 앞에 앉아 리모컨만 누르는 것처럼 수동적으로 정보를 습득할 때에는 이 강점을 제대로 익히지 못한다. 이때는 호기심과 정반대로 싫증을 제대로 느끼지도 못한다. 이때는 호기심과 싫증을 느끼기 십상이다.

(2)학구열

　학구열이 높은 사람은 교실에 있을 때나 혼자 있을 때나 새로운 것을 알고 싶어 한다. 학교 공부, 독서, 박물관, 견학 등 배울 기회가 있다면 어디든지 찾아간다. 이러한 학구열은 학문탐구를 위한 동기부여의 원동력이면서도 새로운 지식의 습득과 새로운 기술의 발견의 원천이 되는 것이다. 또한 세상 만물의 이치와 통찰력을 갖게 하는 근

---
24) 긍정의 심리학, 마틴 셀리그만 저, 김인자 역, 물푸레 간. 2011.7.5. PP214-220

본이 되는 것이다. 공자가 말씀한 것처럼 배우고 익힌다는 것은 인생에 즐거움과 보람을 가져다주기도 한다.

결국 학구열은 전문가적 식견과 지식을 갖게 하며, 그러한 전문지식은 타인이나 많은 사람으로부터 인정과 존경을 받는 근원으로서의 역할도 하고, 그러한 전문성이 심화되며 그 분야에서 전문가의 권위와 함께 지도력과 창의성도 가질 수 있게 하는 보배적인 존재가 되는 것이다. 또한 가정이나 사회에서는 자녀와 타인에게 본보기가 되며 학습과 탐구에 대한 커다란 지적 자극도 부여할 수 있는 것이다.

4.2 세상에 대한 안목

(1)실천적 지능

사람은 세상에 대한 호기심과 학구열과 더불어 우리가 일상생활과 사회에서의 살아가고 발전을 하기 위해서는 문제가 항상 존재하며 이러한 문제를 어떻게 적절하고 효과적으로 해결할 수 있느냐가 관건이다. 또한 무엇인가 하고 싶은 일이 있을 때에는 그 목적을 달성하기 위해서 이제까지의 고식적인 문제 해결의 방법보다도 새롭고 창의적인 방법이 있다면 시간과 비용을 절약하고 그 성과는 더욱 높일 수 있을 것이다.

이러한 능력을 가진 사람을 창의적인 사람이라고 하며, 우리의 역사는 이러한 능력을 가진 뛰어난 과학자나 예술가, 학자나 사업가에 의하여 눈부신 과학기술의 발전과 찬란한 문화를 꽃피워 왔던 것이다. 이러한 실천적인 지능은 우리 인류사회를 빈곤으로부터 해방시키고 번영과 풍요를 세상에 가져다 주는 원동력이 되었던 것이다. 이러한 실천적 지능은 최근에는 IT분야 등에서는 융합적인 창조의 기술을 발전시켜 지구촌 사회를 더욱 밀접하고 유기적으로 작동하도록 하였고 새로운 사회문화를 만들었다.

(2)정서적 지능

정서적 지능은 사회성 지능과도 연결되며 자신의 감성적인 지능인 정서지능은 자신의 성격과도 연결되는 지능이다. 자신의 정서지능이 뛰어나면 다른 사람들의 동기와 감정을 빨리 정확하게 알아내고 그에 맞게 반응할 줄 안다. 또한 기분, 체질, 동기, 의도 등 사람들의 차이점을 쉽게 식별하고 그에 걸맞게 행동한다. 그러나 이는 자아성찰이나 신중한 사고와는 구별되는 것이다.

정서지능은 자신의 감성을 잘 다스리고, 스스로의 행동을 이해하고 바로 잡을 줄 아는 능력으로 이루어진다. 이 강점들은 친절이나 지도력 같은 다른 감정의 토대가 된다. 또한 이 강점은 자신에게 알맞은 직업을 정확하게 파악 하는데도 도움이 되고 적성과 능력을 최대한 발현할 수 있는 일을 찾게 해준다. 우리는 이러한 정서적 지능을 이용하여 자신의 능력을 취대한 발휘할 수 있는 일과 조직, 취미 활동을 할 수 있게 하여야 한다.

4.3 판단과 예견력

(1)판단력

판단력이 뛰어난 사람은 자신이 누구인지 다각적으로 생각을 하고 검토한다. 절대 성급한 판단을 하지 않고 확실한 증거를 기준으로 결정을 내린다. 또한 결단을 바꿀 능력도 있다. 여기서 판단력이란 자신과 다른 사람들에게 도움이 될만한 정보를 객관적이고 이성적으로 가릴 줄 아는 능력이다. 판단력은 비판적 사고와 비슷하다. 그래서 현실을 정확하게 인식하기 때문에 논리적 오류를 저지르거나 과도한 자책감을 갖지 않으며, 단순한 이분법적 사고를 하지 않는다.

이러한 판단력은 객관적이고 합리적이며 타당성 있으며, 현실적으로 실현이 가능 할 것인가의 제반 사항에 합당한 사고이다. 이러한 합당한 사고가 아닌 사고는 자신이 믿고 있는 생각을 기정사실화 하는 것으로, 이는 자기중심적인 편향되고 선입견을 가진 비합리적인 사고를 의미 하는 것으로서 어떠한 문제를 정확하게 판단하기 위해서는 반듯이 제외하고 배격되어야 한다.

(2)예견력

우리는 가정생활이나 직장생활을 하면서 현재의 상황에 대한 판단을 하여야 한다. 또한 우리는 가까운 미래를 예측하거나 때로는 중기적인 3-5년, 장기적인 10-20년이나 그 이후의 장기적인 문제까지도 예견하면서 살아가는 것이 사실이다. 이는 왜냐하면 우리의 삶이 대부분 최근에는 90세 가까이 살기 때문에 이전보다 더 장기적으로 인생을 전망하고 예측해야 온전하고 행복한 생활을 할 수 있기 때문이다.

그런데 실제적으로는 우리의 인간이 여러 가지의 변수가 많은 미래를 정확히 예측한다는 것은 정말로 어려운 일이며, 중. 장기적인 예측을 한다는 것은 전문가에게 있어서도 대단히 어려운 일이며 정확도가 많이 떨어지는 것이 사실이다. 특히, 최근에 있어서는 과학기술의 발전이 빠르고 지구촌의 접근성과 유동성이 심하며 경제적. 사회적 변동성이 예측 할 수 없게 진전되면서 몇 년 앞을 잘 예측하는 것도 아주 어려운 일이다.

　최근의 미국이나 유럽 그리고 중국의 변화 등을 우리는 세계의 현실에서 볼 수 있다. 이러한 예견을 잘하기 위해서는 세상의 이치를 정확히 알고 변화의 방향과 속도와 더불어 그 핵심적인 요인을 잘 파악하고 이들에 대한 체계적이고 종합적인 분석력과 예측력을 겸비하여야 하며 이는 정말로 어려운 일이다. 또한 우리의 가까운 개인의 삶에서 일어나는 가장 중요하고 복잡한 문제를 통찰할 수 있는 능력은 매우 중요한 것이다.

제6장

삶에 능력을 주는 생각

제1절 상상하고 창조하는 생각

1.1 직관적 생각도구

(1) 초 논리적 직관과 통찰

조각가 루이스 부르주아Louise Bourgeois는 "나는 깊이 오랫동안 생각했다. 그러고 나서 내가 말해야 할 것을, 또 그것을 어떻게 번역할 것인가를 고민했다. 나는 내가 할 말을 조각으로 번역하기 위해 노력했다"라고 그녀는 말한다. 화가 막스 빌Max Bill역시 예술의 목적을 언급하면서 "예술이란 인간 정신의 표현이며, 마음속에 이미 존재하고 있는 막연한 심상을 구체적인 형태로 가시화시킨 것"이라고 말했다.

화가 조지아 오키프Georgia O'Keffe는 "그림이나 스케치는 색과 공간과 빛. 움직임을 수단으로 삼아 어떤 것을 구체화 하는 도구다."라고 하고 있다. 그는 오래전에 그가 보고 느낀 것을 그대로 그림으로 옮겨놓는다 하더라도 그때 내가 받은 느낌을 관람객들에게 그대로 다시 줄 수는 없다는 것이다. 그녀의 이러한 말은 결국 예술이 제시하는 이미지가 어떤 느낌이나 개념, 감각의 직접적이 아니라는 것을 의미한다. 이는 과학자가 창안한 공식이 그의 생각을 그대로 표현한 것이 아닌 것과 같다.

말을 통해 표현을 하는 사람들도 말만 가지고 사고하거나 개념을 만들어내는 경우는 드물다. 소설가 도로시 캔필드 피셔Dorothy Canfield Fisher는 이렇게 말했다. "나는 어떤 장면을 강력한 이미지로 만들어낸다. 만일 그 장면을 절대적이고 완전한 이미지로 형상화하지 못한다면 나는 아무것도 쓰지 못할 것이다. 그렇지 않으면 내가 잘 알지 못하는 장소와 사람들, 삶에 대해 아무것도 쓰지 못할 것이라는 뜻이다.

'이미지와 논리', '심상의 체험', '상상하는 삶이 요구하는 인내와 관찰', 이런 말들을 스타니슬라브 울람Stanislaw Ulam은 이를 '초 논리'라고 했으며, 이것들은 아무것도 증명할 수 없으며, 그것은 새로운 생각과 개념을 발생시킬 뿐 그것들의 타당성이나 유용성을 보장하지는 않는다는 것이라고 한다.

그저 공식적인 의사소통 언어라기보다는 비언어적이고 비수학적이며 비 기호라는 정도로만 알려져 있다. 그런 초 논리에 대해 현재 가장 근접한 개념은 '직관'이다. 아인슈타인은 "오직 직관만이 교감을 통하여 통찰력으로 이어질 수 있다. 연구의 성과는 면밀한 의도나 계획에서 오는 게 아니라 가슴으로부터 나온다."라고 말했다.

물리학자인 막스 플랑크max plank는 이렇게 표현 했다. "과학자에게는 예술적인 상상력이 필요하다." 실로 과학자와 예술가는 친척관계라 해도 무방하다. 왜냐하면 그들의 통찰은 느낌과 직관의 영역에서 발생하여 동일한 창조적 경로를 거쳐 의식 속에 출현하기 때문이다.

(2) 직감. 느낌과 직관

발명가이자 SF소설가인 아서C. 크라케Clarke는 "직관인가 수학인가"라고 묻는다. "우리가 진리를 찾아내기 위하여 모형을 사용하는가? 아니면 진리를 알아 낸 다음 이를 설명하기 위해 수학 공식을 사용하는가?" 그에 대한 답은 진리를 찾아 낸 후에 이를 설명하기 위해 수학공식을 사용한다는 것이다.

아인슈타인은 이를 다음과 같이 설명했다. "직감과 직관, 사고 내부에서 본질이라고 할 수 있는 심상이 먼저 나타난다. 말이나 숫자는 이것의 표현수단에 불과하다."이것은 수학이나 형식 논리학이 아인슈타인에게 부차적인 수단이었음을 말해준다.

"기존의 말이나 다른 기호들(추측건대 수학적인 것들)은 이차적인 것들이다. 심상이 먼저 나타나서 내가 그것을 마음대로 부릴 수 있게 된 다음에야 말이나 기호가 필요한 것이다." 그러면서 그는 "과학자는 공식으로 사고하지 않는다," 라고 말한다.

과학자들은 수학적 언어로 사고하지 않는다. 그러난 자신만의 직관적인 통찰을 객관적으로 납득할 수 있게 표현해야 한다. 맥클린턱은 이렇게 말한다. "과학적 방법으로 일을 한다는 것은 내가 객관적으로 알아낸 어떤 것을 과학의 틀 속으로 집어넣는 것이다."

다른 과학자들도 직관적으로 깨달은 후에 논리적으로 표현하는 2

단계 과정을 거친다고 말하며 매클린턱의 의견에 동의한다. 물리학자인 리처드 파인먼Richard Feynman역시 "수학은 우리가 본질적이라고 이해한 것을 '표현'하는 형식일 뿐이지 이해한 내용이 아니다."라고 말하고 있다.

직관적으로 문제를 보고 '느꼈던' 그는 "내가 문제를 푸는 과정들을 보면 수학으로 해결하기 전에 어떤 그림 같은 것이 눈앞에 계속 나타나서 시간이 흐를수록 정교해졌다."라고 말했다.

과학자들이 다른 사람들보다 논리적으로 생각한다는 일반적인 인식은 과장된 것이다. 창조적으로 생각한다는 것은 '느낀'다는 것이다. 이해하려는 욕구는 반드시 감각적이고 정서적인 느낌과 한데 어울려져야 하고 지성과 통합되어야 한다. 그래야만 상상력 넘치는 통찰을 낳을 수 있다.

느낌과 직관은 '합리적 사고'의 방해물이 아니라 오히려 합리적 사고의 원천이자 기반이다. 신경학자 이면서 생각의 탄생의 책 저자인 안토니오 다마지오Antonio Damasio는 몸과 마음, 감정과 지력은 불가분의 관계라고 한것은, 갑작스러운 사고나 뇌졸중 , 종양으로 정서적 감응구조가 총체적으로 바뀐 신경질환자들은 합리적으로 계획을 세우는 능력이 부족하다는 것을 알아냈다. 모든 학문분야에서 창조적 사고와 표현은 직관과 감정에서 비롯된다는 것이다.

1.2 직관과 창조적 사고
(1) 상상력과 직관에 의한 창조
그동안 수많은 과학자나 예술가들은 창조행위의 보편성을 주목해

왔는데, 1980년 열린 제16차 노벨회의에 모인 과학자들과 음악가들, 철학자들은 물리학자인 프리먼 다이슨Freeman Dyson의 말을 인용하여 "과학과 예술이 유사하다는 말은 '창조'와 '행위'에 관한 한 매우 유효하다. 창조라는 점에서 둘은 매우 비슷하다. 장인의 경지에 이른 창조행위가 주는 미적 쾌감은 과학 분야에서도 대단히 강력하다."라고 입을 모았다.

한 음악가는 과학자와 예술가의 사고과정이 놀랄 만큼 흡사하다는 것은 개인적 차원뿐만 아니라 사회적 차원에서도 맞는 말이라고 주장한다. 과학자들이 '공통적인 문제해결법'이라고 인식하는 것을 예술가들은 '공유된 영감'으로 이해한다. 그러나 과학이든 예술이든 모든 '해답'은 동일한 창조행위를 통해 구해진다.

면역학 연구로 노벨상을 수상한 샤를 니콜Charles Nicolie은 다음과 같이 말하고 있다. "새로운 사실의 발견, 전진과 도약, 무지의 정복은 '이성'이 아니라 '직관'이 하는 것이다. 그런데 '상상력과 직관'은 예술가나 시인들도 밀접한 관련을 맺고 있다. 현실로 이루어지는 꿈과, 무언가를 창조 할 듯한 꿈은 같은 것이다." 프랑스의 물리학자인 아르망 트루소Armand Trousseau도 이러한 말에 동의하며, "모든 예술에는 과학적인 측면이 있다. 최악의 과학자는 예술가가 아닌 과학자이며, 최악의 예술가는 과학자가 아닌 예술가이다."

(2) 직관적인 생각도구의 공통적 사용

소위 '창조적인 작업'을 할 때 과학자나 수학자, 예술인(작곡가, 작

가. 조각가 등)들은 우리가 '우리가 생각을 위한 도구'라고 부르는 공통된 연장을 사용한다. 이 도구들 중에는 정서적 느낌. 시각적 이미지. 몸의 감각. 재현 가능한 패턴. 유추 등이 포함된다.

그리고 상상을 동원하는 모든 사람들은 이 생각도구를 가지고 얻어낸 주관적인 통찰을 객관적으로 표현하기 위해 공식적인 언어로 해석(변환)하는 방법을 배운다. 이를 통해서 그들의 생각은 다른 사람들의 마음속에 새로운 생각을 불러일으키게 된다.

그동안 우리가 창조과정의 보편성에 주목해 왔다고는 하지만 그 주목이 '보편적' 이었던 것은 아니다. 직관적인 생각도구가 학문에 공통적으로 사용될 수 있음을 알고 있는 사람들은 많지 않다.

근시안적인 인식과 태도는 철학자들과 심리학자들뿐만 아니라 교육자들에게도 나타난다. 유치원에서 대학원에 이르기까지 모든 단계의 커리큘럼 과정이 결과에 의해 규정되어 어떻게 여러 과목으로 나누어져 있는가를 보면, 교육의 시작 단계에서부터 학생들은 문학. 수학. 역사. 음악. 미술 등으로 분리된 과목을 공부한다. 마치 그 과목이란 것이 본질적으로 별개의 것이고 상호배타적인 것 이기라도 한 것처럼 말이다.

요즘 유행하는 '교과목 통합'이라는 거창한 구호에도 불구하고 진정한 통합수업은 드물 뿐 아니라, 모든 지식을 망라하고 아우를 수 있는 커리큘럼은 아예 시작조차 잘되지 않고 있다. 더군다나 가장 중요하다고 할 수 있는, 한 학문과 다른 학문을 엮어줄 수 있는 직관적인 생각도구는 아직 생각조차 하고 있지 않은 상태이다.

수학자들은 오로지 '수식' 안에서, 작가들은 '단어' 안에서, 음악가들은 '음표' 안에서만 생각하는 것이다. 각 학교와 대학들은 '생각하기'의 본질을 절반만 이해하기 때문에 교사들은 가르치는 방법의 절반만 이해하고 학생들은 배우는 방법의 절반만 이해하는 것이다.

분리된 과목과 공식 언어체계에만 기반을 둔 현행 교육이야말로 '창조적 사고과정'이라는 대단히 중요한 부분을 빠뜨리고 있다. 교사들은 학생들에게 수학적이고 통사론적 논리를 가르치면서도 '느낌과 직관'의 '초 논리'는 무시한다. 우리는 말과 숫자를 통해 배우고 평가받아 왔으며, 또 그것을 통해 사고하는 것을 불변의 진리로 받아들인다.

그렇지만 학교교육에 대한 이런 잘못된 생각이 더 이상 커져서는 안 된다. 그렇기 때문에, '창조적 사고'라는 '직관적 생각도구'(수학공식이나 논리 같은 공식 언어가 아닌)를 이해하고 설명하는 것은 중요하다. 이 생각도구들은 서로 통찰을 주고받는데 있어서 말이나 숫자만큼 중요하다.

본래 통찰이란 것은 상상의 영역으로 호출되는 수많은 감정과 이미지 속에서 태어나는 것이기 때문이다. 또한 느낌도 커리큘럼의 일부가 되어야 한다. 학생들은 몸으로 느끼는 것에 대하여 어떻게 주목하고 그 느낌을 발전시키며 사용해야 하는지 반드시 배워야 한다. 다행히 최근에 의학을 비롯한 다양한 학문분야에서 학문적 사고의 기반으로 직관의 중요성을 재인식 하고 있으며 학문 간의 통합적 필요성도 느끼기 시작하고 우리나라에서는 서울대학교에서 학과를 통합하려는 계획을 하고 이를 2013년부터 일부 학과에서 시범으로 추진하기로 하고 있다.

1.3 창의성과 문제해결 능력[25]
(1)창의성의 이해

코넬 대학의 심리학자 엘리스 아이센 교수팀은 지난 30여 년간 수많은 연구를 통해 긍정적인 정서가 창의성과 문제해결능력을 현저하게 향상시킨다는 사실을 입증했다.

창의성이란 새롭고 기발한 아이디어를 내는 '상상력'과 다르다. 창의성은 곧 창의적 문제해결능력이며, 창의성이 높아야 다양한 분야에서 높은 업무 성취 능력을 발휘할 수 있다.

던커 교수는 창의성을 발휘하려면 '기능적 고정성functional fixedness'을 극복해야 한다고 했으며, 어떤 사물의 기능적 고정성을 극복할 수 있는 곧 그 사물의 주어진 의미에 얽매이지 않고 창의적으로 새로운 의미를 부여하는 일이라고 했다.

그렇다면 이러한 기능적 고정성을 극복할 수 있는 힘을 어떻게 키울 수 있을까? 코넬대학의 엘리스 아이센 교수는 실험 결과 아이들에게 기능적 고정성을 극복하게 하는 효과적인 방법은 논리적인 자극보다는 즐거움을 통한 긍정성을 높이는 자극이 더 효과가 있었음을 말했다.

또한 이 외에도 긍정성을 높이기 위해서는 감사의 표시로 값이 싼 사탕을 몇 개 주어도 긍정성이 높아지는 데에 대한 것을 실험을 통해서 확인 했다.

---
25) 위 책 회복탄력성 PP106-112

(2) 창의적인 문제해결 능력

위에서 창의적인 문제해결을 위해서는 기능적인 고정성을 해소해야 된다고 했는데 이를 통해서 주어진 문제를 잘 해결하는 실험을 심리학자인 덴커 교수가 한 촛불문제 사례는 다음과 같다.

학생들에게 그림에서 보는 것처럼 성냥 한 갑과 압정 한 상자, 그리고 양초 하나를 나눠준 다음, 이 초를 교실 벽에 붙여 밝히되, 촛농이 책상 위나 교실 바닥에 떨어지지 않도록 하라는 과제를 주었다. 우리는 이 초를 평평한 바닥위에 놓는 것에 익숙해져 있기 때문에 이 문제를 바로 풀기란 쉽지 않다.

이 문제의 정답은 그림B에 나타나 있다. 정답을 보면 쉬워 보이지만, 이 문제를 풀기 위해서는 압정이 담겨있는 상자를 받침대로 사용하는 '창의성'을 발휘하여야 한다. 이것이 '기능적 고정성'을 극복하는 창의적인 방법인 것이다. 즉, 압정이 담겨 있는 압정상자에 주어진 기능은 '압정 담고 있기'다. 이러한 압정 상자의 기능적 고정성을 극복해서, 압정을 쏟아내고, 빈 압정 상자에 '초 받침대'라는 새로운 기능을 부여할 수 있는 창의성이 이 문제를 해결하는 열쇠다.

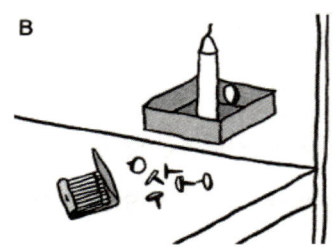

어떤 사물의 기능적 고정성을 극복할 수 있는 능력은 곧 그 사물의 주어진 의미에 얽매이지 않고 창의적으로 새로운 의미를 부여하는 능력이다. 물한 컵이 있을 때, 그 컵의 주어진 기능은 '물을 담는 것'이다. 그러나 물을 따라 버리면 그 컵은 연필통으로도 사용할 수도 있고, 혹은 밑에 구멍을 뚫어서 화분으로도 사용할 수 있는 것이다. 이처럼 기능적 고정성의 극복이란 결국 사물의 주어진 의미를 버리고 능동적으로 자기 나름대로의 의미를 부여하는 것이다. 이러한 적극적이고도 진취적인 삶의 태도가 곧 우리 삶에 있어서 여러 가지 문제를 해결하는 능력의 근본이 된다.

제2절 강점과 재능에 대한 생각

2.1 강점에 대한 발견과 관리

(1) 강점에 대한 생각의 이해[26]

긍정심리학의 대표적인 학자인 셀리그먼 교수는 사람에게 있어서 부정적인 심리보다는 긍정적인 심리가 인간을 긍정적이고 적극적으로 생각하게 하고 적극적으로 행동하게 하며, 삶에 있어서의 만족과 행

---

26) 위책 회복 탄력성 25-30PP

복을 증진시킨다는 것을 여러 가지 실험과 연구를 통해 발견하고 긍정심리학을 저술하며 밝히고 있다.

우리나라에 있어서도 외환위기로 인하여 수많은 국민들이 경제적, 심적인 고통을 받고 있을 때 SBS방송이 2009년 2월 14일에 '그것이 알고 싶다'의 프로그램을 통하여 방송아카데미 수강생 20대 중 후반의 46명을 대상으로 자기의 삶에서의 역경과 시련 등을 이겨나가는 것과 관련한 회복탄력성지수를 조사하는 검사를 하였고, 그 중 가장 높게 나온 두사람과 가장 낮게 나온 두사람을 심층 면접을 실시했다.

그 결과 회복탄력성이 가장 낮게 나온 2사람은 여성 이었는데, 그들은 심한 비판주의를 가지고 있었고, 주변의 사람들이 자신을 무시하고 흉보지 않을까 하는 두려움에 강하게 사로잡혀 있었다. 이들은 타인의 관점에서 자신의 약점을 바라보는 습관을 지니고 있었다. 이들에게 자신감과 의욕을 심어 주기 위해 가장 필요한 것은 자기 자신을 긍정적으로 바라보는 시선을 갖도록 하는 것이 필요했다.

행복의 기본수준을 높이고 낙관적이 되려면 긍정적인 심리를 활용하는 것이 중요하고, 이를 위해서는 무엇보다도 자신에 대하여 긍정적으로 생각해야 하며, 그 중에서 자기의 약점이나 취약한 환경이나 여건보다는 자기의 강점과 좋은 점을 생각하고 활용하여야 한다.

인간이란 누구나 자기의 생각과 판단으로 주체적으로 살아가는 이성적이고 합리적인 만물의 영장으로서 자기 스스로 생각하고 판단하는 능력을 지녔으며, 어려운 환경과 여건도 자기의 긍정적이고 낙관적인 생각을 활용하여 자기의 장점과 강점을 잘 발굴하고 개발하고 인내하며 꿋꿋하게 살아가면 자기의 인생의 목적과 의미를 을 실현할 수 있는 것이다.

(2) 강점의 발견을 위한 생각[27]

우리는 여러 면에서 종전에 앞서가는 것 보다는 어느 면에서는 뒤지지 않아야 한다는 강박 관념에 사로잡혀 교육을 받았다. 그렇기 때문에 자기의 약점이나 부족한 점에 대하여만 집중하고 이를 만회하기 위한 데에만 신경을 집중해온 것도 사실이다.

대부분의 사람들이 성인이 되어서도 자신의 부족한 부분을 채워야 한다는 생각에 치중해서 실제적인 생활에 있어서 탄력적이고 융통성 있는 사고로 개방적이고 활동적으로 현실의 어려움과 역경을 잘 극복해 나가는데 역동성과 진취성이 부족하여 많은 어려움을 겪고 있는 것이 사실이다.

또한 교육은 좀 더 창의적이고 다양한 능력을 지닌 전인_{완전한 인격체}로서 지성과 덕성 체력을 갖춘 사람의 육성을 위한 교육을 하기보다는 입시위주의 편협한 지식의 습득과 언어와 수리 등의 일부에 편중된 교육을 함으로써 자기의 강점과 장점을 다양하고 깊게 발견하고 활용할 수 있는 기회와 능력을 발휘하지 못하게 하고 있다.

우리는 현재의 약점에 집중해서 그것을 보완하는 방법으로는 자기 발전도 없고 행복도 증진시킬 수 없다는 것을 알아야 하며, 그러한 노력이 성공을 한다 해도 평범한 사람의 범주를 넘기는 힘들 것이라는 것을 우리는 경험을 통해 잘 알고 있다.

---

27) 위책 긍정의 심리학 PP205-243

우리는 자기의 잠재적 능력을 발휘할 수 있고 장점을 활용할 수 있도록 하기 위하여 이의 발견을 위하여 분석적이고 논리적이며, 냉철하고 합리적으로 생각하고 판단을 하여야 한다.

최근의 긍정심리학의 연구 성과는 약점에 집중하기 보다는 강점에 집중해야 함을 역설하고 있다. 인류역사를 돌이켜 보면 훌륭한 업적을 남긴 사람들은 자신의 장점에 집중해서 그것을 더욱 발전시킨 사람이라는 것을 우리는 알 수 있다.

무엇보다도 진정한 행복은 자신의 강점을 발견하고 그것을 발휘할 수 있도록 집중하고 즐기고 몰입하며 살아가면서 일을 통해 성취와 보람을 느끼고 거기에서 행복도 추구하는 것이다.

(3) 강점의 개발과 활용[28]
(가) 강점의 개발

강점은 재능과 달리 선천적인 것에 덜 의지하며 후천적으로 지속적으로 계발할 수 있는 성격을 많이 포함하고 있는 것이 특징이다. 예를 들면 호연지기, 독창성, 공정성, 친절은 선천적인 기초가 약해도 노력을 통하여 얼마든지 개발할 수 있다는 것이다. 이러한 강점과 미덕을 개발하고 활용하는 것은 발견과 창조를 통하여 자기화하는 것으로, 강점은 세계적으로 인정하는 '여섯 가지 미덕'인 지혜와 지식, 용기, 사랑과 인간애, 정의감, 절제력, 영성과 초월성을 말한다. 이러한 강점의 기준은 다음과 같다.

첫째, 강점은 시간과 환경에 관계없이 계속 나타나는 심리적 '특

---
28) 위 책 긍정심리학. PP205-243

성'이다. 딱 한 번 어디에선가 친절을 베풀었다고 해서 인간이라는 미덕을 발휘하는 것이 아니다.

둘째, 강점은 '그 자체로서 가치'가 있다. 강점은 대개 좋은 결과를 낳는다. 예컨대 지도력을 잘 발휘하면 신망을 얻고 승급과 승진을 하게 된다. 그러나 강점과 미덕이 바람직한 결과를 낳지 않더라도, 또한 확실한 이익을 얻지 못한다고 해도 강점은 그 자체로서 소중하다. 우리가 어떤 활동을 하는 것은 만족 그 자체를 얻기 위함이지, 꼭 긍정적인 정서를 만들어내기 위함이 아니듯이 말이다.

셋째, 강점은 우리가 갖추고 싶은 '정신 상태'이다. 강점은 굳이 그 정당성을 강조할 필요도 없는 것으로, 부모가 새로 태어난 자기 자식에게 거는 희망에서도 엿볼 수 있다. "내 아이는 사랑스럽고, 용감하며, 신중한 사람이 되었으면 좋겠다."처럼 말이다.

넷째, 강점은 한 사람이 발휘한다고 해서 주위 사람들이 자신의 강점을 발휘할 기회가 줄어드는 것도 아니며, 도리어 미덕을 베푸는 것을 보면 감동하고 용기를 얻는다. 무릇 강점을 발휘하는 사람은 참된 긍정적인 정서인 자부심, 만족감, 기쁨, 성취감 등을 느낀다. 강점과 미덕은 흔히 원-원 게임을 유도한다. 따라서 강점과 미덕에 따라 행동할 때 우리는 모두 승자가 될 수 있다는 것이다.

문화계는 제도, 통과의례, 역할 모델, 우화, 격언, 동화 등 여러 장치를 이용해 강점을 강화시킨다. 제도와 통과의례는 어린이와 청소년들이 안전한 환경에서 지도를 받으며 사회에서 인정하는 미덕들을 계발하고 익히게끔 해주는 시운전인 셈이다. 역할 모델이나 본보기는 강점과 미덕의 감동적인 실례를 제시해준다. 역할 모델은 인도적인 지도력을 펼쳤던 간디처럼 실존 인물일 수도 있고, 동화 속 정직한 조지 워싱턴일 수도 있고, 영화 스타워즈에 등장하는 루크처럼 가공의 인물일 수도 있다.

야구계의 살아 있는 전설 칼 립켄이나 루 게릭은 불굴의 의지를, 헬렌 켈러는 시각장애라는 역경 속에서도 끊임없이 배우려고 애썼던 학구열을, 에디슨은 창의성을, 나이팅게일은 생명 존중과 사랑을, 마더 테레사는 자비를, 최초로 메이저 리그에 진출한 흑인 선수 재키 로빈슨은 자기 통제력을, 미얀마 민주화 운동의 등불 아웅산 수지는 지조를 몸소 보여줌으로써 본보기가 된 인물이다.

위에서 말한 여섯 가지의 세부적인 사항은 다음과 같다.

· **지혜와 지식** : 호기심과 세상에 대한 관심, 학구열, 판단력과 비판적 사고 등, 창의성과 독창성 등, 정서지능 등, 예견력
  · **용기** : 호연지기와 용감함, 끈기와 성실성 등, 지조와 정직 등
  · **사랑** : 친절과 아량, 사랑할 능력과 사랑받을 줄 아는 능력
  · **정의감** : 시민정신과 의무감 등, 공정성과 평등정신, 지도력
  · **절제력** : 자기통제력, 사려와 신중함 등, 겸손과 겸양
  · **영성과 초월성** : 감상력, 감사, 희망과 낙관주의 등, 영성과 목적의식등, 용서와 연민, 명랑함과 유머감각, 신명과 열정 등

(나)강점의 활용

우리는 위에 속하는 6개의 속성의 강점 중에서 자신이 선정한 상위

다섯 가지를 눈여겨보면, 대부분 가장 자기다운 모습을 지켜주는 강점이지만, 그 중에 아니다 싶은 것도 한두 가지도 있을 것이다. 사람은 자신의 가진 3-4가지의 대표 강점을 가지고 있다. 이러한 강점은 본인이 스스로 인정하고, 자부심을 느끼며, 일. 사랑. 자녀 양육에서 날마다 발휘하는 탁월한 특성인 셈이다. 아래 기준을 참고해 자신의 대표 강점들을 파악해 보면 된다.

- 진짜 나다운 것이라는 자신감이 생긴다.
- 발휘하는 순간 흥분의 도가니에 휩싸인다.
- 처음 습득한 이후부터 급속하게 발전한다.
- 꾸준히 개발하기 위해 새로운 방법을 계속 익히고 싶다.
- 그 강점을 활용할 수 있는 방법을 이모저모로 궁리한다.
- 그 강점을 발휘하는 동안 피곤하기는커녕 의욕이 솟는다.
- 그 강점을 밑천 삼아 창업이나 개인 사업을 하고 싶다.
- 그 강점을 활용할 때 황홀경에 빠지기까지 한다.

자신의 상위 강점들 중에서 이 조건에 부합되는 한두 개 정도가 바로 자신의 대표 강점들이다. 이 강점들을 되도록 많이 사용해야 한다. 만일 자신의 상위 강점들 중에서 이 조건을 충족시키는 것이 하나도 없다면 일. 사랑. 여가 활동. 자녀 양육에 활용한다고 해도 큰 효과를 얻기는 힘들 것이다. 위에서 언급한 긍정적인 삶의 모습은 자신의 대표 강점들을 주요 일상적 활동 속에서 날마다 발휘하여 큰 만족과 참된 행복을 자아내는 것이다.

2.2 재능에 대한 발견과 관리

(1) 다중지능 이론의 파악[29]

우리는 자기의 신체적인 발달 상황과 인지적인 발달, 예술적인 분야, 과학적인 분야 등의 다양한 분야에 대한 선천적 재능과 후천적 개발에 의한 강점을 발견하여 이를 집중적으로 육성하는 것이 필요하다.

이와 관련하여 우선 자신이 잘 할 수 있는 분야와 구체적인 부분이 어느 것인지를 찾아내고 이를 개발하고 육성하는데 있어서의 관점은 어떻게 이를 찾아낼 수 있느냐 하는 것이다. 종전에는 이를 발견하기 위해서 어린 학생시절에 논리력과 추리력 등을 주로 측정하는 지능지수 IQ: intelligence quotient 검사에 의하였다.

심리학자인 하워드 가드너는 신경과학 연구에도 집중하게 되면서 수십 년간 신경과학과 심리학, 교육학을 넘나들면서 다양한 연구를 수행했고 마침내 일정한 뇌 부위의 손상이 가져오는 장애등에 대한 신경심리학적 지식과 인지발달 심리학적 지식을 융합함으로써 사람들의 인지적 능력이 여러 개의 독립적인 요소로 구성되어 있다는 결론에 도달 했다.

그는 독립된 여러 개의 인지능력을 '다중지능 multiple intelligence'이라고 부르기 시작했다. 그것은 오랜 세월 동안 심리학에서 유지되어 왔던 하나의 종합지능 general intelligence이라는 개념, 즉 IQ라는 환상이 깨지는 순간이었다. 지능은 한 덩어리의 IQ가 높은 사람은 머리가 좋기

---

29) 다중지능, 하워드 가드너, 문용린, 이경재 역, 웅진지식하우스 발간 2007.9.3. PP21-46

때문에 무엇이던 잘 할 수 있고, IQ가 나쁜 사람은 머리가 나쁘기 때문에 아무것도 잘 할 수 없다는 믿음은 폐기되기 시작했다.

　심리학자 루이스 터먼Lewis Terman은 IQ에 대한 대단한 신봉자였는데 그는 지능지수가 140이 넘는 수재, 또는 천재들 1,470여명을 대상으로 수 십 년 동안 이들의 행적을 면밀히 추적 관찰했는데, 그는 이들 중에서 뛰어난 엘리트들과 지도자들이 많이 나올 것이며, 대부분이 뛰어난 성취를 이룰 것이라고 믿고 있었다. 그러나 이 집단 중에서 뛰어난 업적을 낸 사람은 나오지 아니하였으며, 사회적으로 성공을 거둔 사람의 비율도 일반그룹과 그 비율이 유사한 수준이었다. 오히려 조사 대상에서 제외되었던 학생 중에서 두 명의 노벨상 수상자가 나왔다.

　심리학자들에 의하면 IQ와 성취도 간에는 거의 상관관계 없으며 평범한 머리 수준에 해당되는 수준인 110정도이상이면 충분히 훌륭한 업적을 성취하는데 지장이 전혀 없는 것으로 밝혀냈다. 이는 미국에서 명문대학 출신과 그 외의 일반대학 출신의 노벨상을 받은 사람이 비슷한 것으로 나타나고 있다.

　그렇다면 이렇게 기본적인 수준을 지닌 사람이 뛰어난 업적을 남길 정도로 놀라운 성취를 발휘하게 되는 원동력이 무엇일까? 여기에서 하워드 가드너는 다중지능 이론을 적용하고 있다. 그는 다중지능 이론에서 인간의 능력을 이 몇 개로 구분되는 지능으로 구성되어 있다고 보았다.

　하워드 가드너의 다중지능 이론은 인간의 능력에 관한 이해를 종전의 IQ의 논리적이고 추리적인 능력을 기준으로 한 판단에서, 이를 다음 8개의 분야에 대한 능력으로 구분한 다중지능 이론을 1983년 《마음의 틀 frames of mind》이라는 책을 통해 체계화함으로써 이론을 확립하였다.

  이 책이 발표되자 교육계에서 실제의 교육 현장에서 어떻게 적용할 것인지에 대하여 많은 관심을 갖게 되었고, 하워드 가드너의 다중지능 이론에 따르면 서로 독립적으로 존재하는 적어도 여덟 개의 하위 요소로 구성되어 있다고 하였다. 이러한 여덟 개의 분야에 대한 그림의 설명을 다음과 같이 하고있다.[30]

※ 자료: 김주환, 「회복탄력성」 P100

---

30) 위 책 회복탄력성. PP100-101

①언어 지능 : 글을 쓰고 말하는 능력과 관계되는 것으로, 이 지능이 높으면 언어를 빨리 습득하고 글을 잘 쓰며, 말을 유창하게 잘한다. 시인이나 소설가, 문인들은 대체로 언어 능력이 높다

②논리 수학지능 : 논리적 기호나 숫자를 이해하고 다루는 능력과 관계된다. 셈이 빠르고 논리적인 문제를 잘 푸는 사람들은 이 지능이 높다. 수학자, 수리관련 과학자, 컴퓨터 프로그래머에게 요구되는 능력이다.

③시각 공간 지능 : 입체적 공간 인지 능력과 관계된다. 길눈이 밝은 사람, 디자인이나 그림그리기에 능한 사람들이 이 지능이 높으며, 디자이너나 건축 설계사에게 요구되는 지능이다.

④음악 지능 : 리듬, 멜로디, 화음 등을 인지하고 사용할 수 있는 능력과 관계된다. 음악적 감각이 높아 음을 잘 구별하고 노래를 곧 따라 부를 수 있는 사람은 이 지능이 높다. 음악가, 작곡가 등에게 요구되는 능력이다.

⑤신체 운동지능 : 몸의 움직임을 조정할 수 있는 능력과 관련된다. 어떤 운동 동작이나 춤 동작을 쉽게 할 수 있다면 이 재능이 높은 것이고, 운동선수, 연극배우, 무용수에게 요구되는 지능이다.

⑥자연 지능 : 자연에 있는 사물이나 현상을 분석하고 분류해 낼 수 있는 능력과 관련된다. 주변에 있는 나무나 꽃의 종류나 이름을 분간해 낼 수 있는 사람은 이 지능이 높다고 한다. 동물학자나 식물학자 등에게 필요로 하는 능력이다.

⑦대인 지능 : 다른 사람의 마음 상태나 의도를 파악하고 대인 관계를 맺고 유지하는 능력과 관계된다. 눈치가 빠르고 분위기를 잘 파

악하며, 다른 사람과 소통과 공감을 잘하여 인간관계를 잘하는 사람들은 이 지능이 높다. 리더나 영업사원 정치인 등에게 필요한 능력이다.

⑧**자기 이해지능** : 자기 자신의 생각과 느낌. 감정 상태를 스스로 파악하고 통제하는 능력과 관계된다. 이는 정서지능 EQ의 핵심요소이며 자신의 충동을 통제하고 감정을 조절하는 능력과 직결된다. 자기 이해지능은 그 자체로는 특정한 직업과 관련되지 않으며, 오히려 다른 모든 지능이 효율적으로 발휘할 수 있도록 돕는 지능이다.

(2) 장점의 발견과 활용

위에서 하워드 가드너가 밝힌 다중지능 이론의 8가지 이상의 독립적 요소의 지능과 관련하여 종합적인 지능인 IQ가 높다고 하더라도 뛰어난 성취를 꼭 할 수 있다는 것이 아니며, 오히려 IQ가 중간 정도 이상의 수준으로 자기의 장점이 어느 것인지를 잘 발견하고 이를 적극적으로 계발하고 육성한다면 그 분야에서 괄목할 만한 뛰어난 성취를 할 수 있다는 것이다.

또한 하워드 가드너는 영재나 신동도 대부분이 전체분야보다는 특정영역에 한정된 것이며, 일반사람도 특정한 분야에 있어서 영재가 될 수 있으며, 전문가나 창의성을 겸비할 수 있다고 하였다. 그는 지능이란 생물심리학적인 잠재능력으로 한 개인의 지능은 인지능력과 성격에서 나타나는 유전적인 유산과 심리적 속성의 혼합물이라고 하면서 다음과 같이 설명하고 있다.

그는 영재성giftedness은 한 문화권의 특정 영역에서 나타나는 조숙한 생물심리학적 잠재능력의 징표이며, 학습속도가 빠르고 특정 영역에서 촉망받는 사람을 '영재gifted'라고 부른다. 모든 개인은 지능에 포함되는 영재가 될 수 있다고 했다. 또한 '신동podigiousness'은 영재성의 극적인 한 형태이며, 모차르트는 독보적인 음악적 재능을 어린 나이에 보여 주었기 때문에 비범하다는 평가를 받았다. 대개 비범성은 특정 영역에 한정된 것이 특징이라고 밝혔다. 그러나 드물게 레오나르도 다 빈치Leonardo da Vinci처럼 전 영역에 걸쳐 비범성을 보이는 사람도 존재한다.

전문성expertise과 전문가expert같은 용어는 특정 여역에서 수십 년 동안 몸을 담은 후에나 쓸 수 있는 것이다. 그 정도가 되어야 그 영역에서 요구하는 기술과 지식에 숙달할 수 있기 때문이다.

창의성cretivity이란 특정한 여역에서 결과물을 내고, 그것이 그 영역에 속한 사람들에게 인정을 받는 것을 의미한다. 그 영역이 오래전부터 존재했던 새로 등장했던, 독창성에 대한 판단은 그 영역에 정통한 사람만이 내릴 수 있다. 창의적이지 않은 전문가가 있으며, 전문가master의 반열에 오르지 못한 경우에도 창의성이 나타날 수 있다.

천재genius라는 용어는, 창의적인 전문가로서 전반적으로 의미를 지니는 작품을 만들어낸 사람을 지칭하는 용어로써, 이에는 아이작 뉴턴Issac Newton, 셰익스피어William Shakespeare, 괴테, 모차르트 등이 이에 해당된다.

우리는 위의 영역에서 신동이나 천재가 아니더라도 자기의 특정분야에 대한 지능이 높다고 하면 거기에 집중하여 학습과 훈련을 의도적이고 계획적 과학적으로 하면서, 보다 중요한 것은 그 분야에 취미와 흥미, 열정을 가지고 몰두하면서 오랫동안 연마하고 닦는다면 얼마든지 창의적이고 전문가적인 역할을 훌륭히 수행할 수 있다는 것이다.

그런데 무엇보다도 자기가 어떠한 특정분야에 높은 지능을 가졌느냐의 강점을 발견할 수 있느냐에 대해서는 가드너는 학교에서 학생들의 지능을 알고 싶다면 교실에서 부족한 관찰을 보완해 줄 것을 권유하고 있는데 이것은 가정에서도 사용할 수 있는 것이다.

첫째, 아이들을 박물관이나 놀이시설 등 풍부한 경험을 제공해주는 환경에 데려다 놓고 관찰하여 평소에 부족한 것을 보완하고.

둘째, 학생. 학부모. 그리고 몇 년 전에 그 학생을 가르쳤던 교사에게 설문을 통하여 강점을 물어보라, 각각의 설문을 비교하여 강점과 약점을 도출하고 그 중에서 강점을 확인하라, 그렇게 하면 강점에 대한 신뢰성을 높일 수 있다고 하였다.

가정에서의 자녀의 강점을 발견하기 위해서는 위의 가드너가 말한 8개 분야 중 어느 분야에 우수한 특정의 지능이 있는가를 발견하기 위해서는 우선 가정에서 주도면밀한 관찰을 통하여 발견을 하고 또한 유치원 유아원에서의 교육과 초. 중학교의 교육에서 선생님들과 협조를 통하여 이를 보완하고 확인하며, 필요시에는 관련 전문가의 테스트와 면접. 학습을 통하여 이를 자세하고 정확하게 발견하고 확인하여 신뢰성과 타당성을 높이는 것이 자녀의 삶을 성공적으로 이끌기 위하여 필요하고도 중요한 일인 것이다.

강점을 발견하면 어려서부터 그 분야에 집중하여 학습하고 훈련하며, 중. 고등학교에서의 관련 분야로 진출하기 위한 적정한 교육의 진로를 결정하고. 대학에서는 직접적으로 관련이 있는 학과에 진학을 하여 좀 더 즐겁고 보람 있는 교육을 받으면서 그 분야에로의 사회 진출을 위하여 소요되는 지식과 능력을 쌓으며, 사회에 진출해서는 긍정성을 가지고 관련 업무에 집중하고 몰두하여 소기의 목표를 충실하게 성취하고, 관련 조직과 분야에서 창의성을 발휘하고 전문적인 능력도 겸비한 리더가 되도록 전념하여야 한다.

제3절 집중과 주목하기의 생각[31]

3.1 집중과 주목

(1)집중의 중요성

우리가 삶을 살아가는 것은 어떠한 목적과 목표를 정하고 이를 위하여 어떠한 수단과 방법을 강구하여 그것을 달성하고, 인생의 여정에서 각종의 역경과 시련을 극복하고 기쁘고 즐겁게 살아가면서 삶의 의미와 보람을 찾는 것이다. 그렇게 하기 위해서는 경험과 세계, 그리고 나 자신은 어느 대상에 집중하며 어떻게 그러한 목표를 잘 이루어 낼 수 있느냐 하는 것이다.

심리학자인 윌리엄 제임스 William James가 말한 것처럼 인간의 의미는 자유의사. 개성. 독창적인 경험을 창출하는 능력을 지니고 있다는 개념을 지지하는 기반이 되며, 그는 우리의 정신은 그 자체가 부과한 것에 의해 형성되며, 따라서 근본적으로 중요한 것은 어떤 대상에 집중하기로 결정했는지라고 주장하였다.

우리의 삶의 경험은 우리가 무엇에 집중을 하고, 무엇에 집중을 하

---

31) 몰입, 위니프레드 캘러거 지음, 이한이 역, 오늘의 책 출간, p8-52

지 않을지에 대하여 선택한 물리적, 정신적인 대상에 달려있다. 이는 수많은 연구들이 입증하는 사실이다. 하루 종일 우리는 어떤 대상과 일에 집중을 하고 그 날 그 날의 성과를 이끌어 낼지를 생각하며 또한 단기적, 장기적으로 어떠한 일과 대상에 집중할지를 계획하고 실현한다. 이를 통해 궁극적으로 더 나은 삶을 살게 되는 것이다.

이러한 집중을 '주목attention'이라고 하며, 이는 정신적 능력을 한곳에 모으는 것, 혹은 어떤 감각이나 생각에 대해 정신의 방향을 정하거나 사용하는 것을 의미한다. 최근 신경과학과 심리학 분야에서 행위의 주목과 관련하여 뇌의 모습과 기능에 대하여 패러다임의 변화가 일어나고 있다.

이는 또한 인류학, 교육학, 행동경제학, 가족 심리치료 등 다양한 학문 분야에 접목되고 있다. 이 연구들의 핵심은 '주목'이 감정에서부터 인간관계, 생산성에 이르기까지 모든 경험을 근본적으로 향상시킬 수 있는 주요 요소로, 주목을 기술적으로 관리하는 것이 멋지고 질적인 삶을 사는데 필수적인 요건이라는 것이다.

지난 삶을 되돌아보라, 그러면 어떤 대상에 주목하고 주목하지 않았는가가 현재의 삶을 형성했음을 할 수 있게 될 것이다. 우리 주변에는 수많은 대상, 소리, 감정들이 있고, 우리는 그 중 몇 가지를 선별적으로 택한다. 그것이 우리가 '현실'이라고 자신 있게 말 하는 것의 정체이다. 만약 그중 한 가지라도 다른 것을 선택했다면 현실과 삶은 달라졌을 것이다.

'주목'은 경험을 만들어내고, 결정적으로 '자아'를 기억에 저장시킨다. 그러나 과거가 어떠하던, 현재 어떤 대상에 집중하느냐에 따라 '나'라는 사람과 '인생'을 바꿀 수 있다. 지그문트 프로이드 이후 심리학자들은 과거를 통해 개인의 삶을 설명하고 발전시켜 왔다. 그러나 과거가 아니라 현재나 미래의 측면에서 삶을 설명하고자 한다면 우리는 마음속 깊은 곳에 있는 '직관intuition'이라는 요소와 마주하게 될 것이다.

올바른 대상에 집중한다면 삶에서 불필요한 것들에 반응하지 않고 온전히 나 자신이 만들어 낸 삶을 살아갈 수 있다. 일련의 시간들이 모여서 이루어진 그저 그런 삶이 아니라 하나의 창조로써의 삶을 말이다.

(2)주목의 기본 체계

주목에 대한 개념을 바꾼 신경과학자들의 진정한 발견은 선택과정이 진정한 주목의 체계라는 것이다. 이 신경과학적 분리 작용은 두드러지게 드러나는 대상이나 심리상태, 우리의 지식범위에서 높은 가치를 지닌 정신적 주체를 강화함으로써 주변의 잡다함을 제거하고 목표 대상에 집중할 수 있게 해준다. 그러나 이러한 것은 엘리트 집단이 아닌 사람들도 다 알 수 있는 것이라는 것을 우리는 알 수 있다.

'주의를 기울이다'라는 표현은 특정 대상에 주목할 때 그 대상에 현재의 인식을 한정한다는 것을 의미한다. 이는 매우 현명한 것으로 대상에 대한 이해를 높여준다. 어느 순간 우리의 세계에 뇌가 처리할 수 없을 만큼, 혹은 그것을 묘사해낼 수 없을 만큼(물리적이던, 정신적이던 간에)지나치게 많은 정보가 결집되면, 우리의 주목체계는 그

대상들 중 특정한 것들을 골라내고 현재 상태에서 가치 있는 것들을 선택한다. 그리고 그것이 우리의 행동에 영향을 미친다. 이런 인생의 순간순간들이 현실의 일부를 구성하며, 선택받지 못한 나머지는 그림자가 되거나 한구석에 남겨지게 된다.

주목의 선택적 특성은 혼돈 상태를 다른 관점에서 바라보게 하며 수많은 이익을 만들어 낸다. 우리는 단 한순간도 세상의 모든 경험을 취할 수 없고, 실제 세계보다 훨씬 작은 세계를 경험한다.

거리의 소음, 직업적인 아이디어들, 인간관계에서 발생하는 감정 등 모든 자극들은 우리의 주목을 끌기위해 잠재적인 전투를 벌인다. 새로운 정보와 커뮤니케이션 수단들은 정보 과부하를 불러일으킨다. 특정 대상에 주목을 집중하고 정보를 걸러냄으로써 주목세계를 '나의 세계'로 함축시킨다.

또한 주목은 나만의 세계를 조직하는 이성적인 과업을 수행하면서 동시에 디오니소스적[32]인 아름다운 경험을 할 수 있게 해준다. '몰두 rapt' '몰입 flow'이라는 빛나고 매혹적이고 흥분되는 이 경험은 철학자의 사색과 목수의 톱질에서부터 사랑의 매혹까지 삶의 진정한 기쁨을 누리는 모든 순간에서 찾을 수 있다.

물론 어떤 사람들은 태생적으로 다른 이들보다 쉽게 이 상태에 돌입할 수 있는 능력을 타고난다. 그러나 사유. 반복적 경험 . 훈련을 통해 누구나 이런 깊은 몰입의 상태를 만들어 내어 깊이 있는 경험을 할 수 있다. 몰입상태에 주의력을 모으는 것은 어떤 일을 하던 간에,

---

32) 디오니소스는 생동적이고 변화무쌍한 삶, 감성적인 것, 즉 도취. 무질서. 본능. 광란. 열정을 다스리는 신을 말한다. 여기에서는 생동적이고 감성적인 것을 말한다.

집중력을 증진시키고 내면의 세계를 확장하며 영혼을 승화시킨다. 무엇보다도 중요한 것은 그것이 자신의 삶을 더욱 가치 있다고 느낄 수 있게 해준다는 것이다.

경험을 선별하고 가려내는 능력은 혼돈 속에서 질서를 만들어 낸다. 매혹의 기쁨은 주목의 가장 짜릿한 이익이며, 노력만큼 얻어낼 수 있는 결과물이다. 우리가 조율하는 현실의 작은 조각들은 사실상 생각보다 훨씬 불완전하고 주관적이다. 사람마다 주목하는 대상이 다르며, 같은 대상에서 다른 측면을 바라보기도 한다. '사람들은 모두 다른 세계에서 살아가고 있다'는 말은 명백한 진실이다.

집중력을 유지하는 것은 질적인 삶$_{wellbeing}$을 살기 위한 훌륭한 전략이지만 말처럼 쉽지만은 않다. 일단 경험을 통해 자신만의 주목법칙을 확립하는 것에서부터 시작해야 한다. 나무들이 아니라 숲을 보아야 하기 때문이다.

심리학자들은 무엇이 사람의 감정을 만들어 내고 더 나은 방향으로 기능할 수 있게 하는지를 탐구하면서부터 주목을 기술적으로 관리하는 것이 인간의 행동변화를 일으키는 첫 번째 단계이자 자기 발전을 이룩하는 포괄적인 접근법이라는 것을 깨닫게 되었다.

주목을 관리하는 것도 여타의 자기 계발 훈련이나 노력과 같이 일종의 기술이다. 행동과학적인 접근법에서 제임스는 다양한 기법들을 제시한다. 목표로 삼고 있는 대상을 새로운 관점에서 본다던지 혹은 대상의 다양한 측면들을 정교하게 다듬어 본다던지 하는 것이다.

몰입하는 삶을 살기 위해서는 모든 경험을 가능한 최고의 경험으로 만들 수 있도록 어떤 목표를 선택할지를 분별하는데 달려있다. 이는 인간이 시간을 최대한 유용하게 사용하려면, 경험하는 대상과 연결고리를 만들고 그에 집중하여야 하기 때문이다. 이는 랄프 왈도 에머슨의 말처럼 '시간을 충만하게 쓰는 것이 행복'이라는 말과도 연계되는 것이다.

일생의 과업보다 지금. 오늘. 이번 주. 올해 어느 대상에 주목할지 결정하는 것이 우리는 가능하다. 삶의 질은 주목을 어떻게 다루느냐에 달려있다고 해도 과언은 아니다. 모세는 신에게, 피카소는 비범한 창조성에 온전히 집중했다. 우리는 각자 다른 동기의 재능을 가지고 있고, 따라서 올바른 집중대상을 찾는 과정은 복잡하게 이루어진다.

생각이 이리저리 방황하는 것을 막고 앞으로 무슨 일이 어떻게 일어나게 될지를 생각하여 반응하고, 일상생활에서부터 인간관계까지 모든 일에 신중하게 대상을 선택하여 시간과 주목이라는 한정된 재화를 가치 있게 만들어야 한다.

직업을 선택하거나 배우자를 선택하는 것처럼 일생의 집중대상을 결정하는 일은 자연히 고도의 주목을 이끌어 낸다. 그 외의 선택들은 이 보다는 명확하게 드러나지 않지만 역시 일상적인 경험의 방향을 결정한다. 걱정거리 보다는 희망에 집중하고, 과거보다는 현재에 집중하는 것을 선택하라. 상황이 망쳤다면 그 상황을 올바르게 인정하고 더 이상 집착하지 말아야 한다. 텔레비전 방송을 보거나 인터넷, 각종 게임에 많은 시간을 투자하기보다는 독서나 자기의 건전한 취미나 운동에 열중하고, 건전한 친구와의 친교 및 대화시간을 가져 다양하고 특성 있는 인간관계를 형성해 나가야 한다.

'시간을 보내는 것'과 '시간을 잘 사용하는 것' 사이의 차이는 크고 작은 문제에서 무엇을 어떻게 다룰지 현명하게 판단하는 데 달려 있다. 선택의 질적인 측면을 생각하고 행동을 한다면 인생의 질도 그에 따라 달라질 것이다. 수많은 연구들이 부자. 유명인. 천재. 미인 등 대부분의 재능과 부를 가진 사람들이 이를 더 적게 누리는 평범한 사람보다 더 행복하지는 않다고 말한다. 개인의 자아와 삶에서 느끼는 기쁨은 다른 사람의 관심과 주목에 달려있는 것이 아니기 때문이다.

나치의 죽음의 수용소라는 지옥에서 정신의학자 빅터 프랭클Victor Frankl 등 많은 사람들이 절망에서 벗어날 수 있었던 것은 자신의 정신적인 자유는 빼어갈 수 없으며, 그런 혹독하고 모진 상황도 극복하고 자유를 찾을 수 있다는 정신적 확신에 몰입했기 때문이다. 이러한 일은 우리사회에서 신체적으로 아주 나약한 닉 부이치차나 앞을 볼 수 없고 들을 수도 없는 핼렌켈러에 있어서 자기가 할 수 있는 일의 집중과 주목을 통해서 세계의 많은 사람들에게 정상적인 사람들도 할 수 없는 강의나 책을 쓰고, 정상적인 사람들에게 정신적인 위로와 격려를 하는 것은 오히려 놀라움과 더불어 감동을 주고 있는 것이다.

'산만함distracted'이라는 단어가 집중력이 없다거나 혼돈, 정서불안, 때로는 광기와 동의어로 사용하는 것은 어느 것에도 집중을 못하고 혼돈상태에서 시간과 공간을 이용하는 것을 말하며, 이런 것을 인터넷. 컴퓨터. 핸드폰. 텔레비전 등의 탓으로 돌리고 있다. 그러나 진짜 문제는 우리가 주목을 이용하여 진정으로 만족스러운 경험을 선택하고 누릴 수 있는 자신의 능력을 명확히 인식하지 못한다는데 있다. 우리는 이러한 잠재력을 개발하는 대신 계획 없이 되는 대로 아무 대상에나 주목하면서 지나치게 방만하고 불안정하게 정신적 자원과 소중한 시간을 낭비하고 있으며, 바람직하지 못한 생각을 가지고 살고 있는 것이다. 이러한 삶은 인생에 있어서 의미가 없으면서 방황을 하게 되며, 끝내는 자기의 인생목표를 달성하지 못하고 한 세상을 그럭저럭 살아가는 것이다. 따라서 인생에 있어서 의미 있고 보람 있게 생활할 수 있으면서 소기의 목적을 달성할 수 있게 할 수 있는 대상과 일에 대한 집중과 주목을 하는 것이 매우 중요하고 필요한 것이다.

주목의 형태는 사람마다 각기 지문이 다르듯이 다양하게 존재한다. 단지 각자가 지닌 개성에 따라 주목하는 대상이 다르며, 이와 동시에 우리가 주목하는 것이 우리 각자의 개성을 결정짓는 다는 것이다. 주목의 역할은 학습. 기억. 감정. 관계. 직업. 의사결정. 창조성을 포함하여 삶의 주요한 측면을 구성한다.

제아무리 현명한 사람이라도 잘못된 것에 집중한다면 중요한 문제에 대하여 실책을 저지르고 삶의 패배를 가져온다. 삶은 우리들이 집중한 대상들의 합이다. 현재에 주목할 대상을 신중하고 현명하게 선택하고 그것에 몰입하는 삶을 살아가야 하는 것이다.

3.2 주목하기의 종류와 적용

(1)기초 주목

신경과학의 급격한 발전은 지금까지 심리학자들이 밝히지 못했던 것을 많이 알려주었다. 신경과학에서는 '집중상태in focus'와 '비 집중

상태out of focus로 구분한다.

주목이 내, 외부의 특정 대상을 선택하고, 그 대상을 주변의 대상들보다 명확히 인지함으로써 우리의 경험을 형성한다는 것이다. 이 두 부분의 신경 생리적 과정은 고양이를 보던, 어떤 개념을 생각하던 향기를 맡던, 감정을 느끼던 목표 대상을 결정한다는데 있어서 기본적으로 같은 방식으로 작용하며, 이는 감각세계에서 포착하기 쉽다.

도심의 거리나 시골길을 걸어간다고 생각해보자 교통 신호, 건물, 가로수, 동물 등 주변에 많은 것들이 존재하고 있음을 우리는 깨닫게 된다. 그러면 우리의 뇌는 순간을 포착하기 위한 과정을 시작하며, 몇몇 대상만 포착하고, 나머지 대상들은 여과하는 우리의 능력은 세계를 더욱 질서정연하게, 때로는 복잡하게 만들어 준다. 경험을 여과함으로써 주목은 생각보다 훨씬 더 편파적이고 개인적인 현실을 만들어 낸다.

우리가 거리를 지나가면서 보는 것 중 그 중에서 가장 흥미롭고 관심이 있는 것은 우리의 주목을 끌 것이고 더 세밀하고 천천히 보고 관찰 할 것이다. 우리는 두 가지 집중 방식 중 한 가지를 선택하여, 세계에서 가장 흥미롭게 느끼는 대상으로 관심을 조정하며, 즉 무의식적으로 가장 깊은 '기초 주목bottom-up attention'이 발동되는 것이다.

이런 과정은 자의적으로 발동되는 것이 아니라, 불타는 것처럼 보이는 주홍색 인장이 자연스럽게 눈에 띄듯이 명백하고 현저하게 드러나는 대상에 의해 작동된다. 진화론적으로 기초 주목은 인간의 타고난 특성이다. 밝은 색의 꽃이 눈에 먼저 들어오고, 뱀이 쉬하고 가는 소리에 놀라고, 상한 음식 냄새를 맡을 때 코를 찡긋거리는 등 우리는 생존에 위협이 되거나 생존을 강화시킬 수 있는 대상에 반응하고 그것을 추적한다.

기초 주목은 외부 세계에서 무슨 일이 벌어지고 있는지를 자동 반사적으로 알려준다. 그러나 현대를 살아가는 우리들에게 이 기제는 약점이 되기도 하고, 때로는 무용한 것이 되기도 하며, 때로는 주의력을 흩으러뜨리는 달갑지 않은 상황을 낳기도 한다.

책을 읽거나 컴퓨터 앞에 앉아 일에 몰두하고 있을 때에도 이러한 우리의 감각기능은 파리가 나는 것을 주시하거나 창밖에서 들려오는 구급차의 사이렌 소리와 같은 외부 자극에 주목하고 계속 신경을 쓰게 만들기도 하기 때문이다.

(2) 선택 주목

기초 주목이 "지금 여기에 있는 것 중에서 가장 명확한 대상은 무엇인가?"라고 묻는다면, "선택 주목 top-down attention 은 어떤 대상에 집중하고 싶은가?"라고 물을 것이다. 이런 활동 때문에 자발적인 주목은 효과를 발휘한다. 특정 대상에 주목하는 것이 어려울수록 대상에 대한 집중도는 더욱 높아지지만, 이를 오래 지속할수록 집중력은 떨어지게 된다. 이러한 자발적인 기초 주목은 오래 복잡한 현상을 계속해서 보고, 주시하게 되면 혼란스러워지며 이제 그만하고 싶다는 생각을 갖게 한다.

선택 주목방식 역시 인류를 발전시켜 왔으며, 이는 좀 더 편리하고 성능이 좋은 기계와 기구의 발명과 발견, 도시를 건설하고 운영하는 것과 같이 인류에게 보다 어려운 목표를 추구할 것을 선택하게 만들기 때문이다. 주목이 발현되는 이런 계획적인 과정은 개인의 일상적인 경험을 설계하는 핵심 요소가 된다. 이것이 우리가 무엇에 집중하고, 무엇을 배제할지를 결정하기 때문이다.

특출 난 업적을 이룩해내는 사람들 대부분은 주목 대상에 몰두하는 능력이 탁월하다. 미네소타 대학교의 성격심리학자 데이비드 리켄 David lykken은 이런 사람들이 정신적 에너지를 광범위하게 가지고 있음을 관찰하고 이를 '주목 대상에 집중하는 능력', '가외적인 것들을 차단하는 능력', '답을 찾아가는 과정을 추구하는 능력'이라고 규정했다. 지치지 않고 오랫동안 문제에 도전하기 위해 반드시 필요한 자질들이다.

그의 대상들 중에는 프랑스의 나폴레옹에게서 영국을 구해낸 외눈박이의 외팔이 호레이쇼 낼슨Horatio Nelson제독이 포함되는데 그는 일기에서 전쟁 중 "5일 동안 잠을 자지 못했지만 힘든 점은 조금도 없다고 했다."는 경험에 의한 선택 주목을 말했다.

천재 수학자 스리니바사 라마누잔Sirnivasa Ramanuzan과 관련된 일화 역시 특기할 만하다. 어느 날 병문안을 온 동료가 타고 온 택시번호가 1729의 특징 없는 숫자라고 말하자, 그는 "오 그렇지 않네 그 숫자는 매우 흥미로운 숫자이며, 그것은 2개의 세제곱근의 합으로 나타내는 방법이 두 가지인 수 중 가장적은 수일세(12의 3제곱+1의3제곱=10의 3제곱+9의 3제곱=1729)라고 상상을 초월하는 대답을 하였다". 그는 수를 친구로 여기고 수에 몰입하는데서 나온다고 말한다. 이러한 뛰어난 능력은 운동선수들이나 과학자, 예술가 등에서도 나타나며, 이러한 능력은 무엇보다도 '집중상태에 돌입하는 능력'을 우선으로 꼽는다.

주목 능력은 목표 대상에 대한 집중력을 날카롭게 만드는데 큰 이점으로 작용한다는 것이다. 그러나 이러한 천재들의 능력은 몰입 경험의 장점이 단점으로 작용할 수 있다. 그들은 주변 사람들에 대해서 한 곳에 집중함으로써 다른 것을 보고 감지하거나 알지 못하며, 관리하지 못하는 성격으로 가족이나 주변사람들에게 자기의 책임과 의무를 다하지 못하는 특징이 나타나기도 한다.

선택 주목과 관련된 놀라운 현상 중 하나는 주의 맹change blindness 현상이 있다는 것으로, 이 현상은 어떤 것에 집중하면 뻔히 그 이외에 있는 주위의 상황이나 여건을 전혀 감지하거나 알지 못하는 현상을 의미하는 것이다. 주의 맹에 관한 연구들은 우리가 특정 상황에 익숙해지면 우리의 선택 판단top-down conviction은 이미 어떤 일이 벌어지고 있는지를 알고 있다고 생각하여 극단적인 상황이 발생해도 그것을 놓치게 될 수 있음을 알려준다. 이러한 현상은 직장생활과 결혼생활, 일상생활에서도 일어날 수 있는 현상으로 주의를 하고 이러한 것이 없도록 처리하는 것이 필요하다.

(3)주목 선택의 적용
(가)주목 선택에서 일어나는 문제
1) 주목 선택과 편향 경쟁

우리의 현실은 무의식적인 기초주목과 의식적인 선택주목이 목표대상을 전화하는 것에서부터 전개된다. 기초 시각의 주목이 공원에서 새를 보기 시작하면 선택의 시각의 주목이 상대적으로 화려하고 멋진 새를 보게 되며 그것에 끌리게 되어 대상이 강화되면, 그것은 우리 뇌에서 멋지고 선명한 대표이미지로 부각되거나 묘사되며, 선택받지 못한 것들은 억제되어 하찮은 대상으로 전락하고 망각되는데, 캠브리지 대학교의 신경과학자 존 덩컨John Duncan과 MIT대학교의 로버트 데시몬Robert Desimone은 이를 '편향경쟁biased competition'이라고 일컫는다. 이는 일상의 경험을 구축하는데 주목대상의 선택에 중요한 배경이 된다.

존스 홉킨스 대학교의 신경과학자 스티븐 안티스Steven Yantis는, 센트럴 파크 스트로베리 필드의 자영실험장에 편향경쟁을 실험하기 위해서 따로 구역이 설정되어 있고, 여기에서는 "보이는 대로 믿는다."라는 가정에서 시각 그 자체를 측정 도구로 한 연구가 진행되는데, 그는 그 곳에서 주목과 시각에 대한 연구를 했다. 그는 그곳을 거닐다, 우연히 날개달린 생명체들이 무리지어 있을 때 흘끗 바라보게 되며, 눈은 해당 장면에 대한 부족한 정보를 모으게 되며(대개 빛의 강도, 형태, 색깔)이것이 시각화 구역에 전달된다. 그러면 엄청난 수의 뉴런들이 색, 크기, 형태 그 밖의 다른 특징들을 그려낸다. 뇌의 기본 장치들이 작동하면서 뉴런들 역시 이 장면에서 가장 두드러진 대상으로 편향된다는 것이다.

여러 마리의 새 중 기초주목에 의하여 선명한 색깔과 뚜렷한 형태를 지닌 새를 큰 어치를 주목하게 되고 그 다음에는 좋아하는 굴뚝

새, 그리고 그 다음에는 평범한 새인 참새들에게 주목하게 될 것이라는 것이다. 그러나 이런 복잡한 새 구역에서 배가 노란 작은 딱따구리 같은 작은 목표물을 유심히 살펴보기 위해 적극적으로 목표지향적인 선택 주목을 사용하는 순간, 주목 대상은 머릿속에서 변화를 일으킨다. 단지 보기 드문 대상을 포착할 것이라는 생각을 한 것만으로 즉시 우리의 주목 능력은 그 과정을 진행하는 쪽으로 강화 된다. 즉, 주목할 것이라는 생각만으로도 뇌는 영향을 받고, 이것이 실제 경험을 향상시키는 것이다.

선택주목은 딱따구리 같이 특히 선호하는 새에게 경쟁성을 부여하는 편향성을 지니고 있다. 이 과정에서 그 이외의 평범한 새들은 특징 있는 새들에게 밀려나게 되고, 이런 주목을 끌기 위한 전투는 마치 새 무리들 가운데 주시를 받는 딱따구리에게 비춰지며, 목표대상에 안착하게 되면 끝난다는 것이다.

여기에서 시간이 지나면서 주목을 받는 선택 주목 이외의 다른 것은 잘 보이지도 않게 된다는 것이다. 얀티스는 이 대상에서 저 대상으로 주목을 전환 하는 것이 마치 제어판의 다이얼을 조정하는 것과 같아서, 우리가 차의 엔진의 문제를 파악하기 위해 라디오 소리를 줄이고 우리의 귀의 듣기 감각을 차의 소리를 듣기로 전환할 때, 경쟁성 있는 차의 엔진소리 듣기위해서 귀의 자극으로 주목을 전환 한다는 것이다.

이는 우리가 운전을 할 때 라디오 뉴스를 듣거나 함께 타고 있는 사람과 대화를 한다면 그것에 주목선택을 하고 그에 목표가 집중되면 그 이외의 것에는 잘 신경도 써지지 않기 때문에 지나치는 풍경들을 거의 보지 못한다는 것이다.

2) 주목 분산에 의한 문제

마술사는 관객의 주의를 다른 곳으로 돌리게 하여 현실에서 일어나는 일을 속이는 수많은 기술을 지니고 있다. 마술사가 똑바로 응시한다면 우리는 역시 그의 눈동자에 주목하게 될 것이다. 이는 그가 원하는 어떤 트릭이라도 사용할 수 있는 기회이다.

마술사와 마찬가지로 (최소한 우리가 상상하는 것보다 많이)우리 인생에서도 이런 일이 일어난다. 주목시스템은 우리를 처음에는 기초 주목을 주시하고 그 다음에는 선택주목에 주시하여, 그 후에 경쟁을 통하여 특정한 선택 주목의 대상이 결정되면 그것에 집중하게 되어 삶에 있어서 중요한 다른 것에는 볼 수 없고 알 수 없게 된다는 것이다.

그러나 대부분의 연구자들이 주목 현상을 '주목'과 '비 주목'으로 나누어 보는 것과는 달리 카네기 멜론 대학교의 신경과학자 마를레네 베어먼Marlene Behrmann 등은 '연속체 개념' 으로 본다. 우리가 책상위에서 열쇠를 찾는다고 할 때(열쇠를 찾을 때 눈을 열쇠에 고정해 두고, 주의를 딴 대로 돌릴 수 있다는 이야기)주목 경쟁에서 승리한 '열쇠'의 주변 사물들(예를 들면 안경이나 휴대폰 등)은 선택주목 대상 바로 옆에 있다는 이유만으로도 약간의 시선을 끈다. 주목의 스포트라이트는 매우 강력해서 우리가 책상을 떠난 후에도 기억 속에 남는다는 것으로 만약 열쇠를 쉽게 찾지 못했다면 주변의 긴요한 물건인 안경이나 휴대폰 같은 것은 본 기억이 남는다는 것이다.

그러나 대부분의 학자들은 많은 연구자들은 잠재적 주목이라고 하기에는 너무 빨리지나가서 영향력을 미치기에는 그 힘이 미약하고, 일반적으로 '의식적 현상'을 설명하기에는 미흡한 점이 있다고 말한다.

즉 과학자들은 의식적으로 인지되지 않는 자극이라도 뇌의 일부를 활성화시키고 경험에 영향을 줄 수 있음은 인정하지만, 대부분 강도가 약하고 짧은 순간 지속되며, 영향력이 거의 없는 상황에 대해서는 '주목'이라는 용어로 그럴듯하게 포장하지는 않는다는 것이다. 서구의 연구자들은 대부분 이런 관점에 동의 한다.

(나)주목 선택의 올바른 적용

지식이나 기술을 습득하는 방식, 정보를 저장하고 재생하는 기억방식에서 주목의 법칙을 파악하고 활용하는 것은 몰입하는 삶을 관리하는데 있어서 가장 중요하다. 새의 이름을 기억하는 것부터 외국어를 자국민처럼 구사하는 기술에 이르기까지 특정 감각을 익히고 사용하고자 한다면, 먼저 그 감각을 익히는데 많은 주목을 집중할 것이다.

일련의 정보를 조직하고, 목표 대상의 특성(모양이나 색깔, 행동 등)들을 기존의 지식과 통합하기 위해 정신을 완전히 모은다면 상황을 단순화하고 느긋하게 볼 수 있게 한다. 믿을 수 없을 만큼 빨리 나뭇가지 사이를 오가는 새를 보고, 그 형태와 색, 울음소리, 체형 등을 파악하여 그 새가 흰가슴동고비라는 것을 알아내는 경지에 이르는 것이다. 대상에 완전히 집중하는데 시간을 사용하기 때문에 그 작은 새는 우리의 머릿속에 명확히 그려지고 완전히 저장되는 것이다.

프린스턴 대학교의 인지심리학자 엔 트레이스먼Ann Treisman은 '느리고slow', 정밀한narrow주목과 선택적 주목을 구분 했는데, 이는 또 다른 방향에서 주목을 볼 수 있게 해주며, 우리에게 '평균'의 실상을 추정할 수 있게 해준다. 그러나 선택주목에서와 같은 현실 세계에서 가까이에 있는 최소한의 공통적인 특징들을 가로지르는 특정한 실상을 파악하지는 못하게 한다.

삶이 우리가 주목한 대상들의 총합이라는 개념이 등장한 이후 스티븐 얀티스는 이렇게 말했다. "주목이 인식의 핵심이며, 우리가 시간을 보낼 때 작용하는 정신 활동의 중추라는 개념은 매우 멋지다. 이 개념은 모든 종류의 감각을 만들어 낸다. 시각이나 소리 같은 자극보다는 견해나 감정을 고려하는 이런 생각은 인식으로 입력되는 것을 통제하는 정도에 따라 무엇에 주목하고, 무엇을 흘려보낼지, 우리의 생각이 스스로 통제하고 행동하게 한다는 것을 의미하기 때문이다."

우리는 선택주목에 의해 공원이나 산에서 특정 대상에 대해 '주목하기를 선택'할 수 있는 것처럼 우리의 삶에서 있어서 의미와 목적을 이루기 위해서 기초적인 선택을 통하여 우리가 살아가는 방향을 전체적으로 감지하고 그 중에서 우리의 관심과 주의를 끄는 분야를 중심으로 특성과 적용범위, 능력범위, 발전가능성 등을 고려하여 그 중에서 적합하고 타당성이 있는 것에 선택 주목을 하여 이에 시간과 정성, 마음을 다하는 몰입하고 집중을 하면 우리의 인생의 성공가능성은 매우 높아질 것이다.

(4)집중의 실천[33]

⑴타고난 재능의 발견

우리는 앞에서 살펴본 인생에 있어서의 기초주목과 선택주목의 이론 적용을 하고 종국적으로 삶의 영역에서 선택주목을 잘 실현하기 위해서 자기의 소질과 재능 중에서 가장 좋고 잘할 수 있는 것에 선택주목을 해서 그것에 집중해서 자기의 계발을 위한 학습과 훈련을 하고 끈임 없이 자질을 연마 하는 것이 필요하다.

자기의 소질이나 재능을 발견하는데 있어서 하워드 가드너의 다중지능이론에서 언급하고 있는 8가지의 분야를 중심으로 학교나 가정에서의 관찰과 실제적인 실행과 경험을 통해서 밝혀진 분야를 선정하는 것이 합리적이고 타당할 것이다. 이와 관련하여 우선 재능과 소질 있는 일의 선택이 의미 있고 중요한 일이며, 먼저 그것의 의미를 정확하게 파악하고 이해하는 것이 필요하다.

재능 있는 일이란 무엇을 의미하는가? 이것은 별다른 노력 없이도 남들보다 뛰어난 성과를 거둘 수 있는 일이며, 활력을 주는 일이다. 이것은 태어날 때부터 지니고 태어난 천부적인 능력과도 관련된 재능과 연관되며, 후천적으로 계발된 소질이나 능력과도 연계되는 개념이다. 사람이 재능과 소질이 있는 일을 택하여 그 일에 얼마나 선택과 집중을 할 수 있느냐의 여부가 일의 성공과 삶 전체의 성공과도 높은 상관관계를 갖게 되기 때문이다.

중요한 질문은 첫째, 특정한 사람이 일을 할 때 그 사람의 재능과

---

33) 인생의 맥을 짚어라, 잭 캔필드, 마크 빅터 한센, 김희정역. 창작시대 출판. 2,000

소질을 충분히 발휘할 수 있는 일을 선택할 수 있는가의 문제가 제일 중요한 것이며 둘째, 그 일에 스스로가 즐기며 열정적으로 하고 있는지와 관련하여 그 분야의 일에 시간과 마음. 정성을 쏟아 붙느냐가 중요하다. 이에 대하여 할 수 있는 것에 대하여 대부분의 사람들은 약 15-25%정도라고 대답하고 있으며, 아주 적은 수의 사람이 60-70%라고 대답한다. 그러나 진정으로 그 일에 집중하여 성공을 하려면 80%이상의 집중하는 열정이 필요한 것이다.

미국의 유명한 코미디언이자 영화배우인 짐 캐리에게는 독특한 재능과 소질이 있다. 그는 온 몸이 고무로 만들어진 것처럼 얼굴과 몸을 매우 기이한 모습으로 비틀고 구부릴 수 있다. 십대의 짐 캐리는 매일 거울 앞에서 그런 연습을 하며 시간을 보냈다고 했다. 그 밖에도 그에게는 흉내를 잘 내는 재주가 있었는데, 그것 역시 그가 코미디언으로 활동할 때 큰 도움이 되었다.

스타덤에 오르기까지 그는 수많은 난관을 겪어야 했다. 미래에 대한 불안과 흔들리는 자신감 때문에 2년 동안 활동을 쉰적도 있었다. 그러나 그는 코미디언으로서의 재능과 자질을 확신했기 때문에 끝까지 그 길을 포기하지 않았다. 그리고 마침내 영화 《에이스 벤츄라》에서 주역을 맡게 되었다. 그는 이 기회를 놓치지 않고 오직 자신만이 해낼 수 있는 기괴한 모습들을 마음껏 보여주었다.

영화는 대단한 흥행을 기록하였고, 그는 슈퍼스타의 자리에 올랐다. 짐 캐리는 오랜 연기생활 동안 한 번도 진지한 역할을 맡으려고 애쓴 적이 없다. 왜 그랬을까? 자기의 가장 뛰어난 재능은 코미디 연기에 있다는 사실을 누구보다도 더 잘 알았기 때문이다. 재능에 대한 강한 믿음과 집중적인 연습은 결국 성공해서 엄청난 보상을 받게 하였다.

(2) 집중적 학습과 훈련

앞에서 살펴보았듯이 아무리 타고난 재능이 있는 신동과 천재라고 할지라도 한 분야에 전문가가 되기 위해서는 10-20년을 그 분야에 시간과 정성, 자원을 투자해야 그 분야의 사람들로부터 전문가라고 인정을 받는다는 것을 알았다.

또한 운동이나 예술, 과학의 분야에서도 10여년 이상의 집중적인 학습과 훈련을 해야 실력수준이 사회에서 인정하는 일정의 단계 이상의 수준에 도달한다는 것을 우리는 그 간의 관찰과 경험, 실제적인 많은 사례들을 통하여 이해하고 알 수 있다.

특히, 어떠한 운동이나 언어의 훈련 등에 있어서는 10,000 시간의 법칙이라는 것이 통용되고 있다. 적어도 그 분야에 숙달하고 괄목할 만한 실력을 갖추기 위해서는 재능이 있을 지라도 최소한 10,000시간 이상의 집중적인 연습과 체계적인 훈련이 필요하다는 것이다.

대부분의 사람은 재능이 있다고 하면 최소한의 노력으로 일정의 목표를 달성할 수 있는 효과와 실적을 거두려고 하는 것이 보편적인 사람들의 사고다. 그러나 최근의 지식정보화 시대에 있어서는 놀라운 첨단 과학기술과 융복합지식의 발전으로 우리가 종전에 생각하지도 못했던 정보통신과 그 밖의 첨단 과학기술분야에서 놀라운 혁신과 파괴적인 변화가 이루어지고 있다.

즉, 파괴적 혁신기술이 컴퓨터. 아이패드. 핸드폰. 생명과학기술 등의 분야에서 나타나고 있으며, 이는 종전의 양적인 노력과 더불어 새로운 창조와 혁신을 할 수 있는 질적인 노력을 함께 필요로 하는 시대가 된 것이다. 이러한 변화와 발전은 체육이나 그 밖의 문화. 콘텐츠 산업 등에도 나타나고 있다.

우리나라가 이미 정보통신의 분야에서 괄목할 만한 기술의 발전을 이룩해서 세계에서 1-2위의 국가로 부상하게 되었고, 그 밖의 관련 산업분야인 자동차. 조선 등에서도 세계적 수준의 기술 강국으로 성장하고 발전한 것은 정부의 관련 산업 분야에의 집중과 선택을 통한 인프라 구축, 제도의 수립과 지원 육성의 정책, 더불어 재능이 뛰어난 기업가와 연구진이 민간 산업 분야에서의 창조적이고 혁신적인 연구와 실행이 가져온 결과라고 평가하고 있다.

현재 우리는 한류문화가 세계에서 각광을 받기 시작하였다는 것을 사이의 강남스타일 춤의 폭발적 인기와 그 밖의 각종 춤과 노래. 영화. 스포츠 등에 있어서 괄목할 만큼 두각을 나타나고 있는 것을 통하여 알 수 있으며, 이는 관련 분야에서 새로운 상상과 창조를 통하여 세계인들에게 문화로 소통과 공감을 할 수 있는 자질과 능력의 향상에 의한 것이라고 판단된다.

우리는 지식과 정보화가 고도화되고, 문화와 콘텐츠 산업이 빠르게 발전되고, 각종의 스포츠와 영화, 오락이 대중적 인기를 끌고 세계적인 공감과 교류가 이루어지고 있는 다양화된 세계화시대에 살고 있는 것이다.

이러한 세계화된 시대와 공간속에서 자기의 재능과 소질이 어느 분야에 있는 것을 학교와 가정 그리고 사회에서 그것을 좀 더 정확하고 세밀하게 조사하고 발굴해내는 것이 무엇보다도 필요하며, 이렇게 발견된 재능과 소질을 세계적인 기준과 수준에 맞추어 계발할 수 있는 학습과 훈련을 통하여 기술과 능력, 감정과 품성을 갖추게 하고 발휘하게 하는 것이 필요하며 또한 시급하게 요청되고 있다.

이제까지의 일부의 인기 있고 안정된 공적분야와 일부의 의료분야 등에 집중하는 인력의 집중을 분산하여 제대로 육성되도록, 국가적인 차원에서 다양한 분야에 자기의 재능과 소질을 살리고 육성할 수 있는 제도적 정책적 지원을 확대하여야 한다.

또한 더불어 정부와 기업은 이들 분야에 대한 인프라 구축을 통하여 관련 산업의 육성이 되도록 하여 많은 젊은이들이 각자 관련된 분야에 폭넓게 진출을 하고 취업도 할 수 있게 하여 개인도 자기의 목표를 달성하고 행복하게 되며 국가도 전체적으로 능력을 향상시켜 일류 선진국으로 도약할 수 있게 하여야 할 것이다.

인간의 생각은 말과 행동, 판단과
결정의 원천이며 상상과 창조의 원동력이다.

제 4부

삶의 목적 실현을 위한 생각

Excellent Thinking Frame

Excellent Thinking Frame

제7장

삶의 목적 실현을 위한 생각

제1절 삶의 목적과 목표에 대한 생각 [34]

1.1 삶의 목적의 설정

(1) 삶의 목적과 의미 찾기

우리는 삶을 살아나가는데 있어서 나름대로의 인생의 목적과 의미를 지니고 살아가고 있다. 인간은 누구나 관찰과 유추를 할 수 있고, 상상력과 창조력을 지니고 있으며, 만물을 지배하고 다스릴 수 있는 능력은 고도의 상상과 창조 능력을 가지고 있는 데에 그 원동력이 있는 것이다. 이러한 인간의 능력 중 어느 부분의 재능을 좀 더 많이 가졌는가의 문제는 각 개인마다 다 다르고 독특하다.

또한 인간이 세상을 살아가면서 어떠한 목적과 의미를 갖고 살아갈지는 본인의 주관적인 생각과 본인이 가지고 있는 재능과 소질, 그리고 처해 있는 상황과 여건 등에 따라서 각기 다른 것이 사실이다. 여기에서의 인간의 삶의 목적은 목표의 상위 개념으로서 목표는 인생을 살아가면서 한 단계 한 단계 실현하는 좁은 범위 내에서의 삶의 실현수단인데

---

34) 위 핵 인생의 맥을 집어라, PP81~115

비하여 목적은 목표보다 한 단계 우위의 개념으로서 인생 전체의 과정에서 가치와 보람으로 생각하는 크고 바람직한 인간실현의 원대한 목표를 말한다. 예를 들면 공자는 다른 사람에게 어질고 선하다는 인(仁)의 실천을 목적으로 삼았으며, 예수는 다른 사람에게 사랑을 실천하는 것을 목적으로 삼았고, 부처는 다른 사람에게 사랑하고 불쌍히 여기는 자비(慈悲)의 실천을 목적으로 삼고 이를 인류에게 가르쳤던 것이다. 마틴 셀리그만 교수는 세계의 주요 종교나 철학에 관한 저술들에서 공통적인 미덕을 정리한 다음, 세계 모든 문화권에서 인정하는 공통적인 미덕을 정리한 것으로 지와 지식, 용기, 사랑과 인간애, 정의감, 절제력, 영성과 초월성을 들었으며, 이 여섯 가지 미덕은 저마다 그 미덕을 함양하는 확실한 방법들이 있다고 했다.

이러한 인생의 목적을 세우기 위해서는 다음의 세 가지의 핵심 단계는 우리가 올바른 목적을 세울 수 있도록 도와준다.

첫째로 자신의 재능과 강점에 부합되는 목적을 찾는 것이다.

인간은 누구나 태어날 때부터 가지고 있는 천부적인 주어진 재능과 후천적으로 개발된 강점이 있으며 이를 어떻게 발굴하고 육성하는 것은 물론 이를 인생의 목적을 이루는데 사용하고 이를 통하여 의미 있는 삶을 실현 하느냐는 매우 중요하다.

우리는 보통 자기에게 선천적으로 갖고 태어난 재능과 후천적으로 개발한 강점이 있다는 것을 막연히 혹은 뚜렷하게 알면서도 이를 잘 활용하지 못하는 경우를 주위에서 흔히 볼 수 있고, 직접 자기 스스로 경험을 할 수도 있으며, 더욱이 그 재능과 강점을 인생의 목적을 위하여 잘 적절하게 사용하는 것은 쉽지 않다는 것이 사실이며, 많은 사람의 경우는 이를 잘 생각지도 못하고 살아간다는 것이 현실적인 인생의 이야기다.

그러나 우리는 어려운 여건과 상황 속에서도 자기가 가지고 있는 재능과 강점을 잘 발굴하고 사용하며, 그 뿐만이 아니라 자기의 인생의 목적을 달성함과 아울러 세계의 많은 어려운 사람들에게 꿈과 희망을 갖고 살아가도록 하는 역할과 사명까지도 감당하는 것을 종종 목격하고 알고 있다.

이러한 최근의 사례는 호주의 닉 부이치치에서 찾을 수 있다. 그는 태어날 때부터 팔다리가 제대로 활동할 수 없는 기이한 몸매를 가지고 태어났으며 그는 그로 인하여 제대로 활동도 할 수 없는 상태에서 많은 좌절과 시련을 겪고 살았다. 한 때는 너무 좌절하고 실망하여 자살을 시도하려고 까지 하였다고 그는 말했다. 그러나 그는 그러한 어려운 중에도 기독교인으로서 하나님에 대하여 많은 원망도 하였지만 결국 자기에게 하나님이 주신 의미와 재능과 강점을 생각하기 시작하고 거기에서 용기와 희망을 가졌다고 한다.

자기에게 하나님이 주신 재능과 강점이 영적인 능력으로서, 세계의 좌절하고 낙담하는 수많은 사람에게 희망과 꿈을 가지라는 메시지를 전달하라는 역할과 사명을 감당하라는 것이라고 그는 깨달았다고 하였다. 그는 이러한 사명을 감당하기 위해 자기의 재능과 강점을 인생의 목적에 활용하고자 매일 수영과 운동을 하여 체력을 단련함은 물론 학교에도 나가서 지식도 익히고, 더욱 큰 영적능력을 갖출 수 있도록 항상 묵상하고 기도하면서 자기의 영적 능력을 훌륭하게 사용할 수 있도록 하였다는 것이다.

그는 이러한 재능으로 세계의 많은 역경과 시련을 겪고 있는 사람들에게 빛과 희망의 메시지를 전달하기 위해서 세계 방방곡곡을 다니면서 그의 인생의 목적과 사명을 담당하고 있으며, 이러한 영적인 능력이 세계의 많은 사람들에게 감동과 소망을 갖게 하는 데에 큰 은혜가 되며, 세계각지에서 그를 하도 많이 초청하여 그를 초청하려면 6개월 이전에 해도 초청이 어렵다는 실정이라고 한다.

그는 우리나라에 와서도 KBS TV 방송과 몇몇 교회에서도 간증을 하였고 절망과 역경을 겪고 살아가는 많은 사람들에게 희망과 꿈을 전달하고 이를 갖게 하는데 많은 도움이 되고 자극제가 되었다. 본 저자도 두 번 그의 간증을 듣고 많은 은혜를 받았고 인생을 돌아보고 반추하는 강한 자극제가 되었다. 우리는 극히 정상적인 육체와 정신을 갖고 있으면서도 종종 내가 가지고 있는 재능과 강점을 인생의 목적을 위하여 사용하여야 한다는 것조차 깊이 생각하지 못하고 살아가는 경우가 흔하다. 우리는 우리보다 여건이나 상황이 어려운 사람들도 자기의 재능과 강점을 인간의 숭고한 목적을 위해서 활용하고 사용한다는 것을 반면교사로 삼아서 이를 잘 실천하는 것이 중요한 일인 것이다.

둘째로 굳은 의지를 길러야 한다는 것이다.

닉 부이치치는 자신이 진정으로 해야 할 일과 할 수 있는 일을 발견하고 한 결 같이 그것에 충실하고 있는 것이다. 처음에는 그는 육체적으로나 정신적으로 자기의 한계를 극복하고 그러한 영적. 정신적인 간증과 강연을 한다는 것이 불가능하고 아주 극복하기 어렵다는 것을 많이 느겼다고 한다. 그러나 그것이 자신의 인생의 목적과 사명이라는 것을 깊이 깨닫고 굳게 결심하고서 어떠한 어려움도 헤쳐 나갈 수 있었던 것이다.

그러나 많은 사람들은 자신의 숭고하고 훌륭한 목적을 가지고 있으면서도 가족이나 주변의 사람들이 도와주지 않고 외면하고, 오히려 저주하고 비난하여 혼자서 외로움과 어려움을 겪으면서 목표의 방향을 잃어버리고 심지어 그 목적을 결국에는 포기하는 경우도 많다. 이런 경우에 현명하고 슬기로운 돌파구를 찾는 것이 중요한 일이다.

그 핵심적인 돌파구는 먼저 자기에게 있는 것이다. 목적을 가지고 그것을 실현시키기 위해서는 닉 부이치치의 경우에서 보듯이 여러 가지의 극복하지 못할 어려움이 있을지라도 자기가 하기로 정한 목적은 어떠한 경우라도 극복해나간다는 강철 같은 의지와 흔들리지 않는 일관성을 가지고 실천해야 하는 것이다.

이러한 의지와 일관성은 목적의 실현에 강하고 헌신적인 자아를 만들어내는 도구이고 가치인 것이다. 이는 또한 열정의 불을 당기고, 목적의 진정한 가치를 갖게 하는 것이다. 삶의 목적과 의미를 갖는 삶을 산다는 것은 일상생활에서 받는 스트레스와 긴장을 이겨내고 승리하는 인생을 만들어 내는 것이다.

셋째, 겸손한 태도를 유지하라는 것이다.

건강하지 못한 자아가 우리의 인생의 목적과 소망을 짓밟게 하도록 두어서는 안 된다는 것이다. 사회에 가장 긍정적이고 위대한 영향을 주는 사람들은 권력이나 명예. 재산 등 세속적인 것에 개의치 않으며, 그냥 자신의 일에 집중하고 몰두 한다는 것이다. 이러한 사례를 마하트마 간디, 테레사 수녀, 그리고 잘 알려지지 않은 수많은 사람들의 예에서 알 수 있다. 그분들이 공통적으로 하는 말은 "나는 평범한 사람이고 남들보다 나은 것도 못한 것도 없는 사람이며, 자기가 하는 일은 많은 사람의 도움으로 많은 사람을 도울 수 있는 당연히 해야 할 일"이라고 하는 것이다. 이러한 겸손한 태도와 타인에 대한 배려는 불굴의 의지와 더불어, 수많은 사람들의 사랑과 존경을 받는 것이다.

그러나 우리는 보통 자기가 세상을 변화시킬 만한 일을 할 수 있는지에 대한 회의를 품으며, 우선 자기가 처한 여건이나 상황을 개선시키는 것이 문제이고 목적이라고 생각하는 것은 당연한 일인 것으로 간주하고, 하루하루를 편하게 유지해 나가고 목전의 삶에만 신경과 집중을 하는 것이 다반사며, 특히 요즈음과 같이 취업도 어렵고 경제생활을 어느 정도 이상으로 유지하기 어려운 시대에는 우선적인 돌파구를 찾는 것이 시급한 것도 현실이다.

그러나 바로 그런 생각에 머물러 있다는 것 자체가 문제이며, 우리의 삶을 힘들게 하는 요인 이라는 것이다. 삶을 살아가는데 있어서 목적을 가지고 살아가면 하루하루와 목전의 일에만 생각과 관심을 집중하는 것에서 벗어나 좀 더 인생을 긍정적이고 낙관적으로 보게하고 목적에 집중하고 몰두하게 함으로써 현실의 문제의 해결은 그렇게 어렵지 않다는 자신감과 용기, 의욕을 불러일으킴은 물론 좀 더 근본적이고 원대한 삶의 목적을 이룰 수 있는 꿈과 용기, 능력도 갖게 해준다는 것이다.

(2) 삶의 목적과 의미 확립

대부분의 사람들은 자기의 잘 정리된 목적을 가지고 있지 못하다. 우리가 목적을 발견하는데 도움을 주기 위해서, 먼저 몇 가지의 질문이 필요하다. 우리는 대답하기 전에, 먼저 이런 점을 고려해야 한다. 만약 우리가 어려운 상황에 처해 있거나, 뭔가 중대한 변화를 앞두고 있다면, 며칠 휴가를 내어 조용한 곳으로 가라, 그리고 인생에서 진짜 원하는 것이 무엇인지 곰곰이 생각하라. 정신없이 돌아가는 일상의 소용돌이 속에서는 제대로 된 생각을 깊이하고 신중한 결정을 내리기가 어려운 때가 많이 있는 것이 사실이다.

우리가 달리면서 제대로 생각할 수 없는 것과 같은 이치이다. 그렇게 거리가 멀지 않은 자신이 좋아하는 몰두할 수 있는 장소이면 충분하다.

호주 태생인 다니엘스는 가난한 가정에서 태어난 학습장애가 있는 사람이며 그를 교사가 아무 쓸데도 없는 나쁜 사람이라고 꾸지람하기도 했으며, 학교생활 모두에서 낙제를 했다. 그는 졸업 후 벽돌공을 비롯한 여러 가지 직장을 전전했고, 결혼 후에는 사업을 시작해 몇 번의 실패를 해 파산선고 까지 받았으나 그는 그러한 것에서 많은 것을 배웠으며, 똑 같은 실수를 하지 않을 것이라고 결심하고, 그러한 것을 중요한 경험으로 생각하는 태도를 고수했다.

그는 부인에게 더 한번 믿어 줄 것을 간청하여 부동산업을 시작했고 그간의 사업경험을 통해 자신이 일을 벌이고 진행시키고 사람을 설득하는 재능을 가지고 있으며 또한 기술을 습득하였다는 것을 알고 이를 이용하여 사업을 지속하여 10년 후에 엄청난 부와 명성을 가진 부동산 업계의 대명사가 되었고 세계적인 성공한 사업가이며, 열정적인 자선 사업가 이기도 한것이다.

무엇이 그의 인생을 몇 번의 실패에서 유례없는 성공으로 바꾸어 놓앉는지 물을 때마다, 그는 이렇게 대답했다. "내 일정표에는 반드시 생각할 시간이 들어 있다. 훌륭한 아이디어나 사업기회는 모두 그런 시간에서 비롯되었다고 했다." 이것은 생각하는 의자를 마련해 놓고 사색을 즐겼던 아인슈타인의 전략과 같은 맥락을 가지고 있다.

목적의 발견은 자신만의 특별한 재능이나 자질. 기술을 인지하는 것에서 시작된다. 자신은 어떤 일을 잘하는가? 가장 좋아하는 일은 무엇인가? 를 주의 깊게 체계적이고 종합적으로 생각하고 결정해야 하며, 자신이 스스로 즐겁고 유쾌하게 할 수 있으면서 일생의 삶을 거기에 몰두할 수 있는 것이라면 바람직하다.

많은 사람들이 정체된 삶을 산다. 지루하게 똑같은 일과를 마냥 되풀이 하고 살아간다. 여기에는 희망이 없으며, 도전 의식도 부족하다. 능력과 힘을 발휘할 수 있는 기회도 없다. 그냥 하루하루를 에너지를 고갈시키는 일상 업무에 매달릴 뿐이다. 거의 대부분의 사람들에게 이 이야기가 남의 이야기 같지만은 않을 것이다.

목적이 있는 일을 갖는다는 것은, 무엇인가에 깊은 애착을 갖는다는 의미이다. 억지로 일을 하는 것이 아니라 열정적으로 그것에 집중하고 성의를 다한다는 것이다. 닉 부이치치와 같이 온갖 고난과 역경을 뚫고 앞으로 전진 하는 힘의 원천이 되는 것이다.

목적을 가지고 나아가면, 더 나은 삶을 만들 수 있다. 꼭 유명한 사람이 되려는 목적을 가질 필요는 없다 자기 재능과 능력에 합당한 적정하고 실현가능한 것을 선택하여 자지 인생을 가치 있고 활력 있게 살아갈 수 있도록 하는 것이 중요한 것이다.

1.2 삶의 목표 설정

(1) 삶의 목표수립

사람들은 미래를 생각하는 시간을 따로 마련하지 않는 것이 보통이다. 대부분의 사람들은 자신의 삶을 계획하기보다는 휴가계획을 세우는데 더 많은 시간을 쓴다. 특히 미래에 자기가 어떻게 살 것인지와 경제적인 안정을 위한 계획과 건강하고 행복한 삶을 살 것인가에 대한 설계 등의 중요한 인생의 목표를 정하는 것에는 소홀한 것이 보통이다.

만약 지금부터라도 이러한 인생의 중요한 목표에 대한 모든 계획과 논리를 단순하고 명료하게 만들기 위해서 노력한다면, 삶을 살아가는데 있어서 큰 도움을 받을 뿐만 아니라 큰 보상도 받게 될 것이다. 경제적 안정과 건강의 유지, 좀 더 만족할 수 있는 삶을 살아갈 수 있을 것이다.

그렇게 하려면, 우리는 인생을 포괄적으로 설계하고 계획하는 큰 그림을 그리는 전략을 배우고, 그리고 나서 세부적인 부분적 목표와 삶의 시간대별 로 목표를 세우는 것을 배우고 익히며, 이를 실천해 나가야 하는 것이 필요하고 중요한 일이다.

(가) 상위 목표수립의 목적

상위의 큰 목표는 인생의 목적을 달성하기 위한 수단으로서의 역할을 하며 하위 목표의 목표로서의 역할을 수행한다. 상위 목표의 수립은 가치 있는 대상을 설정하고 그것의 범위와 영역을 설정하는 것을 말하며, 이는 상위 목표가 명확하고 타당성 있게 설정되는 것이 중요하며 그것은 하위 목표를 선정하는 데에 있어서 지침과 기준의 역할을 하기 때문 이다. 또한 상위목표는 그것을 달성하기 위한 계획을 수립하거나 집행계획을 수행하는데 있어서 중심이 되고 지침의 역할을 수행하기 때문이다.

(나)일반 목표와 점검 리스트

하위의 목표인 일반목표를 명확하고 구체적으로 잘 설정하여야 하는 것은 삶의 목적과 목표를 달성하는데 있어서 실제적인 수단의 역할을 하기 때문이다. 이것은 실제적으로 삶을 살아나가는 기준과 지침, 나침반의 역할을 수행하는 것이다. 이러한 목표는 정확하고 안정적으로 달성할 수 있게 하기 위하여 많은 구체적인 여건과 상황을 고려하고 이를 실천할 수 있는 것으로서 다음과 같은 것이 필요하다.

1)목표는 자신이 스스로 설정해야 한다.

사람은 누구나 자기가 원하고 갈망하는 것이 있으며, 이는 각기 다르다. 따라서 자기가 진정으로 원하는 것이 무엇인가를 기준으로 스스로가 목표를 선정하여야 한다는 것이다. 물론 이러한 목표를 세우는데 있어서 부모님과 선배의 조언이나, 교사나 교수의 전문적이고 체계화된 지적, 경험적인 상담을 거치는 것은 바람직하고 필요한 것이나, 자기 말고 어느 누구도 삶의 목표를 직접 수립해 줄 수도 없으며, 또한 대신 달성해 줄 수도 없기 때문에 스스로가 수립하고 스스로 달성하는 책임과 권한을 가져야 한다는 것이다.

사람은 자신의 인생의 길과 성공은 스스로가 정의하고 결정하는 것이며, 세상의 유혹과 그릇된 잣대는 버려야 하는 것이다.

세계에서 가장 성공한 유통업체의 하나인 월마트의 창립자인 샘 월

턴은 세계의 몇 번째 안가는 갑부이면서도 여전히 낡은 포드 픽업을 몰고 다녔다. 그는 왜 지위에 걸맞지 않는 차를 타느냐는 질문에 이렇게 대답했다. "글쎄요, 난 그저 내 낡은 트럭이 좋아요"라고 했다. 그렇다 세상 사람들의 이목은 잊어라, 오직 자신을 위한 목표를 세워야 한다.

2)목표는 의미 있는 것이어야 한다.

우리가 정하는 목표는 남에게 과시하거나 보이기 위한 형식적인 것이어서는 안 되고 자신이 그 목표를 소중히 여기는 의미 있는 것으로서 거기에 헌신하고 전력투구를 할 수 있는 것이어야 한다. 미래의 목표를 종이에 적기 전에 스스로 물어보라. "나에게 정말 중요한 것은 무엇인가? 이렇게 하는 것은 무엇인가? 그것을 이루기 위해 포기할 것은 무엇인가?" 우리는 이런 사색의 과정을 통해 보다 단순하고 명쾌한 논리를 갖게 될 것이다. 이것은 매우 중요한 과정이며, 목표를 기록하고 정리하는 이유는 매일 아침 원동력과 생기를 얻기 위한 것이다.

목표를 향해 계획된 길을 차근차근 따라가면서 새로운 생활방식에 집중하고 그것을 즐겨야 한다. 그래도 활력의 의지가 부족하다면 미래의 모습을 시각화 하라. 만약 발전 없이 생활을 해 나간다면 5년. 10년. 20년 후에 삶은 어떻게 될까? 어떤 변화도 꾀하지 않는다면 미래의 경제생활, 건강, 인간관계, 여가 생활은 어떻게 될 것인지를 생각해야 한다.

철학자인 짐 론은 인생에는 두 가지 고통이 있다는 사실, 그 하나는 훈련의 고통이고, 또 다른 하나는 후회의 고통이며, 우리가 계획과 목표도 없이 지낸다면 훈련의 고통은 가볍지만, 후회의 고통은 크다고 하였다. 그는 세월이 지난 후에 과거를 뒤돌아보며 이렇게 말할 것이다. "그

때 그 기회만 잡았더라면.....가족들과 시간을 좀 더 시간을 보냈더라면....건강에 신경을 썼더라면....." 명심하라 모든 것은 당신의 선택에 달려 있다는 것을 말이다. 그리고 결과도 당신의 책임이며, 따라서 현명하게 선택하는 것이 중요하며, 미래의 자유와 성공을 보장하는 목표를 세우고 집중하라.

3) 목표는 구체적이고, 성과를 잴 수 있는 것이어야 한다.

목표를 세울 때는 스스로에게 좀 더 구체화하기를 요구하라. 이것이 핵심이다. 당신의 목표가 투명하고 과정을 명확히 알 수 있을 때까지 이런 요구를 반복하라. 그러면 원하는 결과에 도달할 수 있는 기회는 한층 커질 것이다.

발전과정을 측정하는 것은 중요하다. '성취 집중 시스템'은 발전과정 측정을 위해 우리가 고안해 낸 독특한 방법이다.

목표를 정의 할 때 '운동 시작하기'를 목표로 했을 때는 구체적으로 일주일에 몇 회, 한회에 몇 분 등 구체화 하며, 그리고 그것을 세부적으로 투명하게 "일주일에 월요일. 수요일. 금요일. 토요일 네 번에 오전 7시에서 7시 30분까지, 매회 마다 10분은 스트레칭과 20분은 자전거 타기로 구성" 한다고 구체화 하는 것이다.

4) 목표는 탄력적이어야 한다.

이것은 너무 엄격하게 목표를 수립하여 놓으면 현실적으로 맞지 아니하여 실행에 있어서 차질이 생기기 때문이다. 예를 들면 건강을 위해 운동계획을 세운다고 가정해 보자. 한 가지 집중적인 운동만으로 강행군을 하고 싶어 하는 사람들은 지루함을 느낄 수 있으며, 이는 즐겁게 계속적인 운동을 하기 위한 계획과는 맞지 않는다는 것을 알 수 있다. 그렇게 계획을 세웠을 경우에는 중간에 수정될 가능성이 높을 것이다.

유연하고 탄력적인 계획은 중간에 사정이 변경되면 수정할 수 있고 운영에 있어서도 신축성과 융통성을 발휘할 수 있게 함으로써 중도에 그 계획이 폐기되거나 무력화될 가능성이 적어질 수 있다는 것이다. 특히 요즈음 같이 변동성과 변화가 다양하고 빠른 시대에 있어서는 이에 대한 적응을 위해서도 목표는 탄력적이어야 실용성과 효과성이 있는 것이다.

최근에는 기업 등에서 변화와 변동에 대비하기 위한 조직과 인력의 탄력적 운영과 더불어 기업의 생산 목표는 물론 생산 품목의 전환까지도 할 수 있는 목표의 탄력성이 요구되고 있으며, 이러한 적응을 하지 못하였을 경우에는 기업의 존립도 어려워지는 것을 우리는 핸드폰의 록키아 기업과 전자통신 분야의 소니 등 많은 업체의 사례에서 직접 볼 수 있는 현실이다. 이는 기업뿐만 아니라 개인에게도 같이 적용되는 현실인 것이다.

5)목표는 도전적이고 흥미로워야 한다.

도전적이고 흥미로운 목표를 세우는 순간에 삶은 무미건조함과 지루함에서 완전히 탈피하고 흥미와 관심이 많은 것으로 바뀐다. 스스로 재미없는 안락의자에서 탈출하는 것이다. 이것은 한편으로는 인간에게 두려움을 안겨주는 것도 사실이지만 모험과 도전에 대한 것이다. 과연 그 위험을 헤쳐 나갈 수 있는지 확실하지 않기 때문이다.

하지만 인간은 그런 위험을 무릅써야 하는 이유는, 불확실성을 이겨 내고 성공을 거뒀을 경우에는 자신의 능력에 비해 많은 것을 배울 수 있고, 성취할 수 있기 때문이다. 두려움을 돌파했을 때, 인생의 위대한 돌파구가 터지기 마련이기 때문이다. 이러한 경우는 사업가뿐만 아니라 탐험가. 산악인, 예술인, 과학자, 체육인 등에서도 얼마 던지 볼 수 있다. 우리나라에서도 김연아. 박태환 등의 체육인에게서 많이 볼 수 있으며, 최근에는 춤. 노래 분야에서도 싸이 등이 세계적인 인기를 끌고 있다.

6) 목표는 가치관에 부합해야 한다.

우리가 인생을 살아가는데 있어서 정직과 성실 사랑. 인정. 존중 등의 핵심적이고 본질적인 가치가 있다. 우리의 목표는 이러한 핵심적이고 본질적인 가치에 부합되는 것이라야 그 의미와 가치가 있는 것이다. 우리가 세속적인 물질과 권력. 명예 등일지라도, 정당하지 않은 변칙적인 방법으로 그러한 것을 획득하고 사용할 때에는 그것의 의미나 가치는 반감되거나 없어지는 경우를 우리는 우리 사회에서 쉽게 볼 수 있다.

돈 많은 재벌들의 법을 위반한 구속과 권력층의 비리로 인한 구속 등에서 사례를 얼마든지 볼 수 있다. 이러한 것이 발생하는 것은 그들이 가지고 있는 삶의 목표에 대한 가치가 올바르고 정당하지 못한 이유이며, 이러한 세속적인 물질과 권력을 추구하는 매력은 일반의 평범한 사람에게까지 확대되어 사회를 오염시키고 부패하게하여 타락하고 신뢰성이 없는 사회로 변화시키고 있는 안타까운 현실이다.

7) 목표는 균형이 잡혀야 한다.

우리주변의 대부분의 사람들은 물질에 대한 욕구와 직장에서의 승진에 대한 욕구 등으로 인하여, 인생을 소중한 가족과 시간을 많이 함께 하거나 자기의 건전한 취미와 건강을 위한 체육 등의 중요한 것에 많이 할애하지 못하고 삶을 살고서 50-60세 정도가 돼서는 후회하고 그 제서야 깨닫게 된다.

그러나 그 때 후회해야 이제 시간이 이미 다 흘러갔다는 안타까움과 돌이킬 수 없는 건강이 좋지 않은 상태이거나 가족 간에 심각한 문제가 생기어 결국 인생에 실패하는 고통을 경험하게 되는 것을 우리는 주변에서 흔히 목격한다. 이러한 실패를 하지 않고 성공한 삶을 살기 위해서는 목표를 세울 때 삶의 전체에 균형이 이루어지도록 하여야 한다.

8) 목표는 현실적이어야 한다.

목표는 우선 현실의 여건과 상황에 부합되어야 한다는 것이다. 시간적 물질적으로 타당하고 실현 가능하며, 각종의 제도나 정책과도 부합되어야 실현성이 높다는 것으로, 아무리 크고 훌륭한 목표라고 해도 현실성이 없을 때에는 제대로 실행되지 못하고 정해진 성과도 달성되지 못한다는 것이 분명하다.

9) 목표는 사회에 기여할 수 있는 것이라야 한다.

또한 목표는 사회에 기여할 수 있는 것으로서 이러한 기여는 시간의 사용 단축과 기술의 발전, 경제적이고 사회적인 효과, 인류의 발전과 편의의 증진 등 여러 분야가 잇을 것이다. 목표를 세울 때는 이러한 사회에 기여할 수 있는 것이라야 타당하고 정당하다는 것이다.

10)목표는 함께 이룰 수 있는 것이어야 한다.

목표는 혼자의 힘으로도 이룰 수 있는 것도 있지만, 의미와 가치를 할 수 있는 목표는 그렇게 할 수 있는 사람들과 힘을 합치고 그 이외의 사람들에게도 지원을 받을 수 있다면 공동으로 추진하여 큰 목표를 잘 이룰 수 있는 전략이 제일 훌륭하다는 것으로, 우리나라에 있어서 일상적으로 년 말에 실시하는 불우이웃돕기 성금모금과 외환위기 때 전 국민이 참여한 금 모으기 행사 등을 들 수 있다. 이러한 국민들이 참여하고 지원하는 공동추진을 통하여 사업의 범위를 확대하고 그 효과성도 증진시킬 수 있는 것이 장점이다.

(2)목표의 마스터플랜 수립과 성취

(가)마스터 플랜 수립

상위의 목표와 하위의 목표의 수립의 준비가 다 되면 그 다음에는 전체적인 마스터플랜을 세울 준비를 하여 계획을 전체적으로 조정하고 체계화하고 종합적으로 완성하는 단계를 거치는 마스터 프랜을 수립하게 되는데 이는 6단계를 거쳐서 이루어진다.

제1단계. 10가지 목표 점검 리스트를 다시 검토한다.

목표를 최종적으로 정할 때는 앞에서 검토한 10가지의 모표 체크리스트에 의하여 정해진 목표가 합당하고 타당성을 구비하고 있어 현실적으로 실행하는 데에 문제가 없는지와 실행이 되었을 때 소기의 성과를 거둘 수 있는지를 확인하여야 한다.

이때에 성취하고 싶은 목표를 모두 나열하고 부족하거나 보충하여야 할 목표가 있으면 보충하고 문제가 있는 목표는 삭제하고 다른 것으로 대체하여야 한다.

제2단계. 목표를 구체화하고 그것을 열정적으로 검토하라

위의 제1단계에서 구체화하고 그것의 실현성을 높이기 위하여 다음의 구체적이고 합리적인 검토를 위해서 다음의 질문에 맞추어서 목표를 보완하고 완성하기 위한 질문을 하고 검토를 하여야 한다.

- 나는 무엇을 하기를 원하는가?
- 나는 무엇을 가지기를 원하는가?
- 나는 어디를 가기를 원하는가?
- 나는 사회에 어떤 기여를 하고 싶은가?
- 나는 무엇이 되기를 원하는가?
- 나는 무엇을 배우기를 원하는가?
- 나는 누구와 시간을 보내기를 원하는가?
- 나는 얼마나 많이 벌고, 저축하고, 투자하기를 원하는가?
- 나는 얼마만큼의 여가시간을 갖기를 원하는가?
- 나는 최상의 건강상태를 유지하기 위해 어떤 일을 할 것인가?

균형 잡힌 삶을 이루기 위해서는 여러 분야에서 고르게 목표를 뽑아 내야 한다. 일. 경제. 여가. 건강. 인간관계. 사생활. 사회에 대한 기여 그리고 그 밖에 다른 분야에서 당신이 이루고 싶은 목표를 채워 나가야 한다.

제3단계. '목표 사진첩'을 만들어라

우리가 원하는 새로운 생활방식이 있다면 '목표 사진첩'을 만들고 여기에 온 가족이 참여할 수 있는 기회를 마련하는 것으로, 먼저 큰 사진첩을 사고. 필요한 그림들을 모으고, 목표에 따라 사진을 붙이는 것으로, 예를 들면 런던에서 휴가를 보내는 것이 목표라면, 여행 잡지에서 아름다운 런던 풍경그림을 오리고, 그것을 가족과 함께 갈 계획이라면, 사진첩에 사진을 붙이고 맨 위에 굵은 글씨로 '나는 런던에서 가족과 함께 3주간의 휴가를 즐기고 있다'고 써 넣어라 그리고 가려고 하는 날짜도 적어 놓아야 한다.

목표에 따라 몇 개의 부분으로 나누어 사진첩을 꾸미며, 제2단계에서 언급했듯이, 목표를 정할 때에는 여러 분야를 골고루 고려하여야 한다. 글레나 살리버스라는 사람은 이 방법을 이용해 대단한 성공을 거두었다. 그녀가 일을 막 시작할 무렵에는 모든 상황이 너무 어려웠다. 그녀는 홀로 3자녀를 키우고 혼자서 생활비를 대고 각종의 세금을 부담하는데 있어서 어려웠으나 그녀는 자신의 꿈을 포기하지 않기 위해서 안간 힘을 쓰고 있는 형편이었다. 그러한 그는 **상상력**imagination**과 생동감** vividness**이 더해지면 현실**reality**이 된다는**, I X V=R 원리를 이용한 것이다. 생각이란 말이 아닌, 그림으로 그리 것이며, 우리가 원하는 것을 마음속에 생동감 있게 그려낼 때, 현실이 된다는 것을 이용한 것이다. 그녀는 그 동안 마음 한 구석에 간직했던 소망들을 리스트로 만들고 다시 그림으로 바꾸기로 결심한 것이다. 오래된 잡지들을 찾아서 "마음의 소원"을 표현할 사진들을 모았고 사진첩에다 그것을 장식했던 것이다.

그녀의 그림은 매우 구체적이었다. 1. 웨딩드레스를 입은 여자와 턱

시도를 입은 잘생긴 남자 2. 아름다운 꽃다발 3. 푸르게 반짝이는 카리브 해의 섬 4. 세 딸의 대학 진학 5. 회사의 여성 부사장 6. 풀러 신학대학의 사각모(이것은 다른 이의 영혼에 도움을 주고 싶은 소망을 대변하는 것)

  그녀는 그로부터 8주 후에 짐이라는 남자와 고속도로에서 우연히 만났고 그 이후 첫 번 데이트이후에 그 남성으로부터 꽃다발을 받고, 그 2년 후에 그와 카리브해에 있는 세인트 존이라는 곳으로 신혼여행을 갔고, 그녀는 사진첩에 있는 그림과 겉은 집을 사서 이사를 했고, 세 딸은 모두 대학교를 졸업 했고, 그녀는 부사장이 되고 플러 신학대학의 최초로 여성 신학박사 학위를 취득하였다. 동화 같은 이야기지만 이것은 모두 틀림없는 사실이라는 것을 그 녀를 잘 아는 사람들이 인정했다.
  그녀는 미국 최고의 강연자로 명성을 날리고 있으며, 국제연설가 협회 회장을 지내기도 했다는 것이다. 그림이 명확하고 구체적일수록 집중하기가 더 쉬우며, 그리고 원하는 결과를 더 빨리 이룩될 수 있게 한다는 것이라고 한다.

제4단계. 아이디어 북의 사용

  아이디어 북은 날마다 보고 느낀 것을 메모하는 간단한 노트이다. 이것은 커다란 깨달음을 선사할 강력한 도구이다. 한밤중에 갑자기 떠오른 아이디어를 적어 놓으며, 언제든지 좋은 아이디어가 떠오르면 기록하여 머릿속에 떠오르는 멋진 생각을 적어두어 잊어버리는 것을 방지할 뿐만 아니라 필요할 때 언제라도 그 아이디어를 꺼내어 쓸 수 있도록 하는 것이다.

사업. 기술. 판촉. 프레젠테이션 등 모든 것에 관하여 도움이 될 만한 좋은 아이디어는 모두 기록하며, 매일 눈과 귀를 열고 마음속 깊은 곳에서 올라오는 소리를 들으며 그것을 메모하는 것이며, 특히 프레젠테이션을 하고난 직후에는 성공했던 실패했던 그 바로 이후에 그것에 대한 느낌이나 생각을 메모하고 특히 중요한 장면은 비디오로 녹화하여 두어 그것을 언제라도 활용할 수 있게 하는 것이다.

아이디어 북을 위한 좋은 방법은 이를 이용한 자기 자신과의 대화다. 아침에 일어나자마자 10분 정도, 자신의 기분상태를 기쁨. 즐거움. 상쾌함. 불안. 슬픔. 흥분. 열정. 활력. 좌절. 지루함. 나른 함. 행복함 등으로 느낌 등을 자세히 표현하고 자기 자신과 대화를 나누는 것처럼 현재 시제를 활용하는 것이다. 예를 들면 "나는 불안하다. 내 딸이 처음 운전을 하기 때문이다." 혹은 "나는 매우 흥분된다. 오늘부터 새로운 일을 시작한다." 등과 같은 식이 된다. 이렇게 지속적으로 자신의 감정과 접촉해 보면, 일상생활이 어떻게 돌아가는지, 그리고 삶이 어느 방향으로 나아가고 있는지를 보다 분명하게 깨달을 수 있을 것이다.

제5단계. 시각화하고, 상상하고, 이미지화 한다.

시각화는 스포츠에서 자주 볼 수 있다. 올림픽이나 큰 대회를 앞 둔 선수들은 시합을 앞두고 몇 번이고 머릿속에서 경기를 치러보고, 오로지 긍정적인 결과에 온 정신을 집중한다.

금메달을 따본 경험이 있는 선수들은 경기 전날 자신이 시상대의 가장 높은 자리에 올라가서, 메달을 받는 자신의 모습과 이를 환호하는 가족과 관중의 모습을 상상했고, 힘차게 열정적으로 끝까지 도전했다고 한다.

우리가 생각하고 기억해야 하는 것은, 어떤 분야에서라도 챔피언의 기술을 배우고 익히면, 우리도 챔피언이 될 수 있다는 긍정적인 상상력을 발휘하고, 가슴 벅찬 승리의 순간을 그려보는 것이다.

이미지가 선명하고 느낌이 강해질수록, 바라는 결과를 얻기는 더욱 쉬워진다. 이미지는 강력한 힘을 갖는다.

제6단계. 마음의 스승과 마스터 마인드 그룹을 만든다.

생산성과 비전을 향상시킬 수 있는 또 다른 방법은, 경험이 많은 사람들로부터 도움을 받는 것이다. 혼자서 하면 많은 시행착오를 겪을 것을 전문가나 경험자들로부터 나온 충고와 지혜를 구하고 그것을 자기의 것으로 만들어 나간다면, 우리는 지름길을 가고 훨씬 좋은 결과를 더 효과적으로 만들어 낼 수 있을 것이다.

마스터 마인더 master minder 그룹은 각기 서로 다른 분야의 사람들이 각자의 분야에서 활동하고 있는 분야의 지식과 경험을 공유하고 활용하며, 종합하고 새로운 융합이 가능하도록 4-6명의 사람들이 아이디어를 교환하고 필요한 정신적인 교류를 하기위해 정기적으로 서로 만나는 모임이다. 이들은 강력한 동맹관계에 있으며, 그 관계는 상당히 오랫동안 지속되기 마련이다.

제7단계. 성취 집중 시스템

이것은 단순하지만 고도의 효과적인 방법으로, 목표 달성 과정을 추적하고 측정하는데 커다란 도움을 준다. 이러한 방법을 사용하면 효과적으로 원하는 것을 이룰 수 있게 해준다. 이 시스템은 우리의 목표를 7개의 범주로 나누고, 그것들 간의 균형을 유지시켜 준다. 2달의 기간 동안에 결과를 확인 할 수 있으며, 이 기간 도안에 의미 있는 목표를 달성 할 수 있다.

7개의 범주는 다음과 같다.
- 경제
- 사업(일)
- 여가
- 건강
- 인간관계
- 개인 생활
- 사회적 기여

각각의 범주에서 가장 중요한 목표를 하나씩만 뽑아, 60일 정도의 시간을 들여 완수해 나간다면, 우리는 삶의 균형을 즐길 수 있을 것이다. 삶의 균형은 사람이 갈구하는 가치이며, 마음의 평화를 불러온다. 60일 안에 7개의 목표를 완수한다는 것이 어쩌면 다소 비현실적으로 생각될지 모르지만, 제안한 방법을 사용하면 반드시 해낼 수 있다. 자세한 방법은 '행동단계'에서 설명하고 있다

위의 모든 것을 읽고 위축되어 있다면, 너무 염려하지 말고 차차로 한 걸음씩 시간을 두고 해나가면 되는 것이다. 일단 첫 단계부터 시작을 하고, 단기적인 목표를 성취해 나가는데 집중 하는 것이다. 성공적인 미래를 만들기 위해서는, 상당한 에너지와 시간 그리고 사고의 집중이 필요하다.

이 때문에 대부분의 사람들은 중도에 포기하고 만다. 우리는 남들과는 다른 출발점에 서 있다는 생각을 하고 도전을 굳게 각오하고 목표에 집중하여야 한다. 목표를 구체적으로 체계적으로 시각화하고 이미지화 하면 앞에서 살펴본 것같이 반드시 이루고 성취할 수 있는 것이다.

(나)마스터 플랜 성취(행동 단계)

이제 까지 계획한 개인적인 마스터플랜은 이제 총체적으로 정리하면서 이를 행동계획을 준비하여야 한다. 이러한 계획의 수립은 결국 우리가 이루려는 개인적인 목적과 목표를 실천에 옮김으로써 인생에 있어서 균형적이고 바람직한 삶을 성공적으로 살아나갈 수 있도록 하는 데에 그 목적과 의미가 있는 것이다.

그러면 여태까지 살펴본 인생의 목적과 목표를 달성할 마스터플랜의 세부적인 실행을 위해서는 다시 전체적인 내용에 대하여 점검하고 검토하여 그에 대하여 머릿속에서 확실하고 구체적으로 상상하여 시각화하고 이미지화하여 효과적인 실행이 가능하도록 하는 것이다.

첫째, 목표 점검 리스트

결과를 극대화하기를 원한다면, 우리의 목표는 이런 것이어야 한다.

1. 자신만의 것
2. 의미 있는 것
3. 구체적이고 성과를 이룰 수 있는 것
4. 탄력적인 것
5. 도전적이고 흥미로운 것
6. 핵심 가치에 부합되는 것

7. 균형 잡힌 것
8. 사회에 기여 하는 것
9. 현실적인 것
10. 같이 이룰 수 있는 것

위에서 사용한 목표를 참고하여 우리의 핵심가치를 정하고 기술한다. 예를 들면, 정직. 성실. 성공. 기쁨. 사랑 등이다.

둘째, 전체의 목표 중 우선순위 정하기

노트를 펼쳐 놓고 성취하고 싶은 모든 목표를 적어 나가고, 앞에서의 질문인 무엇을 하길. 가지길, 그리고 어디를 가기를, 사회에 어떤 기여를 하기를, 무엇이 되기를, 무엇을 배우기를, 누구와 시간을 보내기를, 얼마나 많이 벌고. 저축하고. 투자하고, 얼마만큼의 여가시간을, 건강상태를 유지하기 위한 일을 하기를 원하는지에 대하여 스스로 질문을 하는 것이다.

그리고 떠오르는 생각을 적으면, 이것은 기본 토대를 마련하는 데에 도움이 될 것이다. 충분한 시간을 가지고 전체 목표를 모두 적고, 그 리스트에 대하야 앞에서의 대진표를 만들어 우선순위를 정하면 된다.

셋째, 개인적 마스터 플랜작성

목표는 각 분야별로 균형 있게 안배되어야 하며, 구체적인 숫자를 갖고 있어야 한다. 또한 그것을 달성해야 될 구체적인 이유와 성공했을 때 얻게 될 이익이 반드시 고려되어야 한다. 목표마다 완수할 날짜를 적고, 기간별로 골고루 고려해 목표를 설정한다. 예를 들면, 1년. 3년. 5년. 10년 등이다.

넷째, 목표사진첩을 만들기

우리의 목표에 따라 그 목표를 구체적으로 나타내는 그림을 수집하여 사진첩으로 만드는 것으로 , 이를 통하여 목표를 생생하게 시각화하여 그 목표를 구체적이고 시각적으로 형상화하고 모형화 함으로써 상상과 창조를 통한 목표달성을 고도화 하고 긴밀화 하는 것이다.

이러한 것은 자기가 특정 분야에 취업을 하려고 하면 그것에 대한 그림을 수집하여 사진첩을 만들고 그에 대한 구체적인 계획도 함께 설명으로 붙인다면 그 성취를 좀 더 잘할 수 있는 자극과 더불어 강한 동기도 불어넣어 줄 수 있을 것이다.

다섯째, 아이디어 북을 사용하라.

우리가 인생에서 원하는 것을 달성하거나 큰 성취를 하기 위해서는 남보다 뛰어난 아이디어나 창조적인 생각을 갖는 것이다. 그런데 이러한 아이디어나 생각은 잠자기 전이나 어떤 때에는 잠을 자고 일어났을 때, 길을 갈 때, 명상과 사색을 할 때 등 때와 장소를 가리지 않고 떠오를 수 있는 것이라는 것을 우리는 체험을 통해서 알 수 있으며, 이를 바로 우리의 기억 속에서 사라지면 그것을 다시 기억하기가 어려운 적도 많다. 따라서 이럴 때 바로 그것을 기록하는 아이디어 북이 필요하며 그 곳에 바로 간단하게 메모하거나 구체적으로 기록하는 것이 필요하다.

세계의 유명한 아인슈타인 같은 과학자나 네오날도 다빈치 같은 예술가도 뛰어난 생각과 상상력을 가지고 있었다는 것을 우리는 앞의 생각의 도구에서 살펴보았다. 그들도 어느 날 갑자기 떠오르는 생각과 심상을 잘 간직할 수 있도록 마음속에 새겨 놓고 이를 바탕으로 해석하고 이를 다시 메모하고 그것을 과학적 논리와 예술의 형태로 표현 했던 것이다.

여섯째, 성취 집중 시스템 활용

자기적인 목표를 효과적으로 공략하기 위해 마련된 단기의 계획표이다. 우선 앞에서 설명한 일곱 가지 분야에서 가장 중요한 목표를 하나 뽑아내서 일주일 단위로 집중을 하고, 한 주가 시작될 때, 제일 중요한 해야 할 일 3가지를 선택하고 이를 실천하는 것이다.

예를 들면, 우리의 건강 목표가 새로운 운동 프로그램을 시작하는 것이라면, 헬스클럽에 등록하겠다는 계획이 제일 먼저 세워질 수 있다.

인간관계 영역에서의 목표가 주말에 아이들과 시간을 더 많이 갖는 것이라면 그에 맞추어 한주의 계획을 조정할 수 있다. 사업의 목표가 매출 증대라면, 일주일 동안 높일 수 있는 만큼의 매출액을 구체적으로 설정하고 노력하면 되는 것이다.

그렇게 하면 한 주일 동안 필요한 일에 집중하여 효과적으로 시간과 관심, 정성을 쏟을 수 있고 가장 중요한 일을 성취할 수 있을 것이다. 이 때 모든 진행과정을 관찰하고 측정해야하고, 기준이 될 것을 활용하여 정확히 측정하여 큰 목표에 다가갈 수 있도록 하는 것이 중요하다.

7가지 목표에 대하여 구체화 하는 예는 다음과 같다.

· 경제 : 목표 기간 내에 저축하거나 투자해야 할 구체적인 금액을 정하라. 갚아야 할 빚이 있다면 그 것을 기록해야 한다.

· 사업 : 사업목표 중에서 가장 집중해서 강력하게 추진할 목표를 선택한다. 그리고 그것에 몰입 한다

· 여가 : 일정을 미리 정하고 가장 즐겁고 유익하게 지낼 수 있는 구체적인 계획을 수립하고 준비를 철저히 한다.

· 건강 : 육체적인 것, 정신적인 것, 사회적인 것 등에 대하여 종합적인 고려를 하여야 한다. 운동. 휴식. 고른 영양 섭취. 스트레스 관리 등에 대하여 필요한 조치를 취한다.

· 인간관계 : 가족 구성원, 마음의 스승, 친구, 직장동료 등과 보다 많은 시간과 친밀한 관계를 갖는다.

· 개인생활 : 개인 적인 행복과 만족을 줄 수 있는 운동. 오락. 봉사 활동 등 각종의 활동이 이에 해당된다.

· 사회적 기여 : 자기의 재능이나 능력을 사회적으로 가치가 있는 일에 투자하고 활동을 하는 것이다. 목표를 수립할 때 이를 잘 고려하여 하는 것이 중요하다.

제2절 삶에 대한 생각의 틀의 이해와 적용[35]

2.1 생각의 한계와 지혜

우리는 앞에서 살펴본 것과 같이 목적과 목표를 정하고 난 후에는 이를 삶에서 실현해 나가는데 있어서 올바르고 탁월한 생각을 가지고 목적과 목표를 실행해 가야 하는데, 실제적으로는 그렇지 못하고 편협되고 잘못 각인된 생각인 고정관념과 편견. 선입견 등 생각의 한계로 대부분의 사람들의 경우에 있어서는 착각과 오류, 오만과 편견, 실수와 오해로 가득해 있는 것이 현실이다.

그러면 우리의 삶의 실현을 위해서 이러한 생각의 문제점을 우선적으로 발견해 내는 것이 필요하며 이를 어떠한 기준과 원칙에 의해서 제대

---

35) 나를 바꾸는 심리학의 지혜 프레임, 최인철, 21세기 북스, pp6-070

로 발견해 낼 수 있느냐 하는 것이다. 우리가 앞에서 살펴본 지혜를 주는 긍정적이고 낙관적이며 자아를 위한 생각의 관리, 타인과의 관계를 긴밀히 하는 것을 척도로 하여 이에 위반되거나 문제점이 있는 것을 살펴보는 것이 객관적이고 타당할 것이라고 판단되어 이를 중심으로 설명하고자 한다.

우선 이러한 지혜와 관련하여 지혜란 자신이 아는 것과 알지 못하는 것, 할 수 있는 것과 할 수 없는 것의 경계를 인식하는 데에서부터 출발해야 한다는 것이다. 우리는 자기 생각의 제한된 창, 혹은 틀을 통하여 세상을 바라보고 인식하며, 판단하기 때문에 우리의 인지적 문제로 인하여 세상에 있는 것의 전체를 볼 수도 없으며, 그것을 정확히도 볼 수 없는 한계를 가지고 있다는 것에서부터 출발해야 한다는 것이다.[36]

이것은 마치 우리가 건물 어느 곳에 창을 내더라도 그 창을 통하여 볼 수 있는 만큼만 세상을 보게 되는 것과 같다는 것이며, 따라서 우리는 세상을 있는 그대로 객관적으로 보고 있다고 생각하지만, 사실은 우리 생각의 틀을 통하여 채색되고 왜곡된 세상을 보고 경험하고 있다는 것이다. 이는 우리가 앞에서 살펴본 존재하는 것만 보인다는 WYSIATI What you see all there is는 것과 일맥상통하는 것으로서 우리가 생각하는 것만 볼 수 있는 한계를 말하는 것이다. 이러한 생각의 한계에 직면할 때 경험하게 되는 절대 겸손, 이것이 지혜의 출발점 이라는 것이다.

우리가 생각의 한계를 자각한다는 것은 역설적으로 그 한계 밖에 존재하는 새로운 곳으로의 적극적인 진군을 의미하는 것이며, 건물의 어

---

36) 위 책, P7

느 곳에 창을 내더라도 세상 전체를 볼 수는 없다는 것이며, 그것을 알기에 건축가는 최상의 전망을 할 수 있는 장소에 창을 내려고 고심한다는 것이다. 이렇듯 우리도 삶의 가장 아름답고 행복한 풍경을 향유하기 위해 최상의 창을 갖도록 노력해야 한다는 것이다.

어떤 생각의 틀을 갖고서 세상에 접근 하느냐에 따라 삶으로부터 얻어내는 결과물들이 결정적으로 달라지기 때문이라는 것이다. 최상의 생각의 틀로 삶을 재무장 하겠다는 용기, 이것이 지혜의 목적지라는 것이다.

지혜로운 사람이 되려면 먼저 생각의 틀을 아는 것으로부터 시작되며, 또한 지혜를 얻기 위해서는 성경에서 말씀하는 바와 같이 길. 진리. 생명을 경외하는 것으로부터 시작되며, 이는 오랜 학습과 훈련을 필요로 하지만, 이는 교육을 통해서도 얼마든지 얻을 수 있는 것으로서, 지혜 연구의 대가인 예일대학교의 로버트 스턴버그Robert Sternberg는 교육과정에 지혜를 가르치는 과목을 포함시켜야 한다는 것이다.

세상의 문제는 수학적 문제처럼 적용할 일정한 공식과 풀어가는 과정이 있어 이를 이용하면 그 문제를 정확히 풀 수 있으며, 정확한 정답에 이를 수 있는 구조화된 문제만 있는 것이 아니며, 그 문제가 잘 정의되어 있지 않고 풀어가는 데도 일정한 공식과 과정이 없는 구조화 되지 않은 복잡하고 혼란스러운 문제도 많은 것이다.

이러한 문제는 보고 해결하려는 생각의 틀에 의한 관점과 입장 등에 따라서 접근방법이나 해결방안이 다르기 때문에 이를 잘 해결하기 위해서는 필요한 지식과 경험뿐만 아니라 그 문제의 근본적인 본질과 이치를 잘 파악하고 모든 상황과 여건도 잘 고려할 수 있는 통찰력을 수반

한 지혜가 필요하고 중요하다는 것이다.

따라서 우리는 생각의 틀이 잘못되어 있어 한계를 나타낼 때에는 구조화 되지 않은 문제를 잘 통찰 할 수 있고 해결할 수 있는 생각의 틀로 다시 고치는 것이 중요하며 이는 지혜의 몫이라는 것이다.

2.2 생각의 틀에 대한 이해와 적용

(1) 생각의 틀에 대한 이해

우리는 생각의 틀이라는 내면에 세상을 보는 틀을 가지고 있으며, 이는 마음의 창이나 안경으로서 세상을 관찰하고 이해하는 관점과 입장, 초점이다. 이는 공학과 사회과학에서도 기준틀(혹은 준거체계, Frame of reference)이라는 용어를 쓰고 있는데 이 역시 세상을 관찰하는데 사용되는 특정한 관점을 의미한다.

우리가 매일 듣는 말이나 내용은 개개인의 생각의 틀에 의해서 결정된다. 따라서 누가 세상을 이렇다, 어떤 사람들은 세상을 저렇다고 바라보고 평가 하는 것은 세상과 주변 사람들의 정보라기 보다는 사실 그렇게 말하는 사람이 어떤 생각의 틀을 갖고 있는지에 대해서 더 많은 것을 알려주는 것이다.

어떤 생각의 틀을 가지고 세상을 접근하느냐에 따라 우리가 삶으로부터 얻어내는 결과물들은 결정적으로 달라지는 것이다. 우리가 남이 하찮게 생각하는 거리 청소를 하는 일을 한다고 할지라도 자신의 일을 단순한 '돈벌이'나 '거리청소'가 아니라 '지구를 청소하는 일'로 생각의 틀을 가지고 있다면 이는 단순한 생각의 틀이 아니라 의미 중심의 상위의 생각의 틀로서, 행복한 사람은 바로 이런 의미 중심의 생각의 틀로서 세상을 바라본다.

　그러면 상위 수준의 프레임과 하위 수준의 프레임을 나누는 결정적인 차이는 무엇일까? 상위 프레임에서는 'WHY'를 묻지만, 하위 프레임에서는 'HOW'를 묻는다는 점이다. 상위 프레임은 왜 이 일이 필요한지 그 이유와 의미, 목표를 묻는다. 비전을 묻고 이상을 세운다. 그러나 하위 프레임은 그 일을 하기가 쉬운지 어려운지, 시간은 얼마나 걸리는지, 성공 가능성은 얼마인지 등 구체적인 질문부터 묻는다. 그래서 궁극적인 목표나 큰 그림을 놓치고 항상 주변 가장자리의 문제들을 쫓느라 에너지를 허비하고 만다는 것이다.

　따라서 상위수준의 프레임을 갖고 있는 사람은 NO 보다는 YES라는 대답을 자주하고, 하위 수준의 프레임을 가진 사람은 YES 보다는 NO라는 대답을 많이 한다. 상위의 생각의 틀은 우리가 평생 가져야 할 생각의 틀이며, 후손에게도 물려주어야 할 가장 위대한 유산으로, 이는 거액의 재산을 남겨주지 않아도 험한 세상을 이기고도 남을 유산을 물려주는 것이기도 하다.

　우리가 세상을 살아가는데 있어서 견지해야 할 생각의 틀 중에서 성취하는 사람들과 안주하는 사람들의 차이를 보여주는 것은 '접근'의 틀이며, 반면에 안주하는 사람의 생각의 틀은 '회피'의 틀이다. 접근 틀은 보상에 주목하기 때문에 어떤 일의 결과로 얻게 될 보상의 크기에 집중하고 그것에 열광한다. 그러나 회피의 틀은 실패의 가능성에 주목한다. 자칫 잘못하다가 하는 실수에 주목하고, 보상의 크기 보다는 처벌의 크기에 더 큰 영향을 받는다.

접근의 틀을 가진 사람은 세상은 기회와 여건이 좋고 많으며 도전하면 얼마든지 성취할 수 있다고 생각하고 자신감과 의욕, 용기와 희망이 충만한 삶을 살아가고 있으나, 회피의 틀에 길들어진 사람들은 어려운 일을 도전하여 성취감을 얻기보다는 자신을 보호 하는 일을 우선적으로 하고, 어떤 일이 생기지 않을까 하는 불안감으로부터 자신을 철저하게 보호하고자 하는 나약한 삶을 살아가는 것이다.

접근의 틀을 가진 사람들은 과감하고 용기 있게 도전하여 안전지대를 벗어나 '지도 밖으로 행군'하는 용기 있는 활동을 함으로써 비행기도 발명되고 우주선도 탄생될 수 있었다. 그러나 회피의 틀을 갖인 사람은 설령 성공가능성이 많이 있더라도 사래의 가능성에 연연해 최악의 결과를 그려보고 모험과 도전 자체를 시도해 보지도 않는다.

어떤 생각의 틀이 활성화되면 그 틀은 특정한 방향으로 세상을 보도록 우리의 마음을 준비 시킨다는 것으로, 다음의 영어 단어들이 컴퓨터 화면에 한번에 하나씩 제시된다고 생각하고 그 단어들을 빠르게 읽어보면, 마지막 단어를 읽을 때는 'ch'의 '머시너리'로 읽어야 하는 것의 발음을 앞의 'ㅋ'의 발음의 영향으로 '매키너리'로 발음하기가 쉽다는 것으로 이는 앞의 단어들을 읽을 때 그의 발음에 대한 생각이 활성화가 되었기 때문이라는 것이다.

위의 예시에서 들은 마음의 틀은 아주 단기간의 경험으로 형성된 틀이다. 이와 같이 아주 짧은 시간에 형성된 생각의 틀이 이 정도로 마음의 준비를 하게 한다면, 한 개인의 삶을 통해 또는 한 문화에서 오랜 세월을 거쳐 형성된 생각의 틀이 얼마나 강력한 마음의 준비를 불러일으킬지 짐작하고도 남는다.

>Machintosh
>
>Mechanism
>
>Michael
>
>Mechanics
>
>Machinery

우리는 역사라는 영어의 History에서 보듯이 여기에서 His는 남성을 나타내는 말로서 세계의 역사는 남성 중심으로 오랫동안 기록되고 관행되어 왔으나 최근에는 남녀평등의 생각의 틀이 세상을 지배해 나가는 주류의 생각으로 바뀌고 요사이는 여성을 강조하는 생각으로 까지 변화되고 있다는 것이다.

이러한 페미니즘[37] 정신을 가장 잘 대변하는 용어를 들라면 'Herstory'라는 단어로 이는 'History'에 항의 하는 의미로 만들어진 신조어로 로빈 모건Robin Morgan 이라는 작가가 1970년에 쓴 《자매는 강하다 sisterhood is powerful》에서 처음 사용한 말이다. 여기에서 'Herstory'라는 말을 썼는데 이는 Her는 여성을 강조하는 개념으로, 여성 스스로 여성의 관점에서 자신의 삶을 만들어가는 것에 대한 상징이라고 볼 수 있는 것이다.

'Herstory'는 1970-80년대의 페미니스트에 동의하는 젊은이들의 열

---

[37] 페미니즘(feminism)은 다양한 사회이론과 정치적 움직임 그리고 도덕적 철학을 포함하며 주로 여성의 경험에 관한 관심, 특히 여성 억압과 성 불평등, 사회적 지위를 개선하고자 하는데 집중하는 관점이다.

렬한 환영을 받았다. 이 단어는 국내의 한 잡지에 소개되기도 했는데 이처럼 사람들에게 강하게 어필할 수 있었던 것은 바로 이 단어가 제공하는 새로운 프레임 때문이었다. Herstory라는 용어는 남성 중심의 사회에 대한 그 어떤 이론적 비판이나 도덕적 비판보다도 더 강렬해서 남성들의 의식을 바꿔 놓았다. 남성 중심의 생각의 틀에 의심을 제기하고 나면 그 순간부터 새로운 것들이 보이기 시작 하는데 그 이유는 모든 사물을 새롭게 보는 시각이 생기기 때문이다. 이는 History라는 안경을 쓰고 보는 세상과는 완전히 다른 것이다.

고정관념이나 편견으로 인한 생각의 틀은 우리의 판단을 왜곡되게 한다. 미국에서는 아직도 흑인들의 범죄율이 높은 것이 사실이며, 어떤 살인 사건이 일어났을 때, 백인 경찰의 경우 백인과 흑인이 용의 선상에 같이 오르면 고정관념으로 인하여 흑인을 범인으로 연결시키는 생각의 틀이 있다는 것이다.

용의자를 추정하기 위한 한 실험에서 등장인물이 무기를 들고 있을 때 쏘지 않는 '실수'는 그 인물이 흑인일 때보다 백인일 때가 더 많았고, 등장인물이 무기를 들고 있지 않을 때 무기를 든 것으로 착각해서 방아쇠를 당긴 '실수'는 백인일 때보다 흑인일 때가 더 많았다는 것이 나타났다.

이러한 실험을 통하여 백인 참여자들은 '흑인-범죄자'라는 고정관념의 틀로 세상을 보고 있었기 때문에 '실수'를 저지르는 경우가 종종 있으며, 이러한 백인 경찰들의 고정관념은 흑인이 무기를 들지 않았을 경우에도 무기를 봤다는 착각까지도 일으킬 수 있다는 것이다.

(2)생각의 틀의 적용

(가)생각의 틀의 기본적 적용

1)문제의 본질

문제의 본질을 보는 것을 생각의 틀로 해야 한다는 것은 펩시가 코카콜라는 경쟁에서 이기게 하는 원동력이 되었다. 코카콜라는 펩시보다 세계적으로 많은 판매량을 가지고 있으며 이는 맛보다는 콜라병의 특수한 모양의 영향이 지배적이라 생각했었다.

따라서 펩시콜라는 '코카콜라 병보다 세련된 병을 디자인 하는 것'을 목표로 삼고 엄청난 자금을 쏟아 부었는데도 실패하여, 대규모의 소비자를 대상으로 한 조사를 통하여 탄산음료의 소비 패턴을 조사한 결과, 소비자들은 콜라병의 크기나 양에 관계없이 일단 집으로 사들고 가면 버리지 않고 다 마신다는 아주 본질적인 문제를 발견한 것이다. 이를 알은 펩시는 코카콜라보다 더 큰 병을 만들었고 또한 집으로 가지고 가기 편한 다양한 크기의 패키지 상품을 내놓았고 결과는 대 성공이었다.

어떤 문제에 봉착했을 때 그 해결책을 찾지 못하는 이유는 처음부터 문제의 본질이 무엇인지를 제대로 생각의 틀로 정하지 않았기 때문일 가능이 높다는 것이다. 생각의 틀은 문제를 해결하는데 가장 중요한 열쇠다.

2)이름과 물건의 성격

물건이나 돈을 분배하는 게임에 있어서 게임의 이름과 성격을 형평(공평)한 분배에 두느냐 또는 효율(경쟁)적인 분배에 두느냐에 따라서 생각과 행동을 결정짓는 틀이 달라진다는 것으로, 예를 들면 게임의 이름을 '월 스트리트 게임'이라고 하면 자기에게 유리한 분배의 제안을 하고,

그 이름을 '커뮤니티 게임'이라고 하면 훨씬 더 공평한 분배 제안을 한다는 것이다. 이는 각각 붙여진 이름이 서로 다른 틀을 유발하기 때문이라는 것이다.

또한 스탠퍼드 대학교의 리 로스Lee Ross 교수팀이 수행한 연구에 의하면 프레임은 물건의 성격에 따라서 달라진다는 것으로, 참여자들에게 물건을 분배할 때에 비즈니스와 관련한 물건들의 크기를 비교한 조건 참여자들은 불과 참여자의 33%만이 50:50의 공평한 분배를 제안한 것에 비하여, 비즈니스와 무관한 물건들의 크기를 비교한 조건의 참여자들은 거의 대다수인 91%가 50:50의 공평한 분배를 제안 했다. 경쟁과 관련된 물건들에 노출만 되어도 사람들은 무의식적으로 경쟁 프레임을 갖게되어 가능하면 자신의 이익을 극대화하려고 노력했던 것이다.

3) 소유와 존재의 차이

가장 영향력 있는 20세기의 사상가 중 한 사람인 에리히 프롬Erich Fromm은 그의 저서 《소유냐 존재냐 To have or to be》에서 산업화로 인한 물질의 풍요가 가져오는 폐해를 지적하고 소유의 삶에서 존재의 삶으로 옮겨갈 것을 강조하고 있다. 그런데 일상에서 소유의 프레임과 존재의 프레임이 가장 빈번하게 대비를 이루는 분야는 소비의 영역이다. 같은 물건을 사면서도 존재 프레임을 갖고 구매하는 사람들은 그 물건을 통해 맛보게 될 새로운 경험에 주목한다. 그러나 소유의 프레임을 갖고 구매하는 사람들은 소유 그 자체에 초점을 맞춘다.

2000년 11월과 12월에, 사회심리학자 밴 보벤Van Boven이 이끄는 연구팀은 20-60대까지의 1200명을 대상으로 가정에 대한 전화설문 조사를 실시했는데, 이때 가정 경제에 대한 설문조사에서 지금까지 살아오면서 스스로 '소유' 자체를 목적으로 구매했던 물건(옷. 보석. 전자제품 등)과 '경험'을 목적으로 구매했던 물건(콘서트 티켓. 스키 여행 등)가운데 한 가지씩을 고르게 했다. 그런 다음에 이에 대한 의견을 조사한바 경험을 위한 구매가 더 행복하게 만들었다는 응답이 전체 응답자의 57%였고, 소유자체가 더 행복하게 만들었다는 응답자가 전체의 34%였다. 그 나머지는 고르기 어렵다는 대답이었다. 경험을 위한 구매는 대부분 사람들의 관계 속에서 사용하는 것들로 정서적으로 하나가 되거나 관계를 나눌 수 있는 것이 되어 진정한 행복을 나눈다는 것이다.

따라서 현명한 소비자는 가급적 소유의 프레임을 피하고 존재의 프레임을 가지려고 노력한다. 에리히 프롬의 충고처럼 소유의 프레임보다 존재의 프레임이 삶의 질에 더 중요하기 때문이다.

4) 다이어트 프레임

음식의 섭취량을 결정하는 가장 단순하면서도 위력적인 요소는 바로 그릇의 크기라는 것이다. 음식이 담긴 그릇, 즉, 한번 먹을 때 나오는 기본 단위가 클수록 사람들은 음식을 더 많이 먹게 된다는 것이다. 미국의 콜롬비아 대학교의 저명한 심리학자 폴 로진 Paul Rozin 교수팀은 한 회사의 로비에 아침 시간에 먹을 수 있는 캔디를 두고 자유롭게 먹도록 하는 실험을 하였는, 어느 날은 3그램의 사이즈 적은 캔디 80개를 놔두었고, 다른 날은 12그램의 큰 사이즈 캔디 20개를 비치했다. 그리고 오후에 남아 있는 캔디를 조사했는데 12그램의 캔디가 비치된 날 훨씬 많은 캔디를 먹은 사실이 확인 이 된 것이다.

이것은 식욕이 식사량을 결정하기보다 그릇의 크기가 식사량을 결정한다는 것이다. 왜 이런 일이 발생하는 것일까? 그것은 그릇의 크기가 생각의 틀로서 작동하기 때문이다. 사람들은 기본적으로 제시되는 양이 '사회적으로 바람직한 평균적인 양'인 것으로 해석하는 경향이 있다는 것이다.

《누구나 10킬로그램을 뺄 수 있다》는 서울대학교의 유태우 교수의 책이 있다. 유태우 교수는 음식의 종류에 상관없이 무조건 반만 먹으라는 것으로, 이것은 외식할 때나 그 외의 무의식적으로 먹는 것도 반을 줄이라는 것으로 이의 방법은 '생각의 틀이 제공하는 해답'으로 모든 음식의 크기를 반으로 줄여야 한다는 것이다.

(나) 세상의 중심은 나라는 생각의 틀의 문제
1) 자기중심성의 문제

자기의 생각의 틀에 갇힌 우리는 우리의 의사전달이 항상 정확하고 객관적이라고 믿는다. 그러나 우리가 전달할 말과 메모, 문자 메시지의 이메일은 오직 우리 자신의 생각의 틀 속에서만 자명한 것일 뿐, 다른 사람의 생각의 틀에서 보자면 지극히 애매하게 마련이다. 이러한 의사불통으로 인해 생겨나는 오해와 갈등에 대해 사람들은 상대방의 부감각과 무능력, 배려 없음을 탓한다.

부모들은 자녀에게 미리 학습을 시킨다는 이유로 어린 아이가 알기엔 벅차고 어려운 내용을 가르치면서 왜 이렇게 간단한 것도 모르느냐고 구박하거나 화내기가 다반사다. 그 개념이나 내용들이 어른들에게나 간단하지 아이들에는 어렵다는 사실을 망각하면서 말이다.

남녀관계에서도 예외는 아니다. 말다툼으로 토라져 있는 여자 친구에게 위로는커녕 '장난친 것을 가지고 왜 그렇게 속 좁게 구냐?'며 되래 화를 내는 남자 친구는 자신의 행동이 상대방에게는 이해가 어려우며 자신만 이해가 쉽다는 내용을 잘 모른다. 우리는 대충 말해도 상대방이 잘 알아듣기를 바라고 기대하지만 그것은 아주 어려운 일이다.

2) 나의 선택이 보편적이라고 믿는 문제

우리는 있는 그대로 세상을 보고 있기 때문에, 내 주관적 경험과 객관적 현실사이에는 어떤 왜곡도 없다고 믿는 이런 경향성을 철학과 심리학에서는 '소박한 실재론Naive realism'이라고 한다. 이런 경향 때문에 사람들은 '내가 선택한 것을 다른 사람들도 똑같이 선택할 것'이라고 믿게 된다.

미국 스텐퍼드 대학교의 리 로스Lee Ross 교수 연구팀은 실험실에 모인 학생들을 대상으로 '회게하라'는 내용의 피켓을 들고 캠퍼스를 돌면서 학생들의 반응을 관찰하는 실제 실험을 할 것을 주문했다.

이때, 회개하라는 문구를 들고 학생들의 의견을 관찰하겠다는 쪽에 동의한 학생들은 다음과 같이 상황을 해석했다. "아는 사람을 만나면 '그냥 실험일 뿐'이라고 말하면 돼, 창피할 이유가 없지." '실험과제에 곡 참여해야 한다면 이런 새로운 것이 보람 있지.' 피켓을 드는 것은 문제가 없다는 생각이다.

그러나 동의하지 않았던 학생들은 그 실험의 황당함과 무모함에 초점을 맞춰 상황을 해석했다. '그런 피켓을 들고 다니는 것은 창피한 일이라는 것이다.' 다른 학생들이 자기를 어떻게 보느냐에 초점을 맞추고 있는 것이다. 그런데 얘기서 중요한 점은 양쪽 학생들 모두 자신의 그런 생각과 느낌이 '정상'이라고 믿었기 때문에 다른 학생들도 자신처럼 상황을 해석할 것이라고 생각했던 것이다.

바로 이런 자기중심적 생각의 프레임 때문에 우리는 다른 사람들도 나와 비슷하게 생각할 것이라고 하는 것이다. 그러면서 그것이 '사실'이라고 착각한다. 이런 현상을 '허위함의 효과false consensus effect'라고 하는데 자신의 의견이나 선호, 신념, 행동이 실제보다 더 보편적이라고 착각하는 자기중심성을 나타내는 개념이다. 허위 함에 사로잡힌 우리가 깨달아야 할 사실은, 이 세상에는 자신의 생각과 다른 사람들이 생각보다 훨씬 많이 존재한다는 점이다.

3) 자기중심의 이미지, 자신감, 판단의 문제
가) 자기중심의 이미지 문제

사람들은 누구나 자기중심적인 생각의 틀을 갖고 있기 때문에 자신의 이미지를 타인에게 투사하는 경향이 있다. 심리학자 레비츠키LeWichi의 연구에 따르면 타인을 능력차원으로 평가하는 사람은 자기 자신을 평가할 때도 능력을 가장 중요하게 생각한다. 예를 들어 돈을 중시하는 사람을 돈을 중심으로 평가할 것이고, 날씬한 몸매를 중시하는 사람은 타인들을 몸매로 평가한다는 것이다.

결과적으로 우리가 다른 사람들에 대해서 말하는 평가나 내용들을 보면, 다른 사람이 어떤 사람인지에 대한 정보를 준다기보다 우리 자신이 어떤 사람인지를 더 많이 드러낸다는 것이다. 그 사람이 주변에 대하여 말을 하는 것을 보면 그 사람의 생각을 알 수 있는 것으로, 그 사람이 주변을 나쁘게 말하면, 자기의 습성이 남의 헐뜯는 습성이 잇다는 것으로 그런 사람은 조심하여야 한다.

나)남을 보는 자신감의 문제

자기의 생각의 틀을 과도하게 쓰다 보면 '나는 남들을 잘 알고 있는데 남들은 나를 잘 모른다고' 착각을 하게 된다. 자신은 결코 치우침 없이 객관적으로 다른 사람을 바라보지만, 다른 사람들은 자신을 있는 그대로 보지 않고 끊임없이 오해고 한다고 생각한다. 나는 타인에 의해 끊임없이 오해 받고 왜곡당하고 있지만 '나는 너를 잘 알고 있다'고 믿는다.

실험결과 평균적으로 사람들은 상대방이 자신을 이해하는데 필요한 시간보다, 자신이 상대방을 이해하는데 필요한 시간이 적게 걸린다고 보았다. 우리는 다른 사람을 그 사람의 겉으로 보이는 외모와 몇 거지 특징들을 보면 그 사람의 내면과 성격까지도 충분히 알 수 있다고 판단을 하지만, 그러나 그것은 오해이며 '나는 알지만 너는 모른다고' 하는 생각은 자기중심성이 만들어낸 착각이고 미신일 뿐이다. 실제로는 '나는 네가 나를 아는 만큼만 너를 안다' 가 정답이라는 것이다.

다)자기중심적 판단의 문제

우리가 다른 사람의 행동을 판단할 때에는 그 사람의 '성격이나 신념' 같은 '근본적인 문제'로 설명하지만, 자기 자신의 행동들은 그때그때의 불가피한 '상황적인 문제나 요인' 들로 생각한다는 것이다. 네가 약속을 지키지 않은 것은 무책임하기 때문이고, 내가 늦은 것은 차가 막했기 때문이라는 것이다. 네가 내 생일을 잊어버린 것은 사랑이 식었기 때문이고, 내가 네 생일을 잊어버린 것은 실수였다.

타인의 행동에 대하여 이런 식의 근본적인 책임으로 돌리는 경향은 늘 오해와 편견을 불러 온다. 상황을 고려하기보다는 '넌 원래 그런 사람이야'라고 규정지어 놓기 때문이다. 즉, '내가하면 로맨스, 남이하면 불륜'이라는 말처럼 많은 부분에서 자기중심적으로 판단한다. 역지사지(易地思之)라는 말처럼 진정한 지혜는 내가 내 자신을 설명하는 것과 동일한 방법으로 다른 사람의 행동을 설명하는 마음의 습관에서 나온다.

라)뇌 속의 자기준거효과의 문제

세상의 중심에 자기가 있다면 우리 뇌에도 '자기와 관련된 정보만을 취급하는' 자기센터'가 있어서 다른 정보에는 반응하지 않지만 '자기'가 등장할 때에는 반응한다는 것으로 이는 아래의 실험으로 밝혀지는 것이라고 한다.

다음의 단어가 컴퓨터 화면에 제시되었다고 해보자

Polite(공손한)

그런 후에 다음 네 가지 질문 중 하나가 주어진다.
① 이 단어가 당신을 잘 나타냅니까?
② 이 단어가 조지부시 대통령을 잘 나타냅니까?
③ 이 단어가 대문자로 쓰였습니까?
④ 이 단어가 Rude(무례한)의 동의어입니까?

이러한 4개의 질문 중에 ①은 '자신'에 대한 질문으로 질문을 받은 사람들이 가장 많이 기억했다는 것이다.

②는 '타인'에 대한 질문이고 ③은 이 단어의 속성에 대한 질문이고 ④는 이 단어의 의미에 대한 질문이다.

　이런 실험을 여러 번 반복했지만, 반복해서 나온 결과는 ①번의 질문을 받은 사람들이 단어를 가장 많이 기억하며, 똑같은 단어라도 '자기 자신'과 관련지어 생각을 하면 기억을 더 잘 한다는 얘기다. "내가 정직한가, 공손한가, 창의적인가?"라고 물어 보는 것이 "철수가 정직한가, 공손한가, 창의적인가?"라고 물어보는 것보다 훨씬 더 기억하는데 도움이 된다는 사실은 자기 자신과 관련지어 바라볼 때 기억이 잘되는 이런 현상을 '자기준거효과 self-reference effect'라고 한다.

　같은 단어지만 그 단어의 의미를 다른 사람과 연관시켜 생각하거나 혹은 그 단어의 의미가 아닌 물리적 속성으로 생각해 볼 때는 내전 전두피질 부위가 강하게 활동하지 않는다. 오직 그 단어가 자기 자신을 기술하는지를 생각할 때만 그 부분이 활성화된다는 점은 그 영역이 일종의 '자기센터'임을 암시한다. 우리 뇌 속에서 '자기'는 글자 그대로 특별한 위치를 점하고 있는 셈이다.

4) 자기 자신의 마음의 조명효과

　우리는 다른 사람들이 나를 주시하고 있다고 생각하지만 정작 우리를 보고 있는 것은 남이 아닌 자기 자신이다. 마음속에 CCTV를 설치해 놓고 자신을 감시하고 있으면서도 다른 사람들이 자신을 주목하고 있다고 착각한다.

　이러한 착각은 '조명효과 spotlight effect'라고 하는 심리현상에서 비롯된다. 연극무대에 선 주인공의 머리위에는 늘 스포트라이트가 쏟아진다는 것이다. 그러나 우리는 연극의 주인공이 아니면서도, 그런데도 많은 사람들이 종종 자신도 스타처럼 조명을 받고 있다고 착각 하면서, 다른 사람들의 시선에 필요 이상의 시경을 쓴다는 것이다.

이런 현상은 사람들에 있어서 더욱 심한 다른 사람들은 실제로 자기에게 별로 특별한 시선과 관심을 가지고 있지 아니한데 자기는 그것을 너무 의식하여 복장이나 머리 등에 과도하게 신경을 쓰기도 한다.

(다)현재 입장. 관점의 생각의 틀 문제

우리의 생각의 틀에 있어서 과거를 현재의 입장이나 관점에서 당연히 알고 있었다고 하는 것과 미래를 너무 장밋빛으로 착각을 하는 것은 바람직하지 못한 사항이다. 우리는 여기에서 이러한 문제를 앞에서 살펴본 것을 참고로 하여 간단히 살펴보고자 한다.

1)과거에 대한 사후확신과 회상
가)과거에 대한 사후확신

어떤 사건의 결말이 그렇게 되리라는 것을 처음부터 알고 있었던 것처럼 과거를 회상하는 경향이 있으며, 현재에만 존재하는 결론적인 지식이 과거에도 존재했던 것으로 착각하고 '난 그럴줄 알았지', '난 처음부터 그렇게 될 줄을 알았다' 라고 말하는 것이다. 이런 심리현상을 '사후확신hindsight bias'이라고 한다. 이러한 것의 문제는 다니엘 길버트Daniel Gilbert가 그의 책《행복에 걸려 비틀거리다Stumbling on happiness》에서 지적한 것처럼, 현재의 생각의 틀로 과거를 평가하는 것으로, 이는 스포츠 경기 등에서 미리 누가 골을 넣을 수 있었다는 것을 알았다고 사후에 말하는 것이나 마찬가지이다. 지혜로운 사람이 되기 위해서는 사후에 내리는 판단에 대한 확신을 지금보다 훨씬 더 줄여야 한다.

나)과거에 대한 회상

어른들은 요즘의 학생들은 버릇이 없다고 일방적으로 말하면서 자기들은 어렸을 때 그러지 않고 예의를 잘 지켰다고 과거의 학창시절을 떠올린다. 그러나 그것은 사람들이 과거를 실제 모습보다 과거를 회상해 낸 현재의 모습에 더 가깝다는 것이다. 이는 왜곡된 과거의 모습에 빠지는 회상으로, 조지 베일런트George Vaillant는 "애벌레가 나비가 되고 나면, 자신은 처음부터 작은 나비였다고 주장하게 된다. 성숙의 과정이 모두를 거짓말쟁이로 만들어버리는 것이다." 이러한 것은 자서전에서 자신의 역사나 신화를 만들어 내는데 있어서 자서전이 현재의 생각의 틀에서 자기의 과거를 많이 왜곡하고 있다고 말한다.

또한 이러한 현상은 역으로 과거를 현재보다 더 축소하고 낮추는 '과거 죽이기' 현상으로 이는 현재의 자신을 띄우기 위해 과거의 자신을 실제보다 아주 낮추는 것이다. 이는 공부나 훈련 등에서 지금의 자기의 모습을 높이기 위해서 과거에는 형편없었다고 하는 것이다.

2)미래에 대한 예측 및 면역체계
가)미래에 대한 예측

우리가 지금 내리는 판단과 선택은 미래의 것들에 대한 것도 많다. 이에는 주말에 어떤 영화를 보러 갈 것인지, 금년의 여름휴가는 어디로 갈 것인지, 미래에 어떤 직업을 할 것인지 등 수많은 것들이 있다. 따라서 우리의 삶의 질은 우리가 미래의 결정을 우리가 잘 내릴 수 있느냐의 예측 정확성에 달려 있다고 할 수 있다.

그러나 사람은 바로 현 시점에서 미래를 제대로 예측하고 앞날의 문제를 정확하게 판단을 한다는 것은 정말로 힘든 과정이면서 거의 불가능할 경우도 많다. 이러할 경우에 어떻게 하는 것이 문제가 없으면서도 현실적으로 타당한 것이냐의 문제는 그 문제의 성격이나 속성 등 여러 가지의 변수가 있는 것이 사실이다.

그러나 이러할 경우에 현실적으로 우선 정확한 결정이 어렵다면 문제의 본질상으로 가장 적합하면서도 상황이나 여건상 실행성이 높은 사항을 우선적으로 선택하는 것이 바람직하다는 것이다. 이러한 것은 우리의 식사에 있어서 오늘 점심에 좋아하는 된장찌개를 먹었다면, 내일 저녁은 무엇을 먹을 것인지 하는 문제에 있어서도 지금 생각할 때 내일도 저녁에 된장찌게를 먹는다고 선택하는 것이 좀 부담스러울지 모르지만 그러나 내일저녁 까지는 아직도 몇 끼의 식사도 남아 있고 특별한 계획이 없다면 그것으로 정하는 것이 별 문제가 없고 타당하다는 것이다.

나) 마음의 면역체계

미래를 예측할 때에 현재 존재 하는 것들만 영향을 주는 것은 아니다. 현재에 존재하는 않는 것들 역시 결정적인 역할을 할 수 있다. 그런 요인 가운데 특히 중요한 것은 부정적인 사건에 직면했을 때 작동하게 되는 마음의 면역체계이다.

'정서예측affective forcecasting'이라는 개념으로 연구되고 있는 이 분야의 대표적인 학자는 하버드 대학교의 다니엘 길버트와 버지니아 대학교의 팀 윌슨Tim Wilson교수다. 이들 연구자들은 실험 참여자들에게 현재 사귀고 있는 연인과 헤어진다면 자신의 삶이 얼마나 오랫동안 비참할 것인지를 예측하는 연구도 하였다.

실제로 실연을 경험한 사람들은 상상만 했던 사람들의 예측보다는 훨씬 더 빨리 행복을 되찾은 것으로 나타났다. 이것은 마음의 면역체계가 작동하기 때문이다. 떠난 사람에 대한 비난으로부터, 그 사람과 처음부터 연분이 아니었다는 자기위로, 더 좋은 사람을 만날 수 있다는 생각, 상처를 치유하기 위한 종교와 새로운 취미생활 등을 시작하기도 한다. 심리적 면역체계를 갖는 이런 탁월한 활동으로 인해 실연이라는 역경으로부터 빨리 벗어나게 되는 것이다.

(라)경제와 관련된 생각의 틀
1)이름에 따른 틀

사람들은 자신이 붙인 이름대로 세상을 판단한다. 가령 어떤 사람을 놓고 '테러리스트'라고 이름을 붙인 것과 '자유의 전사'라고 이름을 붙인 것은 질적으로 다른 이름을 불러 온다는 것으로, 낙태에 찬성하는 사람들은 낙태를 '선택의 권리'라고 이름을 붙이지만, 낙태에 반대하는 사람들은 '생명의 권리'라는 이름을 붙인다는 것이다.

여러 영역 중에서 돈과 관련된 문제에 있어서 돈에 대한 개념을 어떻게 갖느냐의 생각의 틀이 돈을 어떻게 소비하게 되느냐와 큰 상관관계를 갖게 한다는 것이다. 예를 들면, 오래전에 빌려주고 까맣게 잊고 있다가 돌려받은 돈, 옷장을 정리하다가 발견한 돈, 휴면 계좌에서 발견한 돈, 주운 돈 등은 '공돈'이라는 심리적 계좌 때문에 힘들게 번 돈보다는 쉽게 쓰게 된다는 것이다. 이럴 때에는 은행의 일반계좌의 돈에다 같이 예치해 놓고 쓰면 이러한 현상을 방지할 수 있다는 것이다.

책의 구독료나 기부의 경우 등에 있어서 실제로 연간 구독료를 제시하는 것보다 권당 구독료를 제시하는 것이 구독률을 10-40%까지 올려 준다는 보고가 있으며, 기부참여자의 경우에 있어서 연간 총액의 조건에서는 30%만이 기부의사를 밝혔지만, 일일 기부액 조건에서는 52%가 기부 의사를 밝혔다. 이런 현상은 좀 더 큰 목돈 보다는 좀 더 부담이 적은 '푼돈'의 프레임의 심리적 계좌가 생각의 틀로 작용하기 때문인 것이다.

2)복권에 대한 심리적 계좌문제

복권에 당첨되어 하루아침에 부자가 된 사람은 우리가 생각하는 것만큼 행복하지는 않다. 행복과 불행에 대한 예측이 이처럼 실제와 다른 것은 인간이 가지고 있는 놀라운 적응 능력에 기인하기 때문이라는 것이다. 사람들은 생각보다 빠른 속도로 어떤 상태에 신속하게 적응한다. 어두운 극장에 들어가면 처음엔 눈앞이 캄캄해서 아무 것도 보이지 않지만, 몇 초만 지나면 주변이 눈에 들어오기 시작하는 것과 같은 이치인 것이다.

부자가 되는 것이 행복의 지름길이 아니라는 것을 잘 알면서도 너나 없이 애쓰는 것은 부자가 되어 가는 과정이 부자가 된 상태보다 즐겁기 때문이다. 우리는 어떤 '상태'에 쉽게 적응하는 탓에 '변화'에 무척 예민하다. 이것이 우리의 경제적 선택과 판단을 움직이는 또 다른 핵심 원리다.

2.3 지혜로운 사람의 생각의 틀

우리는 가끔 인생을 살아가면서 어떻게 살아가야 하며, 어떻게 살아야 인생을 제대로 살 수 있고 성공적으로 인생을 살 수 있느냐의 문제와 관련하여 어떤 때는 그것을 생각하는 생각의 틀을 체계적이고 종합적으로 정확하게 갖는 것이 너무나 막연하고 어렵다는 것을 실제적으로 경험하곤 한다. 특히, 삶의 과정에서 어려운 현실에 부딪히거나 자기의 인생의 진로를 바꾸어야 하거나 새로운 설계를 할 때에는 더욱이 답답하고 어려운 입장이 되는 것을 우리는 삶을 살아가면서 직접 체험하는 것이 현실이다.

그러할 때에 삶의 상황과 여건이 주어지면 그것에 대한 생각의 틀을 먼저 제대로 가지고 있느냐가 중요한 관건이 되는 것이다. 이러한 생각의 틀을 가지고 있어야 모든 것에 대한 판단과 선택을 바람직하게 할 수 있기 때문이다. 따라서 여기서는 이제까지 살펴본 제반 생각과 관련한 설명과 관련하여 우리가 자신의 생각의 틀을 최선으로 갖게 할 수 있는 지혜로운 생각의 틀에 대하여 조망해 보고자 한다.

목사이자 신학자인 찰스 스윈돌Charles Swindol은 삶에 있어서 객관적 사실은 인생을 통틀어 겨우 10%에 불과하고, 나머지 90%는 그 일들에 대한 우리의 반응이라고 주장했다. 또 아우슈비츠 소용소에서 죽음의 문턱까지 갔던 정신과의사 비터 프랭클Victor Frankl은 "한 인간에게서 모든 것을 빼앗아 갈 수는 있지만, 한 가지 자유는 빼앗아 갈 수 없다. 바로 어떤 상황에 놓이더라도 삶에 대한 태도만큼은 자신이 선택할 수 있는 자유이다."라고 말했다.

프랭클의 말처럼 삶의 상황들을 삶의 상황들은 일방적으로 주어지지만, 그 상황에 대한 생각의 틀은 철저하게 우리 자신이 선택해야 할 몫이다. 더 나아가 최선의 생각의 틀을 선택하고 결정하는 것은 우리에게 주어진 인격성의 최후 보루이자 도덕적 의무다. 우리가 진정 지혜롭고 자유로운 인생을 살아가는 데 필요한 것이며 이에는 다음과 같은 것이 있다.

첫째, 목적과 의미의 상위의 생각의 틀을 가져야 한다는 것이다.

우리가 삶을 살아가면서 우선 생각해야 될 문제는 우리의 삶의 목적과 의미는 무엇이냐는 것이다. 우리는 세속적인 물질이나 권력, 명예 등에 사로잡힌 나머지 이를 우리의 인생의 목적과 의미로 착각하고, 무분별하게 이에 집중하고 수단과 방법을 불문하고 이를 축적하는 저급한 인간이 되어 결국 현행의 법을 위반하여 법적인 구속까지 되는 수모를 겪는 재벌들과 정치인들을 우리는 종종 보게 된다.

우리는 삶을 살아가는 데 있어서 물론 생존과 안전 자기실현을 위해서 세속적인 돈과 영향력, 권위 등의 요소도 대단히 중요하고 필요한 가치임에는 틀림없다. 그러나 이러한 것은 이보다 상위의 목적의 실현을 위한 수단적 가치임을 정확히 인식하고, 앞에서 살펴본 삶의 목적을 정확히 알고 실천할 수 있는 생각의 틀을 갖는 것이 무엇보다도 소중한 것이다.

둘째, 접근하는 생각의 틀을 가져야 한다는 것이다.

행복과 성공은 '접근'하는 생각의 틀을 가진 사람들의 몫이라는 것이다. 세상의 어느 일과 자리도, 또한 사랑과 믿음까지도 스스로가 자신감과 의욕, 용기를 가져야 구하고 얻을 수 있다는 것과 관련하여 우선 자기의 생각의 틀을 도전하고 접근하는 생각의 틀을 가져야 한다는 것이다.

세상의 큰 성취를 한 사람은 자기의 학력과 부 등의 여건 보다는 자기가 관심이 많고 집중하여야 할 일이 있을 때 다른 사람보다 더 상상하고 창조하고 도전하는 그러한 일은 접근하는 스타일 이었다는 사실을 유명한 과학자나 예술가 창조자는 물론이고, 현재 세계에서 초대의 부를 획득한 빌게이츠와 스티브 잡스의 예에서도 그러한 것이 명확하고 구체적으로 나타나고 있는 것이다.

셋째, 지금에 집중하는 생각의 틀

성공으로 가는 길은 지금 이 순간을 소중히 생각하고 이를 최대한으로 활용하는 것으로부터 출발해야 한다는 것이다. 사람들이 현재는 준비기간이라는 생각과 아직은 괜찮다고 미루는 습관을 가진 것으로부터 과감하게 탈피하여 현재가 가장소중하며, 지금 이 시간은 다시 오지 않는다는 명확한 사고를 가지고 이를 현재의 하는 일이나 미래에 할 일의 준비에 매진하고 열정적으로 임해야 한다는 것이다.

행복으로 가는 길도 지금 이 순간을 충분히 즐기고 감사하는 것으로부터 비롯된다는 것이다. 심리학의 연구에 다르면 행복한 사람들은 자신의 생일이나 가족, 친구들의 생일, 그리고 직장 생활을 하면서 듣는 칭찬과 격려 같은 일상적인 일을 적극적으로 축하하고 누리는 사람들이라고 한다.

넷째, 비교하는 생각의 틀의 문제의 해결

사람들이 만족을 느끼는 최상의 상태는 비교하는 생각의 틀을 적용되지 않을 때이다. 즐거운 식사자리, 가족들과 보내는 휴가, 친구외의 유쾌한 수다, 책 읽는 기쁨, 좋아하는 취미생활…, 이런 것들은 자체만으로도 만족감을 준다. 그러나 여기에 비교하는 생각의 틀이 적용되기 시작하면 진정한 만족의 상태는 사라진다는 것이다.

'남들은 외식도 자주 하는데', '고전부터 읽어야 하는데', '취미 생활로 골프를 하여야 하는데', '외국으로 여행을 가야 하는 데' 이런 비교하는 생각의 틀 에서는 남들보다 '많고 좋은' 것이어야 한다는 문제가 대두되고 이에 따라 만족이 적어지거나 없어진다는 것이다. 정호승 시인의 말처럼 남들과의 비교는 자신의 삶을 '고단한 전시적 인생'으로 바꿔버린다는 것이다.

그렇다면 생산적이고 지혜로운 비교는 어떤 것일까? 심리학적인 연구결과들에 의하면, 남들과의 횡적인 비교보다는 과거 자신과의 비교, 자신의 미래의 모습과의 비교라는 것이다. 과거의 자신보다 현재의 자신이 얼마나 향상되어 가고 있는가, 자신이 꿈꾸고 있는 미래의 모습에 얼마나 근접해 있는지를 확인하는 시간상의 비교가 남들과 비교하는 것보다 훨씬 더 생산적이고 바람직한 비교라는 것이다. 결국 자신의 비교를 통해서 '최선의 나'를 추구하는 것이 진정한 행복과 만족을 추구하는 길이라는 것이다.

다섯째, 긍정적인 언어의 생각의 틀

한 사람의 언어는 그 사람의 생각의 틀을 결정한다. 따라서 생각의 틀을 바꾸기 위해서 꼭 필요한 일은 언어를 바꿔나가는 것이다. 특히 긍정적인 언어로 말하는 것이 반드시 필요하다. 매일 사용하는 말 속에 우리가 얼마나 오래 살 수 있는지에 대한 정보까지 담겨 있는 것이다. 그러므로 우리의 삶이나 말속에 감사. 감동. 기쁨. 설렘. 만족 등의 단어들이 넘쳐나도록 만들 필요가 있다는 것이다.

반면에 말중에 '다 먹고 살자고 하는 거 아니겠어'? '좋은 게 좋은 거 아니겠어'?, '당신 마음대로 해봐' 등의 부정적인 말은 우리의 생각의 틀을 좋지 못한 것으로 전락시키는 것으로 이를 삶 속에서 제거해야 한다. 이러한 생각의 틀은 우리의 삶을 '좋은 것에서 위대한 것으로가 아닌', '위대한 것에서 좋은 것으로'의 마음가짐을 유도한다는 것이다.

여섯째, 누구와의 생각의 틀을 가져라

우리는 삶을 살아가면서 자신이 좋아하는 노래, 색, 일 등이 있다. 그런데 '자신이 좋아하는 이야기'는 존재하며, 어떤 것인가? 자신의 가슴을 벅차게 만들고 두 주먹을 불 끈 쥐게 만들었던 감동적인 이야기가 있다면 그것을 기억해 두었다가 자신의 삶의 방향을 정하거나 바꾸려고 할 때에 자신에게 스스로 그 이야기를 들려주고 반영하도록 하여야 한다.

소설가 마샤 밀러 Marcia Muller 는 자기의 소설 속 주인공인 샤론 매콘과 자신이 어떻게 닮아가게 되는지, 자신이 그와 같이 변화하는지를 한 일간지에서 소개하고 있다. 그는 자신이 꿈꾸던 이상적인 자신의 모습을 매콘의 캐릭터에 그대로 구현했다. 그리고 의도적으로 매콘처럼 행동하기 위해 노력했던 것이다. 오랫동안 실직 상태에 있던 밀러는 그 결과 자신이 정말로 그 사람처럼 삶에 더 자신감을 갖고 독립성을 획득하는 변하게 갖게 되었다고 말하였다.

누군가 본받고 싶은 대상이 있으면 그 사람의 전기나 자서전을 읽고 그 사람처럼 되기 위해 의도적으로 노력하고 반복적으로 실천하는 것이 필요하다. 마일 그런 사람이 없다면 밀러처럼 자신이 가장 되고 싶은 이상적인 자기를 만들어보고 그 사람의 이야기를 계속해서 자신에게 들려주고, 그 이야기가 현실적으로 실현되도록 지속적인 노력을 하여야 한다.

또한 우리는 누구와 만나고 관계를 유지하는 데에 많은 시간을 할애하고 있느냐가 앞에서 살펴본 것처럼 자신의 행복은 물론 능력에도 영향을 미친다는 것을 우리는 알았다. 긍정심리학의 대가인 마틴 셀리그먼Martin Seligman교수는 행복하다는 설문을 조사한 연구에서 행복의 가장 큰 기준은 돈, 건강, 운동, 종교보다는 다른 사람과의 관계라는 것을 밝혀냈다. 최고로 행복한 사람들은 그렇지 않은 사람들에 비해서 혼자 있는 시간이 적으며, 사람들을 만나고 관계를 유지하는 데 더 많은 시간을 할애했던 것이라고 한다.

심리학 연구들은 행복은 '어디서'의 문제가 아니라 '누구와'의 문제임을 분명하게 밝혀주고 있다. 탁월한 성취를 이룬 사람들, 커다란 역경을 이겨낸 사람들, 자기 삶에 만족을 누리는 사람들, 이들에게는 거의 예외 없이 '누군가'가 있었다는 것이다.

어떤 사람은 옆에서 보고만 있어도 영감이 느껴지고, 그런 사람과 있으면 완벽한 경지에 도달하고픈 충동과 치열한 삶의 욕구가 자신도 모르게 생겨나는 경우도 있다. 어떤 사람은 함께 있기만 해도 즐겁고 유쾌하다. 그런 사람과 있으면 왠지 안심이 된다. 주변에 이런 사람이 있다는 것 자체가 행운이고 행복이라고 할 수 있을 것이다.

일곱째, 생각의 틀을 위한 디자인

우리는 생각의 틀을 갖고 활용하기 위해서는 주변에 관련 있는 물건들을 선택하고 배치하는 것은 단순한 디자인을 넘어서는 지혜로운 디자인이라는 것이다. 주변에 놓여 있는 물건들은 단순히 현실생화에 필요한 기능을 담당하는 것만은 아니라는 것이다. 경쟁적인 마인드를 갖고 싶다면 경쟁심을 유발할 만한 물건들로 주변을 채워야 한다는 것이다.

만일 양심적인 행동을 유발하고 싶다면 집안에 거울을 적절하게 배치하는 것도 좋은 일이다. 미국 일리노이 대학교의 에드 디너 Ed Diener 교수가 수행한 연구에 따르면 부정행위는 거울 앞에서 쉽게 일어나지 않는다는 것이다. 한 실험에서 한 조건의 학생들은 거울을 마주보고 시험문제를 풀게하고. 다른 학생들에게는 거울을 등지고 하게 하였는데, 거울을 등지고 한 경우가 부정행위가 훨씬 많았다는 것으로 거울이 양심과 도덕을 유발하는 생각의 틀 역할을 하고 있다는 것이다. 이러한 것은 거리에 CCTV를 설치하면 범죄가 줄어드는 것과도 같은 이치이다.

본받고 싶은 인물이 있으면 그의 사진을 벽에 걸어 놓거나 주머니에 가지고 다니는 것도 하나의 예일 것이다. 그 사람처럼 생각하고 행동하도록 만드는 생각의 틀을 유발하는데 효과가 있기 때문이다.

여덟째, 전문가와 기술을 배양하는 생각의 틀

우리가 앞에서도 살펴본 바와 같이 아무리 재능이 출중하고 머리가 영리한 신동과 천재라고 할지라도 어떠한 분야의 전문가와 달인이 되고자 한다면 한 분야에 10-20년 이상을 그 일에 집중하고 몰두하면서 열정적으로 일을 즐기는 생각의 틀을 가져야 한다는 것이다.

인지심리학 분야에는 '10년 법칙'이라는 규칙이 존재한다. 어떤 분야에서 전문성을 획득하기 위해서는 최소한 10년 이상의 부단한 노력과 집중력이 요구된다는 것이다. 한 번의 결심으로 생각의 틀은 바뀌지 않는다는 것이다. 그것이 습관화 할 때 까지 지속적으로 하고 어떠한 상황과 여건이 있더라도 중단하지 말고 반복을 해야 한다는 것이다. 생각의 틀의 형성도 몸의 근육을 만들기 위해서 꾸준하고 지속적으로 체력의 단련과 필요한 운동을 하는 습관화가 필요한 것과 같은 이치이다.

제8장 삶의 실현을 위한 생각

제1절 자아의 실현을 위한 생각

1.1 자아의 실현

(1) 자아실현에 대한 이해[38]

(가) 자아실현의 주체로서의 인간

우리는 인간으로서 누구나 기본적 욕구인 의식주의 해결은 물론 살아가는 데 있어서 안전을 유지하고, 가족이나 타인과 사랑과 자존감을 유지하면서 최고의 목표로 자기가 이루고자 하는 인간으로서 기대하고 소망하는 목적을 이루려는 꿈과 희망을 가지고 살아가고 있다.

우리가 삶을 살아가는 것은 자기만의 재능과 잠재력을 활용하여 자기가 그리는 삶을 살아가는 것이며 또한 자기의 인생이야기를 써가는 것이라고 할 수 있다. 자기의 삶의 그림과 이야기를 어떻게 실현해 내느냐 하는 것이 결국 자기를 실현하는 문제인 것이다.

이러한 그림과 이야기를 잘 실현할 수 있기 위해서는 우선 아브라함 머슬로Abraham H. Maslow가 인본주의 학자로서 자아실현에 대하여 설명한

---

38) 인간행동과 사회환경 위책, PP293-303

것을 먼저 알아야 한다. 그는 개인은 자아실현을 위한 주체로서 사고를 할 수 있는 인격체라고 강조하면서, 인간은 내부에 건전하고 창조적인 성장을 위한 가능성을 가지고 있다고 믿었다. 머슬로는 인간은 자신의 능력을 최대로 개발하려는 것이 본성이며, 인격이 성숙하는데서 기쁨을 느끼며, 자아를 실현하려는 욕구를 가진 존재로 보았다.

머슬로는 자기에 대한 고유성을 획득하는 경향을 가진 사람들은 자신이나 타인을 잘 수용하고 자발적이며, 강력한 문제해결 능력을 소유하고 있으며, 자율적으로 기능하고 자신의 환경을 인정할 줄 안다. 인간의 자아실현에 대한 갈망은 거의 모든 연령대에서 발견할 수 있는 보편적 과정이라고 보았다.

그러나 각 연령집단 사이에서 약간씩 상향 조정되는 점은 있는 것으로 인식했다. 즉 유아의 경우 생리적 욕구가 가장 강렬할 것이고 점점 나이가 들면서 안전과 소속에 대한 욕구가 강렬해질 것이며, 성인기에 들면서 존중에 대한 욕구가 많이 높아질 것이라고 생각을 했다.

(나) 자아실현자의 욕구

대부분의 사람들은 생리적 욕구, 안전의 욕구, 소속과 사랑의 욕구, 자존감의 욕구 등을 위해 주력하며 많은 시간을 보내며, 소수의 사람만이 자아실현의 욕구를 충족하기 위해 동기화 된다는 것이다. 자아실현은 사람들이 자기를 표현하고 탐색하는 것이 자유로운 환경일 때 가능하기 때문에 사람들은 타인과 함께 사는 환경에서 아무런 제한 없이 진리와 정의, 정직과 성실 같은 가치를 추구한다는 것이 쉽지는 않다.

자아실현이란 자아 증진을 위한 개인의 갈망이며, 자신이 잠재적으로 지닌 것을 실현하는 욕망이다. 자아실현을 한다는 것은 자기가 원하는 사람이 되는 것이며 자신의 잠재력을 최고로 발휘하는 것이다. 자아실현의 형태는 사람마다 다르며 개인차가 많이 난다. 자신의 잠재력을 모르거나 능력을 의심하고 두려워하는 것은 자아실현의 기회를 소멸한다.

잠재력을 발휘하기 위해서는 과거의 습관을 유지하는 경향에서 벗어나서 새로운 경험과 기회를 갖도록 개방적인 활동을 해야 한다. 안전하고 따듯하고 친절한 분위기에서 자란 아이들은 개인의 기본적인 욕구가 위협받지 않기 때문에 성장하고 발전하는 데에 좀 더 유리하다. 그러나 자기실현의 목적을 성취하려는 의지 또한 중요한 요인이다.

(다)자아실현자의 성격 특성

머슬로에 따르면, 자아 실현자는 존재가치에 의해 동기화 되며, 성장 동기를 자지고 자신의 체험을 확장하고 삶을 풍부하게 한다. 머슬로는 자아 실현자의 특징을 다음과 같이 정의 했다.

1)효율적인 현실 지각

자아 실현자는 현실에 대해 효과적인 지각을 하며 편안해 한다. 그들은 일반적, 추상적, 규범적인 것과 새롭고 구체적이고 독특한 것을 쉽게 구분하며, 사람을 정확하고 효과적으로 판단하는 능력이 있다. 그들은 자신들이 원하거나 필요한 방식으로 세상을 바라보는 것이 아니라, 있는 그대로 세상을 본다는 것이다.

2)자신과 타인에 대한 수용

자아 실현자는 어떤 불평이나 지나친 생각을 하지 않고 자신의 본성과 다른 사람들을 수용한다. 자신의 강점과 약점을 수용하기 때문에 자기를 있는 그대로 받아들이며 다른 사람에 대해서도 관대하다.

3) 자연스러움

자아 실현자는 꾸밈이 없고, 내적 생활이나 사고, 충동에도 꾸밈이 없다. 그들은 고의로 전통을 거스르거나 반항하지 않으며, 의도적으로 사회의 규범을 어기지 않는다. 또한 자신의 일상적인 삶에 대해 감사할 줄 알며 자율적이고 개인적인 윤리규정을 가지고 있다.

4) 문제 중심적

자아 실현자는 자아 중심적이지 않고 문제 중심적이며, 자기 자신보다 외부의 문제에 관심을 갖는다. 즉, 나무만 바라보면 숲을 볼 수 없기 때문에 가급적이면 전체 숲을 보려고 한다.

5) 초연함

자아 실현자는 자신에 대해 불편해 하지 않으며 혼자일 수 있고 일반 사람들보다 더욱 고독과 개인 사생활을 즐기는 경향이 있다.

6) 자율성과 창의성

자아 실현자는 사회적 환경으로부터 비교적 독립되어 있다. 그들은 만족을 위해 실제 세계나 다른 사람, 문화 등에 깊이 의존하지 않고 자신의 발전과 성장을 위해 자신의 잠재력과 잠재된 자원에 의존한다.

자아 실현자는 어린아이의 순수함과 가까운 새로움에 대한 호기심과 관찰을 통하여 유추하고 상상하며 새로운 것을 만들어 내는 창조성을 가지고 있다는 것이다.

7) 신선함과 신비로움

자아 실현자는 자연이나 어린 아이와 같이 삶의 기본적인 것에 관해 기쁨과 즐거움을 느끼며, 새롭고 순수하게 감사해 하는 놀라운 능력이 있다. 또한 환희와 경이로움, 경외의 느낌 등 신비한 경험을 한다.

8) 인류애와 깊고 풍부한 대인관계

자아 실현자는 때로는 분노나 혐오감을 느끼기도 하지만 대체로 인간에 대한 일체감, 공감, 애정을 가지고 있다. 그들은 사람을 돕기 위한 열정이 있으며, 대부분의 사람들에게 가족원과 같이 대하는 경향이 있다.

자아 실현자는 일반 사람들보다 더욱 깊은 관계를 가지지만 소수의 사람들과 깊은 유대를 맺는다.

9) 민주적인 성격구조

자아 실현자는 민주적인 성격 특성을 가지고 있으며, 누구에게나 조건 없이 우호적이며 모든 사람을 존중한다. 또한 타인들로부터 무엇인가 기꺼이 배우려고 하며, 타인의 출생, 인종, 혈통, 가문, 나이, 힘에 의해 사람을 차별하지 않는다.

10) 수단과 목적 구분

자아 실현자는 수단과 목적을 구분하며 실제 생활에서 옳고 그른 것을 확실하게 구분한다. 또한 그들은 인습적이지 않은 윤리적이고 도덕적인 기준을 가지고 있다.

11) 철학적인 유머감각

자아 실현자는 철학적이고 사려 깊은 유머감각을 가지고 있다. 이들의 유머는 타인에게 상처를 입혀 웃기는 적대적인 유머가 아니며, 타인의 열등함을 비웃거나 음란한 농담 같은 유머와도 다르다. 이들의 유머는 웃음보다도 은근한 미소를 자아내는 유머이다.

12) 문화에 대한 저항

자아 실현자는 자아 충족적이고 자율적이기 때문에 특정한 방식으로 생각하고 행동하라는 사회적 압력이나 문화적응에 저항한다.

1.2 스티브 잡스의 삶의 실현[39]

(1) 스티브 잡스에 대한 이해의 필요성

우리는 세계의 위대한 과학자, 예술가, 문인, 정치가 등이 상상과 창조를 통하여 새로운 과학기술의 발견과 심미적인 예술의 창조, 새로운 정책과 제도를 통한 인간적인 삶을 구현 할 수 있도록 세상을 변화시키고 발전시켜 왔다는 것을 잘 알고 있다.

또 한편으로는 세계의 많은 철학자와 심리학자 등이 인간이 지향하여야 할 내면세계의 지성과 통찰력을 발견하고 개발하여 인간을 무지와 암흑의 정신세계로부터 합리성과 이성을 가진 문명화되고 깨우친 인간으로서 변모하고 개조하는 데 큰 역할을 한 것이 우리가 아는 주지의 사실인 것이다.

우리는 21세기의 고도화된 지식 정보의 시대를 살아가고 있다. 종전에도 과학기술과 예술의 발전에 있어서는 생각의 도구를 활용한 통찰, 상상과 창조를 통한 새로운 문명의 창출을 통하여 과학기술과 문화를 발전시켜 왔던 것이며, 그렇게 할 수 있는 위대한 저력의 원동력은 인간이 유추하고 상상할 수 있고 창조할 수 있는 뛰어나고 탁월한 생각이 있었기 때문이라는 것은 명확한 사실이다.

최근에 와서는 이러한 생각은 정보통신과 생명공학 분야, 우주과학 분야 등에서의 새로운 기술의 발견과 창조적 통합을 통하여 더욱 고도

---

39) 잡스 사용법, 한미화 편, 거름출간, pp25-245

화되고 발전된 제품을 출시하고 있다. 최근에 이루어낸 여러 가지의 이러한 변화 중에 정보통신 분야에서의 새로운 발견과 통합으로 컴퓨터 분야의 혁신과 더불어 핸드폰 등의 분야에서 상상하기조차 어려웠던 비약적인 발전과 창조를 이루고 있으며 그 중심에 마이크로 소프트를 창업한 빌 게이츠와 애플의 창업자인 스티브 잡스 등이 있다.

특히, 최근에 들어서는 애플의 스티브 잡스가 출시한 아이맥, 아이팟, 아이폰, 아이패드는 애플을 IT업계의 세계 최고 기업으로 만들었을 뿐만 아니라 그는 우리 시대를 상징하는 아이콘이 되었다. 그가 출시한 혁신적인 제품들은 이미 새로운 시장을 창조하였고, 소비자들의 음악 감상과 컴퓨터 습관 등 라이프스타일까지 바꿔놓았다. 그는 미래를 꿈꾸는 '꿈을 창조'하는 선각자 이었으며 비전을 이루기 위해 정열적으로 몰두하고 집중하였다.

그는 사랑하는 일을 하는 데에 만족을 했고 결과와 보상에 연연하지 않았다. 그는 사업에 실패하기도 했지만 포기하지 않았고, 두려움에 맞서 용기를 냈고 실패를 통해 배우며 성장했다. 그는 인생과 사업에 대하여 철저한 자기의 상상과 창조를 이끌어낸 독특한 사업가다. 그러나 그러한 많은 변화와 발전을 이끌어 낸 그는 췌장 암으로 벌써 세상을 떠나고 말았지만 그가 시련과 역경 속에서 어떻게 그러한 일을 하였고 성과를 올렸으며 자기의 삶을 실현 하였는지를 그의 뛰어난 생각의 방법과 그것의 실현을 중심으로 살펴보는 것은 생각과 판단의 틀을 이해하고 학습하는 입장에서 큰 의미가 있다.

(2) 스티브 잡스의 삶의 실현

(가)삶의 실현의 사고

1)사랑하는 일 찾기

가)자신이 사랑하는 일 찾기

잡스는 자신이 궁금하고 관심 있는 일이라면 가리지 않고 해보는 성격이었다. 대학을 중퇴한 뒤 게임을 만드는 회사인 아타리Atari에서 일을 할 때에는 동양철학과 선불교에 흥미를 느껴 1974년에는 힌두교 구루인 님 카롤리 바바를 만나기로 결심하고 인도 행을 감행하기로 했다. 잡스는 그곳에 가서 자신이 누구인지를 깨닫고 무엇을 하면 좋을지를 알고 싶었다.

잡스는 인도에 가서 구루를 만나지는 못했지만 잡스는 인도에 갔던 일을 좋은 경험으로 떠올렸다. 잡스는 이렇게 흥미 있는 일을 직접 몸으로 겪으면서 자신이 하고 싶은 일이 무엇인지 윤곽을 잡아갈 수 있었다.

잡스와 위즈니악이 홈브루 클럽에 참여했던 것은 컴퓨터가 좋아서 했던 것으로 그 해에 소형 컴퓨터 알테어Altair를 선보였다. 알테어는 컴퓨터 광들에게 혁명적인 사건으로, 빌 게이츠와 폴 앨런Paul Gardner Allen도 이 소식을 듣고 알테어를 위한 소프트웨어 프로그램인 베이직을 개발했고 결국 마이크로소프트를 개발했다. 잡스는 위즈니악이 마이크로세서를 사용해 키보드를 쳐서 글자를 모니터에 띄울 수 있는 인쇄 회로 기판 설계에 성공했다. 잡스는 위즈니악의 인쇄 회로 기판을 만들어 팔자고 제안을 하여 그렇게 해서 1976년 4월 1일 애플컴퓨터가 설립되고, 애플1이 만들어 지고 마침내 잡스는 자기가 좋아하는 컴퓨터의 사업을 연관시켰다. 그는 멈추지 않고 계속 찾아다녀 그가 좋아하는 컴퓨터 산업을 발견한 것이다.

성공한 사람과 그렇지 않은 사람을 살펴보면 그 차이는 대부분 성공한 사람은 자기 일을 사랑한다는 것이다. 이는 스티브 잡스의 경우에 컴퓨터 분야 등 그가 좋아하는 분야를 사랑했으며 그렇지만 오로지 외골수로 무조건적으로 '연인을 사랑하듯 일을 사랑' 한 것은 아니다. 이는 그의 창업 동료인 스티브 위즈니악도 그랬으며, 경쟁자이면서 친구인 빌 게이츠도 타당한 이유로 마이크로 소프트를 시작했다.

사람들은 자기가 하는 일에 열정을 가지라고 말한다. 하지만 일을 한다고 저절로 열정이 생기는 것은 아니다. 열정은 자신이 하는 일을 사랑해야 열정이 생긴다. 잡스의 말처럼 "일에 진심으로 만족하기 위해서는 스스로 위대한 일을 한다고 자부해야 한다." 그리고 위대한 일을 하는 유일한 방법은 그 일을 사랑하는 것이다.

2)사랑하는 일에 대한 열정

애플의 창업초기에는 포기를 모르는 끈질긴 집념으로 어려움을 극복했다. 돈도 없고 경험도 없는 그가 가진 것은 열정이었다. 오로지 컴퓨터를 만들고 파는 일에 온 마음을 다 바쳐 열정을 쏟았고 그 진정성이 사람을 감동시켰다. 아무리 위대한 일이더라도 시작부터 위대하지는 않다. 처음에는 불가능해 보이고 주변의 반응도 부정적이지만, 불가능 한 듯한 일을 가능하게 만든 것은 잡스의 일에 대한 열정이었다. 그는 자기 일을 열렬하게 사랑하고 집중하는 마음, 그 열정과 신념이 물건의 판매와 필요 자금의 확보, 각종 업무의 추진에 필요한 상대를 설득시켰던 것이다.

열정은 믿음을 낳고 믿음은 행동을 낳는다. 그는 인간이 성공할 수 있는 일이란 그 일에 대한 상상과 창조는 물론이고, 그 일을 성공시키기 위한 열정을 품는 것이라고 하였다. 그래서 미국의 사상가이며 시인인 에머슨Ralph Waldo Emerson은 "그 어떤 위대한 일도 열정 없이 이루어진 것은 없다."라고 했다. 하지만 열정을 살리려면 꺼지기 쉬운 열정을 계속 타오르게 할 수 있는 동기도 필요하며 당장 도달하고 싶은 목표가 있어야 하며, 목표를 달성하고 싶다는 간절한 마음이 있어야 열정이 식지 않는다. 하나의 목표를 달성하면 다시 새로운 목표가 다시 뒤를 따르도록 해야 한다.

애플1에 성공한 잡스는 대용량의 메모리와 그래픽 컬러, 베이직 언어, 키보드, 모니터까지 갖춘 일체형의 컴퓨터II를 갖은 어려운 여건을 극복하고 열정을 가지고 성공시켰다. 그는 그가 사랑하는 일과 그리고 가치가 있는 일이라고 생각했기 때문에 어떤 장애물도 극복할 수 있었던 것이다.

3) 가치 있는 일의 성취

애플II의 큰 성공으로 1980년에 잡스는 25세에 백만불장자가 되었다. 그는 1985년 한 잡지와의 인터뷰에서 그는 "돈은 무엇을 이루려고 노력하고, 실패하고, 성공하고, 그러면서 성장하는 하나의 기회"라고 여겼다고 하였다. 그는 1983년 불경기로 애플 주가가 하락하여 1년 사이에 재산의 절반을 잃었으면서도 거액의 돈을 잃은 사람답지 않게 웃으면 말했다. "돈에 대한 나의 반응은 지난 10년간 나에게 가장 통찰력이 있다거나 가장 가치 있는 적이 없었다고 말했다." 그는 돈을 무시하거나 소홀히 대하지는 않았지만, 돈을 위해 일하는 일을 택하지 않고 최고의 제품을 만드는 것에 가치를 두었던 것이다.

그는 그 이후의 제품 에플Ⅱ에서는 품질이 낮아 별 인기를 끌지 못하였고, 그 후 그는 매킨토시를 만들었고 이때 기한을 넘기더라도 완벽한 제품을 만들 것을 주문하고 제품을 하나부터 끝까지 통제하는 독재자의 역할도 했었다. 그런 여건에서도 직원들의 회사의 충성도가 높았던 것은 애플에서의 일이 다른 회사에서는 할 수 없는 가치 있는 일이라는 보람 때문이었다. 잡스는 죽음을 앞두고 삶의 동력이 무엇이었는가에 대한 물음에 대해서 그는 "인류에게 기여하고, 인류의 발전이라는 흐름에 도움이 되는 것"이라고 했다. 인류 문명이란 이전의 성과 위에 축적되는 진보를 통해서 이루어진다. 잡스는 자신이 코페르니쿠스, 갈릴레이, 뉴턴, 아인슈타인처럼 인류의 정신적 발전에 기여한 거인으로 기억되길 바랐다.

그러기 위해서 잡스는 가치 있는 일을 하고 위대한 제품을 만들기 원했다. 때로 자신이 회사에서 쫓겨나고, 적자에 시달리고, 애써 만든 제품이 실패를 했지만 그가 우주에 남길만한 일을 한다고 생각했기 때문에 참지 못할 일이 없었으며, 그 일을 사랑하고 열정적이었기 때문에 그에게 그 시간은 매우 소중했던 것이다.

4)미래를 지향하는 삶

잡스는 연극의 3막과 같은 파란만장한 삶을 살았다. 제1막은 화려한 성공의 시기로 애플 컴퓨터를 창업해서 매킨토시를 창업할 때까지의 시기다. 제2막은 고난의 시기로 매킨토시가 뜻밖에 판매가 부진해 그 여파로 잡스가 애플에서 쫓겨나 넥스트와 픽사를 창업하고 경영한 시기다. 제3막은 잡스는 화려하게 부활했고 애플은 성공한 시기이며, 이때는 아이폰 아이패드 등을 비롯한 제품이 성공한 시기이다.

잡스의 성공의 이유는 혁신적인 제품을 만들었기 때문이기도 하지만 실패를 두려워하지 않고, 실패를 통해 배울 줄 알았기 때문이다. 잡스는 여러번 실패를 했지만 그 실패를 통해서 많은 것을 배웠고, 그것을 통해 큰 통찰력과 지혜를 갖게 되었던 것이다. 특히 그는 인생 제2막에서 많은 것을 배웠다. 잡스는 이 일을 뒤돌아보면서 한 인터뷰에서 "계속 실패의 위험을 무릅쓰기로 한다면 그들은 여전히 아티스트이다. 딜런이나 피카소는 항상 실패를 두려워하지 않았다."라고 말했다.

그는 1985년 애플에서 쫓겨난 이후 1997년 애플로 복귀하면서 그는 과거의 맥킨토시에 성공했던 때나 성급하게 넥스트를 창업했던 때와는 완전히 달라졌다. 애플로 돌아온 잡스는 과거에 얽매이지 않으려고 했다. 인생에는 두 가지 갈림길이 있다. 하나는 회피요 하나는 정면 돌파다. 어떤 길로 향할지는 스스로 선택해야 한다. 인생에서 만나는 실패, 도전에 대한 두려움, 과거에 대한 집착은 선택을 회피하고 자신을 감정의 포로로 만드는 길이다. 자신을 과거라는 덫에 가두는 것은 다름 아닌 자신이다. 잡스의 말처럼 과거는 아무리 후회한들 아무런 소용이 없다. 중요한건 내일이다.

사람들은 어떤 생각의 패턴을 형성하면 그걸 쉽사리 바꾸지 않는다. 잡스의 말처럼 마치 레코드판의 홈을 따라 돌아가는 바늘처럼 형상화

된 패턴에서 빠져나오지 못한다. 그래서 잡스는 예술가조차 30, 40대가 되면 이미 놀랍고 새로운 창조를 이루는 경우가 힘들다고 보았다. 하지만 창의적인 예술가로 살고 싶다면 자주 뒤를 돌아봐서는 곤란하다. 그동안 무엇을 해왔건, 어떤 사람이었건 다 버릴 각오로 임해야 한다. 자신이 어떠한 사람이라는 고정된 이미지에 매달리다보면 새로움을 추구하는 예술가의 본질에서 멀어질 뿐이다. 예술가만이 아니라 누구든 끊임없이 과거의 나와 이별하고 새롭고 다른 나를 찾아야 한다. 오늘 앞으로 나아가기 위해 어제의 슬픔이나 아픔 혹은 성공과도 작별해야 한다. 오히려 과거의 실패나 슬픔은 더 큰 성숙과 기회를 제공하는 하나의 변곡점이 될 수 있다.

내로라 하는 기업들도 과거에 안주하는 실수를 하곤 한다. 최근에 들어서 코닥, 노키아, 모토로라, 소니처럼 역사와 위용을 자랑하던 글로벌 기업들이 줄줄이 몰락하고 있다. 이러한 몰락의 주된 원인은 내일의 새로움과 쇄신보다는 과거의 성과와 발전에 안주하고 집착 하는 것이 가져오는 결과이다.

애플로 돌아온 잡스가 이러한 코닥처럼 과거에 안주했다면 애플은 줄어든 컴퓨터 시장에서 여전히 매킨토시 컴퓨터만 팔고 있을 것이다. 과거의 성공에 안주하지 않고, 과거의 실패에 좌절하지 않으면서 끊임없이 미래를 향해 도전했기에 오늘의 애플이 있는 것이다. 잡스의 말처럼 어제에 매달리느니 차라리 내일을 만들어야 한다. 그것만이 미래로 향하는 유일한 방법인 것이다.

5) 늘 새로운 일을 갈망하고 성취하는 삶

스티브 잡스는 2005년 6월, 스탠퍼드 대학교에서 졸업하는 젊은이들에게 축하연설을 하면서 "늘 갈망하고 우직하게 나아가라Stay Hungry, Stay Foolish"는 말로 연설을 마쳤다. 그 말은 현실에 안주하지 않고 언제나 미지의 가능성에 도전했던 잡스의 삶과 일치되는 말로써 더욱 큰 감동을 주었다. 이 말은 스튜어트 브랜드Stewart Brand의 《홀 어스 카탈로그 The Whole Earth Catalog》라는 책에서 인용한 말이다. 브랜드는 스탠퍼드 대학에서 생물학을 전공한 환경운동가인데 그는 다른 환경운동가들과는 다르게 기계문명을 부인하지 않고 도구와 기술이 진보하면 지구환경도 개선되리라 생각했다. 또 컴퓨터가 통제를 위해서 만들어진 사악한 물건이 아니라 미래로 가는 지름길이라고 여겼다. 잡스는 어린 시절 이 책을 좋아했고, 당시에 이 책은 또래의 아이들에게 성경과도 같은 책이었다. 이 책의 뒤표지에 적혀 있던 "늘 갈망하고 우직하게 나아가라"라는 말은 그때부터 죽는 날까지 잡스의 좌우명이 되었던 말이다.

잡스는 이 말의 삶의 전형으로 종종 예술가를 예로 들었다. 또 잡스는 자신을 창조적인 예술가처럼 생각했고 삶의 화두를 밥 딜런이나 비틀즈의 모습에서 찾곤 했다. 그는 어마어마한 성공을 거둔 아티스트도 지금까지의 결과에 안주하는 순간 사실상 그의 활동은 끝이며, 반면 밥 딜런이나 비틀즈, 피카소와 같이 실패의 위협을 무릅쓰고 도전을 계속한다면 평생 아티스트의 길을 걷는다는 것을 알았다. 잡스는 항상 새롭게 도전했고 그로 인해 맞을지도 모르는 실패를 두려워하지 않았다. 우리는 불확실성 앞에서 두려워하고 불안해하며 주춤거린다. 하지만 잡스는 한 번도 가보지 않은 미래를 두려워하는 대신 갈망하고 나아가라고 하는 것이다.

　잡스는 열일곱 살 때 "하루하루를 인생의 마지막처럼 산다면, 언젠가는 바른 길에 서게 될 것이다."라는 글귀를 읽고 크게 감동을 받았다. 그 후부터 잡스는 매일 아침 "오늘이 내 인생의 마지막 날이라면, 오늘 내가 하려는 일을 할 텐가?"라고 스스로에게 질문하는 버릇이 생겼다. 만약 '아니오'라고 하는 답을 한다면 다른 일을 하는 것이 옳다는 것도 깨달았다.

　잡스가 행운아가 될 수 있었던 것은 매일 아침 거울을 보면서 "오늘이 내 인생의 마지막 날이라면, 오늘 내가 하려는 일을 할 텐가?"라고 질문을 던지고 하루하루를 인생의 마지막 날 이라는 가정아래 가치 있는 일을 했기 때문이다. 우리가 매일 반복되는 일상에 묻혀 방황하는 삶을 살아간다면 잡스처럼 스스로에게 물어보고 하루하루를 소중하고 가치 있게 보낼 수 있게 해야 한다.

　잡스는 "삶은 영원하지 않습니다. 우리는 엔젠가는 죽을 것이며, 죽음이란 삶이 만들어낸 최고의 발명품이 아닐까요. 죽음은 삶을 변화시킵니다. 죽음은 낡은 것을 지워버리고 새로운 것을 위한 길을 닦아줍니다. 바로 지금, 여러분이 그 새로움 입니다. 하지만 여러분도 얼마 지나지 않아 낡은 것이 되어 사라질 것입니다."라고 말했다. 잡스는 2004년 췌장의 일부를 제거하는 수술을 받은 후 애플에서 세상을 변화시키기 위해 위대한 일을 계속했다. 아이패드를 개발했다. 2009년에는 더 악화 되었고 병가로 쉬었고 수술을 받았으며, 다시 회복되어 2010.1.27 샌프란시스코에서 열린 아이패드 발표회에 나섰다. 그는 2011.10.5 세상을 떠나기 전까지 마치 오늘이 삶의 마지막인 것처럼 열정적으로 삶을 살았다.

(나)혁신과 창조의 사고
1)스티브 잡스의 혁신적 사고의 이해

대부분의 기업이 혁신이 필요하다고 말하지만 제대로 혁신을 하는 경우는 드물다. 조직은 수직적이고 관료적이어서 창의적이고 역동적인 인재가 설 자리는 그렇게 많지도 않고 그러한 자리조차도 서기가 어려운 것이 현실이다. 때로는 연구개발비를 늘리는 것이 혁신을 할 수 있는 관건이라는 생각도 한다. 스티브 잡스는 아이폰과 아이패드 등의 제품혁신을 비롯하여 애플 스토아 같은 유통 혁신, 아이튠즈 뮤직 스토아나 앱 스토아 같은 비즈니스 모델 혁신을 이끌어 냈다. 또 소프트웨어와 하드웨어 그리고 콘텐츠가 어우러지는 애플 생태계를 창조하여 애플을 전방위적 혁신 기업으로 만들었다. 제품 혁신을 시작으로 조직, 프로세스, 비즈니스 모델의 혁신까지도 이루는 창조적 혁신을 이루었다.

잡스는 우선 새로운 기술과 방법을 사용하여 혁신적인 제품을 만들었고 이를 통하여 새로운 시장을 창출했다. 그는 컴퓨터 관련 제품에 집중하여 혁신적인 제품을 만들어 냈고, 자유로운 문화와 조직의 혁신을 통하여 지속적인 혁신을 유도 하였으며 프로세스도 바꾸었다. 그는 관련 제품의 혁신에 있어서 창조적 모방을 하였으며, 그는 그 간의 이질적이고 새로운 경험과 각종의 관련 아이디어를 혼합하고 편집하여 소수의 품목에 집중하여 성공시키는 혁신의 창조를 이루어냈다. 그는 제품 혁신을 성공적으로 뒷받침하기 위해서는 비즈니스 모델의 혁신이 필요하며, 또한 유통혁신을 통하여 새로운 고객을 창출하였다. 이러한 전반적인 혁신은 인간에 대한 이해로부터 시작되며, 혁신적인 제품은 산업과 문화를 바꾸며, 이러한 혁신은 전 방위적으로 해야 세계적인 혁신기업이 된다는 것이다. 잡스는 애플을 통하여 전 방위적 혁신을 이룩하여 세계적인 혁신기업을 이룩하였다. 이러한 파괴적 혁신은 하버드 경영대학원의 크레이튼 등의 파괴적 혁신 이론[40]을 적용한 것이다.

2)창의성이 뒷받침 되는 혁신

잡스는 경쟁력 있는 조직을 이끌자면 시스템이 필요하지만 자칫 과도한 시스템에 짓눌려 조직과 직원의 창의성을 해치는 결과를 피해야 한다고 했다. 또한 혁신을 방해하는 가장 큰 장애물은 창의적인 아이디어를 꽃피울 수 없도록 만드는 폐쇄적인 조직 문화의 문제도 있다. 통제하고 규율하기보다는 무엇이든 공유하고 개방하는 조직문화를 만들어 회사 내에 아이디어가 바르게 흐르고 결국 혁신으로 이어질 수 있다.

잡스는 그가 설립한 넥스트는 비록 기업으로는 실패했지만 혁신에 적합한 시스템과 조직문화를 실험했다는 점에서 성공적이었다. 잡스는 조직의 계층구조를 수평적으로 만들었고 복리 후생을 확대했다. 건물 내부를 벽으로 나누지 않고 개방해 업무가 공유되는 물리적 공간을 만들기도 했다. 그는 애플에 복귀했을 때 이를 적용했다. 그는 수평적이고 개방적인 사고를 장려하고 구성원이 서로 묻고 대답하는 대화와 교류를 통하여 소통하고 공감하는 커뮤니케이션 문화를 창출했다.

잡스는 매캔토시를 개발했던 1983년 그는 매킨토시 팀이 자유롭고

---

40) 파괴적 의료혁신 이론, 클레이튼. 제롬. 제이슨, 배성윤 역, 청년의사. 2010. PP1-39

혁명적이며 창의적이길 원했고, 지속적인 혁신을 하기 위해서 조직이 규율과 통제에 묶인 해군이 아닌, 제 멋대로의 의의와 성과를 가질 수 있는 해적이 되길 원했다. 매킨토시는 해적깃발을 만들어 해적정신을 공개적으로 선언했고 이를 회사의 옥상에 자랑스럽게 걸어놓기도 했다.

잡스는 매킨토시 팀의 인원을 100명으로 제한하기도 했는데 이는 일의 흐름과 의사소통에 문제가 생기는 것을 막도록 하는 것이었다. 조직이 커지면 의사결정 과정도 복잡해지고 업무도 중복되며 목표를 공유하는데도 어려움이 생기는 것은 어디에나 있는 것이다.

잡스가 해적의 집단으로 만든 것은 창의적 혁신을 주도하는 조직이 되라는 것으로 창의성은 개인의 행동으로 이루어지는 경우가 많지만 혁신은 대부분 집단의 산물이라는 것이다. 연구자들은 개인이 연구를 하는 경우보다 창으적 집단이 더 위대한 결과를 가져오는 경우가 많다고 평가한다.

창의성은 정보가 전달되고 직원들의 생각이 교차되고 아이디어가 언제나 환영받는 조직에서 발휘될 수 있다. 창의적 집단을 만들려면 협력과 피드백이 활발히 이루어지는 탄력적인 문화를 만들어야 한다. 다양한 사람들 사이에서 생기는 대립과 호기심을 수용하고 협력을 이끌어내야 한다.

잡스는 애플이 자유롭고 반항 정신으로 가득 찬 혁신적인 기업이 되길 원했다. 그는 애플의 성장하고 조직이 커지면서 평범한 회사로 전락하는 걸 언제나 우려하고 두려워했다. 그는 해적의 정신이 사라지지 않게 혁신의 정신을 불어 넣었다.

3)혁신은 창조적 모방과 아이디어 믹싱에서 나온다.

스티브 잡스는 컴퓨터, MP3 플레이어, 휴대폰, 태블릿PC 등은 모두 이미 존재 했던 제품들이다. 그는 창의적 아이디어와 상상력을 더해 애플Ⅱ, 매킨토시, 아이팟, 아이패드, 같은 새로운 제품들을 선보여 세상을 바꾸었다. 모방을 했지만 창조적인 모방을 한 것이다. 피카소도 미술기법을 터득하기 위해 대가의 그림들을 따라 그렸고, 시간이 지난 후 모방했던 그림들을 자기 식으로 재창조했다.

잡스는 원천기술을 다른 곳에 적용해 원래의 기술보다 더 넓게 사용할 수 있도록 만들었으며, 이미 있는 기술들을 섞고 종합해 아이폰과 아이패드를 만든 것이 그 대표적인 예이다. 아이폰과 아이패드 이전에도 스마트 폰과 태블릿 PC는 있었지만, 애플의 신제품들의 출시로 관련 산업이 비약적으로 성장했다. 최초를 고집하면 창조는 어려워진다. 모방은 창조의 필수 과정이다. 모방은 가장 탁월한 창조 전략이다. 모방할 때 창조가 쉬워진다.

또한 잡스는 창조란 발명이 아니라 겉으로 보기에는 서로 아무런 관계도 없어 보이는 사물을 연관 짓는 능력이라고 말했다. 오늘날 애플이 이뤄낸 창의적 혁신은 서로 다른 분야의 주제와 아이디어를 조합하는 능력에서 시작되었다. 잡스는 최고의 경지에 오른 사람들은 한 가지만 생각하지 않는다는 사실을 눈여겨 봤다. 레오날도 다빈치는 위대한 예술가이며 과학자 였고 미켈란젤로 역시 예술가지만 채석장에서 돌을 자르기 위한 방대한 지식을 섭렵하고 있었다.

잡스는 애플Ⅱ를 만들 때부터 다른 분야에 존재하는 아이디어를 가져와 새롭게 접목하는 창조의 길을 열었다. 그는 일반 소비자가 쓸 애플

Ⅱ가 가전제품처럼 친근하길 바랬다. 실마리를 찾은 곳은 메이시스 백화점의 주방용 코너였다. 그는 키친아트 믹서기를 보고 애플Ⅱ 아이디어를 얻었다. 둥근 모서리와 우아한 컬러 그리고 프라스틱 케이스 등 키친아트 믹서기의 외관을 그대로 애플Ⅱ에 도입했다. 컴퓨터와 주방 용품이라는 전혀 연관 없는 두 분야를 결합시키자 친근하고 사용하기 편리하고 우아한 디자인을 지닌 컴퓨터가 탄생했다.

창조는 다른 세계와 만나는 경계에서 꽃이 핀다. 때문에 새로움을 추구하는 예술가들은 새롭고 독특한 융합을 시도하기 위해 끊임없이 다른 세계와 만난다. 예술가가 아니라도 창조적 혁신을 하고 싶다면 다른 세계와 접하고 낯선 환경에 노출되어야 한다.

4)혁신과 창조는 이질적인 경험에서 나온다.

잡스는 혁신적인 제품이 나오지 않는 이유를 IT업계에 종사하는 사람들이 다양한 경험을 축적하지 못했기 때문이라고 보았다. 과거와 현재를 연결시킬만한 경험을 축적하지 못했기 때문이라고 보았다. 과거와 현재를 연결시킬 만한 경험을 충분히 하지 못했기 때문에 폭넓은 시각으로 문제를 바라보지 못하고 미봉책만 내 놓는다고 비판했다. 한 번도 겪어보지 못한 낯선 환경에 도전하고, 다양한 분야의 사람들을 만나면 사람은 긴장하고 호기심이 생긴다. 신선한 자극을 받고, 경험의 폭이 넓어지고, 이에 따라 사고의 포도 넓어진다는 것이다. 익숙한 사람들만 만나면 늘 익숙한 생각만 한다. 익수한 환경에서는 창의성이 좀처럼 자라지 않는다. 그러나 다르게 생각하려면 다르게 인식해야 한다. 잡스가 더 많은 경험을 축적해야 한 것은 새롭고 신선한 자극이 있어야 다르게 생각할 수 있음을 설명한 말이다.

　잡스가 젊은 시절에 인도도 갔었고 농장에서 명상도 했다. 하이킹을 하며 태평양 연안을 여행했고 힌두교 사원에서 열린 종교 행사에도 참여했다. 도서관에서 선불교에 대한 책을 탐독했고 채식주의에도 깊이 빠졌다. 그는 리드 대학에서 히피 젊은이들과 어울리며 음악, 미술, 역사에 대해 토론하고, 자신과 다른 면모를 가진 사람들과 어울렸고 다양한 사고방식을 접했다. 이런 다채로운 경험은 훗날 잡스기 생각하지 못하는 순간 창의적인 사고로 이어졌다.

　잡스가 1985년 이사회가 잡스를 직위해제 하였을 때 그는 당시 이탈리아의 토스카나 언덕에서 자전거를 타면서 혼자 보냈고 피렌체에서는 여러 건축물을 구경하며 여러 재료들이 가져다주는 느낌에 눈을 떴다. 그로부터 20년 후 잡스는 이탈리아에서 보았던 색감이 풍부하면서도 사람의 마음을 따듯하게 만들어 주었던 돌을 떠올렸다. 그리하여 피렌체의 피렌주울라 지방에서 나는 푸른빛을 띤 회색 돌을 애플 스토아의 주요 매장 바닥에 깔리게 되었다. 의외의 순간에 현재와 과거의 이질적인 경험이 새로운 것을 창조한다. 발상의 전환을 낳는 남다른 시각은 창의성의 핵심이며 이는 낯설고 새로운 것을 보고 듣고 생각하며 쌓은 직관으로부터 생겨난다. 혁신과 창조는 낯선 경험의 산물이다.

5)혁신은 인간의 이해에서 시작된다.
　스티브 잡스는 2010.1.27 샌프란시스코에서 아이패드 시연회를 하면서 연단위에서 아이패드를 들고 소파에 앉아서 신문과 웹사이트에 들어가 뉴스를 살피고, 애플의 중역들에게 이메일을 보내고, 사진 앨범을 넘겨보고, 영화와 음악을 재생했다. 잡스는 누구나 아이패드를 가지고 재미있고 편리하며 친근하게 사용할 수 있다는 것을 한껏 자랑했다. 그리고 마지막에 서로 교차하는 도로를 안내하는 화면이 떴는데 길 이름이 '인문학'과 '과학기술' 거리였다. 이는 애플이 지향하는 바를 이렇게 설명했다. "직관적이고, 재미있고 사용하기 쉬운 제품을 만들기 위해 우리는 늘 과학기술과 인문학의 교차점에 서려고 노력했습니다. 우리가 아이패드와 같이 창조적인 제품을 만들 수 있었던 것은 이 두 가지 요소의 융합적 결합 때문이었습니다."라고 했다.

사람들은 흔히 뭔가를 만들어 낼 때 기술을 따라잡으려 애쓰지만 정작 본질은 따로 있으며, 필요한 것은 그냥 기술이 아니라 인간 친화적인 기술이다. 잡스는 2011.3.2에 있었던 아이패드2 출시 이벤트에서도 이 점을 다시 한 번 강조했다. 아이패드가 출시되자 유사 태블릿 PC들이 봇물처럼 쏟아졌다. 그러나 그것들은 무엇인가 부족했다. 퍼스널 컴퓨터와 마찬가지로 개발자들은 태블릿PC를 만들면서 속도를 빠르게하고 재료를 첨단으로 바꾸는 등 기술에만 몰두했다. 하지만 정작 중요한 것은, 태블릿PC는 퍼스널 컴퓨터보다 훨씬 직관적이고 사용하기 쉽게 디자인되어야 한다.

그러자면 기술이 인문학과 결합되고 휴머니즘과 만나야 한다. 사람의 마음에 스며드는 공감지대를 구현하는 혁신적인 제품은 아플 때 탄생한다. 아이폰이나 아이패드는 이 시대를 대표하는 창조적 도구라고 여기는 것은 그 안에 담겨있는 첨단 과학기술에 깊은 인간애가 흐르기 때문이다. 한 손에 아이패드를 들고 스티브 잡스가 과학기술과 인문학의 교차점을 이야기하며 인문학적 상상력을 역설한 것은 이러한 뜻이다.

6)전 방위적인 혁신을 통한 세계적인 혁신기업

스티브 잡스와 애플은 하드웨어와 소프트웨어 그리고 스토어를 통합하여 하나의 생태계를 만들려고 했다. 우리가 '애플 생태계'라고 부르는 것이 그것이다. 이러한 애플의 생태계는 아이튠즈에서 음악재생 목목을 만들어 만들어 아이팟에 연결하면 충전과 동시에 최신 상태로 만들어 준다. 동기화라고 부르는 이 간단한 작업만으로 원하는 음악을 쉽고 빠르게 들을 수 있다. 그리고 아이튠즈 뮤직 스토어가 문을 열자 음원까지 쉽게 구입하게 되었다. 하나의 생태계에서 모든 일이 이루어지듯이 아이튠즈, 아이팟, 아이튠즈 스토어로 이어지는 음악의 생태계에서 음악에 관한 일은 다 할 수 있었다.

잡스와 애플은 2007년 아이폰을 출시한 후 또 같은 방식을 적용해 애플 생태계를 더욱 넓혔다. 애플은 2008. 7월부터 앱 스토어_{애플리케이션 스토어의 준말}를 아이튠즈 스토어 내에 선보이고, 이를 통하여 소비자와 개발자가 자유롭게 참여할 수 있게 했다. 이는 아이폰 사용자에게는 앱을 사용해 자신이 원하는 소프트웨어의 기능을 저렴한 비용으로 추가했고, 소프트웨어 개발자에게는 자신이 만든 소프트웨어를 올릴 수 있는 장소와 기회를 대량으로 값싼 비용으로 이용할 수 있게 하였다.

잡스는 이어 아이패드의 출시와 더불어 이를 판매할 수 있는 아이북 스토어를 열었다. 아이북 스토어는 인터넷 시대가 열리면서 수익모델 창출에 어려움을 겪던 신문사와 잡지사를 끌어들여 전자책을 판매하는 온 라인 상점이다. '뉴욕타임스', '와이어드'. 를 비롯한 신문과 잡지, ABC 같은 방송사들이 아이패드 용 앱을 출시하며 이 대열에 합류했다. 맥밀런이나 펭귄 등 유수의 출판사들이 참여했다.

아이팟, 아이폰, 아이패드와 같은 하드웨어와 아이튠즈, 아이무비와 같은 소프트웨어 그리고 아이튠즈 스토어, 앱 스토어, 아이북 스토어 같은 상점을 통합한 애플 생태계에서는 모든 일이 가능했다. 사람들은 애플 생태계에서는 모든 일이 가능하게 되어, 인터넷을 통하여 신문. 잡지를 읽고, 뉴스. 영화. 드라마를 시청할 수 있었다. 쇼핑을 즐기거나 책을 읽고 음악을 듣고 동영상을 볼 수 있다. 게임을 즐기고 지도를 검색하고, 피아노 같은 악기를 연주하고 화가처럼 그림을 그릴 수도 있다.

잡스와 애플은 애플 생태계를 만들어 개인용· 멀티미디어와 콘텐츠 시장의 대부분을 장악하게 되었다. 잡스는 2011년 2월 아이패드2를 발표하며, "에플은 세계에서 가장 많은 2억 개의 신용카드를 보유한 기업이 됐습니다." 라고 자랑했다. 아이튠즈와 앱 스토어, 아이북 스토어의 회원이 그만큼 많으며 이 장터를 이용한다면 무엇이든 할 수 잇다는 뜻이다. 그렇기 때문에 애플은 대표적인 비즈니스 모델 혁신 사례로 손꼽힌다. 또한 그러한 비즈니스 모델 혁신 사례를 뛰어넘는 전 방위적 혁신사에이었던 것이다.

(다)디자인의 사고
1)디자인은 제품의 본질 반영한다.

스티브 잡스와 디자인 책임자인 조너선 아이브는 1998년 5월에 그 유명한 아이맥을 선보였다. 애플에 복귀해 인터넷을 비롯한 각종 네트워크에 이용되는 저렴한 컴퓨터를 개발하려 했던 잡스는 조너선 아이브의 디자인을 채택하여 아이맥을 출시하였는데 그 당시로는 아이맥의 디자인은 너무 파격적이었다. 반투명한 청록색 케이스도 그랬고, 본체와 모니터를 유선형으로 입체화한 형태도 너무 파격적이었다. 하지만 젤리 사탕에서 영감을 얻은 아이맥의 디자인은 베이지색 상자로만 인식되던 컴퓨터에 대한 이미지를 완전히 뒤바꿔 놓았다. 아이맥은 적자에 시달리던 애플에 시달리던 재정 상황을 단번에 회복시킬 만큼 성공적이었다.

잡스는 2000년 '포춘과'의 인터뷰에서 디자인에 대해 이렇게 밝혔다. "많은 사람들이 디자인을 겉치장이라고 생각합니다. 인테리어 장식 혹은 커튼이나 소파의 직물정도가 디자인이라고 여기지요. 하지만 내가 생각하는 디자인의 의미는 인간이 만들어 낸 창조물의 근원을 이루는 영혼입니다. 제품이나 서비스의 연속적인 바깥층에 그것 스스로를 표현하는 것입니다. 어떤 제품이던 인간이 만들어 낸 모든 창조물은 그 나름대로 본질적 역할, 즉 만들어진 목적을 갖고 있다. 잡스에게 그것이 창조물의 영혼이며, 그것이 디자인 이었다.

사람들은 아이맥의 성공이 아이맥의 겉모습, 즉 색깔과 스타일 때문이라고 생각한다. 사실 아이맥의 독특한 외부 디자인과 색깔은 아이맥의 성공에 크게 기여했다. 하지만 잡스는 아이맥이 창조의 근원을 이루는 영혼을 담고 있었기 때문에 성공했다고 생각했다. 컴퓨터라는 인간 창조물의 영혼은 소비자가 직관적으로 공감지대를 이용해 쉽고 편리하게 사용할 수 있도록 하는 것이다. 사람이 색깔과 스타일 때문에 아이맥을 산다고 해도 영혼이 없다면, 제대로 작동하지 않고 쓰기에 불편하다면 성공할 수 없다. 아이맥은 다른 기존의 컴퓨터와는 달리 집에서 쓰기에 편리하고 최대한 쉽고 편리하게 쓸 수 있는 컴퓨터였다.

잡스는 이것이 컴퓨터의 영혼이고, 디자인의 본질이라고 보았다. 반투명 청록색이나 유선형의 곡선, 손잡이와 같이 기술을 친근하게 느끼도록 한 디자인은 영혼이 결국 여러 겹의 표면들을 통해 스스로를 표현하는 것이라고 보았던 것이다. 그 이후에도 아이맥은 여전히 '디자인은 겉모습이 아니라 창조물의 근원을 이루는 영혼'이라는 원칙에 의하여 만들어 졌다.

2) 디자인은 사용하기 쉽고 단순해야 한다.

스티브 잡스는 2003년 뉴욕타임스와의 인터뷰에서 "디자인이란 제품의 외양이 어떻게 보이고 어떻게 느껴지느냐의 문제가 아니라 그 제품이 어떻게 작동하느냐에 대한 것이다."라고 더 구체적으로 정의를 내렸다. 잡스의 이런 말들은 그 시대의 건축의 선구자로 불리는 루이스 설리번의 디자인 원칙과 비슷하다. 미국의 건축가 루이스 설리번은 "형태는 기능을 따른다 Form Follows Function"라는 유명한 말을 남겼다. 오늘날까지 이 말은 건축가나 디자이너에게는 하나의 원칙처럼 받아들여지고 있다. 설리번은 사물의 형태를 결정하는 원리는 내적인 필요성에 있으며 그에 따라 형태는 사물의 목적과 기능에 의하여 결정된다고 보았다. 아이맥에서 색깔과 모습은 전체 디자인의 일부이기는 했지만, 디자인에서 보다 근원적인 것은 아이맥이 "어떻게 작동할 것인가"였다. 컴퓨터의 기능을 잘 할 수 있도록 하는 것이 디자인이다. 이것은 아이팟의 디자인도 결국 마찬가지로 겉의 모양보다는 본질적인 기능인 음악을 잘 들을 수 있게 트랙힐을 통해 음악을 잘 들을 수 있는 공감지대이었던 것이다. 그것은 아이폰, 아이패드 등 잡스와 애플이 만든 모든 혁신적인 제품에 저용된 것이였다.

또한 잡스의 디자인은 단순함을 추구했는데 이것은 그가 1981년 6월 국제디자인 컨퍼런스에 참석하고 나서 바뀌었는데 잡스가 독일의 바우하우스 스타일의 디자인인 "적을수록 많다. Less is More"라는 디자인 미학을 받아들였기 때문이다. 그는 그 이후 바우하우스의 디자인 철학을 연상시키는 밝고 단순한 스타일로 제품을 만들기를 원했다. 이는 잡스가 소비자가 직관적으로 사용방법을 알 수 있게 하여 이용하기에 편리하다는 것을 깨달았기 때문이었다.

잡스는 시간과 에너지를 많이들여 사용자가 쓰기 쉬운 제품을 만들고자 했고 그 결과로 단순한 디자인의 아이팟과 아이폰과 아이패드가 나왔으며, 이렇게 단순한데도 아이폰이나 아이패드는 최대의 디자인으로 평가되고 있는 것은 제품들이 만들어진 이유에 맞게, 쓰임새에 맞게 모든 기능을 쉽게 사용할 수 있도록 복잡한 것을 단순하게 디자인 했기 때문이다.

3) 디자인은 사용자의 삶의 향상을 위한 경험이 중요하다.

스티브 잡스는 제품을 디자인하고 만들 때 사용자 경험을 강조한다. 사용자경험User Experience이란 사용자가 시스템, 제품, 서비스 등의 직. 간접적인 이용으로 얻게 되는 총체적 경험을 말한다. 기술을 효용성 측면에서 판단하는 것이 아니라 사용자의 삶을 질적으로 향상시켰는가를 이해하기 위해 이 개념을 사용한다. 긍정적인 사용자 경험을 많이 만들수록 사용자의 만족도는 높아져 그 브랜드 충성도 역시 올라간다.

잡스는 IT업계에 종사하는 많은 사람들이 다양한 경험을 하지 못했기 때문에 폭넓은 시각으로 문제를 해결하지 못하고 단선적인 해법을 찾는다고 보았다. 그리고 '인간경험에 대한 이해가 광범위 할수록 더 나은 제품을 만들어 낼 수 있다."라고 결론을 내렸다. 잡스는 인간에 대한 이해를 바탕으로 사람들이 필요로 하는 제품을 생각하고, 그것에 맞게 쉽고 편리하게 쓸 수 있는 사용자 공감지대를 만들어낸다면, 사용자들이 원하는 목적에 맞게 제품을 사용하면서 큰 만족을 얻을 수 있다고 생각했다.

아이폰과 아이패드에 iso는 모바일 기기를 위해 다시 만들어진 데스크 톱 운영체제이다. iso는 애플의 데스크 톱 운영체계인 OS X에 기반을 두고 있어 빠른 성능과 탄탄한 안전성을 자랑한다. 아이폰과 아이패드의 장점으로 단순한 디자인과 함께 멀티터치 스크린이 대단히 정밀하고 반응성이 뛰어나다는 점을 든다. 반응성이 뛰어난 멀티터치 스크린은 애플이 실험실에서 3-5년간 사람들의 터치 동작을 연구하고 그것을 하나하나 규정하고 적용한 결과이다. 이것은 iso라는 앞선 모바일 체계가 있었기 때문에 가능했던 것이며, 아이폰과 아이패드는 운영체계인 iso로 멀티터치 공감지대와 하드웨어, 네트워크를 결합시킨 최고의 스마트폰과 테블릿 PC로 강력한 힘을 발휘한 것이다.

아이폰과 아이패드는 콘텐츠를 선택하고 즐기기는 좋지만 새로운 정보를 만들고 집어넣는 데는 아직도 제약이 많다. 소비자가 원하는 것은 항상 최고의 제품임을 잊지 말아야 한다. 창조와 관련된 인간의 경험을 이해하고 보다 진일보한 제품을 만들어 내는 것에 힘써야 한다.

4)자신이 진정으로 원하는 제품을 디자인 하라

잡스는 자신의 욕망과 소비자의 욕망이 별로 다르지 않다고 생각했다. 그렇기 때문에 소비자가 아닌 자신이 무엇을 원하는지 이해하기 위해 노력했다. 시장조사를 하겠다고 소비자를 찾아가서 "다음번에 히트를 칠만한 제품은 무엇일까요?"라고 물어보지 않았다. 그저 스스로에게 "내가 원하는 것은 과연 무엇인가?"라고 물어보는 것이 제일먼저 해야 할 일이었다. 그리고 자기가 갖고 싶은 제품을 만들었다.

잡스는 기존의 휴대폰은 너무 복잡해서 사용하기가 어려웠다. 따라서 자신이 사용하고 싶은 휴대폰이라면 어떠한 것이 되어야 하는지 말하며, "자신이 쓰고 싶은 물건을 만든다는 것"이 제일 중요하다고 말했다. 그때부터 잡스와 애플이 힘을 모아 자신이 쓰고 싶은 스마트폰을 만들었던 것이라고 한다.

소비자는 실제로 어떤 제품을 보고 나서야 그 제품이 자신이 원하던 것인지 아닌지를 말 할 수 있는 경우가 많다. 그래서 잡스는 제품이 나오기 전에 "소비자의 의견을 듣는 것은 의미가 없다."고 했다. 하지만 제품이 나온 뒤에는 달랐다. 그 후에는 여러 채널을 통하여 소비자의 요구사항과 불만사항을 수집하고 필요한 것은 제품에 반영했다.

5) 디자인은 제작 전에 세밀하게 하여야 한다.

오늘날 기술의 발달로 제품의 기능과 품질이 비슷해지면서 디자인이 소비자 선택을 좌우하는 가장 중요한 요소로 떠오르고 있다. 디자인의 중요성이 커지면서 경영학자들은 지식경영의 중요한 분야 중 하나로 디자인 경영Design Management을 강조한다. 디자인 경영은 디자인을 경영 전략수단으로 활용하여 새로운 비전과 가치를 창출함으로써 조직의 목표 달성에 이바지 하는 전략이다. 그러므로 디자인을 통해 사업적 성공을 거두려는 최고 경영자의 의지, 좋은 디자인이 만들어질 수 있는 여건과 분위기를 형성하는데 필요한 지식과 노하우, 최고 수준의 독창적인 디자인을 창출하기 위한 방법을 강구하는 것이 디자인 경영의 핵심 내용이다.

세계적인 명성을 얻고 있는 기업의 최고 경영자들은 모두 디자인을 기업의 가치를 높이기 위한 수단으로 적극 활용하고 있으며, 잡스 역시 이를 잘 알고 있었다. 그래서 틈날 때마다 디자인의 중요성을 강조했고 자신이 만든 제품의 디자인이 얼마나 뛰어난지를 자랑했다. 잡스는 기업이 디자인에 초점을 맞추기 위해서는 몇 가지 전제가 필요하다고 생각했다. 먼저 디자인이 제품의 겉모습을 치장하는 것이라는 생각을 버려야 한다. 디자인은 기능과 효율성을 높이기 위한 노력이며, 디자인이 도달하여야 할 궁극적인 목적은 사용자들이 정서적 직관적인 편리성을 느끼도록 하는 것이다. 그렇게 하기 위해서는 제품의 개발과 기획은 디자인에서부터 출발해야 한다. 하지만 대부분의 회사는 엔지니어가 디자인을 이끈다. 신제품 기획은 경영자와 엔지니어들끼리 끝내고 결정하는 것이 보통이다. 그리고 난 후 디자이너를 불러 제품의 겉모양을 디자인 하게 한다.

디자이너가 신제품을 만드는 첫 단계부터 상상력과 창조력을 발휘할 여지가 없는 것이다.

　잡스는 이와는 반대로 디자인을 중심에 놓고 진행해야 된다고 생각했다. 디자인을 '인간이 만든 창조물의 근원을 이루는 영혼'이라고 생각한 잡스에게 그렇게 하는 것은 당연한 것이다. 그래서 "디자인은 디자이너에게 맡기고 엔지니어는 디자인에 따라 만든다."라는 원칙을 선언했다.

　잡스는 1997년 애플에의 복귀와 함께 제품 디자인을 개선하기 위해 디자인에 대하여 디자이너인 조너선 아이브에게 전폭적인 권한을 부여했다. 잡스는 아이브가 이미 디자인한 아이맥의 제품디자인을 적용하려 하자 경영진과 엔지니어들의 강한 반대에 부딪히곤 했는데 디자인에 우선을 두고 디자이너와 엔지니어가 함께하는 제작회의에서 문제해결을 위한 현실적인 노력을 거쳐 최종적인 디자인을 확정하고 제품을 제작하여 출시하였다. 이는 디자인이 엔지니어링에 우선해야 한다는 잡스의 디자인 우선 원칙의 승리였다. 또한 이러한 디자인 우선의 경영 원칙이 제품의 출시부터 많은 세계인의 주목을 받았고 결국 기업의 성공에도 큰 영향을 미친 것이라고 하는 것이 증명된 것이다.

　디자인에 있어서 다른 하나의 중요한 문제는 단순함이다. 1977년에 나온 애플Ⅱ 팸플릿에는 애플을 상징하는 빨간 사과 위에 "단순함은 궁극의 정교함이다 Simlicity is ultimate sophitication"라는 레오날도 다빈치의 말이 크게 쓰여 있었다. 이 말은 끝없이 단순함과 완벽함을 추구했던 스티브 잡스의 디자인 철학을 보여주는 말로 자주 인용된다.

잡스는 모든 디자인에 단순함과 장인정신이 깃들어 있어야 한다고 보았다. 그래서 애플의 제품들은 더 이상 뺄 것이 없을 정도로 단순하게 만들었으며, 동시에 보이지 않는 세심한 부분가지 신경을 써 완벽하게 만들었다. 잡스는 제품을 완벽하게 만드는 것이 중요하다고 생각하여 아주 작은 일까지 꼼꼼하게 살폈다.

로버트 브라우닝늬 시 구절 '적을수록 많다.'를 인용해 20세기의 디자인의 가치를 정리한 미스 반테어로에는 '신은 세밀한 곳에 있다. God is in detail라는 명언을 남겼다. 이 말처럼 잡스는 신제품을 디자인 할 때 자신이 신이라도 된 것처럼 디테일을 중시했고 완벽주의를 견지했다. 잡스는 어느 정도도 현실에 타협하지 않고 마지막 1%까지도 완벽을 추구한 것은 세계 최상의 제품을 만든다는 정신적인 것이었다.

1.3 능력의 계발

(1) 목표의 설정

(가) 가치를 실현할 목표의 설정

우리는 세상을 살아가면서 나는 누구이며? 자신의 삶의 가치는 무엇이며? 이를 어떻게 실현해 나아갈지를 생각하고 추구하며 살아간다. 그러한 문제를 잘 알기 위해서는 자신이 자유롭고 독립된 인간으로서 앞에서 살펴본 생각도구에 의한 관찰을 통하여 부모나 교사님으로부터의 행동과 태도에 의하여 자아상을 본받고 자기의 유추와 상상, 창조를 통하여 독자인 삶의 의미와 목표를 설정 한다.

물론 우리는 세상을 살아나가면서 진리를 추구하고 선과 사랑을 행하면서 이 세상을 살아가야 하는 인생의 근본적이고 본질적인 가치의 범위 내에서 구체적인 자기의 실현을 위한 가치를 설정하고 추구하여야 함은 절대적으로 필요한 것이다. 앞에서 살펴본 머슬로의 욕구의 5단계에 의하면 사람은 누구나 우선적으로 생존과 안전에 대한 욕구의 충족이 우선되어야 하고 그 다음은 사랑과 자존감의 욕구가 충족되고 끝으로 자기실현의 욕구를 추구한다는 것은 보편적이고 타당한 논리라는 것을 우리는 알고 있는 사실이다.

또한 가치라는 것은 우리가 보편적으로 인정하는 가치가 있으면서도 그 범위 내에서 어떤 가치를 중시하고 구체적으로 추구할 것이냐의 문제는 다분히 주관적이고 의도적이며 자신의 이성과 감성, 품성, 의도를 가진 인격체로서의 인간에 따라서 좌우될 수 있는 것이다. 따라서 스티브 잡스의 예어서와 같이 자기가 가지고 있는 삶에 대한 목표와 비전인 세계인이 편리하고 유용하게 쓸 수 있는 컴퓨터와 그 관련 제품을 창의적이고 창조적인 방법으로 만들어 낸다는 구체적인 목표를 실현하였다.

그리고 많은 과학자와 예술가들도 자신의 인생의 목표를 실현할 가치를 설정하고 각종의 과학적 도구들을 사용해서 상상과 창조를 함으로써 새로운 발견과 발명을 통하여 인류에게 빛과 희망을 안겨줌은 물론 지혜와 능력 있는 삶을 이룰 수 있게 하고 우리가 이 세상을 좀 더 편리하고 안정되며 밝고 희망 있는 삶을 살아갈 수 있는 토대를 제공하였다.

그러나 꼭 이러한 위대한 창조와 발견만이 가치가 아니며, 세상에는 우리의 생활에 도움이 되며 사회에서 필요로 하는 역할이나 서비스가 얼마든지 있는 것이 사실이다. 따라서 우리는 이러한 넓은 범위의 일 중에서 자신이 추구하고자 하는 일을 선정하여 그것에 대한 보람과 긍지를 가지고 자신의 가치를 추구하고 살아가면 되는 것이며, 이러한 목표와 가치는 청소년 시절부터 깊이 생각하고 설정하는 것이 앞날의 생활과 학습. 경험을 갖는 것에, 자신의 역할 설정과 생활의 지침을 삶는 것에도 많은 영향을 주는 것이라는 것을 명확히 알아야 한다.

(나)열정적으로 할 일의 설정

우리는 삶의 가치를 실현해나가기 위해서는 자신이 하는 일을 통하여 사회에 이바지 하고 공헌을 하는 역할을 하여야 한다. 자신이 하는 일이 좀 더 가치가 있고 사회에 공헌할 수 있다면 우선적으로 자신의 긍지와 보람을 갖게 할 수 있는 좋은 여건을 갖추고 있는 것이다. 청소년 시기에 자아의 정체성을 확립함에 있어서도 자신이 어떠한 일을 할 것인가를 설정하는 데 있어서 이러한 일의 가치와 보람을 자기의 주관에 의한 생각의 틀을 갖는 것은 매우 필요하고 중요한 일이다.

이러한 자신이 할 일을 선정함에 있어서는 자신의 재능과 잠재적 능력과 더불어 그 일에 대하여 자신의 호기심과 관심을 많이 가질 수 있는 일이라면 그 일을 해나가는데 있어서 큰 열정과 더불어 어떠한 어려움 속에서도 인내와 끈기를 가질 수 있게 함으로서 그 일을 성공적으로 하는데 있어서 큰 동기와 자극제의 역할을 할 수 있는 것이다.

어떤 일을 자신의 직업으로 선택하여 그 일에 대한 전문가가 되기 위해서는 자신의 재능과 잠재력이 있는 분야이면서도 그 일을 즐기고 재미있게 할 수 있는 상황과 여건이 아주 중요한 역할을 한다는 것이다. 이의 예는 스티브 잡스에게서 보았듯이 그는 어려서부터 컴퓨터 분야에 많은 관심과 흥미를 가지고 있었으며, 그는 그러한 분야에 고등학교 시절부터 아르바이트를 하고 대학교를 중퇴하고 나서는 5살의 선배인 위즈니악과 함께 최초로 개인용 컴퓨터를 만드는 회사인 애플을 설립하여 운영하였던 것이다.

그는 이미 25세의 나이에 백만 불 장자가 되었지만 몇 년 가지 않아 사업의 쇠퇴로 많은 돈을 잃어버리고도 낙담하지 않고 지속적인 사업을 실시하였던 것은 가치가 있는 일을 한다는 자부심과 더불어 관심과 흥미가 많은 분야의 일에 열정을 가지고 그 일을 하였기 때문이다. 그는 사업의 쇠퇴로 애플에서 쫓겨나는 수모를 당하였음에도 새로운 회사인 넥스트를 창업하여 매킨토시 등의 컴퓨터 관련 제품을 만들었음은 그 일에 대한 열정을 가지고 있었기 때문이었으며, 어떠한 고난이나 역경도 잘 극복할 수 있는 원동력이 되었던 것이다.

잡스는 자신이 하는 일에 대한 자부심과 열정을 통하여 어떠한 역경과 시련도 극복하면서 인류에게 더 편리하고도 가치가 있는 컴퓨터 관련 제품을 상상과 창조를 통하여 창출하고 출시하였다. 이의 결과 모든 사람이 기대하고 요구하는 꿈과 신비의 아이폰과 아이패드 등의 신제품을 만들었던 것이다. 이는 지금도 온 인류가 가장 가까이 그리고 항상 이용하는 생활과 사업을 하는 도구로써 쓰이고 있는 것이다.

자신이 할 일이 꼭 위대한 창조나 명성을 날릴 수 있는 일과 많은 돈을 버는 일에 국한될 필요는 없는 것이다. 그보다는 자신이 가치를 가질 수 있으며, 자신이 열정적으로 할 수 있는 평생의 일이면 되는 것이다. 그 분야는 자신의 재능과 잠재력과도 부합되고 삶에 있어서 보람과 긍지를 가질 수 있는 것이 필요하다. 각기 사람들은 자기가 집중하고 주목하는 분야는 자신의 생각에 따라서 다르며 이러한 다름이 세상이 요구하는 모든 분야의 문명과 문화를 창출하고 이런 다양하고 특성화된 역할이 이 세상을 더욱 조화롭고 질서 있게 만들어 가는 것이다.

(2)재능과 잠재력 확장
(가)재능의 발견

우리는 이 세상에 똑 같은 모습을 한 사람이 하나도 없다는 사실을 잘 알고 있다. 심지어 거의 같이 태어난 일란성 쌍둥이의 경우에도 그 모습은 조금은 다르며 성격에 있어서도 차이가 있는 것으로 밝혀지고 있는 것이 사실이다. 또한 모든 사람의 재능이나 특기와 그 잠재력은 각기 다르다. 어떤 사람은 운동을 좋아하고, 또 다른 사람은 독서와 사색을 좋아하고, 또 어떤 사람은 예술을 좋아하고 그러한 분야에 재능을 가지고 있는 것을 우리는 주변에서도 흔히 볼 수 있는 것이다.

이러한 타고난 재능을 어떻게 잘 발견하고 계발할 수 있느냐가 문제이다. 10-20여전 전만 하더라도 우리는 초. 중등학교 시절에 전반적인 논리나 추리를 할 수 있는 IQ검사를 통하여 이를 발견하고 많이 활용하였던 경험을 가지고 있다. 그러나 하워드 가드너의 다중지능 이론의 확립으로 우리의 각 분야의 재능은 각기 다르며 이는 IQ의 단일 검사만으로는 파악하고 발견할 수 없다는 이론을 확립하고 이를 토대로 재능의 발견과 파악을 위하여 여러 가의 관찰과 검사가 진행되고 있다.

하워드 가드너가 설정한 재능의 분야는 음악지능. 신체 운동지능. 논리 수학지능. 언어지능. 공간지능. 인간친화지능. 자기성찰지능, 가기 이해 지능이며 자신이 어떠한 재능이 있는지는 부모나 가족. 교사의 관찰과 인지를 통하여도 알 수 있지만 각 분야에 대한 정확한 발견을 위해서는 전문적인 검사와 더불어 필요한 경우에는 전문인의 관찰과 학습, 실기 등을 통하여 알 수 있는 것이다.

또한 청소년기에 들어서면서 자신이 운동, 학습, 놀이, 각종의 생활을 통해서 자신이 어떠한 분야에 재능과 적성을 가지고 있는지를 인지할 수 있기도 하는 경우도 있다. 이러한 재능의 발견이 중요한 의미를 갖는 것은 재능이 있는 분야를 하는 것이 그것을 할 수 있는 동기유발도 잘 할 수 있고 그 분야에 대하여 흥미를 가질 수 있는 것이 용이하며, 그 분야의 일을 선택하면 더욱 열정적으로 일을 하루 있으며, 결국에는 좀 더 큰 성과와 결과를 가져와 삶을 보람있고 행복하게 살 수 있는 여건과 환경을 만들 수 있는 것이다.

이러한 문제는 초, 중등학교에서의 취미나 특기 생활과 학습에 있어서도 중요한 영향을 미치게 되어 자신이 잘할 수 있고 좋아하는 분야에 더 많은 관심과 집중을 자율적으로 하는 것이 필요하기 때문이다. 또한 대학의 진학에 있어서는 자신의 재능과 잠재력을 발휘할 수 있는 분야로의 선택과 학습의 집중이 요구되는 것이다.

우리는 주위에서 자신의 재능이나 적성에 관계 없이 사회의 인기나 주목에 관계되는 분야, 혹은 부모나 주위 사람들의 일방적인 편협한 사고로 이러한 재능적인 여건을 고려하지 않고 대학의 진학이나 자신이 할 일 을 선택함으로써 중간에 학습을 그만두거나 1-2년도 되지 않아 자신의 직업을 포기하거나 바꾸는 일이 빈번히 일어나고 결국은 자신의 삶마저도 실패하는 경우를 우리는 종종 볼 수 있기 때문이다. 특히 그러한 것은 예술이나 운동의 경우에 있어서 취미로 하여야 할 것을 전문적으로 집중하고 학습을 하여 실패하는 경우를 우리는 주위에서 종종 볼 수 있는 사례이다.

(나)성격의 발견[41]

성격이란 내적인 성품이 외적으로 일정한 격식을 차리고 나타나는 것을 말하며, 일반적으로 외부 환경과 관련하여 한 개인이 가진 자신의 독특한 방식으로 생각하고, 느끼고 행동하는 경향의 전체적인 패턴을 말한다. 이러한 성격은 내적요소로서 선천적인 심리 요소를 말한다. 이는 사회적 문화적 조건에 의하여 주로 결정되는 외현적인 행동 요소와는 구분되는 개념이다. 내적 요소는 '공격적이다', '선하다' 등과 같은 선천적인 심리 특성을 강조하는 특성과, 체질과 같이 생물학적, 선천적으로 결정되는 심리 특성인 기질 등으로 구분된다. 성격의 형성은 유전적(생리적)요인과 환경적(사회적, 문화적)요인이 있다는 것이다.

이러한 생각의 특성은 성격들 간에는 공통점이 존재하고 있음을 발견하고 이러한 내용적 특성을 찾아내어 성격을 분류하는 것으로서, 특성이란 사람들로 하여금 각각 서로 다르게 생각하고 행동하도록 하는 각 개인의 지속적 경향을 말한다. 융Carl G.Jung 은 대부분의 사람들은 내향적introvert이거나 외향적extrovert이라고 주장했다. 그에 의하면 내향적인 사람은 주관적인 세계에 대한 집착이 강하며, 내면적인 세계를 좋아하고, 사회적인 접촉이나 교제를 피하고, 고독을 즐기는 편이다. 반대로 외향적인 사람은 외부 세계 지향적이고 다정다감하며 교제를 즐기고 고

---
41) 조직 행태의 이해,김판석외, 대영문화사. 2006.1.25 PP85-102

독을 싫어한다. 대체로 공격적인 편이며 자기의 생각이나 감각을 널리 표시한다. 대체로 대부분의 사람은 외향적인 면과 내향적인 면을 공유하고 있으며 어느 한 쪽 극단에 치우친 경우는 드물다. 결국 외향성, 내향성의 문제는 주어진 환경에 대한 반응에서 개인의 에너지가 외부와 내부 중 어느 쪽을 더 지향하는지를 말하는 것이다.

지 표	선 호 경 향	주 요 활 동
외향(E) – 내향(I)	에너지의 방향은 어느 쪽인가?	주의 초점
감각(S) – 직관(N)	무엇을 인식하는가?	인식 기능
사고(T) – 감정(F)	어떻게 결정하는가?	판단 기능
판단(J) – 인식(P)	채택하는 생활 양식은 무엇인가?	생활 양식

이러한 성격의 특성에 따른 유형은 ①외향성과 내향성 ②감각과 직관 ③사고와 감정 ④판단과 인식의 유형으로 이는 최근에 많은 주목을 받고 있는 마이어스Isabel Briggs Myers와 브릭스Catherine Briggs가 개발한 MBTIMyers-Brigggs Type Indicator이며, 이는 융Carl G. Jung의 심리유형에 근거하고 있으며 많은 문항으로 구성되어 있다.

위 표의 네 가지 선호지표를 조합하여 순서대로 만들어진 도표는 성격 유형을 효과적으로 이해하고 응용하는 기초가 된다. 이 MBTI는 성격 유형에 따른 적절한 교육방법, 학습방법을 개발하고 관리자–직원, 교사–학생 간의 효과적인 관계를 형성시키는데 도움을 주며, 자신의 성격 유형을 알고 자신을 긍정적으로 수용하고 부족한 점을 개발하는데 유용하다. 이의 검사는 한국 심리검사연구소 등에서 할 수 있다.

성격의 특성은 사람들로 하여금 각각 다르게 사고하고 행동하도록 하는 개인의 지속적 경향을 말하며, 심리학자 카텔Cattell,1965,은 다음 표와 같이 16가지의 성격유형을 제시 하였다.

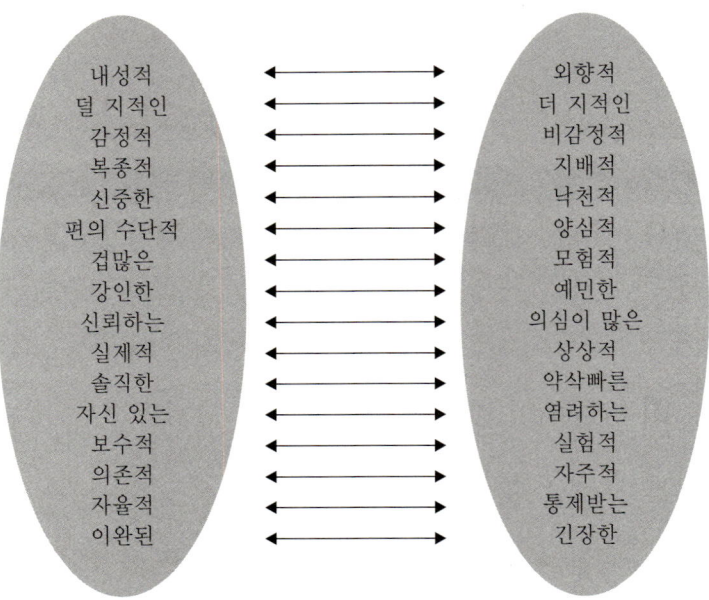

또한 성격의 '기질'temperament은 특성보다도 더 선천적이고 결정적이다. 기질은 '성격'과 '특성'의 기반이다. 사람들은 생리적 요소가 강한 기질에 따라 똑같은 상황이라도 정서적으로 반응하는 패턴이 다르다. 가령 감정이 느긋한 사람과 급한 사람 간에는 같은 사건을 가지고도 반응하는 태도가 다르다. 이러한 기질은 좀 더 유전적인 것에 기초를 둔 생리적 구조 혹은 체질적인 기초와 관련된 것이다. 따라서 기질이란 선천성을 띤 체질에 바탕을 둔 정서적 반응의 양식으로서 성격의 심층적 기초적인 기반을 차지한다고 볼 수 있다.

성격은 이러한 유전적인 요인 이외의 문화적 요인에 속하는 그 사회의 일반적인 문화와 종교문화 등에 의하여 영향을 받으며, 사회적 요인으로서 가정환경, 교육환경, 사회 및 경제 등에 의하여 영향을 받으며, 상황적 요인으로서 자기의 환경이나 여건에 의해서도 영향을 받는다는 것이다.

자신의 목표하는 의미 있고 가치 있는 삶을 실현하기 위해서 자신의 성격적 특성과 특질은 유전적인 성격은 물론, 그 외의 문화적, 사회적, 상황적, 심리적 요인들을 고려하여 자신이 할 일을 선정하여 수행하는 것이 바람직한 삶의 성취를 위하여 필요한 것이다.

(다) 강점의 선택과 집중

위에서 살펴본 것과 같이 우리는 우선적으로 자기의 재능과 성격을 고려하여 자기가 실현하고자 하는 삶의 방향과 목표를 선정하고 삶의 의미를 실현하는 것이 중요한 것이다. 특히, 자신이 가지고 있는 재능과 잠재력을 개발하는데 중점을 두어야 한다. 사람은 누구나 장점과 단점, 강점과 약점을 가지고 있는 것이 현실이다. 우리가 세상을 살아간다는 것은 생존, 더불어 가족과 타인으로 부터의 인정을 받으며, 자신이 목표하는 삶을 실현하는 것이다. 이러한 삶을 살기 위해서는 사회에서의 수많은 경쟁과 위협에 대처하면서도 자신의 강점을 활용하여 기회와 성공의 요건을 유리하게 만들어가는 인생에 있어서의 삶의 게임이라고 할 수 있다.

스티브 잡스의 경우에도 미혼모에게서 태어나서 어려운 집으로 입양을 가서 고등학교를 졸업하고 대학을 진학하였지만 학비의 문제와 자신의 앞날에 대한 판단으로 입학한지 6개 월 만에 자퇴를 하였다. 그러나 그는 어려서부터 재능이 좋아 물건을 만드는 손재주와 컴퓨터에 대한 큰 흥미, 외향적이고 집요하고 철저하며 담대한 재능과 성격의 강점을 활용하여 컴퓨터 분야의 제조업에 진입하여 여건이 어려울 때는 위즈니악이 만든 컴퓨터 회로 기기를 팔면서 사업의 시작을 하고 결국 애플이라는 개인용 컴퓨터 제조업체를 만들어 사업을 시작하여 젊은 나이인 25세에 백만 불 장자의 확고한 사업가로서의 기반을 닦은 것이다.

우리는 삶을 살아가면서 각자의 처지와 여건이 다르고 천차만별하다는 것을 많이 보고 경험하면서 살아간다. 어떠한 경우에는 심지어 그 환경과 여건이 열악하며 그러한 경우에는 어떠한 노력과 집중을 하여도 도저히 큰 업적을 올리고 성공을 힐 수 없다고 생각하고 판단되는 경우에 있어서도 오히려 우리가 예상할 수 없었던 큰 성공과 업적을 이루는 것을 종종 본다. 이러한 경우에 우리가 알게 되고 다시 생각을 바꾸는 핵심적인 사항은 성공의 핵심적인 조건과 요인이 꼭 여건과 환경보다는 자신의 의지와 신념, 그리고 창의적인 생각. 자신의 보이지 않는 제일 큰 자산인 재능과 성격의 강점을 잘 이용하는 것이다. 이는 스티브 잡스의 위대하고 큰 성공과 승리뿐만 아니라 그 이외의 평범한 사람과 기업에서도 우리는 종종 보고 경험하는 것이다.

(3)전문적 능력 배양
(가)집중과 주목

우리는 세상을 살아가면서 무엇에 삶의 목표와 이미를 두며 이러한 것을 달성하기 위해서 어떠한 일에 집중과 선택을 하느냐는 삶을 보람 있고 성공적으로 성취할 수 있느냐의 중요한 핵심적인 사항이다. 앞의 주목이론에서 살펴보았듯이 우리가 어떠한 것에 삶을 살아가는 과정에서 자신의 시간과 마음과 물질을 어떠한 곳에 집중하느냐에 따라서 삶의 의미와 방향은 물론 삶의 추구하는 방식까지도 달라진다는 것과 그 효과성과 성공의 여부도 결정된다는 것을 알았다.

또한 우리는 모든 것을 다할 수 있는 재능과 능력을 갖지 못하고 일정한 한계 내에서 제한된 재능과 능력을 가지고 있으며 이러한 한계와 특성을 어떻게 잘 파악하고 활용하느냐의 문제가 가장 필요하고 중요한 문제인 것이다. 결국 제한된 인적. 물적인 자원을 자기가 가장 잘 할 수 있는 분야에 선택을 하고 집중을 하여야 가장 효율적이고 효과적인 삶을 살아갈 수 있는 것이다.

우리는 청소년 시기는 자기의 재능을 발견하고 이를 잘 육성하고 개발하기 위해서 여러 가지 분야 중 자신이 어떠한 분야로 진출할지를 모색하고 이를 선택하려는 의지와 구체적인 생각을 하는 시기이다. 앞의 주목 이론에서 살펴본 기초적 주목의 상태로서 이 세상에 어떠한 분야 등이 있고 그 분야에는 어떠한 일들은 있는지를 전체적으로 보고 감지하며 막연하게 생각하는 것이다. 이는 마치 우리가 공원에서 여러 가지의 다양한 모양과 색깔의 다양한 새들이 있는 것을 전체적으로 바라보면서 우선적으로 자기의 눈에 쉽게 발견되는 크면서도 화려한 색의 새를 주목하면서 그 외의 새도 같이 바라보면서 여러 가지의 생각과 상념을 하면서 과연 어떠한 새가 자기의 마음에 들어오는지를 관찰하고 유추하며 상상하고 형상화해가는 시기이다.

이렇게 하다가 자기가 나아갈 분야를 먼저 생각하고 선택하며 그 분야 중에서 구체적으로 어떠한 일을 할지를 선택하게 되는 것이다. 이는 주목 이론에서의 선택적 주목으로 이는 마치 공원에서 여러 부류의 다양한 새들을 보다가 어떤 특정한 부류의 새에 시각과 마음을 집중하기 시작하여 그 중 특정한 새, 이를 테면 딱따구리를 선택하면 이제는 아무리 화려하고 예쁜 새라고 하더라도 그런 새들에 대하여는 옆에 있어도 무심히 쳐다보기만 하고 그 새에는 생각과 관심이 거의 없게 되는 것이다. 오히려 주목의 선택이 된 새에만 주목을 하고 온갖 생각과 관심을 집중하게 되는 것이다.

　청소년기의 삶에 있어서도 기초적 주목의 선택을 하다가 선택적 주목의 시기를 거쳐야 하며 이 때에는 자기가 어떤 분야의 어떤 일을 하면서 살아가야 할지를 구체적으로 정하고 그 일의 수행과 성취에 필요한 지식과 경험을 갖기 위한 학습과 연습에 집중하여야 하는 것이다.

　이제는 선택된 분야를 갖게 되면 다른 분야는 참고적인 것이 되며 선택된 분야에 대하여 구체적이고 명확한 시각과 마음을 가지고 집중하고 그에 따른 요구와 조건에 맞는 지식과 능력을 갖추어 나가야 하는 것이다. 이때는 무엇보다도 자신의 재능과 성격 중 강점이 되는 분야를 집중적으로 계발하도록 지식과 기술, 능력을 배양하도록 시간과 마음, 몸과 정성을 집중해야 한다. 그렇게 하면 일단 선택된 분야에 진입과 더불어 필요한 기반을 갖게 되는 것이다. 이러한 진입을 통하여 더욱 마음과 정성의 집중이 우선적으로 이루어 져야 하는 것이다. 스티브 잡스의 경우에도 여러 가지 열악한 환경과 여건 속에서도 자신이 재능을 가지고 있는 컴퓨터의 제작의 분야를 기초적으로 주목하다가 그 중에서도 개인용 컴퓨터에 선택적 주목을 하여 일생동안 자신의 마음과 정성을 쏟은 것이 결국 자신의 삶을 성공으로 이끄는 동력의 원천이 된 것이다.

(나)끈기와 열정

자신이 재능을 가지고 있는 분야에 집중하고 주목하여 진입하더라도 그 일에 필요한 충분한 지식과 더불어 능력을 갖추려면 수많은 시련과 역경을 이겨내면서 필요로 하는 경험을 갖추어야 하는 것이다. 어떤 분야에 진입하여 성공을 하려면 보이지 않는 장벽을 극복하여야 하며 다른 사람과 기업과의 경쟁에서 살아남고 성공을 하기 위해서는 수많은 난관과 역경을 돌파할 수 있는 능력을 지녀야 하는 것이다.

삶이라는 경쟁은 치열하며 양보의 미덕을 바랄 수만은 없는 것이다. 오히려 격심한 경쟁을 미리 예상하고 그러한 경쟁에서 살아남고 성공하기 위한 목표와 전략을 세우고 이를 실행할 계획을 구체적이고 명확하게 세우는 실행하는 것이 우선적으로 요구되는 중요한 사항이다. 이러한 계획을 가지고 있더라도 실행과정에서 때로는 예상치 못한 외부적 여건이나 상황에 의해서 많이 실행이 흔들리거나 어떤 때는 사업조차도 큰 차질을 일으켜 수습이 어려운 경우도 많은 것이 현실이다.

이러한 어려움을 돌파하기 위해서는 어떠한 경우라도 흔들리지 않는 불굴의 강철과 같은 굳은 의지와 함께 상황과 여건에 유연하고 탄력적으로 대응하여 꺾이거나 좌초되지 않는 끈기와 융통성이 필요한 것이다. 이러한 확고하고 유연한 자세를 가지고 개인적으로 삶을 살아나갈 때에 마침내 목표하는 삶을 이루고 성공을 거두는 것이다.

스티브 잡스의 경우에 있어서도 큰 성공을 거둔 후에도 사업의 쇠퇴로 인하여 이사회에의 결정에 의해서 애플에서 쫓겨나는 좌절과 수모를 겪었고 그 이후에도 새로운 회사를 차렸어도 성공하지 못하는 실패를 몇 번 경험하였어도, 그 이후에 애플에 다시 복귀하여 아이폰과 아이패드를 성공적으로 창조하고 출시하는 큰 업적을 이룩한 것은 그의 탁월한 창조적인 능력과 더불어 좋아하고 가치 있는 개인용 컴퓨터 분야의 창조적인 일에 대한 열정과 끈기를 가지고 있었기 때문이다.

우리는 자신의 삶에 있어서의 필요한 능력과 더불어 치밀한 계획과 준비를 갖추어야 하면서도 그러한 일 중 정말로 좋아하고 가치 있는 일을 선택하고 그것에 열정적으로 집중할 수 있는 자신감, 의욕과 더불어 확고한 의지를 지녀야 하며, 어떠한 경우라도 흔들리지 않고 지속할 수 있는 끈기를 가지고 있을 때 사업의 성취와 더불어 인생을 성공적으로 살아갈 수 있는 것이다.

제2절 삶의 디자인과 실현의 생각

2.1 삶의 디자인

(1)지혜로운 삶의 디자인

(가)삶의 그림 작성

1)삶의 목적과 목표

우리는 인간으로서 이성과 감성, 품성을 지닌 인격체로서 상상과 창조를 할 수 있는 능력을 가지고 있다. 또한 인간으로서 삶을 살아가면서 추구하고자 하는 숭고하고 고귀한 목적을 가지고 있으며, 이를 실현하기 위한 목표도 가지고 있다. 인간은 우선적으로 생존과 안전의 욕구를 추구하지만 그것이 충족되면 가족과 다른 사람으로부터 인정과 사랑을 받는 욕구를 추구하며, 최종적으로는 자기실현의 욕구를 충족하는 것을 목적으로 삼아서 이를 추구하기 위한 목표를 가지고 이를 달성하기 위한 구체적인 일을 결정하고 하여야 할 역할을 설정하며 이를 통하여 목표를 달성하고 최종적인 인생의 목적을 실현해 나가는 것이다.

청소년기에는 자신의 인생의 목표를 세우는 시기로서 이때에 세운 목표는 인생을 살아가는데 있어서 지향하여야 할 이정표의 역할을 하고 살아가는데 있어서 자신이 가져야 할 태도와 행동의 지침이 되며, 결국은 이러한 목표 달성을 통하여 자신의 삶의 목적도 달성하는 수단의 역할도 하는 것이다. 이러한 목표는 인간으로서 지향하여야 할 삶의 의미를 추구하는 역할도 하는 것이다. 따라서 청소년기에 구체적이고 명확한 삶의 목표를 갖는다는 것은 정말로 중요한 것이다.

젊은 사람들이 세우는 개인적인 목표가 장기적인 삶에 영향을 준다는 것을 알아보기 위하여 1976년 미국에서 고등학생 약12000명을 대상으로 피험자의 나이가 17-18세의 학생들을 대상으로 조사를 했다. 그 조사내용은 '경제적으로 성공 한다'는 목표를 '아주 중요하지 않다'에서부터 '아주 중요하다'의 범위 내에서 4점 만점으로 평가하는 설문지에 답했다. 그리고 20년이 지난 후, 그들이 다시 작성한 설문지에는 인생의 만족감에 대한 전반적 평가와 더불어 학창시절 기재했던 소득평가가 포함되었다.

이 조사결과 목표는 큰 차이를 만든다는 것이 밝혀졌다. 경제적 야망을 드러낸 후 19년이 지나서 고소득을 원한 사람들 중 다수가 목표를 성취한 것으로 조사되었고, 중요성 평가가 1점 올라갈 때마다 소득수준이 16,000달러가 높아졌다. 전업 주부의 경우에도 1점이 늘어날수록 가계소득이 12,000달러 이상 증가됐다. 배우자의 소득 증가로 얻은 것이다. 우리는 위의 조사 예를 통하여 청소년기에 명확하고 확실하게 세운 자신의 삶의 목표가 성년이 된 후에 중요한 결과를 가져온다는 사실을 알 수 있다.

스티브 잡스의 예를 보더라도 자기가 가치 있는 일을 하고 세상 사람들에게 더 편리하고 유익한 일을 하겠다고 젊은 시절에 세운 목표가 결국은 개인용 컴퓨터와 더불어 아이폰과 아이패드까지를 창조하고 출시하는 목표를 달성하게 하고 그의 인생의 목적을 성취 할 수 있게 한 것이다.

우리도 큰 목적과 목표가 아니더라도 젊은 시절에 목적과 목표를 설정하고 이를 삶의 이정표로 세우고 자신이 지향하여야 할 태도와 행동의 길잡이로 삼으며, 자신이 해야 할 일을 선정하고 역할을 할 지침으로 삼는다면 그렇지 않았을 때에 비하여 훨씬 높은 목적을 달성 할 수 있을 것임을 명확히 알 수 있는 것이다. 특히 청소년기에 자신이 삶의 목적과 목표를 설정하고 자율적으로 자신의 재능과 성격적 특성도 고려하여 앞으로 해야 할 가치 있는 일을 설정한다면 그렇지 않은 다른 사람들에 비하여 목적이 이끄는 숭고하고 가치 있는 삶을 살아갈 수 있을 것이다.

요즈음에 있어서 많은 젊은이 들이 대학교를 졸업하고 나서도 자기가 해야 할 일을 제대로 선정하지 못하고 취업도 못하며 어려움을 겪는 것을 우리는 주위에서 많이 볼 수 있으며, 이러한 문제 때문에 정부에서는 청년의 고용문제를 해결하기 위한 여러 가지 지원 정책을 수립하여 실시하고 있다. 여기에서 우리가 주목해야 할 것은 먼저 삶의 목표를 정확하고 명확하게 세우는 마음의 자세가 필요하며, 다음으로는 그러한 목표의 달성을 위하여 자신이 어떠한 분야의 어떠한 일을 할 것인가를 스스로 구체적으로 정하고 그런 일을 할 수 있는 자격과 능력을 갖추는 것이 제일 필요하고 중요한 요인인 것이다. 이렇게 철저한 준비를 하고 시도하고 다시 시도하다 보면 자신이 원하는 직업도 가질 수 있고 그 일을 통하여 목표도 달성할 수 있는 것이다.

2) 삶의 가치의 실현

사람은 누구나 세상을 살아가면서 자신이 가족이나 다른 사람들로부터 인정과 존경을 받기를 원하고 있다. 그러나 세상을 살아가는데 있어서 세속적인 돈. 권력 등이 주는 영향과 매력은 너무 커서 이러한 수단적인 목표를 중시한 나머지 본질적 가치인 자신의 사랑과 남을 존중하고 사랑하며, 사회에 기여할 수 있는 삶을 등한시 하는 경우가 흔한 것을 우리는 흔히 보게 되는 것이다.

특히, 최근 우리사회에서는 굴지의 대기업의 재벌들이 너무 재력에 욕심이 과하여 그 많은 돈과 재산을 가지고 있음에도 불구하여 지나치게 탐욕적인 경제적인 행위를 하다가 사회의 비난과 질시를 받는 것은 물론이고 결국 실정법까지 위반하여 실형을 선고받는 일이 종종 일어나고 있다.

또한 일부의 권부의 세력과 정치인이 권력을 이용하여 치부를 하거나 정당하지 못한 금품을 수수하여 결국은 실정법에 의한 처벌을 받는 것을 종종 보게 되며, 이는 역대 대통령의 친 인척에서 거의 정규적으로 일어나는 행태가 우리사회에 그치지 않고 현재까지도 지속되고 있는 고질적이고 심각한 사회의 역기능적 현상이다. 이것은 그 권력을 이용하여 편익을 얻고자 하는 세력과 그러한 세력에게 권력을 사적으로 편파적으로 사용하여 혜택을 주고 이의 대가로 막대한 금전을 받는 것으로 인한 것이다.

위의 돈과 권력에 의한 사회적 일탈 행위는 주로 상류층의 재벌과 권력자에게서 나타나는 행위로서 이제는 만인이 법 앞에 평등하다는 엄격하고 정 의로운 법집행을 통하여 엄격하게 처벌함은 물론이고, 그에 앞서서 삶의 본질적 가치가 수단적 가치보다 위에 있다는 엄연한 진리와 공의가 우리사회에서도 뿌리를 내리게 하여야 한다.

인간은 어느 누구도 죽을 수밖에 없는 유한한 생명을 가진 존재로서 이러한 자연의 법칙을 깊게 깨닫고 실천하여야 한다. 돈이나 권력이 생명을 끝없이 연장시켜 주지 못하고 그러한 부와 권력은 더욱 그 생명과 가치가 적다는 것을 진심으로 깨달아야 하는 것이다.

삶의 가치를 본질적 목적으로 삼아 자신이 의롭고 정의로우며, 사랑을 실천하는 삶을 살아가고, 그리고 고귀하고 존엄한 뜻을 가지고 살아가야 한다는 것이다. 결국 돈이나 권력을 정당하게 추구하며 돈이나 권력의 사용도 바르고 공명하게 사용하여야 한다는 정의의 법칙을 절대적인 가치의 기준과 원칙으로 적용하여야 한다.

이러한 사회적 가치가 올바르게 형성되고 지켜질 수 있도록 우선적으로 노블리스 오블리주의 원칙이 준수되어야 하고, 다음으로는 우리사회의 지식층과 상류층부터 이를 모범적으로 실천하는 풍토와 사회 분위기를 만들어 가야 하는 것이다. 이러한 것이 지켜지도록 언론과 정부, 법조계 등이 앞장서서 대대적인 여론형성과 정책의 실시, 실정법의 집행을 통하여 이를 실천 하도록 하여야 한다.

청소년기에는 삶의 목적이나 목표를 세우는데 있어서 이때에 삶의 가치를 실현할 수 있도록 하여야 함은 물론이고 실제적으로 할 일을 선택할 때나 삶을 살아감에 있어서도 가치를 중시하여야 한다. 미국에서 마이크로 소프트의 빌게이츠 전임회장과 주식투자로 막대한 재산을 가진 워렌버핏의 경우 인류의 복지와 질병의 퇴치를 위하여 공익 재단을 설치하고 거액의 돈을 기부하는 것은 가치를 중시하는 삶을 살아가는 것이다.

(나) 삶의 지도 작성
1) 삶의 방향의 설정

우리가 삶을 살아가는데 있어서 그 삶은 먼 거리를 여행하는 여정으로 생각하거나 비유하는 것을 볼 수 있다. 이렇게 여행에 비유하는 것은 여행은 가고 싶은 목적지가 있으며 그 목적지를 어떻게 도달하고 거기에서 자신이 보고자 하는 것을 어떻게 볼 것이며, 거기서 무엇을 할 것인가에 대하여 정하여야 하는 것이다. 여기에서 제일 중요한 것은 여행의 목적과 목표를 정하였으면 그 다음으로 어떤 방향으로 가서 그러한 목적과 목표를 달성할 수 있느냐의 삶의 방향을 정하는 것이다.

삶에 있어서도 목적과 목표를 정하였다면 그 다음으로 어떤 분야로 진출하여 그것을 달성할 것이라는 방향의 설정이 중요한 의미를 갖는 것이다. 왜냐하면 그 방향을 잘못 정하면 정해진 목적이나 목표를 잘 달성하지 못함은 물론이고 이리저리 헤매거나 역방향으로 가거나 이렇게 하다가 결국은 좌초되어 길마저도 잃어버리게 되는 것이다.

　삶을 살아가는데 있어서 방향이 중요한 것은 삶의 방향이 훤하게 보이는 경우는 드물고 또한 확실하게 정해진 방향을 갖기에는 많은 고심과 더불어 고충을 갖는 것이 보통이기 때문이다. 우리가 청소년기에 삶의 방향을 정할 때에는 주위의 조언과 더불어 자신이 직접 관찰하고 유추하고 상상하면서 자신의 직업에 대하여 형상화하고 그것을 모형화 하고 창조적인 것까지 탐색하고 고려하는 깊은 생각을 하는 것이 필요한 것이다.

　우리는 어둠 속에서도 배가 방향을 잘 잡고 순항을 하기위해서는 등대를 바라보고 방향을 잘 잡고 그 방향을 따라서 가는 것처럼 삶의 행로에 있어서 실제적으로 방향을 찾기 위한 마음의 등대를 우선 설정하는 것이 중요한 것이다. 이러한 등대는 자신의 재능과 잠재능력, 자신의 성격 등을 고려하여 자신이 마음속으로 정한 일을 하여야 할 분야에 대한 것이다. 이때 자기의 방향이 정해져야 그 방향으로 진출하기 위한 학습과 연습, 훈련 등을 하여야 하는 것이기 때문이다.

　우리는 종종 자신의 진출분야의 방향을 잡지 못하고 방황을 하거나 방향을 잘못 잡아서 중간에 그 방향을 변경하여 큰 어려움을 겪는 것을 보면서 이러한 오류가 왜 일어나는지를 알아야한다. 이러한 오류는 우리가 앞에서 살펴본 바와 같이 우리는 자동적이고 편안한 직관적 사고에 의하여 주위의 환경이나 또는 주위사람들의 일방적이고 편협한 조언을 그대로 받아들이는 것 때문이다. 이러한 무모함을 반듯이 극복할 수 있는 주관이 필요한 것이다.

사람이 자신의 삶의 방향을 정하는데 있어서 삶의 목적과 목표, 삶의 가치, 자신의 재능과 좋아하는 일의 분야, 자신의 여건과 환경 등에 대하여 신중하고 논리적이며 합리적으로 깊이 생각하는 지혜가 필요한 것이다. 이러한 지혜를 바탕으로 삶의 방향을 스스로 설정하면 후에 삶을 살아가면서 어떠한 시련과 역경이 있더라도 흔들리지 않고 그 방향으로 꿋꿋하게 진취적으로 나아가서 결국은 삶을 성공적으로 살 수 있는 것이다.

2) 삶의 로드맵 작성

위에서 살펴본 것처럼 삶의 목적과 목표, 방향이 정하여지면 그 다음에는 여행의 구체적인 계획을 세우는 것과 같은 세밀한 로드맵을 수립하여야 한다. 이에는 어떠한 일을 선택할지와 더불어 그 일을 하는데 있어서 어떠한 지식과 기술, 자격과 능력이 필요한지와 자신이 경쟁에서 살아남고 성공을 하기 위한 핵심 요인이 무엇인지 등을 조사하고 분석하고 연구하여야 한다.

이러한 사항을 잘 수행하기 위해서는 기존의 그 분야에 대한 관찰과 더불어 패턴과 모형, 차원과 형상 등을 심도 있게 조사하고 철저하게 분석하고, 자신이 그 중에서 어떠한 면에 강점과 약점을 갖고 있는지와 새롭게 추구할 것이 무엇인지 등도 세밀하게 분석하고 연구하여 새로운 상상과 창조를 통하여 이룩할 수 있는 상태를 모형화 하고 형상화하여 구체적이고 실제적인 그림을 그리고 그 진로도 모색할 수 있으면 바람직하다.

이때 구체적인 로드맵을 작성하기 위해서는 실제로 그 분야의 일에 종사하면서 실제적인 경험을 통하여 그 일의 수행에 따른 기존의 기술과 제품의 문제, 업무의 체계, 프로세스와 소비자의 입장에서의 문제 등 구체적인 문제와 더불어 상대 업체의 제품과 기술적 역량, 사업체계 및 프로세스, 비즈니스 모델 등을 심층적으로 분석하여 이를 뛰어 넘을 수 있는 기술적인 혁신과 제품의 혁신, 비즈니스 체계의 혁신을 통한 전 방위적 혁신까지도 점차적으로 조사하고 연구하여야 한다.

이러한 혁신과 창조는 스티브 잡스가 한 방식과 같이 기술과 품질의 이해와 더불어 비즈니스의 체계의 심층적인 이해가 필요하며, 그와 더불어 자신이 경험을 통하여 얻는 창조적인 파괴와 혁신의 사고를 가지고 있어야 한다. 또한 이러한 위대한 상상과 창조는 인간이 무엇을 기대하고 원하는지를 아는 인간적 이해가 필요하다는 것을 잘 인식하고 이를 적용하여야 한다.

이러한 구체적이고 실현성 있는 로드맵을 마련했다면 그 다음에는 그것을 마음속에서 계속 갈망하고 추진할 수 있는 팀워크도 만들 계획도 하여야 하는 것이다. 이는 여행에서 그냥 평범하고 진부한 여행을 하는 계획을 설정하는 것보다는 자신이 진정으로 가치가 있고 새로운 삶을 위한 활력소와 원동력을 마련하야 하는 것과 같은 이치와 원리이다. 삶의 로드맵을 잘 마련 한다는 것은 삶의 가치를 실현하고 보람과 긍지를 가지고 세상을 살아나가는 원동력이 되는 것이다.

(2) 삶을 실현하는 생각의 틀
(가) 사고의 틀의 형성

우리가 삶을 살아간다는 것은 세상을 보는 마음의 창인 생각의 틀을 어떻게 형성하고 있느냐의 문제이다. 예를 들면 우리가 마음의 창을 안경에 비유하면 자신이 어떤 색깔의 안경을 쓰느냐에 따라서 같은 세상도 다르게 보이는 원리와도 같은 것이다. 만일 내가 세상을 밝고 투명하게 객관적이고 합리적으로 보기를 원한다면 흰색이나 엷은 색의 안경을 쓰면 온 세상이 밝고 훤하게 보이며, 또한 좀 너무 밝게 보이면서 눈이 피로해지고 시력이 약해지는 것을 방지하기 위해서는 검은 선글라스를 쓰면 세상이 좀 더 어둡게 보이는 현상과 같다.

　이렇게 생각의 틀은 세상을 바라보는 마음의 창이면서, 어떤 문제를 바라보는 관점, 세상을 향한 마인드 셋, 세상에 대한 은유, 사람들에 대한 고정관념 등이 모두 생각의 틀의 범주에 속하는 말이다. 마음을 비춰보는 창으로서의 생각의 틀은 특정한 방향으로 세상을 보도록 이끄는 조력자의 역할을 하지만, 동시에 우리가 보는 세상을 제한하는 검열관의 역할을 한다는 것이다.[42]

1) 긍정의 심리

　우리는 앞에서 살펴본 바와 같이 세상을 우선적으로 긍정적인 생각의 틀을 가지고 세상을 보라는 것이다. 우리가 같은 문제라도 긍정적인 입장에서 보면 그 문제가 가지고 있는 관점이나 속성을 보다 잘 될 수 있는 쪽으로 보라보게 됨으로써 그 문제를 실제적으로 해결하고 이해하는 데에 있어서 동기부여가 되고 적극적으로 참여할 수 있기 때문에 상당한 도움과 협조가 가능하다는 것이다. 이러한 관점은 사회학에서 말

---

42) 위 책 프레임, PP10-11

하는 기능적인 관점과 상통하는 것으로써 세상의 모든 일의 현상과 사람의 역할은 조화롭고 잘 조정되고 순조롭게 이루어 질 수 있고 모든 사람이 조화롭고 질서 있게 살아갈 수 있다는 데에 근거를 두고 있는 것이다.

인간의 삶에서 모든 문제를 순리적이고 적극적으로 볼 수 있는 긍정성은 무엇보다도 자신을 스스로 낙관적으로 생각할 수 있게 한다는 것이다. 모든 사람은 사회를 살아가면서 어려움과 질곡이 있으며 이러할 때 자신을 긍정적으로 보는 것은 이러한 어려운 문제를 잘 극복할 수 있게 하는 원동력이 된다. 이러한 긍정성은 삶을 의욕적이고 자신감 있게 살 수 있게 하는 정신적 지주가 되는 것이다.

이러한 긍정성은 어떠한 상태나 여건 속에서도 자신을 사랑하며 아끼고 자신의 존재를 존엄하게 생각하고 이를 통하여 자신의 생각과 감정을 잘 관리하도록 하는 것이다. 이는 최근에 들어와서 긍정심리학이 심리학의 주류적 관점을 형성하면서 이와 관련하여 많은 연구가 이루어지고 있다. 긍정심리학의 연구에 의하면 긍정성은 어려움과 고통을 겪고 회복시키는 회복탄력성을 높일 뿐만 아니라 자아에 긍정적 정서를 심어 주고 유지하는 습관을 갖게 하여 인간의 생명을 길게 연장시키는 역할을 한다는 것을 실험을 통해서 밝혀냈던 것이다.

종전에는 심리학이 전체적인 기류가 인간의 부정적인 관점에서 접근하는 생각의 틀이 지배적이어서 이러한 문제를 인간이 어떻게 극복할 수 있으며 관리할 수 있느냐의 문제가 핵심을 이루어서 이에 대한 연구들이 주류를 이루었으나 셀리그만 교수가 긍정의 심리학을 출간한 이후에는 긍정심리학이 주류를 이루고 이에 대한 집중적인 연구와 발표가 이루어졌다. 긍정성이 심리에 낙관적인 영향을 미치고 이는 긍정적인 뇌는 긍정적인 정보루트가 활성화되면서 남을 더 배려하고 더 도와주고 기부와 봉사활동도 더 많이 하게 된다는 연구가 있다.[43]

이러한 긍정성은 모든 면에서 강한 긍정의 에너지를 유발하여 경제적 어려움이나 건강에 있어서의 역경과 인간관계의 갈등 등 인생의 어려움을 꿋꿋하게 이겨내고 오히려 그러한 어려움을 통해 더욱더 크게 성장하는 힘을 갖게 해준다는 것이다. 긍정성이 그러한 힘을 지녔다는 사실은 수많은 연구들이 실증적으로 입증하고 있는 것이다. 남을 배려하고 봉사하는 마음으로 살면 그것이 자신에게 복으로 돌아온다는 것은 이제 단순히 도덕적인 이야기가 아니라 과학적으로 입증된 것이라는 것을 우리는 알고 이를 실천하여야 하는 것이다.

2)남을 존중하고 배려하는 사고

우리는 세상을 살아가면서 자기중심의 생각의 틀을 가지고 살아가는 것은 사실이며, 인간은 이기적이면서도 합리적이라는 경향을 어느 정도 가지고 있는 것은 부인할 수 없는 인간의 속성이다. 그러나 아리스토텔레스가 말한 것처럼 인간은 사회적 동물로써 공동체인 가족과 친척 등과 공동체적이고 교류 하는 삶을 살아가고 있으며, 또한 이익을 추구하는 단체나 조직에 가입되고 일하면서 항상 인간관계 속에서 살아가고 있는 것이다.

---

43) Seligman. M. E. P (2002), Authentic happiness: Using the positive psychology to realize your potential for lasting fulfillment. NEW YORK

이러한 인간관계를 지속하면서 우리는 타인과 대화와 소통을 하고 공감대를 형성하면서 살아가는 것이다. 이때에 필요한 것은 타인의 입장에서 생각하고 대화하며 소통하고 공감할 수 있는 타인의 존중 및 배려와 함께 역지사지의 생각의 틀이 필요하다는 것이다.

이러한 관계를 가지고 대화를 하면 소통하고 공감할 수 있으며 이에 따라 인간의 관계도 서로 협력과 조화를 이루는 긴밀하고 친밀한 관계를 형성해 나갈 수 있는 것이다. 요사이는 가정에서도 거의 부모와 자녀 간에 긴밀한 대화가 없는 것은 소통과 공감을 할 수 있는 생각의 틀이 거의 없는 것이 문제인 것이다. 이러한 문제는 자녀의 입장과 관점에서 이야기를 들어주고 대화를 하고 소통 공감할 수 있는 생각의 틀이 잘되어 있지 않고 일방적으로 지시하고 순응하기를 바라는 부모의 자세와 태도에 문제가 있다는 것이다. 또한 자녀에게도 자신의 어려운 점이나 고민을 부모에게 말하려고 하지 않는 태도와 행동이 문제가 된다.

이러한 문제는 직장에서 부하와 상사간의 문제에서도 서로 역지사지의 생각의 틀을 가지고 있지 않아서 소통과 공감의 문제를 일으킬 뿐만 아니라 큰 갈등도 야기하며 회사의 업무수행과 성과를 올리는 데에도 큰 걸림돌로 작용하고 있는 것이다. 또한 정치권과 국민 간에도 정치인은 자신의 이익과 혜택의 관점에서 사회 문제와 정치 문제를 바라보고 해결하려는 입장을 견지하고 국민이 원하고 기대하는 방향으로 문제해결을 도외시 하는 접근을 하고 있어 정치인과 국민 간에 벽을 쌓는 것이다. 이러한 소통과 공감의 문제는 정치를 불신하게 하고 정치인들의 교체까지도 가져오며, 정권의 교체까지도 가져오는 경우도 있는 것이다.

우리가 사회를 살아나감에 있어서는 자신의 관점과 이해관계를 풀어 나가기 위해서는 합리적이고 타당성 있는 생각의 틀을 견지하면서도 상대방과 잘 소통하고 공감할 수 있는 대화와 타협이 필요하므로 상대의 의견이나 의도하는 목표를 잘 간파하고 이를 받아들일 수 있는 선에서의 상호간의 바람직한 공간의 영역을 설정하는 것이 매우 중요한 사항이다. 이를 위해서는 상대방을 배려하고 존중하는 생각의 틀을 가지고 이를 잘 견지해 나가고 잘 활용하는 것이 무엇보다도 필요한 것이다.

(나) 사고의 틀의 재형성

우리는 가신의 마음의 안경을 쓰게 하는 생각의 틀을 형성하면 이를 세상의 문제를 바라보고 해석하고 해결하는데 있어서 이를 적용하게 되는 것이다. 따라서 우리가 세상을 보고 해석하는 생각의 틀을 어떻게 가지고 접근하느냐의 문제는 우리가 세상을 살아감에 있어서 삶의 목적과 목표를 정하는 문제부터 그것을 구체적으로 실현하는 문제에 이르기까지 전부가 관련되는 중요한 문제이다.

이러한 우리의 생각의 틀에 있어서 상위의 생각의 틀에서는 왜에 해당되는 의미와 목표와 비전을 가지는 생각의 틀을 형성하여야 함에도 하위 수준의 생각의 틀인 어떠한 것에 해당되는 그 일을 하기가 쉬운지 어려운지, 시간은 얼마나 걸리는지, 성공에 걸리는 시간은 얼마나 걸리는지 등의 구체적인 절차나 수단부터 접근하는 문제를 일으킨다. 따라서 상위의 생각의 틀을 가진 사람들은 긍정적인 답을 하는데 비하여 하위의 생각의 틀에 접근하는 생각의 틀을 가진 사람들은 부정적인 답을 하는 경우가 많으며, 결국은 상위의 목적과 목표에 접근하지 못하게 되는 것이다.

　우리는 세상을 살아가면서 자기가 목표하는 것을 실현하기 위해서는 적극적이고 긍정적인 사고의 틀과 접근하는 생각의 틀을 가져야 함에도 많은 사람의 경우에 소극적 부정적인 생각을 가지며, 회피하는 생각의 틀을 갖는 것이 흔히 볼 수 있다. 이렇게 잘못된 생각의 틀을 바꾸지 아니하면 우리는 목표하는 일을 성취하거나 성공시킬 수 없는 것이다.

　또한 우리가 어떤 문제를 해결하기 위해서는 그 문제의 본질과 근본이 무엇인지에 접근하여 그 문제의 구조와 실질적인 사항을 알아야 그 문제를 해결할 수 있음에도 그 문제의 외형적인 문제나 부분적인 내용에 접근함으로써 결국 그 문제를 해결 하는 데에 있어서 실패를 하는 경우를 우리는 자주 본다. 우리는 이러한 잘못된 접근으로 인한 문제를 해결하기 위해서는 접근의 방식을 바꾸는 것이 필요한 것이다.

　우리는 세상을 살아가면서 세속적인 목표인 부를 소유하는 데에만 집착하고, 그보다는 삶에 있어서의 만족과 행복을 가져다주는 인간관계 실현을 긴밀하게 하고, 같이 공감과 소통으로 살아가는 생각의 틀은 중요시 하지 않고 고독하고 쓸쓸하게 인생을 물질에 갇혀서 살아가는 것을 흔이 볼 수 있다. 이러한 지나친 소유를 강조하는 물질주의를 배격하고 인간적인 교류와 협력을 통한 아름답고 바람직한 경험을 우선시 하는 생각의 틀을 가지지 않으면 삶의 만족과 행복을 추구할 수 없는 것이다.

　우리는 누구나 자기중심성의 생각의 틀을 가지고 살아가는 것이 사실이다. 인간은 누구나 세상의 문제를 판단하고 해석하는 이성과 논리를 가지고 있으며 각자의 주관적 시각과 입장을 가지고 살아가는 자기 중심적인 존재이다. 그러나 지나친 자기중심성은 객관성과 타당성을 훼손하는 결과를 초래하고 소통과 공감을 크게 저해하는 요인으로도 작용한다. 또한 이것은 자기의 착각과 오류까지를 유발하여 내가 남들을 잘 알고 있는데 남들은 나를 잘 모른다고 생각을 하게까지 하는 것이다. 이러한 문제를 해결하기 위해서는 좀 더 객관적이고 타당성 있으며, 합리적이고 논리적인 깊은 사고의 능력을 갖도록 많은 노력과 훈련을 함은 물론 생각의 틀을 일방적인 자기중심에서 좀 더 객관적이고 이성적인 깨우침의 생각의 틀로 바꾸어야 한다.

우리는 시간과 관련된 생각의 틀에 대하여 사후의 확신에 사로잡혀 현재를 평가하거나 과거를 현재에 생각의 틀로 조명하고 바라보는 착각과 오류를 범하여서는 안 되고 현재의 생각의 틀로 미래의 모든 것을 유추하고 해석하여 너무나 낙관적인 예측을 하는 오류를 범해서는 안 된다. 그러한 오류를 범해서는 안 되는 것이다.

우리는 생활을 하면서 우리의 심리계좌의 영향으로 인하여 힘들이지 않고 번 공돈이나 조그만 액수의 적은 돈인 푼돈을 하찮고 우습게 생각해서 너무 쉽고 가치 없게 생각하는 생각의 오류를 범하고 있다. 이러한 잘 못된 생각의 오류를 교정하기 위해서는 그러한 돈도 일반의 돈 계좌에 같이 넣어서 합리적으로 사용할 수 있도록 생각의 틀을 바꿔야 한다.

우리는 경제에 관한 문제에 대하여 생각하거나 결정하는 문제에 있어서도 생각의 착각과 오류를 많이 하게 된다는 것이다. 이를 테면 신용카드를 사용하면 현금을 쓰는 경우보다 더 많이 물건을 구입하게 되며, 동일한 경우에 있어서도 프레임이 손실일 경우에는 모험을 감행하고 이득의 프레임으로 상황이 바뀌면 안전한 안전을 택한다는 것이다. 우리는 이러한 생각의 오류를 줄이고 합리적인 선택을 하기 위해서는 생각의 틀을 합리적으로 바꾸어야 하는 것이다.

우리가 세상을 살면서 어떤 생각의 프레임은 마음에 깔린 기본 원리이면서 동시에 행복과 불행, 합리와 비합리, 성공과 실패, 그리고 사람들 사이의 상생과 갈등을 결정하는 가장 중요한 요인이라고 할 수 있는 것이다. 따라서 이러한 생각의 틀을 잘 이해하고 활용하는 것은 지혜로운 생활을 위해서 필요하고 중요한 것이며, 현재의 잘못된 생각의 틀은 올바른 생각의 틀로 전환하고 이를 잘 활용하는 것은 매우 의미심장하고 중요한 일인 것이다. 따라서 이의 내용을 정확히 이해하고 습득하여 실제의 생활에 있어서 잘 적용하여야 하는 것이다.

특히, 지혜를 주는 생각의 의미를 잘 파악하고 이해하여 자신의 한계를 깨닫고 겸손하며, 자기의 잘못된 생각을 일깨우고 나오는 용기와 돈에 대한 잘못된 심리로부터 해방되는 생각의 틀로 전환 하는 것이 요청되는 것이다.

2.2 삶의 실현

(가)자아를 실현하는 삶

1)자신 내면의 대화의 중요성

우리는 자기중심의 주체적인 삶을 살아가는 것이 보편적인 것으로써 앞에서 살펴본 자신의 생각의 틀은 중요한 의미를 가지고 있는 것이다. 자신 내면의 생각이 잘못되고 있다면 올바른 생각의 틀로서 이를 고쳐 나가야 하는 것으로서 이는 실제적으로는 상당히 어려운 문제인 것이다. 이러한 잘못된 생각의 틀을 스스로 발견하여 올바른 생각의 틀로 바꿔나가기 위한 방법으로의 자아의 원탁회의[44]를 알고 이를 활용하는 것이 바람직한 것이라고 한다.

"물질보다 강한 정신력과 생각"이라는 말이 있지만 정작 사람들은 올바르게 생각하는 법을 알지 못한다. 생각을 관리하고 감정을 재구성하며 두려움을 유익하게 바꾸며 좌절을 이겨내는 법, 기억 속에서 형성되고 있는 이야기를 고쳐 쓰기 위해 내면의 대화를 하는 방법을 배우지 못한다. 이런 기술을 배우고 실천하면, 독창성과 진실성을 비롯해 정신의 잠재력이 확대되는데도 말이다.

사람들은 지혜와 성숙의 척도가 재산이나 지식, 재능의 수준이라는 생각에 쉽게 현혹되지만, 그것은 사실이 아니다. 지혜와 성숙은 자기 자신과의 솔직하고도 지속적으로 '원탁회의'를 하는 능력에 달려 있다. 그것은 자기 생각과 감정에 질문을 던지고, 자신의 신념을 냉철하게 바라보며, 어떤 삶을 살고 있는지 다시 생각하고 지나온 길을 다시 되돌아보는 것이다. 우리자신이 이 회의의 주관자가 된다고 생각하고 의제를 부여하고 그 의제에 대하여 깊은 논의를 하는 것이다.

많은 사람들이 자기의 생각이나 감정에 사로잡혀서 자신에게 직접 대화할 필요조차 느끼지 못하고 더구나 솔직하고 편안한 마음으로 대화를 하여 '올바른 생각'을 갖는 것을 하지 못하고 있는 실정이다. 이러한 때에 잘못된 생각이나 감정을 발견하기 위해서는 자신만의 조용한 시간을 선정하여 매우 편안한 마음으로 자신과의 대화를 하며 자기의 생각과 감정을 분석하고 평가하는 자신의 회의를 통하여 스스로가 잘못을

---

44) 생각의 심리학 위책, PP146-148

발견하고 이를 시정해 나가는 것이다. 이때 용기를 내서 자신의 생각과 정서의 문제인 편향된 생각과 안정되지 못하고 불안한 정서와 스트레스, 자신의 품격의 문제에 대하여 총명하게 논쟁하고 마음속에 존재한 것을 뒤돌아보고 잘못된 자신의 생각과 감정을 스스로 발견하고 교정을 하며, 이때 앞서 살펴본 DCD doubt, critize, determine 기법을 적용하여 수정하는 것이다.

'자아의 원탁회의'는 그 깊이나 시간 면에서 DCD기법보다도 우선적이고 중요한 의미를 갖는다. 그 이유는 많은 사람들이 자기 자신과 솔직하고 진실한 대화를 하지 않고 오랜 세월을 보내기 때문이다. 그 사람에겐 생각이나 감정이 잘못된 것도 모르는 것이며, 더욱이 그것을 고치기가 매우 어려운 것이다.

최근에 들어와서는 젊은 청년들에게 이러한 '자아의 원탁회의'가 필요한 것은 자신의 생각과 감정을 잘 관리하는 것이 '올바르게 생각하기'의 중요한 수단이 될 수 있기 때문이다. 이러한 방법의 장점은 현실적으로 자기의 모습을 바라보게 하며, 자신의 강점과 더불어 약점과 한계점도 스스로 발견하고 알게 하며 이를 개선할 수 있기 때문이다.

이렇게 될 때 심리적 고통도 잘 극복할 수 있으며 인내심이 강하고 평온하며 겸손한 마음을 가질 수 있기 때문이다. 이러한 '자아의 원탁회의'를 자주하여 자신을 단련시켜 정금같은 굳고 아름다운 심성을 갖게 되면 보람 있고 성취하는 삶을 살 수 있기 때문이다. 최근에는 사회에서 스펙보다는 인성을 중시하는 점에 있어서도 사회의 진출과 취직도 상당히 유리할 것이다.

최근에는 취업에 있어서도 현장에서 창의적인 판단과 의사결정이 중요해지고 있으며, 이에 따라 인사의 임용에 있어서도 재능과 잠재력, 가치, 열정 등과 더불어 실제적인 상상력과 창조력, 긍정성과 적극성 등의 문제해결 능력을 강조하고 있어 '올바르고 탁월한 생각'을 가지고 있다면 다른 사람에 비하여 큰 경쟁력을 가질 것이며, 취업 후에도 업무의 수행에 있어서도 신뢰와 더불어 소통과 공감의 능력이 높아 성과를 제고 할 수 있을 것이다.

(나)진취적인 삶의 실현

1)진취작인 삶의 의미

우리는 삶을 살아가면서 근시안적이고 짧으며, 안정되고 좁게만 살아간다면 큰 발전과 성공을 얻기는 힘이 드는 것이 현실이다. 오히려 이러한 자세는 요즈음처럼 변화가 심하고 역동적으로 움직이는 사회에서는 현상을 유지하거나 그 위치를 지키는 것도 어렵게 만드는 것이 개인이나 기업에 있어서의 현실적 환경이며 여건이다.

우선 우리는 삶을 잘 살아가려면 앞에서의 '올바르게 생각하기' 원리처럼 믿을 만한 방법을 선택해서 잘 활용하는 것이 필요하다. 이렇게 하려면 우리는 마음을 열고 진취적인 자세를 취해야 하며, 이렇게 하여 새로운 길을 발견하고 낯설고 경험이 없는 환경과 여건도 극복하여 나가야 한다. 진취적으로 살아가는 사람들은 의식과 무의식의 생각 속에서 열리고 개방적인 태도로 생각을 확장한다. 그런 사람들은 상실과 좌절에 잘 대처하고 고통을 에너지로 바꾼다. 그 결과 그들은 낙관적이고 자신감이 넘치고 결단력과 통찰력을 가진 사람이 되어 어떤 장애물이 나타나더라도 분명한 목표를 추구하며 보람 있게 살아간다.

2)미지의 삶에 대한 통찰력

　삶이란 신비로우며 내일 무슨 일이 일어날지를 아무도 모른다는 사실을 인정한다. 그러나 우리는 삶이 어떤 모습이 될 것인가를 예견하고 대비하는 것이 필요한 것이다. 이러한 미래에 잘 대응하기 위해서는 우선적으로 잘 관찰하고 어떠한 변화가 있는 가를 알아내야 하며 그러한 변화가 뜻하는 것의 의미와 방향을 판단하여 빨리 적절하게 대응하는 통찰력이 필요한 것이다. 우리는 개인적인 생활이나 직장에서 어떠한 변화와 새로운 상황에 대하여 시기를 놓치지 않고 적정한 정도의 대응을 할 수 있는 지혜와 통찰력을 필요로 하는 것이다.

　우리는 삶을 살고 직장생활을 하면서 그 상황과 여건에 맞게 생각하고 대비하는 진취적인 자세를 갖는 것이 바람직하면서도 종종 이러한 것을 소홀히 하며, 심지어 어떤 때는 무관심하여 삶에 있어서 시련과 역경을 초래하는 경우가 발생하여 후에 크게 후회하고 반성을 하는 경우도 있는데 이는 통찰력의 부족과 더불어 결단의 부족으로 발생하는 것이 대부분이다.

　이렇게 하여 실수나 실패를 하였을 경우에는 그것을 정확히 인식하고 인정하며 그러한 것을 오히려 다음에는 성공의 발판으로 활용할 수 있는 지혜를 가지고 있어야 한다. 잘못된 길에 들어섰을 때 두려워하지 말고 다시 시작할 수 있는 용기와 그러한 실패를 다음에는 성공으로 이끌 수 있는 전화위복의 기회로 전환시킬 수 있는 통찰력을 가져야 한다. 통찰력을 가진 사람은 사소한 실수도 빨리 발견하고 이를 이용하여 더 발전할 수 있는 기회와 능력으로 활용하는데 비하여, 평범한 사람은 큰 실수도 늦게 발견하고 이를 잘 개선하지도 못하는 어리석음을 범하고 있는 것이다.

　우리는 이러한 통찰력이 자신의 가정생활이나 직장생활 사회생활에 커다란 영향을 미치며, 가정이나 직장에서의 문제처리나 가족 간의 관계의 설정과 원만하고 만족 할 수 있는 대화를 통한 소통과 공감대의 형성은 물론 행복한 삶에 까지도 큰 영향을 미친다는 사실을 잘 알고 통찰력을 갖추도록 학습과 훈련을 하여야 한다.

3)진취적인 삶의 태도와 비결
가)삶의 태도

　우리는 삶을 살아가면서 항상 안정되고 평화로운 삶만 살아갈 수 없으며 때로는 자신이 원하지 않아도 환경의 변화와 여건의 변동으로 삶의 방향이나 태도를 부득이하게 변경하여야 하는 경우도 있다. 또한 어떠한 경우에는 스스로가 좀 더 발전되고 진취적인 입장에서 스스로가 환경과 여건을 주도적으로 바꾸려고 시도하고 노력하는 경우도 있다.

　진취적인 태도로 살아가는 사람은 원하는 발전이나 기대하는 모습을 성취하는 것이 쉽지는 않지만 스스로 자신이 긍정적이고 적극적인 태도와 행동으로 때로는 모험을 하고 도전을 하는 것이 자신의 삶의 발전이나 성장을 위해서 반드시 필요하고 그 만큼 가치가 있는 것이다. 진취적인 사람은 각 분야에서 남다른 다음의 특성을 가지고 있다.

　·진취적인 교사 : 학생을 잘 가르치는 솜씨를 가졌을 뿐만 아니라 학생들의 감정영역까지도 잘 파악한다. 학생들에게 여러 가지 이야기를 들

려주고, 과학자들이 새로운 발견을 하기까지의 여러 가지 겪은 모험과 시련에 대한 이야기를 들려준다.

· 진취적인 경영자 : 경영상의 난해한 자료와 세부 계획 등 사업의 면면을 잘 다루는 동시에 사람역시 잘 다룬다. 인간관계에 있어서 섬세함을 발휘하고 자신을 따르는 사람을 칭찬하고 격려하며, 비전을 제시하고, 어려움을 잘 해결해주는 역할을 한다.

· 진취적인 부부 : 사랑을 돈독히 하고 관계를 잘 설정해 나가며, 배우자를 매료시킨다. 시기와 질투, 분노의 감정에 사로잡히지 않게 하며 서로 싸우는데 에너지를 낭비하지 않는다. 사랑하고 즐거운 시간을 가지며 서로 존중하고 아끼는 친밀한 관계를 설정하고 유지 하도록 한다.

올바르고 탁월한 진취적인 생각을 가진 사람은 앞으로 나아가며 하루하루 원하는 삶을 가꾸어 나간다. 또한 인간적인 관계에서도 서로 친밀하고 발전적으로 관계를 형성하고 발전시킨다.

나)삶의 비결

일반적으로 진취적인 사람들이 가지고 도전적이고 모험적인 성격의 일반적 특징은 다음과 같다.

· 변화를 예견할 수 있다. 실수에 대처하기보다는 실수를 예방한다.

· 예리한 관찰력이 있다. 근본적인 문제에 생긴 흠결을 다른 사람보다 먼저 볼 줄 안다.

· 위험을 기꺼이 감수한다. 위험을 감수하지 않으면 보상도 없다는 사실을 안다.

· 불평하거나 다른 사람을 탓하거나 잃어버린 기회를 애통해하거나 자

기 자신을 비난하지 않는다.

· 필요하다면 몇 번이든 생각과 태도를 바꾼다.

· 한 지점에서 다른 지점으로 가는 통로가 결코 직선이 아니며, 삶의 불확실 하다는 것을 인정한다.

· 사랑하는 사람들을 포기하지 않는다.

· 자기 자신을 사랑하고 자기 자신을 포기하지 않는다.

· 성공할 기회를 창출함으로써 운명을 관리한다.

· 삶이란 흥미진진한 모험이라고 생각한다. 살아 있음을 기회로 여기고 감사한다.

(다)창의적인 삶의 추구
1)창의성이 높은 삶

우리는 능력 있는 삶을 살아가기 위해서는 우리는 평범하고 진부한 일상의 생활이나 업무에 만족하여서는 안 되며, 또한 물질이 주는 안정되고 편안한 삶만을 추구하여서는 한계가 있는 것이다. 그런 사람들은 자신의 삶의 목적이나 의미를 왜라는 근본적이고 본질적이 것에 두지 않고 어떠하게라는 수단적이고 피상적인 문제에 두고 있다.

우리가 자신의 목적이나 의미를 잘 구현해나가기 위해서는 항상 자신이 하는 일을 세밀하게 관찰하고 추론하며, 일의 패턴과 프로세스를 개선하고 보다 가치 있고 실용성 있는 제품으로 혁신하고 창조하는 창의력을 가져야 하며, 그렇게 하기 위해서는 우리의 정서와 생각을 좀 더 유연하고 융통성이 있고 탄력성을 갖도록 하기 위한 풍부한 감성과 품성을 갖도록 해야 한다.

스티브 잡스의 경우에서와 같이 그는 좀 더 풍부하고 다양한 생각과 경험을 가지기 위하여 인도를 여행하여 힌두교라는 새로운 종교를 접하였으며, 그 이후에도 미국에 돌아와서도 불교를 접하는 등의 활동을 하였던 것이다. 또한 디자인 관련 분야에 학습과 훈련을 하였고, 그 외의 여러 분야에도 참여하여 창의적인 능력을 배양하였다. 그의 이러한 창의성의 배양을 통한 상상과 창조의 능력과 지혜는 다른 사람들이 생각하지 못하였던 개인용 컴퓨터를 최초로 상상하고 디자인 하게 하였으며, 그 이후에도 멕킨토시와 아이폰, 아이패드를 만들게 한 원동력이 되었던 것이다.

이러한 창의력은 어려서부터 그러한 아이디어와 능력을 배양하고 발전시킬 수 있는 노력을 꾸준히 하고 그런 관련 분야의 학습과 훈련도 체계적이고 종합적으로 하는 것이 요청되고 있는 것이다. 최근의 고도로 발전된 지식정보화 시대에 있어서의 개인의 능력과 기업의 경쟁력은 혁신과 창조를 통한 파괴적 혁신에 의하여 결정되는 것이다.

우리가 잘 아는 바와 같이 세계적으로 많은 부와 명성을 쌓으면서 인류에게 편리성과 꿈의 세계를 실현시킨 사람들은 재산이 많았던 거부나 권력을 가지고 있는 권력자가 아닌 창의적인 정신을 가지고 상상과 창조를 한 마이크로소프트를 창업하고 성공시킨 빌게이츠와 애플을 창업하고 세계적인 일류기업으로 육성시킨 스티브 잡스 등이다.

우리나라에서도 이제는 이러한 창의의 정신을 가진 위대한 창조자가 대기업이 아닌 중소기업과 일반개인의 회사에서 나올 수 있는 개인의 창의적인 역량이 제고되도록 학교의 교육과 사회적인 학습의 공감대를 형성하고, 정부의 산업육성과 정책적 지원이 이러한 분야를 육성하고 발전시키는데 있어서 더욱 초점을 두고 활성화 되어야 하는 것이다. 이렇게 될 때 개인적인 부와 명성은 물론 나라가 선진 일류국가로 발전을 하고 이에 따라 많은 국민과 세계의 인류가 큰 편의와 혜택을 보게 될 것이다.

2) 미래를 만들어 가는 삶

우리는 때로는 평범하고 진부한 삶이 답답하며, 앞이 안보이고 벽이 크게 가로막혀 미래의 희망과 꿈이 실종된 상실과 좌절의 삶을 살고 있는 사람들을 흔히 볼 수 있으며, 이를 가족이나 사회가 해결하여 줄 기회와 여건을 갖추지 못하고 있는 것을 종종 목격을 하고 있다. 또한 이러한 문제로 인하여 정신적으로 우울증 등의 병리적 현상과 정신적 강박증의 증세까지 갖는 사례를 주위에서 목격하곤 한다.

이러한 정신적인 문제가 발생하고 심화되는 것은 사회적인 환경이 경쟁이 극심해지고 인간적인 휴머니티가 고갈되어가는 문제점이 많은 것도 이러한 문제를 야기하는 원인이 되고 있다는 사실을 우리는 잘 알고 있다. 그러나 한편에서는 이러한 문제는 개인적인 심리의 문제에 있어서 긍정성과 적극성에 의한 담대함과 강함을 가지고 도전하고 모험하는 진취성과 자신의 현재의 상태의 한계를 깨고 희망적인 미래의 상태를 바라보면서 과감하게 상상하고 창조하는 창의적인 정신을 일깨우고 북돋워야 함에 불구하고 오히려 현재에 갇혀 있는 매너리즘과 나약한 정신을 소유하고 있는 것이 오히려 문제를 일으키고 크게 키우는 역할을 하고 있는 것이다.

우리는 이러한 문제를 치유하기 위해서는 사회와 학교, 정부가 함께 협력하여 좀 더 모든 국민들이 희망과 꿈을 가질 수 있는 연대감과 생활할 수 있는 물적인 수단의 지원을 확대함은 물론 정신적으로도 국민이 건강한 자아와 긍정적이고 적극적인 생각의 틀을 갖도록 교육하고 훈련을 하도록 하는 것이 긴요하고 절실한 것이다.

우리는 현재의 잘못된 부정적이고 소극적이며 한계에 갇힌 생각의 틀에서 벗어날 수 있도록 긍정적이고 적극적이며, 개방적이고 진취적인 생각의 틀로서 바꾸고 현재의 여러 가지의 답답하고 우울한 상황과 여건을 도전과 모험을 통하여 돌파하고 밝고 희망찬 미래를 상상하고 창조하는 창의적인 삶을 살아갈 수 있도록 하여야 한다.

제3절 아름답고 성숙한 삶의 사고

3.1 아름다운 삶

(1) 아름다움의 음미

우리가 삶을 살아나가는 데 있어서 올바르게 생각할 줄 알아야 하며, 그렇게 생각하는 사람은 아름다움을 음미하는 탁월한 능력을 기른다. 이러한 훈련을 하는 것은 우리의 생각을 더욱 창의적이고 평화롭게 해주며, 눈으로 보이지 않는 삶의 면면을 조명하는데 매우 중요한 역할을 한다. 현대사회는 속도가 매우 빠르고 사람들이 매우 많은 정보를 받아들이면서 복잡하고 분주하기 때문에 어떠한 사물과 현상을 주의깊게 관찰하고 아름다움을 관조하기가 어려운 세상이 되었다.

또한 오늘날 우리가 전 세계에서 보고 체험하는 추악함과 고통의 상당부분은 분명히 인간이 온갖 형태의 아름다움을 받아들일 능력과 책임을 잃어버린 결과다. 우리 주변의 갖가지 중독과 폭력, 분노와 절망으로 점철된 삶을 사는 수많은 사람들은 주변을 둘러싼 아름다움을 받아들일 감각과 생각을 갖지 못하고 있으며 이에 대한 학습이나 훈련도 하지 않는다. 그 결과 기쁨과 창의력, 목적과 의미를 갖고 아름답게 사는 사람들이 점점 줄어들고 있다. 세상의 아름다움을 믿고 생각하는 사람들조차 아름다움이 존재하는 곳과 삶에 미칠 수 있는 영향에 대하여 깊이 생각하거나 주의를 집중하지 않는다.

인간의 폭력과 증오, 파괴와 사악함 등 이런 것들을 제외한 모든 것들에는 아름다움이 존재하며 심지어 낯설고 추함의 물리적인 외양의 내면에는 아름다움이 존재함을 우리는 알아야 한다. 그것의 내면을 깊이 생각하고 음미하는 시각과 생각이 필요한 것이며, 시간을 충분히 내서 귀와 마음을 기울일 때 가능한 것이다.

우리가 너무 각박하고 치열한 삶을 사느라고 물질적이고 외향적인 면에 치중하면서 내면의 깊은 생각이 마비되고 아름다움을 음미하는 중요한 인간성과 더불어 모든 것을 긍정적인 사고로 세밀하고 상상하고 구체적으로 창조 하는 정신까지도 매몰되어 가고 있는 것이다. 무엇을 위하여 우리가 사는지의 인생의 목적과 어디에 뜻과 의미를 두어야 하는지의 삶의 방향성마저도 상실하고 그저 바쁘고 혼란스러운 삶을 살아가고 있는 것이다. 이러한 문제에서 탈피하기 위해서는 아름다움과 의미를 추구하는 삶의 목적과 의미를 생각 속에 깊이 새기고 실천해야 하는 것이다.

(2)건강한 사고의 추구

우리가 세상을 살아감에 있어서는 좋고 편안한 때도 있지만 날씨의 변화에 있어서처럼 덥고 추우며, 바람이 불고 눈이 오는 것도 많은 것이 현실이다. 이러한 때에 우리의 마음도 슬프고 좌절하고 고통스럽고 짜증스러운 좋지 않은 경험도 많이 하게 되는 것이다. 그때에 우리가 어떻게 잘 심리적 적응을 하여 건강함을 지속하고 이에 굴하지 않는 창의적이고 창조적인 삶을 살아갈 수 있게 하느냐 하는 것은 중요한 문제이다.

이런 심리적 적응을 잘 알고 활용하는 사람들은 과학자와 조각가, 화가, 무용가, 작가들이며 이들은 어떠한 어려움과 변화 속에서도 새로운 자극을 발견하고 창조하며 작품을 만드는 실험을 하게 한다. 이러한 창의적인 유형의 사람이 계속 똑같은 자극을 받다가 심리적으로 적응되면 결국 무의식적인 불안이 발생해 새로운 자극을 갖도록 밀어 붙인다. 이 때문에 새로운 차원의 창의력이 생기는 것이다. 이것은 정신이 독창적이고 상상력이 풍부하며 혁신적인 상태가 되도록 자극해 주는 긍정적 심리 적응이다.

이러한 심리의 적응은 우리가 살아가면서 겪고 경험하는 각종의 사고와 이별 질병의 고통과 좌절, 상실과 시련 속에서도 건강한 심리적 자아를 갖게 하는 중요한 요인으로서 작용을 하는 것이다. 결국 인간이 심리적으로 건강하게 살아가기 위해서는 이러한 고통과 아픔, 좌절과 시련이 없는 것이 바람직하고 우리 모두가 소망하는 것이면서도, 우리 인간은 어느 누구도 이를 모두 완벽하게 예방하거나 방지할 수 없는 것이라는 면에서, 이러한 인간의 변화와 문제에 대하여 일단 잘 적응하면서도 과감하게 이를 뛰어넘고 극복함은 물론 이를 전화위복의 계기로서 활용하여 새로움을 추구하고 창조하는 삶의 적응력을 갖는 것이 요구되는 것이다.

우리는 주위에서 이러한 때에 상황과 여건을 잘 파악하고 자신의 깊은 생각으로 적응을 잘하는 사례도 보지만 종종은 생활이 어려운 궁지로 빠지거나 심리적으로 감당하지 못하고 정신적인 질환에 걸리는 경우도 자주 볼 수 있는 현상이다. 이러할 때에 우리는 우선 예방할 수 있는 지식과 훈련을 받는 것도 중요하며, 이렇게 스스로 감당하기가 어려울 때에는 전문 상담가나 의사의 도움을 받아서 건강한 심리를 유지하는 것이 필요하다.

최근 많은 정부 지도자와 기업 경영인들은 과열된 속도와 치열한 경쟁 속에서 심리적으로 고통을 받으며 일을 뺀 모든 것에 정신적으로 무감각해져 사람들을 인격체로 보지 않고 야망에만 관심을 갖는 경우가 흔하다. 이러한 사람들은 균형되고 조화로운 인간적 감각과 생각으로 변화되도록 해야 더 큰 발견과 성취는 물론 정신적으로 건강을 유지하면서 바람직한 인생을 잘 살아갈 수 있는 것이다. 아무리 출세하고 돈을 벌어도 그것은 인생의 목적이나 목표는 아니며 수단이며, 그러한 수단적인 삶은 유한한 삶의 목적과 의미를 그르치는 것이 되는 것이다.

(3) 젊음의 사고 유지

올바르게 생각하는 사람은 언제나 젊고 꿈을 꾸며 창의적이다. 그러나 평범한 생각을 지닌 사람은 시간이 지날수록 삶에 대한 생각이 나약해 지고 기쁨도 잊어버린다. 아름다움을 음미하는 사람은 신체적으로 나이가 얼마든 늘 젊게 하려고 생각과 육체를 그러한 방향으로 유지시킨다. 또한 정서적으로도 젊음을 유지하기 위한 느낌과 감정을 지닌다.

이러한 젊음의 유지에 있어서 무엇보다도 생각과 정서의 관리와 적응이 주요한 요인으로 작용한다는 것인데, 이는 이러한 정신적 작용이 우리의 육체와 관련된 호르몬의 배출과 각 종 소화액 등의 분비에 큰 영향을 미치기 때문이라는 것이다. 따라서 스스로를 젊다고 생각하고 감정을 관리하는 것이 우선적으로 필요한 것이다.

가정에서도 나이가 들어가면서 육체적으로도 어느 정도의 변화가 오는 것은 정상적인 것으로서 이때에 우선 내적인 심리상태가 부부의 관계에 있어서 상당한 영향을 미친다는 것이다. 어느 부부의 경우에도 이미 성적인 관계가 시들어 가는데 비하여, 내적으로 서로 충만하고 사랑하는 마음을 잘 견지하면 나이가 들어서도 젊을 때와 같은 성적 행위를 할 수 있다는 것이다. 너무 나이에 집착하는 여인은 내적 아름다움의 중요성을 잃게 되어 결국 남편의 사랑을 잃게 된다는 것이다.

정신 영역을 확장하려면, 내면의 매력을 키우고 주변의 아름다움을 음미하는 데 관심을 기울여야 한다. 가장 고귀한 삶의 가치는 가장 단순한 것에 숨어 있다. 아름다움을 알아보고 그 내적인 것을 소중히 여기는 것은 궁극적으로 바람직한 삶의 실현을 이루기 위해서 개발해야 할 정신적인 능력이라는 것을 우리는 알고 실천해야 하는 것이다. 우리는 외적인 화려함을 추구하는 물질과 돈에 집착하고 그것에만 가치를 두는 것은 인생의 궁극적인 목표를 달성하는 데 실패하는 것이다. 이러한 사고는 이미 젊은 나이에 나이가 많고 의욕과 창조성이 떨어지게 하며, 결국에는 파행적인 삶을 살고 가치가 없는 곳에 주의와 관심을 집중하게 되는 파괴적인 삶을 살게 되는 결과를 초래하는 것이다.

3.2 성숙한 삶
(1) 지혜로운 삶

　우리가 삶을 살아나가는데 있어서 항상 생각과 판단을 해야 하며, 이때 올바른 생각을 하고 바람직한 판단을 하기 위해서는 단순한 지식이나 이성과 논리성을 초월하는 근본적이고 본질적인 변하지 않는 진리나 올바르고 타당한 방향의 진리인 길, 서로 화합하며 상생하고 같이 잘 살 수 있는 자연의 생명현상에 대한 이치와 근본을 생각하고 판단 할 수 있는 지혜가 필요한 경우도 많은 것이 사실이다. 따라서 우리는 특히 생각과 판단에 어려움을 겪을 때에는 지혜가 더 요구되므로 이를 추구해야 한다.

　이러한 지혜는 쉽게 얻을 수 있을까? 그렇지 않다. 시인들이 경의를 표했으며, 소설가들은 글로 설명했고 철학자들은 그것을 깊이 생각했지만, 대다수 사람들은 아주 멀리서 바라만 보았을 뿐이다. 왕들이나 최고의 권력자들은 지혜를 정복하려했지만 지혜는 권력에 굴하지 않았다. 지혜는 돈으로 살 수 있는 것도 아니었다. 지식인은 지혜를 이해하려 했지만 혼란에 빠질 따름이었다. 유명인들은 지혜를 찬미하려 했지만 지혜는 이름 없이 묻혀 있기를 원했다. 젊은이 들은 지혜가 자신의 것이라고 선언했지만 지혜는 당장 쾌락 속에 자리 잡지 않았으며, 결과를 고려하지 않고 행동 앞에 모습을 드러내지도 않았다. 어떤 사람들은 실험실에서 지혜를 배양할 수 있다고 믿었기에 세상이나 삶의 문제와 단절 했다.

　그러나 지혜는 평범한 사람들을 찾아 나섰고 현실의 어려움 속에서 자라났다. 또 어떤 사람들은 과학과 기술의 발전을 이용해 지혜를 키워보려 했지만 과학이 발달해도 인간 영혼의 결함은 커져만 갔다. 답을 찾다가 지친 사람들이 비웃었다. "행복, 영감, 안정감, 통찰력으로 충만한 아름다운 정신은 존재하지 않아, 잠에서 깨지 못한 사람들의 꿈일 뿐이야." 그러나 회의론자들은 지혜를 막지는 못했다.

지혜는 모든 사람의 문을 두드렸다. 압제 받는 사람들과 쾌활한 사람들, 우울한 사람들과 미소 짓는 사람들, 행동을 취하는 사람들에게 지혜는 삶에 존재한다는 표시였다. 지혜는 마음의 귀에 다정하게 속삭였다. "이봐, 나는 당신이 속한 세상에 있는 것이 아니야, 당신이라는 마음의 세계에 있는 것이라고." 당신의 마음속을 잘 살펴봐, 당신이 가진 지성과 감성과 품성의 인격 속에 가만히 숨어 있는 것이다.

(2) 풍요로운 삶

우리는 삶의 이야기를 변화시키고, 감정을 관용으로 적시며, 놀라운 생각과 정신을 이용해 사랑하는 사람들의 눈을 들여다보며, 너무 많이 마음을 몰라주고 섬세하게 대해주지 못해 미안 하다고 말해야 할 때다. 부모나 자녀들에게도 의미 있는 대화와 참된 관계를 가지지 못한 것에 대하여 고백하고 회개하며 변화를 해야 한다고 진정으로 말하고 사과와 용서를 구해야 할 때는 바로 지금이다. 삶이란 아름다운 동시에 매우 짧다는 것을 인정하고, 열정을 가지고 성숙하게 살아갈 때다.

이제는 우리가 불완전한 사람들 사이에 살아가는 불완전하고 지혜롭지 못한 사람이라는 것을 알아야 한다. 틀에 박힌 각자의 세상에서 벗어나 무언가 색다른 행동을 하고 긴장을 풀고 다른 사람의 이야기에 귀를 기울여야 한다. 잃어버린 꿈을 구제하고, 감정을 소생시키고, 자신이 진실하고 보배로운 삶을 살아갈 때다. 삶을 풍요롭고 아름답게 만들어 가는 계획을 수립하고 실천하여야 할 때다. 그리고 사회에도 공헌해야 한다.

우리는 마음에 감사와 충만을 느끼고 세상을 자유롭고 평화로우며, 담대하고 강건하게 살아가며, 자신의 겸손과 타인에 대한 존중을 실천해야 할 때다. 시기와 질투, 모함과 분노를 물리치고 공감과 배려, 나눔과 섬김을 스스로 행하여야 할 때다. 자기중심의 편향되고 편협한 사고의 한계를 극복하고 합리적이고 이성적이며, 품성을 지닌 올바른 사고의 틀을 사용하여야 할 때다. 이제는 생각과 판단을 할 때에는 자신의 편견이나 선입견, 고정관념이나 오류에 갇히지 말고 좀 더 크고 좀 더 넓으며, 좀 더 높이 보고 실천할 수 있는 통찰과 지혜를 구하고 이를 활용해야 한다.

이제 찡그리고 움츠리며, 갇히고 폐쇄적인 마음과 표정에서 벗어나 활짝 웃는 미소와 개방적이고 포용적인 마음과 정서를 갈고 닦으며 희망과 용기를 가지고 살아가는 바람직한 삶을 살아가야 한다. 이제는 환경이나 여건의 어려움과 역경을 과감히 뛰어넘는 상상과 창조를 하고 새로움을 발견하고 성취하는 열정적이고 위대한 삶을 갈망하고 성취하는 삶을 실천해야 한다.

이제는 자신이 인생이라는 연극무대에서 스스로 극의 대본을 쓰고, 주연으로서의 연기를 하고, 감독을 하여 인생의 연극을 훌륭히 수행함으로써 보람 있고 가치 있는 인생을 살아가도록 하여야 한다. 이렇게 하여 삶의 목적과 의미를 실현하고 가치 있는 인생을 살 수 있게 하여야 한다. 어떤 어둠과 시련이 있더라도 그 속에서 빛과 소망을 구하고 새롭고 희망 있는 길과 생명을 찾는 지혜로운 삶을 살아가야 하는 것이다. 이렇게 사는 것이 풍요롭고 가치 있는 인생이라고 할 수 있을 것이다.

(3) 자연에서 지혜를 구하는 삶[45]
가) 생체모방

인간은 상상과 창조를 할 수 있는 만물의 영장으로서 모든 동식물과 자연을 지배하고 다스리는 삶을 살고 있으면서도 인간의 능력은 자연적인 힘과 능력을 마음대로 조종하고 다스릴 수 있는 것은 아니라, 엄청나게 크고 광대한 자연의 힘과 능력에 순응하면서 조화롭게 살아가는 존재이다. 따라서 인간은 "자연을 지배하거나 '개조'하는데 익숙한 사회에서 공손한 모방은 하나의 새로운 접근 방법으로, 혁신적인 사고이며 거의 혁명에 가깝다. 산업혁명과 달리 '생체모방 혁명'은 우리가 자연에서 그대로 수집한 것이 아니라 우리가 어머니 격인 자연으로부터 배운 것을 기반으로 하여 새로운 시대를 여는 것이다."(재닌 베니어스 '생체모방', 자연에서 영감을 얻는 혁신, 1997년 중에서)

비교적 '신입'에 속하는 인간이 수십억 년 된 자연에 의지하는 건 전혀 이상할 게 없다. 그런데 자연을 모방하는 행위가 유행처럼 번진 것은 최근의 일이다. 게다가 마치 전에 없었던 새로운 사상과 풍조가 도래한 것처럼 시끌벅적하다. '생체모방Biomimicracy', '생체모방기술Biomimetics', '생물영감Bioinspiration' 등 이름도 여러 가지이다. 신소재 개발연구실, 건축설계 사무소, 디자인 개발실, 이동통신 기술 연구소 등 자연을 모방하려

---
[45] 동아일보, 2012.11.24 B1-B2 생체보방에 대한 기사 요약

는 '생체모방'은 대단히 활발하다.

　세계적인 디자인상을 수상한 유명한 교수들이나 사계의 인재들은 자연을 스승으로 여기며, 사람의 심장이 피를 품어내는 것을 오디오의 증폭기에 사용하는 '사운드 펌프'를 만들어 각광을 받고 있다. 또한 각종의 자동차와 전기 전자 제품, 완구와 장난감 등에도 '생체모방'은 흔히 사용된다. 생체모방 알고리즘 중 가장 유명한 것은 '개미집단 최적화Ant Colony Optimization'다. 개미는 먹이와 집 사이를 오갈 때 길을 잃지 않기 위해 페로몬이라는 화학물질을 땅에 떨어드려 놓는다. 수많은 개미가 오가다 보면 자연스럽게 최단거리의 길에 페로몬이 가장 많이 쌓인다. 시간이 지나면 모든 개미가 페로몬 향이 가장 짙은 '최적화 된 길'로 다닌다.

　이 이론은 1990년대 후반부터 활발한 연구가 이루어져 다방면에 활용됐으며, 영국 브리티시 텔레콤은 이를 데이터 신호를 보내는 최적의 경로를 찾는데 응용했다. 미국 출판사 맥그로힐은 '다음 개미를 만날 때까지 먹이를 나르고, 그것을 바로 넘기어 준다'는 수확 개미의 단순한 행동방식을 물류 창고에 적용해 생산성의 30%를 높이는 효과를 가져왔다. 이러한 생체모방을 하는 이유는 작게는 수백만 년, 길게는 수억 년 가까이 특정 상황을 적용해온 '검증된 결과'라는 것이다. 생체모방의 선구자 재닌 베니어스는 그의 책에서 "생물학적 조상을 그대로 따라하는 편이 가장 현명 한데도 인간은 정반대 방향으로 가고 자연으로부터 독립해 왔다. 기술이라는 막강한 힘을 붙들고 사실상 우리의 보금자리에서 멀리 떨어져 우리자신을 신의 경지에 이르렀다는 착각과 오류를 범하였다"고 했다.

나)자율적인 질서의 유지

우리는 가끔 텔레비전을 통하여 수십만 마리의 새들이 한꺼번에 날아올라 군무를 이루는 그야말로 장관인 현상을 본다. 이는 물고기 떼가 바다를 새까맣게 수를 놓으며 이동하는 장면 역시 그렇다. 어떻게 그 많은 개체가 서로 부딪히지 않으면서 일정한 궤도를 이동할 수 있을까? 무질서한 생물집단이 이뤄내는 질서가 이루어진 운동을 '군집Flocking현상'이라고 부른다. 각 개체는 일정하게 떨어져 있고분리성, 주변 개체들이 이동하는 방향의 평균 값으로 이동하며정렬성, 주변 개체로부터 낙오되지 않는결합성다. 펠리퍼쿠커와와 스티븐 스메일은 2007년 이를 수학적으로GS모델증명했다.

군집운동의 핵심은 '자율성'에 있다. 새나 물고기 떼에는 명령을 내리는 대장이 존재하지 않는다. 각 객체들이 서로 간단한 정보만을 교환한다. 그러나 결과적으로는 질서를 유지하면서 효율적으로 이동 한다. 여기에 복잡한 네트워크 환경을 효율적으로 사용할 운용할 열쇠가 숨어 있다고 전문가들은 말한다. 우리는 휴대전화의 다양한 네트워크 환경이 더 복잡해질 것이며 자율적인 데이터 처리가 필수적이라고 하면서 이의 활용을 말한다. "많은 네트워크가 혼재하면 그 사이에 역학관계가 생기는데 현재와 같은 집중방식으로는 효율성이 크게 떨어지며 이를 분산처리 하여야 하는데 이때 이를 활용할 수 있다는 것이다.

군집이론은 무인폭격기에서도 사용되는데, 무인폭격기의 단점은 실을 수 있는 폭탄양이 적다는 것으로, 그래서 큰 타격을 입히려면 3, 4대가 동시에 출격해야 한다. 그런데 조종사 3, 4명이 동시에 원격으로 조종하면 무인폭격기가 충돌할 위험성이 크다. 새들처럼 군집비행이 필요한 것이다. 한 대만 원격 조종하고 나머지는 그 비행기와 정보를 주고받으며 날도록 설계하는 것이 그 해답이라는 것이다

다)자연으로 접근하는 지혜

인간은 도구를 사용하고 농사를 지으면서 자연은 경작의 대상, 정복의 대상으로 변했다. 자연과 어우러져 살아가던 인간은 자연을 변화시킴으로서 발전을 이루기 시작한 것이다. 급기야 임마누엘 칸트의 '구성주의'는 '인간의 인식이나 실천은 자연의 존재를 재현 모방하는 게 아닌 인간이 자신의 틀을 직접 구성하는 것'이라고 주장하기에 이른다. 그러나 인간은 곧 한계에 다다랐다. 엄청난 양의 비료를 뿌렸지만 토지는 갈수록 천박해 졌다. 환경의 오염은 인간을 위협하기 시작했다. 신나게 써오던 화석연료도 어느새 바닥을 드러내기 시작하는 시점이 다가오고 있는 것이다.

전문적인 학자들은 "자연으로부터 멀어졌던 인간은 이제 생존의 위협을 느끼게 됐다."며 "그런 절박함 때문에 인간 인간이 다시 자연으로 회귀하는 것."이라고 말했다. 여기에 훼손된 자연에 대한 인간의 양심적 가책도 생체모방의 필연성에 힘을 실어주고 있다. 세계적 디자이너였던 비토르 파파네크는 "디자이너는 생태계 파괴에 대처하는데 주저하지 말고 적어도 원형을 회복시키는데 영향을 줄 수 있는 방법과 대안을 찾아야 한다." 고 말했던 것이다.

인간은 무한한 것만 같았던 자신의 능력에도 어느새 한계를 실감하

기 시작했다. 자신의 지혜로는 도저히 풀 수 없는 산적한 숙제들 앞에서 좌절을 겪기도 했다. 이럴 때마다 인간에게 실마리를 던져준 것은 자연이었다. 인간이 만든 어떤 물건보다 자연은 훨씬 더 정교하고 친환경적인 작품을 갖고 있었다. 그래서 인간은 날고 싶을 때 독수리의 날개를 연구했고, 빨리 달리고 싶을 때는 맹수의 유선형 몸매를 흉내 냈다.

최근 들어 이런 모방이 훨씬 쉬워진 것은 자연을 관찰하는 인간의 눈이 훨씬 밝아졌기 때문이다. 과학과 기술이 발전하면서 자연에 대한 이해의 폭도 넓어졌고, 나노 공정의 발달로 자연계의 아주 작은 것도 관찰하고 따라 만들 수 있게 됐다. 전문적 교수는 "사실 인간이 과학을 시작한 것 자체가 자연에 대한 경외심 때문이었다. 다만 최근에 생체모방이 폭발적으로 늘어난 것은 나노기술의 발전 덕분"이라고 말했다.

건축이나 디자인 분야에서도 신소재 개발로 생체모방 프로젝트들이 강력한 추진력을 얻고 있다. 전문가들은 "옛날엔 차마 따라하지 못했던 자연의 구조물들을 최근엔 쉽게 재현해 내고 있다."며 "이는 얇고 단단한 새로운 건축 자재들이 쏟아져 나오는 덕분"이라고 했다. 재닌 베니어스는 "양심의 가책이 우리를 고향인 자연으로 밀어주는 한편 자연과학에서 쏟아져 나오는 방대한 새로운 정보도 같은 크기의 힘을 제공하고 있다."고 했다. 전문가는 "생체모방은 지금까지 발전시킨 기술에 새롭게 돌아본 자연을 합친다는 의미"이다. 라고 말했다.

(4) 일깨우는 삶[46]

우리는 삶을 살아가면서 어떻게 생각하고 행동을 하여 자기의 실현

---

46) 월든, 헨리 데이빗 소로우 지음. 강승역 번역, 2013.1.7. PP136-141

을 하고 인생을 깨우치는 삶을 살 수 있을 것인가에 대한 통찰력과 지혜를 갖기를 갈망하고 있다. 이와 관련하여 인류의 등불이 되신 예수님은 성경에서 이웃을 네 몸 같이 사랑하라는 사랑을, 부처님은 모든 사람을 긍휼하게 여기는 자비를, 공자는 착한 마음을 갖는 인을 핵심적인 가르침으로 말씀하셨다. 한편 스티브 잡스는 항상 우직하고, 갈망하는 삶을 살라고 했으며, 소박하고 깨달은 삶을 살았던 월든의 작가인 헨리 데이빗 소로우는 다음과 같이 말하였다.

(가)소로우의 삶을 일깨우는 아침

그는 숲속에서 2년여를 생활하면서 아침은 언제나 나의 생활을 자연 그 자체처럼 소박하고 순결하게 지키라는 초대장과도 같았으며, 그는 하루 중 아침 한 시간은 우리의 천재성에 의하여 깨워지고, 공장의 종소리 대신 천상의 부드러운 음악을 들으면서 향기가 가득한 가운데 새롭게 얻은 힘과 우리 내부의 열망에 의해 깨워 질 때만 전날보다 더 고귀한 삶은 시작 될 수 있으며, 어둠은 그 열매를 맺고 빛에 못지않게 소중한 것임을 증명하게 된다. 하루하루가 그가 이때까지 더럽힌 시간보다 더 이르고 더 성스러운 새벽의 시간을 담고 있다는 것을 믿지 않는 사람은 인생에 이미 절망한 사람이며 어두움의 내리막길을 걷는 사람이라고 했다.

모든 기념할 만한 시간은 아침 시간과 분위기 속에서 일어나며, 시와 예술 그리고 가장 아름다운 인간 활동은 그러한 아침시간에서 유래 된다고 하였다. 아침은 내가 깨어있고, 내 속에 새벽이 있는 때이다. 수백만 명의 사람들이 육체노동을 할 만큼은 깨어 있다. 하지만 백만 명 중의

한 사람만이 효과적인 지적 활동을 할 만큼 깨어 있으며, 1억 명 중 한 사람만이 시적인 또는 신적인 삶을 살 수 있을 만큼 깨어있다. 깨어 있다는 것은 살아 있음을 의미하는 것이다. 나는 여태까지 완전히 깨어 있는 사람을 만난 적이 없다. 그러니 내가 어떻게 그의 얼굴을 들여다 볼 수 있겠는가?

우리는 다시 깨어나야 하며, 그 깨어난 상태에 계속 머물러 있는 법을 배워야 한다. 그것은 기계적인 방법에 의해서가 아니고, 가장 깊은 잠에 빠졌을 때도 우리를 버리지 않는 새벽을 한없이 기대함으로써 그렇게 할 수 있다. 나는 의식적인 노력에 의하여 생활을 향상시키는 그 의심할 여지없는 인간의 능력보다 더 고무적인 사실을 알지 못한다. 그러나 우리가 사물을 보는 분위기 자체나 매체를 조각하고 색칠 할 수 있다면 그것은 훨씬 더 멋있는 일이며, 실제로 우리는 그런 능력을 가지고 있다.

하루의 본질에 영향을 미치는 것, 그것이야말로 최고의 예술이다. 누구나 자신의 삶을, 사소한 부분까지도 숭고하고 소중한 시간에 음미해 볼 가치가 있도록 만들 의무가 있다. 만약 우리가 우리에게 주어진 얼마 되지 않은 지식을 거부했거나 다 써버렸다면, 신탁은 우리가 앞에 말한 일을 해낼 수 있는지 그 방법을 똑똑히 알려줄 것이다.

(나)소로우의 인생 본질의 깨달음

내가 숲속으로 들어간 것은 인생을 의도적으로 살아보기 위해서 이었으며, 인생의 본질적인 사실들만 직면해 보려는 것이었으며, 인생이 가르치는 바를 내가 배울 수 있는지 알아보고자 했던 것이다. 그리하여 마침내 죽음을 맞이했을 때 내가 헛된 삶을 살았구나 하고 깨닫는 일이 없도록 하기 위해서였다. 나는 삶이 아닌 것은 살지 않으려고 했으니, 삶은 그처럼 소중한 것이다. 그리고 정말 불가피하게 되지 않는 한 체념의 철학을 따르기는 원치 않았다. 나는 생을 깊게 살기를, 인생의 모든 골수를 빼먹기를 원했으며, 강인하고 엄격하게 살아, 삶이 아닌 것은 모두 때려 엎기를 원했던 것이다.

  수풀을 잘라내고 잡초들을 베어내어 인생을 구석으로 몰고 간 다음에, 그것을 가장 기본적인 요소로 압축시켜서 그 결과 인생이 비천한 것으로 들어나면 그 비천성의 적나라한 전부를 확인하여 있는 그대로 세상에 알리며, 만약 인생이 숭고한 것이라면 그 숭고성을 스스로 체험하여 다음번의 여행 때 그에 대한 참다운 보고를 하고 싶었던 것이다. 내가 보기에는 대부분의 사람들은 인생이 악마의 것인지 신의 것인지 이상하게도 확신을 갖지 못하고 있으며, 사람이 사는 주요 목적은 "하느님을 찬미하고 하느님으로부터 영원한 기쁨을 얻는 것"이라고 다소 성급하게 결론을 내리고 있는 것 같다.

  우리는 아직도 개미처럼 비천하게 살고 있다. 우화를 보면 우리는 이미 오래전에 개미에서 인간으로 변했다고 하는데도 말이다. 우리는 난쟁이 부족처럼 학들과 싸우고 있다. 그것은 착오위에 겹친 착오이며, 누더기 위에 겹친 누더기다. 우리들의 최고의 덕은 쓸모없고 피할 수 있는 불행의 경우에만 그 모습을 나타낸다. 우리의 인생은 사소한 일들로 흐지부지 헛되이 쓰이고 있는 것이다. 정직한 사람은 셈을 할 때 열 손가락 이상을 쓸 필요가 거의 없으며, 극단의 경우에는 발가락 열 개를 쓰면 될 것이고 그 이상은 하나로 묶어버리면 될 것이다. 간소하게, 간소하게, 그리고 간소하게 살아야 한다. 여러분의 일을 두 가지나 세 가지로 줄여야 하며, 백 가지나 천 가지가 되도록 하지는 말아야 한다.

우리 뉴잉글랜드 주민들이 현재와 같이 비천한 생활을 하는 이유는 우리가 사물의 표면을 꿰뚫어 보는 눈을 가지지 못했기 때문이라고 나는 본다. 우리가 존재하고 있는 것처럼 보이는 것을 실제로 존재한다고 생각한다. 사람들은 진리가 멀리 어딘가에 있는 것으로 생각한다. 그들은 진리가 우주의 외곽 어디에, 가장 멀리 있는 별 너머에, 아담의 이전에, 혹은 최후의 인간 다음에 있는 것으로 생각한다. 물론 영원 속에는 진실하고 고귀한 무엇이 있다. 그러나 모든 시간과 장소와 사건은 지금 여기에 있는 것이다. 하느님 자신도 현재의 순간에 지고의 위치에 계시며, 과거와 미래를 포함하여 그 어느 시대도 지금보다 더 거룩하지 않은 것이다. 우리를 둘러싸고 있는 진실을 계속적으로 흡입하고 그 안에 적셔짐으로써만 비로소 숭고하고 고결한 것을 파악할 수 있는 능력을 얻게 된다.

이제 침착하게 자리를 잡고 작업을 시작해 보자. 그리하여 의견, 선입견, 전통, 망상, 외양이라는 이름의 진흙 구덩이 속에 발을 넣고 아래로 뚫고 나가, 파리와 런던, 뉴욕과 보스턴과 콩코드를 지나고 교회와 국가, 시와 철학과 종교를 지나서 마침내 우리가 "바로 이것이야, 여기가 틀림없어"라고 말 할 수 있는 '진실'이라는 이름의 단단한 바위에 닿을 때까지 내려가 보자.

만약 당신이 사실과 직면하여 똑바로 선다면 마치 그것이 아랍인의 신월도 이기라도 한 것처럼 태양이 그것의 양면에 번쩍임을 볼 것이고, 그 날카로운 칼날이 당신의 심장과 골수를 갈라놓는 것을 느낄 것이며, 그리하여 당신은 행복감 속에서 삶을 마치게 되리라. 죽음이든 삶이든 오직 진실만을 갈구한다. 만약 우리가 정말 죽어가는 것이라면 우리의 목안에 '죽음의 가래소리 끊는 소리'를 들으며 사지가 차가워지는 것을 느끼도록 하자. 그러나 우리가 살아 있는 것이라면 우리가 할 일을 해나가도록 하자.

지성은 칼날과 같다. 그것은 사물의 비밀을 식별하고 헤쳐 들어간다. 나는 필요 이상으로 나의 손을 바쁘게 놀리고 싶지 않다. 나의 머리가 손과 발이기 때문이다. 나는 최상의 기능이 머릿속에 모여 있음을 느낀다. 어떤 동물이 코와 앞발로 굴을 파듯 나는 내 머리가 굴을 파는 기관임을 본능적으로 느낀다. 나는 이 머리를 가지고 주위의 산들을 파볼 생각이다. 이 근처 어딘가에 노다지 광맥이 있는 것 같다. 탐지 막대와 옅게 솟아오르는 증기를 보면 알 수 있다. 자 이제부터 굴을 파내려 가야겠다.

제4절 배려하고 사랑하며 분별력 있는 삶의 사고

4.1 배려하는 삶

(1) 감정의 이입의 사고

상대방의 입장에서 생각하는 감정의 이입을 하기 위해서는 우선적으로 공감하는 능력이 필요하다. 공감능력을 가지려면 우선 상대방의 심리나 감정을 잘 읽어낼 수 있는 능력이 있어야 한다. 표정이나 목소리 톤, 몸짓이나 자세 등을 통해서 그 사람이 어떤 생각이나 느낌을 갖고 있는지 알아채는 능력은 인간관계를 잘 유지하고 타인을 설득하기 위해서 필요한 자질이다.

이러한 공감empathy은 '다른 사람의 감정이나 생각을 감지하고 그것을 상대방의 입장에서 대신 경험하는 인지적 과정'이라고 하며, 이러한 놀라운 공감능력은 상대방이 고통과 어려움을 느낄 때 그 상대방의 입장에서 같이 아파하고 사랑하는 뇌의 거울신경mirror neuron에 작용이 이루어져야 한다는 것이다. 우리는 가정이나 직장, 또는 사회에서 어렵고 고통스러운 상황이나 여건이 있을 때 무심히 바라보고 생각하기 보다는 상대방의 입장에서 생각하고 감정을 가지는 마음을 가질 때 우리사회는 더욱 따듯하고 인정과 의리가 넘치는 사회가 될 것이며 이는 종국적으로 그 혜택과 이익이 우리 모두에게 돌아오게 되는 것이다.

특히 요즈음과 같이 계층과 세대 간에 갈등과 불화가 심한 사회 속에서는 그러한 문제를 어느 정도 해결을 하기 위해서는 어려운 약자와 미성년자, 미성숙한 사람의 입장과 관점에서 문제와 상황을 바라보고 인지하며, 이러한 문제를 같이 해결해려는 강한 신념과 의지를 사회의 구성원이 함께 가지고 실천하는 것이 요청되고 있는 것이다.

(2)역지사지의 사고

공감을 위해서는 마음의 거울신경계 만이 아니라 상대방의 입장을 헤아릴 수 있는 역지사지易地思地의 능력도 필요하다. 어린이와 자폐증의 환자에게는 다른 사람의 입장에서 세상일을 바라볼 능력이 없다. 이처럼 다른 사람의 마음과 입장을 헤아릴 수 있는 능력을 '마음이론TOM: theory of mind'이라고 부른다.

아이의 경우는 만 4세가 되면서 마음이론을 갖추기 시작하고 다른 사람의 입장을 헤아릴 수 있게 되며, 그때 자아의식을 갖기 시작한다는 것이다. 그러나 어른 중에도 타인의 입장이나 감정을 헤아릴 줄 모르고 지나치게 자기 중심적으로 세상과 사물을 바라보는 사람이 있다는 것이다. 이런 경우는 마음이론에 결함이 있는 것인지도 모른다는 것이다.

이러한 역지사지의 공감능력은 우리 뇌의 내측전두엽MPFC: medial prefrontal cortex부위가 활성화 되면서 작동하는 것으로 신경의학계에 의하여 알려졌으며, 이부위는 우리가 긴장을 풀고 편히 쉬고 있을 때에도 뇌에서 가장 활발하게 움직이고 있다고 알려졌다. 따라서 공감능력을 높이기 위해서는 차분히 앉아서 자기 자신을 돌이켜 보는 반성 혹은 명상의 시간을 갖는 것도 도움이 된다고 한다. 감정이나 생각의 흐름을 돌이켜 보는 것만으로도 뇌는 공감능력과 역지사지의 능력을 발휘할 준비는 갖추게 된다는 것이다. 자신의 역지사지 능력은 대인관계에서 중요한 능력이다.

4.2 사랑을 베푸는 삶
(1)연민의 사고

우리가 사는 세상에는 어디를 가나 시련과 역경, 고통에 처해서 아파하고 괴로워하며, 좌절하고 있는 사람이 무수히 많은 것이 사실이다. 현재의 세상의 세태는 일반적으로는 이러한 사람들의 자기책임과 실수를 우선적으로 생각하고 판단하는 것이며, 이는 개인주의와 이기적인 인간의 속성의 자연적인 발로일 것이다.

그러나 현재의 경쟁 일변도의 시장경제 체제에서는 경쟁에서 실패하거나 산업의 자동화와 첨단산업의 발전 등으로 인하여 사회구조적으로 생활이 어려운 다수의 중. 서민층이나 실업상태에 있는 젊은 계층의 문제는 어느 국가나 갖고 있는 심각한 사회. 경제적인 문제이다. 물론 이의 우선적인 문제해결은 정부의 사회복지제도와 경제정책에 의하여 해결되어야 한다.

그러나 이러한 어려운 계층의 지원은 우리사회의 구성원의 공동적인 문제로 인식하고 많은 사람이 관심과 참여를 할 때에 근본적으로 잘 해결될 수 있는 것이다. 이를 위해서는 우선적으로 우리의 가까운 주변에서 그들을 격려해 주고 귀중한 시간을 투자하여 그들의 이야기를 들어주는 사람과 친구가 필요하다. 그렇게 하기 위하여서는 우리사회가 그러한 어려운 사람들에게 불쌍히 여기는 연민을 가지고 접근하는 것이 필요한 것이다.

물론 누구나 바쁘며, 자기 일이 중요하고 자기의 생활의 유지에도 어려우며 남의 문제에 대해서는 모른체하거나 무관심적인 것이 정상적이라는 것은 삼척동자도 잘 아는 사실이다. 그러나 우리가 큰 목적과 의미를 가지고 이 세상을 살아가기 위해서는 이러한 어려운 계층에 대하여 연민과 사랑을 베푸는 것이야 말고 최상의 삶이 될 것이다.

(2)사랑의 실천

우리의 가정과 사회에서 사랑은 어느 것 보다도 중요한 존재이다. 어떠한 상황에서도 온유하고 감싸주며 오래 참고, 무례하거나 자만하거나 뽐내지 아니하고 화내지 않고 진리와 함께 기뻐하는 그 마음이 사랑이다. 이러한 사랑은 믿음. 소망보다도 우선이라고 성경에서는 말씀하고 있다. 그러나 이러한 중요한 사랑이 현실에서는 실제적으로 실천하기가 어려운 것이 사실이다.

우리가 세상을 살면서 자기의 유익과 편의를 구하기 쉽고, 자기중심의 사고 속에서 남을 배려하고 사랑한다는 것은 뒷전으로 밀리고 때로는 아주 무시되기도 하는 것이다. 특히나 성경에서 말하는 것처럼 네 이웃을 사랑하기를 네 몸 같이 하라는 말씀은 무엇보다도 귀중한 진리의 말씀이나 이를 실천하기는 정말로 어려운 것이 현실이다.

그러나 우리가 세상을 살아가면서 반드시 실천하여야 하는 것이 사랑이라는 위대한 진리 앞에서 이를 과감하고 그리고 당연히 실천하여야 한다는 책임과 의무감, 또한 우리의 삶의 가치실현이라는 것을 확실하게 인식하고 실천하여야 하는 것이다. 이렇게 사랑을 베푸는 것은 절대 자기의 이익만을 추구하지 않고 다른 사람과 이익과 혜택을 공유하고 나누며 행복하게 살아가는 삶을 실현하는 것이 된다.

사랑을 할 줄 아는 사람은 다른 사람과의 밀접한 관계를 소중하게 여기며, 자신을 소중하게 느끼는 것처럼 다른 사람에게도 똑같이 대하는 사랑을 실천 할 수 있는 것이다. 이러한 관계성에 의한 사회에서의 사랑이 그 사회를 아름답고 위대하게 만들 수 있으며, 결혼에 있어서도 이러한 진실하고 아름다운 사랑이 중심이 될 때 그 인생은 좋은 열매를 맺고 진정한 행복을 가져다 줄 수 있는 것이다.

4.3 낙관성과 초월성

(1)희망과 낙관주의

낙관적인 사람은 자신이 최고가 될 날을 기대하며 계획을 세우고 그 계획대로 실천한다. 희망, 낙관주의, 미래지향성은 미래에 대한 긍정적인 자세를 드러내주는 강점들이다. 열심히 노력하면 좋은 일들이 꼭 일어날 것을 기대하고 미래를 설계하는 한편, 현재 자신이 있는 곳에서 즐겁게 생활하고 목표를 향해서 힘차게 나아간다.

이러한 낙관성은 천성적으로 성격상 타고나는 경우가 영향을 미치는 것이 긍정의 심리학에서는 약 50%에 해당되고, 사후적인 환경과 여건이 미치는 영향이 8-15%정도로서 그렇게 큰 영향을 미치는 것이 아니며, 자신이 가지고 있는 내적인 심리로서 과거에 대한 만족도, 현재의 행복과 더불어 미래를 밝고 희망적으로 보는 것이 35-42%의 큰 영향을 미친다는 것이다.

따라서 내적 심리로서 자신 스스로 낙관적인 심리를 가지는 것이야말로 인생의 성공과 행복을 위해서 아주 중요한 요인이 되는 것이다. 이러한 낙관성은 인생에 있어서 시련과 역경이 닥쳐오고 고통과 좌절이 다가올 때에도 이를 잘 극복하고 문제를 잘 해결하는 요인으로 작용한다는 것이다.

(2)영원성과 초월성

영원성과 초월성은 그렇게 흔히 쓰여 지는 말이 아닌 심리적이고 종교적인 용어로서 더 크고 영원한 것에 가 닿는 정서적 강점을 의미한다. 다른 사람들, 미래, 진화, 신 또는 우주에 닿아 있는 것이다. 이러한 것이 의미하는 것은 차원적 사고로서 시간과 공간을 뛰어넘는 4차원의 세계를 의미하기도 한다.

이 강점을 지닌 사람은 우주와 영생에 대하여 더 큰 목적과 의미가 있다는 것에 대한 믿음이 크다. 그래서 더 큰 계획에서 자신의 쓰임새가 있을 것이라고 생각한다. 그런 믿음을 밑거름 삼아 행동하고 편안함을 얻는다. 종교를 믿던 안 믿던, 자신은 더 큰 존재와 연결되고 귀속되어 있으며, 그러한 곳에서 자신의 삶의 목적과 의미를 찾기도 한다는 것이다.

현실의 각박하고 치열한 세속적인 삶의 여정에서 진정한 삶의 목적과 의미가 아닌 수단 가치에 해당되는 권력과 돈, 명예에 사로잡혀서 참된 자아로서의 마음의 눈이 멀고 분별력을 잊어버리기 쉬운 것이 인생이다. 그렇게 참된 인생의 길을 제대로 찾지 못하고 갈팡질팡하면서 방황하고 있을 때에 우리는 영원하고 초월적인 생각을 갖고 각성과 분별력을 갖출 수 있을 것이다.

참고 문헌

1. 국내문헌

김상균 외, 사회복지론, 나마출판, 2007
김영석, 제품디자인과 창조적 사고, 형설출판사, 2012
김주환, 회복탄력성, 위즈덤 하우스, 2011
김용규, 철학, 세기의 문학을 읽다. 웅진 지식하우스
김호섭 외, 조직행태의 이해, 대영문화사, 2006
김태광, 청춘아 너만의 꿈의 지도를 그려라, 베이직 북스, 2011
나덕렬, 뇌미인, 위즈덤 스타일, 2012
남궁근 외, 정책분석론, 법문사, 2005
류재성, 정책학, 대영문화사, 2007
문창진, 보건복지 정책론, 나남, 2008
박석순, 부국환경론, 사닥다리, 2007
박영택, 혁신이야기들, 네모북스, 2005
박용치 외, 조사방법론, 대영문화사, 2008
백승기, 정책학 원론, 대영문화사, 2010
이명제 외, 인간행동과 사회 환경, 대영문화사 2006
이어령, 젊음의 탄생, 생각나무, 2008
이영훈, 의료서비스 마케팅, 청람 2008
이정균 외 정신의학, 일조각, 2001
이지훈, 혼창통, 쌤앤파커스, 2010
이태복 외 저, 사회복지정책론, 나남출판, 2006
최인철, 프레임, 21세기북스, 2007
한미화, 잡스 사용법, 거름, 2012
함규정, 감정을 다스리는 사람, 청림출판, 2010

2. 외국서적 번역서

권력이동, 앨빈토플러 저, 이규행 역, 한국경제신문, 1990
긍정의 심리학, 마틴 셀리그만 저, 김인자 역, 물푸레, 2009
긍정의 힘, 조웰 오스틴 저, 정성묵 역, 두란노, 2005

뇌와 마음의 구조, 가나다와 이치로 외 저, 강금희 역, 뉴턴 코리아, 2008
단순하게 살아라, 베르너 티키 퀴스텐마허 외 저, 유혜자 역, 김영사, 2002
디자인(감성), 프롬나드디자인연구원 작, 오태환 외 역, 한국학술정보, 2012
다중지능, 하워드 가드너 저, 문용린 외 역, 웅진지식하우스, 2007
마인드 맵북, 토니 부잔 외 저, 권봉중 역, 비즈니스 맵, 2010
미래로 가는 길, 빌게이츠 저, 이규행 역, 삼성출판, 1995
래디컬, 데이비드 플렛 저, 최종훈 역, 두란노, 2011
목적이 이끄는 삶, 릭 워렌 저, 고성삼 역, 디모데, 2003
비기너 심리학, 시부야 쇼조 외 저, 전경아 역, 이다 미디어, 2010
몰입 생각의 재발견, 위니프레드 갤리거 저, 이한이 역, 오늘의 책, 2010
몰입의 즐거움, 미하이 칙센트 미하이 저, 이희재 역, 해냄, 2006
성공하는 사람들의 7가지 습관, 스티븐코비 저, 김경섭 외 역, 김영사, 2000
세상에서 가장 재미 있는 물리학, 아트 후포만 외 저, 전영택 역, 궁리, 2007
생명과학. 마리엘리 호포나젤 저, 강해묵 역, 라이프 사이언스, 2013
생각이 직관에 묻다, 게르트 기거렌처 저, 안의정 역, 추수밭, 2008
생각에 관한 생각, 대니얼 카네만 저, 이진원 역, 김영사, 2012
생각의 심리학, 아우구스토 쿠리 저, 김윤희 역, 창림출판, 2010
생각의 전환, 데이비드 프라이드만 저, 권혜아 외 역, 경성라인, 2012
생각의 탄생, 로버트 루트번 스타인 외 저, 박종성 역, 에코의 서재. 2007
생각의 함정, 자카라 쇼어 저, 임옥희 역, 에코의서재, 2009
생각정리의 기술, 드니르보 외 저, 강도연 역, 지형, 2007
소중한 것을 먼저하라, 스티븐 코비 저, 김경섭 외 역, 김영사, 1997
스마트 싱킹, 아트 마크만 저, 박상진 역, 진성북스, 2012
스키너의 심리상자 열기, 로렌 슬레이더 저, 조동렬 역, 에코의 서재, 2005
습관의 힘, 찰스 두히그 저, 강주현 역, 갤리온, 2012
인생의 맥을 짚어라, 잭 캔필드 외 저, 김희정 역, 창작시대, 2000
인체 21세기 해부학, 일본 경도대학 의화학 연구소 간, 강금희 역, 뉴턴코리아, 2007
월든, 헨리 데이빗 소로우 저, 강승영 역, 은행나무, 2013 재발행
존재의 심리학, 아브라함 매슬로 저, 정태연 외 역, 문예출판사, 2004
파인만에게 길을 묻다, 레너드 블로디노프 저, 정영목 역, 세종서적, 2004
플러스 사고, 미우라 히로유끼 저, 홍문기 역, 웅진출판, 1997
황금의 지배, 피터 L. 번스타인 저, 김승욱 역, 경영정신, 2001

3. 외국서적

Carmine Gallo, The Innovation Secrets of Steve Jobs, Think Book Works, 2010
Daniel Kahneman, Thinking, Fast and Slow, Penguin Books, 2011
David Hardman, Judgment and Decision Making, BPS Blackwell, 2008
Jennifer Kushell with Scott M. Kaufman, Secrets of The Young and Successful, Lisa Stokes, 2003
Ken Blanchard John , Jonn Britt, Judd Hoekstra, Pat Zigarmi, Who Killed Change ?, Harper Collins Publishers, 2009
Olivier Blanchard, Macroeconomics, Prentice Hall Interational, Inc, 2000
Robert S. Kaplan, David P. Norton, Strategy Maps, Havard Business School Publishing Co, 2004
Robert S. Pindyck, Daniel L. Rubinfeld, Microeconomics, Prentice Hall Inc, 2001
Stephen R. Covey, The Habits of Highly Effective People, Franklin Covey Co, 1089
Thomas S. Bodenheimer, Kevin Grumbach, Understanding Health Policy, A Simon Co, 1998
Tiki Kustenmacher with Lothar J. Seiwert, How to Simplify Your Life, McGraw-Hill, 2004

삶을 일깨우고 역량을 드높이는 방법
탁월한 생각의 구도

초판인쇄 2013년 5월 10일
초판발행 2013년 5월 15일
지은이 신영출
펴낸이 신영출
펴낸곳 도서출판 큰생각
등록 1979. 12. 29 제1-184호
주소 137-953 서울시 용산구 이촌로87길 13, 102동 1201호
대표전화 02-790-7110
홈페이지 syc5401@naver.com

이 책의 무단 전재 또는 복제 행위는 저작권법 제136조에 의거, 5년 이하의 징역 또는 5,000만 원 이하의 벌금에 처하거나 이를 병과할 수 있습니다.

값 16,000원
ISBN 979-11-950385-0-3 03300